U0905964

本书为2022年度山西省哲学社会科学规划课题（编号：2022YJ051）阶段性成果，由山西省高等教育“1331工程”戏剧与影视学一流学科建设提质增效计划建设项目资助出版

楼台上的凝视：清代女性观剧与社交

王姝　著

學苑出版社

图书在版编目（CIP）数据

楼台上的凝视：清代女性观剧与社交 / 王姝著
. —北京：学苑出版社，2023.11（2025.4重印）
ISBN 978-7-5077-6827-5

Ⅰ. ①楼… Ⅱ. ①王… Ⅲ. ①女性–社会生活–生活史–中国–清代 Ⅳ. ①D691.968

中国国家版本馆CIP数据核字（2023）第219756号

出 版 人：洪文雄
责任编辑：周　扬
出版发行：学苑出版社
社　　址：北京市丰台区南方庄2号院1号楼
邮政编码：100079
网　　址：www.book001.com
电子邮箱：xueyuanpress@163.com
联系电话：010-67601101（营销部）　010-67603091（总编室）
印 刷 厂：北京建宏印刷有限公司
开本尺寸：710 mm × 1000 mm　1/16
印　　张：29
字　　数：350千字
版　　次：2023年11月第1版
印　　次：2025年4月第2次印刷
定　　价：168.00元

目录

序

人类进入文明时代后就有了社会分工，性别是最初也是最重要的分工形式。传统社会漫长的男性中心的权力结构是这一分工的直接结果，而女性这个占据人类个体数量一半以上的群体，正因这种分工形成的权力关系而被推到人类记忆的边缘，但凡政治、经济、文化以及战争等，几乎所有重要领域中与女性有关的事实，都不同程度地成为知识的盲点。

科技革命推动了这一权力结构的改变，在一个智力对社会发展的贡献逐渐超过体力的年代，性别分工的合理性越来越多地遭到质疑，然而，假如我们回望历史，还是不能不遗憾地看到一部几乎没有女性身影的，因而有严重缺失的历史。戏曲史上，女性观剧这个领域也是如此，我们当然不能简单化地说，由于女性与男性的数量大致相等，所以女性在中国戏曲史上的地位及其所起的作用就一定相等，这样的描写也并不符合实际，但是女性这个戏曲欣赏群体曾经的存在以及作用，恐怕一直受到了不应有的轻视，这是本书将揭示的最重要的内容。

“女性”是一个社会含义广泛的群体，跨越社会各个阶层，即以本书所涉及的女性而言，既有皇后、皇太后等最高权力的执掌者，有地位崇高的皇族女性，也有城乡普通的女性观众，身份不分高低，年龄不分老少，地域不分东西南北。在人们一般的刻板印象中，这个群体几乎完全被排除在戏曲欣赏者之外，这样的历史叙述强化了有关妇女受到系统性的“压迫”和被排除在文化的创造与欣赏活动之外的观念。《楼台上的凝视：清代女性观剧与社交》所引证的大量内容，或可提醒我们去努力校正女性在历史上的存在及其作用所受到的观念性的遮蔽，从而以更平和的心态审视与书写戏曲欣赏的历史。

本书的目标不是要以女性主义（或称女权主义）的视角颠覆历史，这一研究与当下流行的女性主义无关，更准确地说，这是一项试图重建历史完整性的研究，作者只是希望通过对历史的重新梳理，让女性这个在中国戏剧演出史中曾经存在的群体，重新回到我们的视野之中，借此补上历史记载中这块重要的拼图。这是一项极具挑战性的工作，而作者勇敢地接受了这样的挑战。傅斯年说“史学便是史料学”，意思是说所有对历史的研究都必须且只能以材料为基础，而偏偏有关戏曲史上女性观剧材料的收集异常困难。官修史书固然不会注意到这样细枝末节的领域，即使是文人们作为私人写作的笔记小说之类，也鲜少将女性观剧行为纳入记载范围。正如我们是通过一则有关榜禁的通令才找到有关戏文演出最早的材料一样，在很多场合，研究女性观剧现象，只能通过各地有关女性观剧的禁令，间接地找寻历代女性观剧的确切记录。就本书所研究的清代这一范围看，从清初到清中叶，有关女性观剧的材料来源都极为难得和有限。晚清大众媒体兴起，为我们认识当时的社会政治、经济和文化活动提供了新的可能，但是也并没有为这一学术难题的解决提供根本性的资料帮助。幸好在这个逐渐向世界开放的时代，各类大众媒体上并不缺乏道貌岸然的伪君子的表演，他们用耸人听闻的词语痛斥女性观剧现象，竭力把女性与男性一起欣赏戏曲说成是社会道德沦丧的根源，大声疾呼要给予严厉的禁令。站在虚构的道德高地，用夸张的语言恶意指控社会上某些偶然的和轻微的伦理道德瑕疵，借此博人眼球，这样的人哪个时代都不会缺少。在健康的时代背景下，他们只是徒劳添人笑柄，然而不正常的年代总是在鼓励人们释放内心深处的恶念，就给了他们兴风作浪的良机。所以说，女性观剧的相关资料不仅基本不见于正史，甚至连晚清年间的各类平民报纸，也未必有真正的兴趣去正面描述与谈论女性观剧现象，有趣的是，反倒是各类对女性观剧的负面作用的痛斥，让我们知晓了女性观剧现象的普遍存在。

本书大量引用晚清年间的《申报》及其他相关文献，从中勾勒出那个时代有关女性观剧的立体面貌。除了前述各类对女性观剧的道德谴责，其中特别令人感兴趣的是，有许多各地不同年龄的女性在观剧时因戏棚坍塌等意外事故而导致死伤的悲剧性事件的记录。这样的记载，除上海周边的扬州、南京、杭州及一些中小城市之外，北至辽东，南至番禺，其分布地域之广，几乎遍及中国全境。这些材料为我们提供了有关女性观剧的诸多生动具体的细节，更明明白白地揭示了 19 世纪 80 年代前后各城市的戏曲演出场所中有大量女性观众存在的事实。实际上，这些描写与此前人们对清代戏曲演出观众对象的一般认识是有出入的，然而，正由于这些材料的描述如此具体细致，我们无从对这些材料本身的真实与可靠性产生任何疑问——它们是社会新闻，其报道的初心，只是为了传播各地那些并不经常发生的事件，当然没有任何虚构的理由。当时的新闻媒体主要由民间商办，要靠卖报纸和登广告赢利，所有会办报的人都知道要关注读者们感兴趣的话题。为读者提供话题，从来都是新闻媒体的关键性功能，所以各地发生的这些不幸事件，街谈巷议，恰好是极有魅力的谈资，虽然主要是家长里短，只为博得读者一声叹息，唤起一点同情，却实在是报纸的生命线。对从事学术研究的后人而言，这些看似琐碎的信息，采集与传播者没有任何改写或掩饰的动机，其中固然不乏道听途说，也不可能都按新闻学教科书的要求经过反复核对和多方求证，却不经意地记录下了当时社会生活的大量可贵的细节。我不能说作者大胆地使用这些材料，就体现了对大众媒体之性质的可贵的直觉，但是对这个课题的研究，作者找到的或许是条唯一的道路，尽管这是一条狭窄曲折的羊肠小道。

本书作者攻坚克难，取得了令人欣喜与钦佩的成果，完成了这部《楼台上的凝视：清代女性观剧与社交》。本书还给读者提供了更重要的方法论层面的启示，即学术研究的推进，尤其是像清代女性观剧这样偏门的课题，并不会有现成的材料来源，相信学术史上还有许多类似的课题，不仅需要确定选题时的决心，更需要从特殊渠道找寻材料的意识，加上从非正常的角度解读材料的眼光，三者缺一，就不会有这一成果。

最后说及一点感慨。本书虽以女性为切入点，但其成果的涉及面并不限于女性观剧本身。除了少数极端现象（如书中所揭示的北京某尼庵演剧活动）之外，女性并不是以其独立的性别身份接触与消费戏曲的，因而其研究结论，必不局限于女性一端，自然要渗透到社会认知的多个领域。本书揭示的各类观剧场所并非专为女性所设，诸多观剧设施改变了戏曲剧场的格局，书中所描写的大量与女性观剧相关的禁忌与习俗，包含了深广的民间伦理道德内容，不仅丰富了我们对戏曲演出史的认识，并且能从戏曲的特殊角度，为史学和社会学研究提供重要的参考，凡此种种，是该书超出戏曲领域的重要贡献。

感谢王姝给我如此难得的机会，抢在一般读者之前阅读书稿，令我得益良多。我相信本书必将成为重新研究与撰写戏曲演出史的重要基石，祝贺本书的出版，并祝王姝在这一基础上，不断推出越来越多优秀的学术成果。

傅 谨

中国文艺评论家协会副主席

2023 年 7 月 15 日

引　言

一、选题目的和意义

女性观剧作为一种社会文化现象，是与戏曲史的发展相始终的，是戏曲文化研究不可或缺的重要议题。[1]对于建构中国古代戏曲观众学，特别是添加戏曲接受的女性视角，具有重要的学术价值和意义。同时对于丰富古代女性日常生活史，深化中国古代妇女史研究，也具有重要的补充意义。笔者在翻检清代女性观剧史料的同时，常有时空交错、昔事今情互映成趣之感，清代女性观剧图景，实已蕴含了现代社会与现代思想萌发的种种迹象。清代女性观剧的行为亦可为现当代女性观众观剧观影提供一些参考价值和启示意义。

女性观剧早在戏曲形成之初就已存在，宋金时期的墓葬中，遗存了

1 关于女性还是妇女概念的界定，美国学者高彦颐指出，诚然“女性”是一个现代词汇，不曾在古籍中出现，但是“在古文的语境中，‘妇女’可以专指‘已婚的女人’，也可以泛指‘妇+女’，涵盖‘在家’及‘出嫁’的女人”。（[美] 高彦颐《闺塾师：明末清初江南的才女文化》“中文版序”，李志生译，江苏人民出版社2005年版，第2页）古代直以妇女称呼。本书讨论的女性观剧现象，所依赖的正是一种视“妇”与“女”为同一社会性别的“女性”意识。而且，所用到的社会性别分析方法，本身就是现代思维的产物。为了行文方便，用女性（与男性相对）观剧与社交为标题更为恰当。

大量的“开芳宴”类男女主人公宴飨观剧的杂剧砖雕。元时已有道学家对于观剧的男女混杂现象，提出过申禁和反对。明代官方律令、家规族训、闺箴闺范中也多有禁止女性外出观剧的记载。从明代中后期开始，女性观剧的身影已遍及神庙、私家园林、舟船水畔等剧场，明代后期，神庙剧场出现了专门供女性观众观剧之二层看楼，女性观剧现象已逐渐流行开来并为社会各界所重视。

以清代女性观剧现象为研究对象，是多方面因素综合考虑的结果。首先，清朝是中国古代一个继往开来的朝代，它既是明代社会制度、民俗宗教、各类文化事项的继承者，又是由传统封建小农社会向近代社会转型，开启近代文明的开创者，具有独特的承前启后的作用。在这样的历史背景下，清代女性观剧现象既承载着以往社会的一些习俗、惯性，又面临新旧交替、新的时代背景而呈现出新的态势和特点。特别是清末民初，随着社会风气的变革，兴女学、废缠足、天乳运动等女性身体的解放，女性活动空间的扩大，女性观众群体在原有的宫廷、仕宦、平民、青楼女性等类型之外，又出现了女学生、女教师、外籍来华女性等新兴群体，为女性观剧注入了新鲜血液。通过对女性观剧文化现象的系统梳理，可以看出女性观剧史逐步演变的发展脉络，较之以往各朝，更具有学术研究的价值和意义。把女界变革与清代戏曲的发展结合起来考察，也是一个值得探讨的领域。

其次，从女性观剧史料遗存状况来看，宋金元时期史料遗存较少，类型相对单一。明代有所增加，但也不足以全方位还原女性观剧现象的真实面貌。相较而言，清代女性观剧史料的遗存丰富多元，既有大量的文献遗存，如清人笔记、小说、日记、诗文集、档案、方志、报刊等，又有大量的戏曲文物遗存，比如至今在宫廷剧场、神庙剧场、宗祠会馆剧场中仍能见到一些女性观剧的专门设施，包括神庙看楼、女台、茶园戏园看楼等。同时，清代还有不少图像史料存世，如戏曲壁画、年画、版画等。另外，清末的一些民俗口述资料，也为女性观剧现象提供了“活态”的史料来源，为研究女性观剧文化，夯实了史料基础。

此外，值得注意的一点是，清代来自官方、文人士大夫和社会各界针对女性观众的禁戏活动，很容易让人产生一种错觉，即似乎女性观众就真的不看戏了。这样一幅被高度抽象的女性观剧图景，是否完全真实？实际并非如此。将戏曲演出列入皇家仪典始于清代，帝后的推崇和提倡，特别是以慈禧太后为代表的女性特权阶层的推波助澜，还有仕宦家庭内部以孝亲、娱亲等为名的主动演剧称觞，社会各界开明人士出于各种目的对女性观剧行为的支持和赞同，使女性观剧自上而下呈现出繁荣态势。所以对清代女性观剧的复杂面貌进行重新认识，改变过去学界对女性观剧现象的刻板认识，非常有必要。

二、学术史回顾

（一）百年妇女史研究概述

百年妇女史研究，迄今为止，大致可分为以下三个阶段[1]。

---

1 对百年妇女史研究第一阶段的时间分期，目前学界没有学者明确提出过，但也并非无据可依。陕西师范大学焦杰教授认为：“中国的妇女史研究始于‘五四运动’之后，受当时的妇女解放思潮的影响，走的是妇女受压迫与解放的思路，因而又被称作‘五四史观’……中华人民共和国成立之后，随着受压迫人民的翻身、解放，人们普遍认为妇女也实现了解放，所以中国妇女史研究就从人们的视野之中消失了。”（《中国古代妇女史》，陕西新华出版传媒集团、陕西人民教育出版社 2022 年版，第 48—49 页）另外，据大多数学者研究表明，近代中国妇女史研究始于五四时期，20 世纪二三十年代形成第一次高潮，50—70 年代该研究一度沉寂。

1.20 世纪 20—70 年代

受到清末妇女解放思潮的持续影响及五四新文化运动的推动，中国女性开始进入学术研究的视野。早期代表著作有徐天啸《神州女子新史》[1]、赵凤喈《中国妇女在法律上的地位》[2]、陈东原《中国妇女生活史》[3]、王书奴《中国娼妓史》[4]、陈顾远《中国婚姻史》[5]、瞿同祖《中国法律与中国社会》[6]、贾逸君《中华妇女缠足考》[7]、董广川《中国女子教育史略》[8]、谭正璧《中国女性的文学生活》[9]、谢无量《中国妇女文学史》[10]、胡文楷《历代妇女著作考》[11]等。这一时期的著作，集中在对妇女婚姻生活、法律地位、文学活动、受教育情况等方面的探讨，受"五四史观"的影响，认为中国古代妇女是受压迫、受束缚的对象，这种观念在很长一段时间影响了人们对女性的认识。

2.20 世纪 80 年代至 21 世纪初

随着西方女性主义理论与方法的介入以及社会史研究的兴起，妇女史研究再次掀起高潮，涌现出了一批治学于此的学者，如杜芳琴、定宜庄、邓小南、[美] 高彦颐、臧健、高世瑜、李小江、（台湾）李贞德、朱易安、

1 徐天啸《神州女子新史》，神州图书局 1913 年版，（台北）食货出版社 1988 年再版。

2 赵凤喈《中国妇女在法律上的地位》，商务印书馆 1928 年版。

3 陈东原《中国妇女生活史》，商务印书馆 1928 年版。

4 王书奴《中国娼妓史》，上海生活书店出版 1933 年版。

5 陈顾远《中国婚姻史》，上海书店出版社 1936 年版。

6 瞿同祖《中国法律与中国社会》，转引自吴文藻《社会学丛刊 · 甲集》（第五种），商务印书馆 1947 年版。

7 贾逸君《中华妇女缠足考》，景山文化学社 1929 年版。

8 董广川《中国女子教育史略》，《河南大学文学院季刊》1930 年第 2 期。

9 谭正璧《中国女性的文学生活》，上海光明书局 1930 年版。

10 谢无量《中国妇女文学史》，中华书局 1931 年第 8 版。

11 胡文楷《历代妇女著作考》，商务印书馆 1957 年版。

刘静贞、李伯重、熊秉真、刘咏聪、张宏生、夏晓虹、刘士圣、郑永福、吕美颐、李志生、侯杰、程郁、罗苏文、焦杰等。同时，这一阶段的著作无论是从数量还是质量上，都达到了一个新高度，其中较有影响的作品有高世瑜《唐代妇女》[1]、陈鹏《中国婚姻史稿》[2]、定宜庄《满族的妇女生活与婚姻制度研究》[3]等。20 世纪 90 年代，随着性别研究方法的引入，中国的妇女史研究出现了空前繁荣的局面。涉猎领域的日益拓展，对女性史以及两性关系和两性伦理全方位的研究与梳理，促成大批颇有建树的著作接连问世。如刘巨才《中国近代妇女运动史》[4]，中华全国妇女联合会《中国妇女运动史：新民主主义时期》[5]，吕美颐、郑永福《中国妇女运动（1840—1921）》《近代中国妇女生活》[6]，罗苏文《女性与近代中国社会》[7]，杜芳琴《中国社会性别的历史文化寻踪》[8]，高小贤等主编《社会性别分析：贫困与农村发展》[9]，李小江主编《让女人自己说话：亲历战争》[10]，邓小南《唐宋女性与社会》[11]，佟新《异化与抗争：中国女工工作史研究》[12]，夏晓虹《晚清女性与近代中国》[13]，杜芳琴、王政主编《社会性别》《中国历史中的妇女与性

1 高世瑜《唐代妇女》，三秦出版社 1988 年版。

2 陈鹏《中国婚姻史稿》，中华书局 1990 年版。

3 定宜庄《满族的妇女生活与婚姻制度研究》，北京大学出版社 1999 年版。

4 刘巨才《中国近代妇女运动史》，中国妇女出版社 1989 年版。

5 中华全国妇女联合会《中国妇女运动史：新民主主义时期》，春秋出版社 1989 年版。

6 吕美颐、郑永福《中国妇女运动（1840—1921）》，河南人民出版社 1990 年版；吕美颐、郑永福《近代中国妇女生活》，河南人民出版社 1993 年版。

7 罗苏文《女性与近代中国社会》，上海人民出版社 1996 年版。

8 杜芳琴《中国社会性别的历史文化寻踪》，天津社会科学院出版社 1998 年版。

9 高小贤等主编《社会性别分析：贫困与农村发展》，四川人民出版社 2000 年版。

10 李小江主编《让女人自己说话：亲历战争》，生活·读书·新知三联书店 2003 年版。

11 邓小南《唐宋女性与社会》，上海古籍出版社 2003 年版。

12 佟新《异化与抗争：中国女工工作史研究》，中国社会科学出版社 2003 年版。

13 夏晓虹《晚清女性与近代中国》，北京大学出版社 2004 年版。

别》[1]，杨晓辉《清朝中期妇女犯罪问题研究》[2]，艾晶《清末民初女性犯罪研究（1901—1919）》[3]等。吕美颐、郑永福对20世纪80年代至21世纪初的妇女史研究做过统计，这一时期发表的相关文章多达千篇以上，出版著作百余种。这些新作，或对社会性别和性别史进行了开拓性的理论探讨，或展示了中国女性生活的新面相，如女性的社会角色、教育与职业、人口流动、婚姻与家庭等。与此同时，这一时期图像学、文化人类学、社会学、新文化史等方法与视角的运用，使研究者多将性别维度与种族、革命、环境、社会阶层、家庭等因素相结合，从而将妇女研究演化为性别研究。

3.21世纪以来

21世纪初，妇女性别史研究持续升温。这一时期，由江苏人民出版社陆续出版了“海外中国研究丛书·女性系列”，代表著作包括高彦颐《闺塾师：明末清初江南的才女文化》[4]、曼素思《缀珍录：十八世纪及其前后的中国妇女》[5]、费侠莉《繁盛之阴：中国医学史中的性（960—1665）》[6]、伊沛霞《内闱：宋代的婚姻和妇女生活》[7]、贺萧《危险的愉悦：20世纪上海

1 杜芳琴、王政主编《社会性别》，天津人民出版社2004年版；杜芳琴、王政主编《中国历史中的妇女与性别》，天津人民出版社2004年版。

2 杨晓辉《清朝中期妇女犯罪问题研究》，中国政法大学出版社2009年版。

3 艾晶《清末民初女性犯罪研究（1901—1919）》，沈阳师范大学2009届博士学位论文。

4 [美] 高彦颐《闺塾师：明末清初江南的才女文化》，李志生译，江苏人民出版社2005年版。

5 [美] 曼素思《缀珍录：十八世纪及其前后的中国妇女》，定宜庄、颜宜葳译，江苏人民出版社2005年版。

6 [美] 费侠莉《繁盛之阴：中国医学史中的性（960—1665）》，甄橙主译，吴朝霞主校，江苏人民出版社2006年版。

7 [美] 伊沛霞《内闱：宋代的婚姻和妇女生活》，胡志宏译，江苏人民出版社2010年版。

的娼妓问题与现代性》[1]、艾梅兰《竞争的话语：明清小说中的正统性、本真性及所生成之意义》[2]等，这套丛书是海外中国妇女研究的一个专题系列，选译海外汉学几代学人的名篇佳作，产生了较大影响。美国妇女／性别研究的领军人物贺萧认为："女性系列"选书精当，基本上涵盖了近年来西方这一领域的顶尖之作，[3]议题丰富，包括女性身体史、婚姻家庭中的妇女、医学史、闺塾师等。在历史研究中此套书放弃了男性与女性二元对立的模式，以考察妇女实际生存状况为前提，改变了妇女只是被动适应旧制度、旧文化的传统看法，指出她们也主动参与了历史的创造。另外，后结构主义、后殖民主义等新理论和方法的运用，也为古代妇女史研究注入新的活力。同时，中国古代女性著作的结集出版，如《清代闺秀诗话丛刊》《清代闺阁诗集萃编》等[4]，为妇女史研究提供了扎实的史料基础。此外，这一时期还有从妇女社团、妇女与社会、妇女观等角度，探讨妇女与社会的关系，试图呈现一幅更复杂微妙的女性生活画面[5]。

除去国内外相关著作的陆续问世，随着各高校女性研究机构的成立和研究队伍的年轻化、扩大化，高校硕博士也纷纷以女性话题为论文选题，

1 ［美］贺萧《危险的愉悦：20 世纪上海的娼妓问题与现代性》，韩敏中、盛宁译，江苏人民出版社 2010 年版。

2 ［美］艾梅兰《竞争的话语：明清小说中的正统性、本真性及所生成之意义》，罗琳译，江苏人民出版社 2005 年版。

3 周文彬《"海外中国研究"丛书中的"女性系列"图书简介》，《妇女研究论丛》2005 年第 6 期。

4 王志英主编《清代闺秀诗话丛刊》，凤凰出版社 2010 年版；李雷主编《清代闺阁诗集萃编》（全 10 册），中华书局 2015 年版。

5 郭松义《中国妇女通史 · 清代卷》，杭州出版社 2010 年版；郑永福、吕美颐《近代中国妇女与社会》，大象出版社 2013 年版；夏晓虹《晚清文人妇女观》（增订本），北京大学出版社 2016 年版；张莲波《辛亥革命时期的妇女社团》，河南大学出版社 2016 年版。

进行探索研究。2000年开始呈现出迅速增长的趋势，到2007年出现一个高峰。截至2020年，中国知网收录文史哲类关于妇女研究的博硕士学位论文约300篇，期刊论文百余篇。有关古代妇女史研究的文章占到1/3，研究议题涵盖了中国古代妇女政治、经济、文化、军事、法律与家庭地位、医药、女性教育、职业、婚恋状况、思想观念、宗教信仰、女性群体、女性书写、女性慈善等各方面，研究方向也拓展到女性身体、性与同性爱、服饰、妆奁、女性坐具、社会活动、消费、宗教信仰等日常生活领域，如姚霏《空间、角色与权力——上海城市空间与女性研究（1843—1910）》[1]、曾繁花《晚清女性身体问题研究》[2]、徐宁《女校与近代江南社会的变迁》[3]、万银红《清代妇女社会活动研究》[4]等。另外，这期间亦有学者对某一时间段内的妇女研究状况进行梳理和总结，涌现了许多综述类论著和文章[5]，为我们更好地了解这一学科的学术前沿和动态热点提供了参考。

---

1 姚霏《空间、角色与权力——上海城市空间与女性研究（1843—1910）》，上海师范大学2008届博士学位论文。

2 曾繁花《晚清女性身体问题研究》，暨南大学2011届博士学位论文。

3 徐宁《女校与近代江南社会的变迁》，上海师范大学2013届博士学位论文。

4 万银红《清代妇女社会活动研究》，南开大学2014届博士学位论文。

5 相关文章述介如下：杜芳琴《中国妇女／性别史研究六十年述评：理论与方法》，《中华女子学院学报》2009年第21期；臧建、董乃强《近百年中国妇女论著总目提要》，北方妇女儿童出版社1996年版；王海华《1996—1997年中国古代妇女史研究概况》，《中国史研究动态》1999年第2期；程郁《近二十年中国大陆清代女性史研究综述》，《近代中国妇女史研究》2002年第10期；臧建《中国妇女研究年鉴（1996—2000）》，社会科学文献出版社2007年版；刘伯红《中国妇女研究年鉴（2001—2005）》，社会科学文献出版社2007年版；李金坤《清代农民女词人贺双卿研究综论》，《中国韵文学刊》2010年第2期；詹学敏《十年来明代妇女研究综述（1999—2009）》，《铜陵学院学报》2010年第3期；胡海桃《近十年唐代女性研究综述》，《扬州大学学报》（人文社会科学版）2012年第6期；曹芳芳《性别考古学研究综述》，《南方文物》2013年第2期；肖扬、姜秀花《中国妇女研究年鉴（2006—2010）》，社会科学文献出版社2015年版。

总之，百年的妇女史研究硕果累累。截至目前，妇女史研究仍是当下热门的话题。近年来，南开大学、上海师范大学等高校针对“妇女／性别史”领域，持续召开了多次学术会议，呈现出史料来源更多元、选题更丰富、涵盖面更广阔等特点。其中，交叉学科研究方法之间的相互吸收和借鉴成为一大趋势。

在多学科交叉的研究方法推动下，把性别研究与戏曲文化相融合，有其历史的必然性，也应答着时代的召唤。较早把中国戏曲艺术纳入性别文化领域的学者有黄育馥、李祥林、姜进、华玮等，代表性著作如黄育馥《京剧——观察中国女性地位变化的窗口（1790—1937)》[1]《京剧、跷和中国的性别关系（1902—1937)》[2]《跷在京剧中的功能：性别研究的观点》[3]，通过分析跷在京剧中的应用、跷的功能，考察京剧中女性形象的变化以及京剧中性别结构的变化。李祥林先生一直致力于中国戏曲的性别文化学阐释，如他在 2001 年出版了《性别文化学视野中的东方戏曲研究》[4]，并陆续撰写了《戏曲·女性·边缘文化——中国戏曲的女权文化解读之三》[5]《东方戏曲·性别研究·时代课题》[6]等相关论文，既是“从戏曲艺术出发研究性别文化，又从性别文化出发研究戏曲艺术”[7]。这两种相辅相成的治学向

---

1 黄育馥《京剧——观察中国女性地位变化的窗口（1790—1937)》，《妇女研究论丛》1995 年第 3 期。

2 黄育馥《京剧·跷和中国的性别关系（1902—1937)》，生活·读书·新知三联书店 1998 年版。

3 黄育馥《跷在京剧中的功能：性别研究的观点》，《社会学研究》1998 年第 2 期。

4 李祥林《性别文化学视野中的东方戏曲研究》，香港天马图书有限公司 2001 年版。

5 李祥林《戏曲·女性·边缘文化——中国戏曲的女权文化解读之三》，《民族艺术》1999 年第 3 期。

6 李祥林《东方戏曲·性别研究·时代课题》，《西藏大学学报》2001 年第 3 期。

7 廖明君《性别文化学视野中的东方戏曲研究——李祥林先生》，《民族艺术》2000 年第 2 期。

度，对于戏曲学与性别史研究均有重要的意义。此外，中国台湾学者华玮女士的《明清妇女的戏曲创作与批评 · 明清妇女戏曲集》《明清戏曲中的女性声音与历史记忆·明清妇女戏曲集（点校本)》[1]，对明清妇女戏剧戏曲创作和批评，以及明清戏曲中的女性声音和历史记忆进行了研究。姜进《诗与政治：20世纪上海公共文化中的女子越剧》[2]，是关于女子越剧与诗性政治的研究。美国学者郭安瑞的《文化中的政治 ：戏曲表演与清都社会》[3]，讨论了性别秩序和文化政治之间的关系。这些研究均有性别和女性主义史学的观点介入其中。另外，2000年以后亦有部分高校的硕博士学位论文及期刊论文也关注到了戏曲与性别的关系。如厉震林《中国优伶性别表演研究》[4]、周凤丽《论性别错位的性别批评意义——中国古典戏曲表演中的性别错位现象的文化解读》[5]、王安祈《京剧与性别》[6]、唐昱《明清“易性乔装”剧之研究》[7]、徐蔚《男旦：性别反串——中国戏曲特殊文化现象考论》[8]、刘军华《明清女性作家戏曲之社会性别错位现象透视》[9]、杜溯《清末

1 华玮《明清妇女的戏曲创作与批评 · 明清妇女戏曲集》（合集），台北“中央”研究院中国文哲研究所2003年版；《明清戏曲中的女性声音与历史记忆 · 明清妇女戏曲集（点校本)》，台北“国家”出版社2013年版。

2 姜进《诗与政治：20世纪上海公共文化中的女子越剧》，社会科学文献出版社2015年版。

3 ［美］郭安瑞《文化中的政治 ：戏曲表演与清都社会》，郭安瑞、朱星威译，社会科学文献出版社2018年版。

4 厉震林《中国优伶性别表演研究》，上海戏剧学院2002届博士学位论文。

5 周凤丽《论性别错位的性别批评意义——中国古典戏曲表演中的性别错位现象的文化解读》，广西师范大学2005届硕士学位论文。

6 王安祈《京剧与性别》，《读书》2005年第10期。

7 唐昱《明清“易性乔装”剧之研究》，武汉大学2005届硕士学位论文。

8 徐蔚《男旦：性别反串——中国戏曲特殊文化现象考论》，厦门大学2007届博士学位论文。

9 刘军华《明清女性作家戏曲之社会性别错位现象透视》，《西北工业大学学报》（社会科学版）2009年第4期。

民初戏界性别结构变迁》[1]、刘慰东《清末民初女伶的崛起谫论》[2]、董虹《城市、戏曲与性别：近代京津地区女伶群体研究（1900—1937)》[3]、刘信义《戏剧舞台上的性别面具语言》[4]、孙焱《声音性别表演——越剧女小生性别现象研究》[5]、卢飞燕《声腔、行当、性别——论京剧音乐的生旦分腔》[6]、林晓慧《晚清民国京剧坤生群体研究》[7]、陈雨婷《清末民初京剧剧目中的性别观念研究》[8]、潘俊汝《探绎〈清代燕都梨园史料（正续编）〉中的男旦角色》[9]。上述论文或把性别研究方法引入舞台表演，对男旦、女伶、坤生群体进行研究，或注重女性作家戏曲创作中的性别因素，或对清末民初社会大变革时期的京剧剧目进行分析。这种“从戏曲艺术出发研究性别文化，又从性别文化出发研究戏曲艺术……既是性别视域中的戏曲艺术学，又是戏曲视域中的性别文化学。既从戏曲艺术角度获得对性别文化现象的更细致考察，又从性别文化角度获得对戏曲艺术本体的更深刻体认”[10]。

---

1 杜溯《清末民初戏界性别结构变迁》，《广播电视大学学报》（哲学社会科学版）2009年第1期。

2 刘慰东《清末民初女伶的崛起谫论》，中国艺术研究院2011届硕士学位论文。

3 董虹《城市、戏曲与性别：近代京津地区女伶群体研究（1900—1937)》，南开大学2012届博士学位论文。

4 刘信义《戏剧舞台上的性别面具语言》，哈尔滨师范大学2014届硕士学位论文。

5 孙焱《声音性别表演——越剧女小生性别现象研究》，上海音乐学院2015届博士学位论文。

6 卢飞燕《声腔、行当、性别——论京剧音乐的生旦分腔》，中国戏曲学院2017届硕士学位论文。

7 林晓慧《晚清民国京剧坤生群体研究》，福建师范大学2017届硕士学位论文。

8 陈雨婷《清末民初京剧剧目中的性别观念研究》，安徽大学2018届硕士学位论文。

9 潘俊汝《探绎〈清代燕都梨园史料（正续编）〉中的男旦角色》，天津音乐学院2019届硕士学位论文。

10 廖明君《性别文化学视野中的东方戏曲研究——李祥林先生》，《民族艺术》2000年第2期。

本书正是在前人研究的基础上，试图对创作、表演之外的另一向度——“观众”的观剧活动，做补充研究。之所以从女性观众的视角出发，对清代女性观剧活动进行探讨，其原因有二：一方面是基于两种性别“不可忽视的生理意义上的性别差异，性别文化的区分自有其重要价值。然而这一点并没有在当前得到充分的重视”[1]；另一方面是女性与戏曲有共通的边缘化境遇，“女性的边缘化是相对于男权主流文化而言，戏曲的边缘化是相对于官方正统文化而言。边缘化境遇注定了中国戏曲和女性文化情投意合的携手”[2]。找回性别之间的差异性，重构女性观剧的性别文化，具有重要的价值和意义。而以上关于性别与戏曲的相关研究，对本书而言具有重要的方法论意义。

（二）清代女性观剧研究述评

清代女性观剧研究，不仅研究女性观众群体的戏曲接受，更有关于女性观剧活动一切现象的研究，如女性观剧的行为、动机、心理，女性观剧的场所及设施，女性观剧的习俗和禁忌，女性观剧的内容，女性观剧的需求，女性观剧的社会影响，社会各界对于女性观剧的态度，以及女性观剧与戏曲的互动关系，女性观剧与社会变革、身体解放等的关系，女性观剧消费与戏剧经济等方面，是一个丰富而又庞杂的社会文化现象。但就学界目前的研究状况分析，呈现出如下几个特点。

一是相关研究零星散见，不成体系。

截至目前，对女性观剧现象的研究，主要集中在对观剧主体——女

1 杜丽萍《论中国戏曲传播与女性文化自觉》，《戏曲艺术》2014 年第 4 期。

2 李祥林《戏曲 · 女性 · 边缘文化：中国戏曲的女权文化解读之三》，《民族艺术》1999 年第 3 期。

性戏曲观众的研究方面，且呈现出散碎状态。戏曲作为一种舞台艺术，“没有观众就没有戏剧”[1]。有关戏曲观众的研究，从20世纪八九十年代开始已有学者陆续关注，如王永敬《戏剧观众学刍议》，是在戏剧“危机”状况下引发的讨论[2]。该文就观众在戏剧艺术中的地位、戏剧与观众的审美关系、观众的剧场心理、观众的社会审美心理、对当前观众的适应和提高五个方面进行了思考，具有抛砖引玉的重要作用。随后，刘景亮撰写了《论戏曲观众》[3]，刘景亮、谭静波共同撰写了《中国戏曲观众学》[4]。这两本书在王永敬先生议题的基础上，从戏曲观众学、戏曲审美学、戏曲观众学的动态外延三个板块[5]，对观众的心理机能、审美观念、戏曲审美教育和戏剧批评等方面进行了分析，对于构建中国戏曲观众学功不可没。随后，刘景亮、谭静波还就当代戏曲艺术与观众的关系进行了探讨[6]。赵山林先生《中国戏曲观众学》，为“戏曲观众学”的建立奠定了第一块基石[7]，从剧场与观众、观众心理学等方面探讨了不同地区、各个阶层、不同性别的观众构成及其不同的审美追求。而后他又撰写了《中国戏曲传播接受史》[8]，从戏曲的传播接受角度进行了探讨。21世纪以来，研究者也多从戏曲受众的角度对戏曲及其与社会生活的关系进行分析，如朱琳《昆曲与近世江南社会

1 ［法］弗朗西斯库·萨赛《戏剧美学初探》，聿枚译，《古典文艺理论译丛》（第11辑），人民文学出版社1966年版，第254页。

2 王永敬《戏剧观众学刍议》，《剧艺百家》1985年第1期。

3 刘景亮《论戏曲观众》，河南人民出版社1992年版。

4 刘景亮、谭静波《中国戏曲观众学》，中国戏剧出版社2004年版。

5 转引自谢柏梁《新世纪中国戏曲学的开台锣鼓》，《中国戏剧》2006年第1期。

6 刘景亮、谭静波《戏曲艺术与观众关系的当代状况》，《中国戏剧》2000年第8期。

7 转引自车文明《20世纪戏曲文物的发现与曲学研究》，文化艺术出版社2001年版，第61页。

8 赵山林《中国戏曲传播接受史》，上海人民出版社2008年版。

生活——以昆曲受众群体为对象的考察》[1]，就昆曲与江南社会生活的诸多方面进行了探讨。另外，还有一些研究者从观众心理学的角度观照戏曲，如余秋雨《观众心理学》[2]、胡庆龄《戏剧审美接受心理研究纲要》[3]、黄蓓《当代戏曲观众心理的剧种视角分析》[4]、孙昭《从把握观众审美心理看当代戏曲革新》[5]、傅晋青《论当代戏曲观众的审美心理和欣赏习惯》[6]、王云亮《当代戏曲观众心理定势初探》[7]。还有就观众欣赏的特点进行探讨的，如张生筠《中国戏曲观众的特殊性》[8]、傅谨《论中国戏曲观众的欣赏模式》[9]等。以上种种关于戏曲观众的研究，均为本书提供了可资借鉴的思路和方法。

但总体上，针对女性观众的研究仍占很少一部分，仅有的相关著作如赵山林《中国戏曲观众学》第七章“妇女观众”[10]；李静《明清堂会演剧史》第六章第一节“闺阁中多有解人”[11]；傅谨《20世纪中国戏剧史》第五章“女伶与女性观众”[12]，把女伶与女性观众一起进行讨论；曾凡安《晚清演剧研究》第三章“帝后的好恶与演剧的繁兴”[13]，就内廷慈禧太后的观剧

1 朱琳《昆曲与近世江南社会生活——以昆曲受众群体为对象的考察》，苏州大学2006届博士学位论文。

2 余秋雨《观众心理学》，上海教育出版社2005年版。

3 胡庆龄《戏剧审美接受心理研究纲要》，曲阜师范大学2002届硕士学位论文。

4 黄蓓《当代戏曲观众心理的剧种视角分析》，《戏曲艺术》2009年第2期。

5 孙昭《从把握观众审美心理看当代戏曲革新》，《当代戏剧》2005年第11期。

6 傅晋青《论当代戏曲观众的审美心理和欣赏习惯》，《当代戏剧》2003年第5期。

7 王云亮《当代戏曲观众心理定势初探》，《戏曲艺术》1999年第3期。

8 张生筠《中国戏曲观众的特殊性》，《戏剧文学》2015年第2期。

9 傅谨《论中国戏曲观众的欣赏模式》，《东方丛刊》1993年第1辑。

10 赵山林《中国戏曲观众学》，华东师范大学出版社1990年版，第98—106页。

11 李静《明清堂会演剧史》，上海古籍出版社2011年版，第383页。

12 傅谨《20世纪中国戏剧史》，中国社会科学出版社2017年版，第226页。

13 曾凡安《晚清演剧研究》，中山大学出版社2010年版，第97页。

活动进行了探讨。另外，从接受学的角度间接涉及女性观众的文章三篇，分别是黄育馥《京剧、跷和中国的性别关系（1902—1937)》第七章第二节“观众审美观的变化与跷的价值”[1]，谈到了“女观众群的形成和京剧观众性别结构的变化”；段令科《从受众分析的角度看中国古代戏曲的成就》第一章第一节“古代戏曲观众的身份结构”[2]，包括军士、商贾、农民、文人士大夫、女性；王馨蔓《明清女观众对戏曲演员的接受论析》[3]，则讨论了明清女观众结合自身的审美感受与人生经验，对戏曲演员的接受以及对自己社会生活状态的思考。也有从戏曲禁毁的角度，对女性观众进行研究的，如乔丽《从戏剧欣赏主体的禁抑考察清末戏剧新旧裂变》[4]、邱剑颖《社会性别理论审视下的中国戏禁》[5]。还有以小说为研究对象，就戏曲女性观众进行研究的，如柳岳梅《浅析〈红楼梦〉里戏曲受众的审美差异》[6]、赵丹荣《清末民初都市戏曲人文生态研究》[7]，则注意到了女性观众对都市戏曲生态的影响。可见，对女性观剧现象的研究，还停留在对某一问题进行单方面的探讨上，不成体系。

二是多维度的系统性的整理研究明显不足。

关于女性观剧方面的研究，截至 2020 年在中国知网（CNKI）上输入“女性观剧”“女性看戏”等关键词，进行全文跨库检索，直接或间接

---

1 黄育馥《京剧、跷和中国的性别关系（1902—1937)》，生活 · 读者 · 新知三联书店 1998 年版，第 124 页。

2 段令科《从受众分析的角度看中国古代戏曲的成就》，中南大学 2009 届硕士学位论文。

3 王馨蔓《明清女观众对戏曲演员的接受论析》，《艺术百家》2015 年第 1 期。

4 乔丽《从戏剧欣赏主体的禁抑考察清末戏剧新旧裂变》，《戏曲研究》2015 年第 3 期。

5 邱剑颖《社会性别理论审视下的中国戏禁》，《福建艺术》2011 年第 6 期。

6 柳岳梅《浅析〈红楼梦〉里戏曲受众的审美差异》，《名作欣赏》2019 年第 21 期。

7 赵丹荣《清末民初都市戏曲人文生态研究》，山西师范大学 2018 届博士学位论文。

谈及女性观剧的期刊及论文共计10篇，其中硕士学位论文2篇，博士学位论文1篇，期刊论文7篇。胪列如下：武翠娟《古代女性观戏禁忌探究》[1]《男女有别：传统礼教视野下的中国古代女性观剧方式述论》[2]、蒋小平《明清女性观戏述论》[3]《"禁""观"较量：从明清史料笔记看女性观戏》[4]、雷辉志《清代妇女看戏难》[5]、丁淑梅《明清闺训禁戏与女性的戏场想象》[6]、张勇风《中国女性戏曲观众禁忌探略——从杨月楼案引发"严禁妇女看戏"谈起》[7]。以上研究多从官方对女性观剧现象的禁限以及传统礼教对女性观剧方式的影响等方面进行探讨，皆是对女性观剧现象的一些尝试性的研究，然而对于清代女性观剧的整体面貌，还缺乏系统的全面的观照。

近年来，部分博士学位论文在关注女性研究其他方面的专题时，也有个别章节提到了女性观剧问题，如董虹《城市、戏曲与性别：近代京津地区女伶群体研究（1900—1937）》第二章第三节"空间、观众与女伶：戏曲空间的转变"[8]，把女性观众作为女伶出现的一个物质基础，同时涉及女性观众男女分座观剧的情况。万银红《清代妇女社会活动研究》第二

1 武翠娟《古代女性观戏禁忌探究》，《戏曲艺术》2009年第1期。

2 武翠娟《男女有别：传统礼教视野下的中国古代女性观剧方式述论》，《艺术百家》2012年第1期。

3 蒋小平《明清女性观戏述论》，《戏剧艺术》2011年第6期。

4 蒋小平《禁""观"较量：从明清史料笔记看女性观戏》，《戏曲研究》2012年第2期。

5 雷辉志《清代妇女看戏难》，《文史博览》2014年第10期。

6 丁淑梅《明清闺训禁戏与女性的戏场想象》，《文学遗产》2017年第1期。

7 张勇风《中国女性戏曲观众禁忌探略——从杨月楼引发"严禁妇女看戏"谈起》，山西师范大学戏曲文物研究所编《戏曲研究新论——祝贺黄竹三先生七十初度暨戏曲研究新思路漫谈会文集》，山西出版集团、三晋出版社2009年版，第106—118页。

8 董虹《城市、戏曲与性别：近代京津地区女伶群体研究（1900—1937）》，南开大学2012届博士学位论文，第46—50页。

章第二节“妇女的养老和娱乐活动”[1]，提到了清代女性把看戏作为一种极为重要的娱乐活动。姚霏《空间、角色与权力：女性与上海城市空间研究（1843—1911）》[2]，对晚清上海娱乐空间中的戏曲女性观众有所关注。另外，梁帅《晚清民国北京旗人戏曲活动研究》[3]关注到了北京旗人女眷的观剧活动。总之，截至2020年，学界尚未对女性观剧现象进行过全面的、系统性的梳理和研究，比如对于女性观众类型的整体分析、女性观剧场所和女性专门观剧设施的探讨，对于女性观剧习俗与男性观剧习俗的异同、女性观剧内容的倾向、女性观剧与中国戏曲的发展是怎样一个关系，社会各界对于女性观剧现象的态度如何，等等。本书即着力于从戏曲文献、戏曲文物、民俗口述等多种史料中尽可能全面辑录女性观剧的史料，系统地对所见材料进行辨析、考察，以期深化对女性观剧现象的认识，填补这一领域的空白。

三是女性学／性别研究视角介入戏曲是女性观剧研究的新思路。

如果说没有女性的历史是跛脚的历史，那么缺乏女性参与的戏曲史，则是跛脚的戏曲史。以往女性观剧这一文化现象被遮蔽和忽视，可能与女性在历史中一直处于失语状态，男权社会的“大历史”传统以及妇女史和戏曲史跨学科研究发展不够成熟有关。女性观剧现象，既添加了戏曲接受的女性视角，又丰富了古代妇女研究的戏曲视角，是对戏曲领域的性别观照，也是性别研究中的戏曲维度，不失为一个很好的切入点。

1 万银红《清代妇女社会活动研究》，南开大学2014届博士学位论文，第38—40页。

2 姚霏《空间、角色与权力：女性与上海城市空间研究（1843—1911）》，上海人民出版社2010年版。

3 梁帅《晚清民国北京旗人戏曲活动研究》，南京师范大学2017届博士学位论文。

值得一提的是，学界对于男性观剧或看戏现象的一些探讨，或可为本书提供一些思路和方法。就目前掌握的资料来看，明确提及男性观剧活动的，如彭国忠《观剧、看戏：一个典型士大夫的非典型观剧活动》[1]，蒋宸、赵天骄《清代戏曲活动与观众群体互动关系谫论——“清人笔记中戏曲史料研究”之六》[2]，乔丽《清代中晚期戏曲艺人与官宦士人的交往概况》[3]。另外，王胜鹏《明清时期江南戏曲消费与日常生活（1465—1820）》[4]，其文章中部分章节也附带提及女眷观剧，并从戏曲消费的角度对明清之际江南人士的观剧日常做了探讨。同样为本书的研究提供了一些思路，具有重要的方法论意义。

（三）清代女性观剧史料来源及书写特点

高世瑜指出：“史料是一切研究的根基，不仅为实证研究之本，理论研究也需建基于其上。史料如同建材或食材。”[5]古代妇女史研究由于正统史载的缺略，更需重视对各方面史料的挖掘和整理。目前来看，有关清代女性观剧的史料呈现出散、碎、繁、杂等特点，且多为“男性制造”，所以如何尽可能地做到全面系统的收集、整理，是本书的重要基础工作。或许同时资料和后时资料的并重，精英史料和边缘史料的挖掘，女性史料

1 彭国忠《观剧、看戏：一个典型士大夫的非典型观剧活动》，《华南师范大学学报》（社会科学版）2019年第1期。

2 蒋宸、赵天骄《清代戏曲活动与观众群体互动关系谫论——“清人笔记中戏曲史料研究”之六》，《嘉兴学院学报》2019年第2期。

3 乔丽《清代中晚期戏曲艺人与官宦士人的交往概况》，《前沿》2018年第2期。

4 王胜鹏《明清时期江南戏曲消费与日常生活（1465—1820）》，华中师范大学2013届博士学位论文。

5 高世瑜《回归与求真——妇女史史料问题一议》，《妇女性别史研究的理论方法与实践学术研讨会论文集》，上海师范大学2017年印制，内部资料，第1页。

与男性史料的补充，官方史料与地方史料的结合，文献史料与文物遗存的相互补充、印证，不失为丰富相关史料来源的一条合理思路。只有这样，才能保证言说者的立场相对客观，具有更高的可信度，由此还原出的清代女性观剧“现场”才可能接近真实，对于清代女性观剧现象的体认才会更加准确。

笔者目前收集、整理的清代女性观剧史料有70余万字，按照资料来源大致可以归纳为15类，分别为：报刊类、诗文集类、专书类、方志村志类、档案奏疏类、戏曲文物类、文人笔记类、日记类、清代小说类、域外文献类、家规族训闺箴类、回忆录、口述史料类、禁毁女性观剧史料类、鼓词俗曲类。现就各类女性观剧史料的来源及其书写特点概述如下。

1. 日记——连续性、可靠性

日记又称为“日录”“日志”“日谱”“记略”等，是一种记录个人日常生活、语言、行动、思想的文体。按照日记所述内容，大致可分为读书日记、行程日记、日常生活日记、战难日记等。学界目前虽影印出版了一些日记集[1]，但仍有大量的稿钞本日记为全国各大图书馆以善本收藏，尚未披露，遑论征引。

本书主要依据现已整理出版的日记，从中翻检相关女性观剧史料，主要包括《祁忠敏公日记》《翁同龢日记》《曾国藩日记》《退想斋日记》《坦园日记》《绛芸馆日记》《王文韶日记》《癸未甲申日记》《鉏月馆日记》《荣庆日记》《忘山庐日记》《杜隐园日记》《郑孝胥日记》《那桐日记》《恽毓

1《历代日记丛钞》（200册）、《燕行录全集续编》（150册）、《国家图书馆藏抄稿本日记选编》（60册）、《上海图书馆藏稿抄本日记丛刊》（86册）、《清代稿钞本》（日记23册）、《北京师范大学藏稿本丛刊》（日记4册）。

鼎澄斋日记》《许宝蘅日记》《杜凤治日记》等[1]。与其他史料相比，日记这种独特的文体因作者按照时间顺序记录，所以具有连贯性。又因为日记文献限定了时空，所以对于考察某时、某地、某个连续时间段内的某种戏剧现象具有重要的参考价值。又因为日记多记录作者的亲身经历和见闻，作为助记之用，因而具有可靠性。综观女性观剧史料在日记中的分布情况，呈现出以下几个特点。

（1）有的日记详细，有的日记简略；有的日记明确说明了观剧人、观剧伙伴、观剧内容、观剧时长、所看班社等信息，有的日记只点明观众和地点。如《王文韶日记》《那桐日记》《翁同龢日记》等比较详细，《绛芸馆日记》则比较简略。

（2）同一个人的日记，有的年份记录的女性观剧情况丰富，有些年份则一条记录也没有。《荣庆日记》即如此。

（3）不同官阶、不同身份的作者所载录的观剧女性身份有所差异。如《翁同龢日记》就有大量完整的宫廷演戏和家眷看戏的记载，所见多为上层女性观众，而《绛芸馆日记》所记录的观剧女性均为书寓女校书等青楼女性群体。

（4）对于女性观剧现象惜字如金者。如杨恩寿嗜戏如命，他在《坦园日记》中曰："忆自十余年来，颇有戏癖。在家闲住，行止自如，路无论远近，时不分寒暑，天不问晴雨，戏不拘坤乱，玺歌岁月，粉黛年华，虽曰荒嬉，聊以适志。"[2]如此爱看戏，却对女性观剧很少提及，这可能与作者本人的喜好和书写习惯有关。再如《绛芸馆日记》所记日常社交、办

1 部分引自傅谨主编《京剧历史文献汇编 · 清代卷》（七），凤凰出版社 2011 年版。

2（清）杨恩寿《杨恩寿集 · 坦园日记》，王婧之校，岳麓书社 2010 年版，第 17 页。

公、观剧的史料虽多，但有关女性观剧的内容却很简略，一笔带过，这可能与作者本人认为观剧太过熟常，无记录之必要有关，但难得的是留下许多女校书的名字和她们日常的观剧演剧生活。另如，李慈铭曾官至户部，其个人日记《越缦堂菊话》中就有丰富的观剧、招伶侑酒等内容的记录，但与女性观剧有关的史料只有两条，造成这种现象的原因可能与他的身份有关——作为理学名儒，作者本身不赞成女性观剧。由于日记是不同身份的文人士大夫宦游各地时随手记录下来的，所以若将日记中的女性观剧史料进行汇总分析，可以较清晰地考察有清一代全国各地官场演剧的情况和官眷观剧的情况。

2. 小说——假中存真、虚中有实

清代小说反映了更为广阔的生活图景，上至达官显贵，下及贩夫走卒，女性在日常生活中观演戏曲的场景也随故事情节展开，描写风格细致、生动，是妇女史研究不可或缺的珍贵史料。小说作品虽无法求真，但是往往比缺少人间烟火的正史更生动鲜活，清代浦起龙在《读杜心解》中曰："虽无个性的真实，但有通性的真实。"[1]这意思是说，小说记述的未必都是真人真事，但确是以生活中的真人真事为本源的。林纾在《剑腥录》中曾云："凡小说家言，若无征实，则稗官不足以供史料；若一味征实，则自有正史可稽。"[2]中国古典小说之虚构往往是作者的"经验性创作"，具有高度的艺术真实性，反映出更广阔、更鲜活的女性观剧社会现实。有学者指出："小说中对戏曲的描写，其珍贵的史料价值是自不待言的。很多戏曲史上

1（清）浦起龙《读杜心解》（全三册），中华书局 1961 年版，第 63 页。

2 冯奇编著《林纾》，中国文史出版社 1998 年版，第 142 页。

的未知数，可在小说中找到明确答案。”[1]清代笔炼阁主人《五色石》之卷三末尾总评：“观其文字，可当一部《史记》读。”[2]清代小说的数量不下千余种，一己之力，很难全部经眼。本书之研究，主要援引《照世杯》《红楼梦》《醒世姻缘传》《歧路灯》《金瓶梅词话》《儒林外史》《九尾龟》《浮生六记》《泪珠缘》《老残游记》《济公全传》《二十年繁华梦》《野叟曝言》《孽海花》《醋葫芦》《红楼梦影》《红闺春梦》《红楼复梦》《海上尘天影》等，钩沉出其中与女性观剧相关的史料，并加以整理。同时，将作为重要依据与其他来源的同类史料对比分析。

3. 诗词及竹枝词——场景化、草根性、全景白描式

清代文人诗词集卷帙浩繁，其中辑录有戏曲史料的观剧、咏剧诗词十分丰富，笔者依据近来已出版面世的清代诗文集展开对女性观剧史料的收集、整理。其中《清代闺阁诗集萃编》，收录了清代百余位著名女诗人的诗词著作。这些诗人，或为大家闺秀，或为名人之母，甚至还有贫寒农妇，基本涵括了当时社会各阶层的女性。闺阁诗集中的观剧史料，突出反映了女性的性别意识、性别立场和性别视角，具有重要的学术价值。相较“男性制造”的历史文献，其可信度不容忽视。另外，笔者还从《全清词·顺康卷》（含补编）、《历代咏剧诗歌选注》以及清代各地竹枝词和部分文人总集、别集、选集的部分诗词中，甄选出女性观剧史料数百条。有些非但正史从未记载，亦为笔记小说、稗官野史等所罕见，特别是清代竹枝词的书写，体现出场景化、全景式、草根性的特点，具有强烈的画面感。它作为佐证戏曲正史的一种宝贵资料，并非刻板、冷漠的记录，而是采用聚焦

1 刘辉《论小说史即活的戏曲史》，《戏剧艺术》1988年第1期。

2 古本小说集成编委会编《古本小说集成》，上海古籍出版社1994年版，第218页。

式的近景镜头叙写，较之其他史料，更具清晰的分辨率。竹枝词之补，体现在以“微观”补“宏观”。就女性观剧现象而言，报刊等史料多用“红男绿女”“男女杂沓”代指，而竹枝词则可补宏观叙事的“大戏曲史”所不可能触及和关注到的，可以视为具体而微的古代戏曲观剧史。

4. 报纸杂志——时效性、原生态、民间性

清末，随着西方铅印、石印等技术的传入，报刊这种新闻媒介迅速发展起来。本书引用的报刊资料，包括《申报》《天津中外实报》《津报》《新闻报》《游戏报》《同文消闲报》《大公报》《采风报》《笑林报》《世界繁华报》《顺天时报》《春江花月报》《花天日报》《京话日报》《官话京都日报》《天津白话报》《长春公报》《国华报》《二十世纪大舞台》《刍言报》《帝国日报》《寓言报》《上海新报》《正宗爱国报》《台湾新报》《台湾日日新报》《燕报》《民立画报》《北洋画报》等[1]。这部分资料中的女性观剧史料，简短扼要，涵盖女性观剧的具体时间、地点、人群、缘由，观剧时发生的事件，报业和社会各界人士对于女性观剧现象的评价等，反映了民间女性观剧的生活百态，具有很高的真实性、时效性。

5. 外籍文献等——纪实性、真实性

清末，外国使节纷纷来华，如英国的马戛尔尼、朝鲜使者洪人容等，他们以异国人的身份，比较客观真实地记载了宫廷和地方演剧的情况，包括女性观剧的记录，具有纪实性和真实性。如下述这则材料对男女分观情况的记载：

1 部分报刊已受到各个领域学者的关注。关于报刊中戏曲史料的收集工作，傅谨及张天星先生用力最勤。目前，已整理出版傅谨主编《京剧历史文献汇编 · 清代卷》之第四、第五卷，张天星编著《晚清报载小说戏曲禁毁史料汇编》等。

演出地点被完美地选定在一个小庙宇的前面，四面环绕着高大的榕树，它们枝叶招展，向外蔓延，所覆盖的区域大致可以容纳一个骑兵团驻留扎营。……还有一个小小的席棚，是为女性观众特意搭建的专区。[1]

许多乡村的村民们会自愿筹集一小笔款子，然后请人搭起一座简易的戏台。每当中秋和春节到来之时，村里就请来一些四处流动演出的戏班子唱上一两天的戏。在这种情况下，所有的家庭成员，不论男女老幼，都可以前往观看。但是，妇女和姑娘们总是小心翼翼地安坐在专门为她们保留出的位置，男女能够接触交往的机会极为稀罕。在较大一些的城市，女子有时会上剧院看戏，但存在一个永久不变的通行做法，即她们总是必须坐在为她们单独设置的、用帘子严密遮挡的包厢里。[2]

巷内有一簟屋，即设戏子处也。男女杂集如堵。伯氏往副使所寓家，与副使、书状同观。戏屋相对处人家门内，有一炕，群女满窗。善兴欲引余坐其中，群女不肯，避去，遂坐门外。[3]

以上三位外籍来华人士均注意到了神庙剧场或戏园中男女同观时，

1 ［英］约翰·斯嘉兹《在华十二年：人民、反叛者与官员》，托马斯·康斯特布尔出版公司 1860 年版，第 59—60 页。

2 ［美］何天爵《真正的中国佬》，鞠方安译，光明日报出版社 1998 年版，第 78 页。

3 金昌业《老稼斋燕行日记》，《国泽燕行录选集》（4），财团法人民族文化推进会 1986 年版，第 142 页。

需要分座的现象。出于好奇，外籍人士对于这种封建礼俗影响下的女性观剧现象，如实客观地加以记录，与其他史料的记载形成互补。

6. 其他史料来源及书写特点

文人笔记及专书具有私人性质的特点，本书主要参考《檐曝杂记》《春明从说》《竹叶亭杂记》《明斋小识》《得一录》《瀛壖杂志》《海陬冶游录》《淞隐漫录》《燕市积弊》《清稗类钞》《秦淮画舫》《都门纪略》《池上草堂笔记》《越缦堂菊话》《粉墨丛谈》《同观梨园纪略》《海上梨园杂志》《钧天俪响》《海上梨园新历史》《梨园小史》《杨小楼外传》等。

方志主要涉及山西、陕西、河南、河北、山东、福建、江苏、吉林、辽宁、黑龙江等省，搜得散见的女性观剧内容 536 条。史学家称“州郡之有志书，以括举一方之事”，“其中兼叙人物风土，一方之要删略具”，“为最有用”[1]。方志中载述的各地之风土人情、节令习俗、民谣俚语、祠庙宫观等民间演剧活动，为研究下层平民女性观剧提供了重要的史料。同时，《列女传》等传记性史书中，亦可窥见女性对观剧活动的态度。

戏曲文物则具有其他史料所不具备的实证性、可视性、直观性。大量的神庙戏台及看楼、看台等设施的遗存，以及戏曲碑刻中的女性观剧信息，为研究女性观剧现象提供了实物证据。特别是戏曲绘画，在某种程度上复合了文献与图像的双重信息，具有“补”与“证”的重要作用。如关于女台、女棚、看棚等，文献中有很多记载，但具体是什么形制，就得依靠图像资料了。

另外，官方档案及家训闺箴中的女性观剧史料，尽管少烟火气，但

1 金毓黻《中国史学史》，河北教育出版社 2003 年版，第 142 页。

相对客观。其中的一类是清宫档案，主要集中于嘉庆朝以后，包括恩赏日记档、旨意档、承应档、日记档、钱粮档、花名档、知会档、白米档等多种名目。清乾隆以前演剧档案在英法联军和八国联军入侵时招致毁坏，荡然无存。现存嘉庆朝以后数朝的档案，虽不同时期的名称、记载形式、具体内容及文字详略均有差异，但就内廷女眷观剧史料而言非常丰富，如皇太后、皇后等人与何人一起到何处看戏、演戏缘由、演戏班社、演戏时间跨度、所演剧目剧情、伶人名字、观剧前后仪式、观剧后的赏赐等，均加以详细记载，既无文学描写之倾向，亦无有意歪曲之必要，故一般都是确切可靠的，可以为戏曲史及相关研究提供事实依据。

另外，鼓词、俗曲等民间曲艺中也有部分女性观剧史料，具有生动性、细节化等特点：

如北平俗曲《阔大奶奶出善会》："这一天正是四月初八日，庵观寺院都办佛事，尼姑庙里摆席筵，请的是些个大门子，指佛吃饭，赖佛穿衣，叫下了字号徽班儿一台戏，善会办的出奇。大奶奶清晨早起，梳洗已毕，换上了出门儿的新衣，先用了些个早东西，问管家'都是派了谁跟去？只要两个丫头，四个小厮'。预备带了去的东西样样齐，凉扇打扇、烟袋荷包，槟榔烟料、鼻烟壶儿，牙籤子，手帕绢子，饭单，手盒儿，唾沫盒儿，漱口盂，两个洋表是一对，对准了的，先送了去的是靠背引枕胖褥子，一大包袱是换替的衣，不过是些雨缎毡毛大小尼，真乃是大家子的势派，吹口之力，件件都整齐。后□车早卸在门洞儿里，仆妇丫鬟搀扶上车，去两三个小厮搭车，穿上搭腰，套上骡子，赶车的拴好了夹板子，跟随的后面把小车儿上，赶车的拉着小拴儿带骡子，一边儿一个是个‘双飞燕儿’、‘一炷香’、‘风摆荷叶’卧腿儿如飞，走的俏皮，一霎时过巷穿街，展眼工夫，前面便是尼姑寺，说‘勒住罢，骡子脚急’。大奶奶下车进了寺，尼姑迎接打问心，好规矩，大奶奶忙令交香资，尼姑接过道谢毕，又请大奶奶上殿去，参拜佛像，瞻仰神祇，又给姑子写了布施，出来归座安席，三出神戏听毕。早饭吃些，不过是点景而已。漱口喝茶，听几出戏，又到屋里去更衣。略养一会儿精神，又要梳洗整理。重新入座，摆酒安席。尼姑带着小孩子，呈上戏单‘求奶奶赏脸点几出唱去，要合奶奶的式，承应的好好儿的’。大奶奶带笑说是‘会事儿不当家的，随便去唱罢我听着，’那小旦打着千儿总不起，说‘奶奶赏个脸儿，奴才们好好儿巴结差使，’大奶奶脸上觉得过不去，‘你说叫他们唱一出《戏凤》、一出《救主》、一出《佳期》唱好了赏东西’。小旦磕头，手捧牙笏才站起，大奶奶说，‘好个孩子有出息！又有伶机，又有规矩，可惜了儿的唱了戏，白长的粉团花儿似的’。叫丫鬟，把带来的赏赐，齐理齐理，预备彩桌子。班儿里见赏，先唱点的戏，唱完时，大奶奶吩咐给赏用的东西，家下人搭桌子，各样尺头缎子绸子荷包，封儿里是十几两银子，等着他们谢了赏，然后起席。尼姑相送，丫头们搀架扶持，大奶奶上车回家去，改日尼姑道乏取布施（百本张钞本马头调）。”[1]

---

1 李家瑞《国立中央研究院历史语言研究所专刊之十四·北平风俗类徵》，上海商务印书馆1937年版，第65—66页。

三、研究思路及方法

（一）研究思路

本书围绕清代女性观剧现象，从谁在看、在哪看、怎么看、看什么、看了以后会怎样、社会各界对待女性观剧的态度等问题展开讨论，主体内容共五章：第一章“清代女性观众”，第二章“清代女性观剧场所及设施”，第三章“清代女性观剧习俗”，第四章“清代女性观剧内容”，第五章“社会各界对待女性观剧的态度”。

（二）研究方法

1. 多学科、多维度交叉研究的方法

本书综合运用戏曲学、文献学、历史学、社会学、女性学、社会性别研究等相关学科的理论与方法，对女性观剧现象进行全面、系统、多维度的梳理和分析。

2. 文献、文物、民俗口述史料相结合的研究方法

运用多重证据法，结合大量文献史料与看楼、看台、碑刻等实物遗存以及相关的民俗口述史料，相互支撑、补充、印证，使本选题更具可行性。

3. 综合性研究与个案剖析相结合

本书在写作过程中，努力落实综合性研究与个案剖析相结合的方法。综合性研究有利于把握整体概念，全面考虑每个章节之间的有机联系，而个案研究显而易见的优势是，可以避免宏大叙事的疏漏，通过对史料的精细处理，逼真地展示女性观剧的某一历史场景，揭示出其间隐含的诸种文化动态。案例的选择以包含丰富信息量的“事件核”作为考察对象。

四、研究价值

（一）戏曲史价值

女性观剧现象的研究，对于建构中国戏曲接受史、中国戏曲观众学，尤其是女性观剧文化史具有重要的学术意义。清代女性观剧现象的讨论分析，不仅有助于拓宽戏曲文化研究的视野，而且有利于更深层地挖掘戏曲文化繁荣的社会性别因素。

（二）妇女史价值

到目前为止，关于中国古代妇女研究，涉及女性婚姻、家庭、社会、法律地位、教育、身体、社会活动等多个方面，女性观剧现象的研究，对于丰富中国古代女性休闲娱乐史，深化女性日常生活史具有重要的学术价值。

（三）社会史价值

女性观剧文化现象的补充，是了解中国古代社会的一个很好的切入点。

（四）史料学价值

本书在史料来源和运用方面，注意同时资料和后时资料的并重，精英史料和边缘史料的挖掘，女性史料与男性史料的收集，官方史料与地方史料的结合，多种史料相互补充、印证，尽可能地真实还原出清代女性观剧的“场景”和“细节”。

第一章
清代女性观众

戏曲作为一门舞台艺术，是“产生于观众和演员之间的东西”[1]。正如戏剧理论家焦菊隐所云：“舞台、观众席，平常是两家，其实是‘两个一半’；演戏的时候，他们就是一个统一的空间，是一个观众、演员‘共同创作’的神圣的空间。”[2]所以说，“没有观众就没有戏剧”[3]。20世纪八九十年代以来，对于戏曲观众的研究逐渐进入学术视野，如赵山林先生的《中国戏曲观众学》“以观众这一独特角度切入中国戏曲史，从‘剧场与观众’、‘观众心理学’两个方面探讨了不同地区、各个阶层、不同性别的观众构成及其不同的审美追求”。[4]但总体来看，对女性观众群体的探讨，除了部分身份特殊的女性观众被提及外，大部分女性观众还处于被忽视的状态，这与传统社会女性长期处于失语者的地位有关，也与史学研究重心较少

1 ［波兰］耶日·格洛托夫斯基《迈向质朴戏剧》，魏时译，刘安义校，中国戏剧出版社1984年版，第22—23页。

2 转引自梁秉堃《在曹禺身边》，中国戏剧出版社1999年版，第166页。

3 ［法］弗朗西斯库·萨赛《戏剧美学初探》，聿枚译，《古典文艺理论译丛》（第11辑），人民文学出版社1966年版，第254页。

4 转引自车文明《20世纪戏曲文物的发现与曲学研究》，文化艺术出版社2001年版，第61页。

关注普通民众的日常生活史有关。另外，官方与民间上下齐心共同禁限女性观众，似乎女性观剧被完全禁绝了，这样的刻板印象，影响了我们对于戏曲女性观众的全面观照，实际上并非如此。

有清一代，戏剧演出活动十分繁盛，无论是宫廷剧场的承应演出、神庙剧场的酬神演出、商业性剧场的营利性演出，还是民间区域性自娱自乐活动，抑或是带有驱鬼逐疫性质的傩戏、类傩、泛傩等各种形态的戏剧戏曲表演以及地方小戏（如秧歌、花鼓戏等）演出，均受到不同年龄、不同性别、不同社会阶层、不同文化程度的观众的追捧和喜爱。女性观众作为戏曲观众的重要群体之一，按照社会阶层和身份地位的不同，大致可分为：宫廷女性观众、仕宦女性观众、平民女性观众、青楼女性观众和其他女性观众五类。本章将从清代女性观众的类型、女性观众观剧需求等方面进行探讨。

第一节　女性观众类型

一、宫廷女性

戏曲演出史中，宫廷演剧作为戏曲演出的一种重要形式，由来已久。有清一代，内廷演剧活动十分频繁，举凡帝后万寿、岁时节令、内廷嘉礼、月令承应等都有戏曲演出。这与清朝入主中原后，对中原文化的接受和认同，历代统治者对戏曲艺术的热爱和提倡密不可分——主要表现在清宫设立了南府和昇平署等专门管理、组织演剧的机构，同时培养了大批内监伶人并邀请民籍伶人入内承应，以满足内廷一切演剧活动。另外，还敕建添置多处宫内戏台和观剧场所。总之，多位皇帝对戏曲艺术的爱好和提倡，必然影响到清宫内廷女性观剧的整体面貌。

（一）清宫档案载录的女性观众概况

清代宫廷女性观众的身影，从清宫档案的载录和分布特点来看，康、雍、乾三朝较少，清中后期特别是道光至同治、光绪朝最多。造成这种情况的原因，受几方面因素的影响：首先，顺康时期国朝初定，清王朝的统一大业尚未彻底完成，对于内廷演剧事宜无暇顾及。其次，清初内廷档案制度尚未完备，所以至今未见顺治朝女性观众看戏的档案。再次，雍正皇帝一生勤勉简朴，较少介入声色之娱，他对待戏事的严厉、节制态度，可能影响到了内廷女眷的看戏情况。但并非清前期内廷女性就不看戏，事实上，乾隆皇帝生母崇庆皇太后就非常喜欢看戏。赵翼《檐曝杂记》就曾对乾隆为其生母崇庆皇太后操办六旬万寿庆典的盛况予以记载[1]，其规模之大几令人瞠目。关于崇庆皇太后《清史稿》有载，她生活于康、雍、乾三朝，此时社会稳定、国库充盈，正是宫廷演剧渐趋规范的时期。乾隆时期不仅建立了管理演剧的机构南府和景山，而且宫廷中戏剧活动日趋频繁。乾隆帝本人亦十分喜好看戏，寿康宫畅音阁戏台、寿安宫大戏楼和承德避暑山庄福寿园清音阁三层大戏楼均建于他当政时，故崇庆皇太后本人看戏的机会是很多的。道光朝后，内廷女性观众的身影日渐清晰起来，尤其同光年间，因为实际掌控国家政权的慈禧太后是一位超级戏迷，故清宫演剧达到了高峰。有关慈禧太后观剧的具体时间、地点、内容、陪观人员等详细信息，在清宫恩赏日记档、旨意档、承应档等中均有记录：

1 傅谨主编《京剧历史文献汇编·清代卷》（八），凤凰出版社 2011 年版，第 4 页。

十一月十六日，上传，长春宫伺候戏《游园惊梦》（马得安、李福贵、魏成禄、安进禄）。

二十日，上传，长春宫伺候戏《乔醋》《梳妆掷戟》。

二十一日，上传，长春宫伺候戏《狱神宽限》《梳妆跪池》。

…… ……

二十二日，长春宫伺候戏《醉归》《偷诗》。

二十三日，长春宫伺候戏《什不闲》《踏月窥醉》《神谕》。

二十四日，长春宫伺候戏《拾画叫画》《借茶》。

二十五日，长春宫伺候戏《投渊》《借茶》。

二十六日，长春宫伺候戏《亭会》《游园》《看状》。

二十七日，长春宫伺候戏《絮阁》。

二十八日，长春宫伺候戏《瑶台》。

二十九日，长春宫伺候戏《刺虎》。

十二月初一日，长春宫伺候戏《佛会》。[1]

以上是光绪六年（1880）十一月下半月内，以光绪皇帝名义传旨，在慈禧太后寝宫长春宫连续演戏的记载。慈禧太后本人除去十七、十八、十九三日未观剧外，其余时间均未间断。由此可见，慈禧太后看戏十分频繁，尽管八国联军入侵，百姓生灵涂炭，但她仍日日笙歌，沉迷于戏曲。慈禧太后作为一位特殊的女性观众，打破了以往皇权视角下，清宫档案对观剧女性符号化、边缘化的处理和女性意识在其中实际缺位的局面，她不再作为被描述的对象和被塑造者出现在清宫文献中，而是第一次作为

1 朱家溍、丁汝芹《清代内廷演剧始末考》，故宫出版社 2014 年版，第 379—380 页。

观剧的主导者甚至是发起者出现在戏曲史上，具有十分特殊的意义。

（二）宫廷女性观众观剧频率较高

清代宫廷女性观剧的机会很多，从观剧事由看，大致分为庆典观剧和岁时节令观剧。清宫大型庆典包括帝后万寿、皇子公主大婚、嫔妃加徽号、行册封礼等；岁时节令观剧，则有新年、元宵节、端午节、七夕、中秋节、冬至等。在重要的节日庆典演剧活动中，几乎所有宫眷都要出席。如嘉庆元年（1796）正月初一日，“上步行出后隔扇，还继德堂看戏。引常在、公主等行礼，还后殿。贵妃、诚妃、莹嫔、荣常在、春常在、三公主、四公主诣后殿皇后前行礼毕，巳正二刻戏毕”[1]。当天，嘉庆帝与皇后、妃嫔、常在、公主等一同在继德堂看戏。随后的嘉庆元年正月初五日，“寅正一刻请驾。……巳正三刻，乘轿进祥旭门，由毓庆宫还继德堂，皇后、贵妃、诚妃、荣嫔行礼毕，开戏。午正三刻，惇本殿家宴。申初戏毕”[2]。家宴演剧，皇后、贵妃、诚妃、荣嫔等皆在，莹嫔、荣常在、春常在等未到。皇宫新年期间，笙歌不断，后宫女眷欢聚一堂，亦可饱享一场文化盛宴。冬至也是清宫非常重要的一个节日，这一日，要隆重庆贺并演剧。如道光二年（1822）十一月初十日，冬至“皇太后寿康宫内学承应戏”[3]。另外，每逢帝

1 傅谨主编《京剧历史文献汇编 · 清代卷》（三），凤凰出版社 2011 年版，第 91 页。

2 傅谨主编《京剧历史文献汇编 · 清代卷》（三），凤凰出版社 2011 年版，第 91 页。

3 傅谨主编《京剧历史文献汇编 · 清代卷》（三），凤凰出版社 2011 年版，第 139—140 页。这位道光朝皇太后，即孝和睿皇后（1776 年 11 月 20 日至 1850 年 1 月 23 日），钮祜禄氏，满洲镶黄旗人，嘉庆帝第二任皇后，礼部尚书、三等承恩公恭阿拉之女。乾隆五十五年（1790）入潜邸为嘉庆王侧福晋；嘉庆元年册封为贵妃；嘉庆二年（1797）五月二十日晋封皇贵妃，摄六宫事；嘉庆六年（1801）正月初八册立为皇后。嘉庆二十五年（1820）七月二十五日仁宗殡天，二十六日皇二子智亲王绵宁即皇帝位，二十七日尊封钮祜禄氏为圣母皇太后。道光二十九年（1849）十二月十一日薨于寿康宫，终年 74 岁，葬于昌西陵。谥号：孝和恭慈康豫安成钦顺仁正应天熙圣睿皇后。

后万寿、皇后千秋等人生礼俗，都要举行盛大的庆贺仪式，戏曲演出是必备的且是最重要的仪典。据不完全统计，五月初十日为道光帝皇贵妃千秋，咸丰、同治、光绪三位皇帝的生辰分别是六月初九日、三月二十三日和六月二十六日，慈安、慈禧两宫太后的圣寿分别为七月十二日和十月初十日，还有正月初十日为光绪帝皇后千秋等，以上节日均要演戏。可见，清宫女性的观剧频率是非常高的。

（三）宫廷女性观众等级森严

高高在上的太后、太妃，以及皇妃、公主等，共同构成了宫廷女性观众的主体。在一些重大庆典中，比如太后加徽号、嫔妃册封、公主大婚、皇子诞生等，都要专门演剧庆贺，而此时一般是在清宫大戏台上演出，帝后、妃嫔诸位同大臣们一起看戏。如咸丰二年（1852）六月“初八日，贞贵妃封为皇后。总管禄喜行礼。同乐园卯正十分等皇后受礼毕，迎请开戏”[1]。贞贵妃册封为皇后（贞贵妃即后来的慈安皇太后），在同乐园大戏台演出，这时就要给女眷们安排专门的观剧设施，方便垂帘帷观。内廷女眷之间又存在严格的等级区分和观剧礼仪。如上述嘉庆元年新年期间，贵妃、妃、嫔、常在等，都要等皇后到来，给皇后行礼祝贺后，才能到继德堂后殿看戏。

从演出内容上看，当男性与女性同观时，既有内学太监承应[2]，也有外学伶人承应。如道光二年（1822）十二月“十六日，请皇太后听戏，重华宫承应。巳初三刻五分开戏，未初三刻戏毕，辰初进门。中和乐、十番学

1 傅谨主编《京剧历史文献汇编·清代卷》（三），凤凰出版社2011年版，第209页。

2 王芷章《清昇平署志略》第二章第一节，根据乾隆五十年（1785）《重修喜神祖师庙碑志》，将乾隆时代的南府机构设置归纳为内头二三学、外大小学、中和乐、十番学、钱粮处、跳索学。见王芷章《清昇平署志略》，商务印书馆2006年版，第9页。

迎请。《固金瓯宝祚灵长》(外学庆成、张福),《勘问吉平》(钮彩),《温凉盏》(内学六出),《追舟》(魏得禄),《古城相会》(李兴儿),《盔甲》(翠杖),《万福骈臻崇盛世》(内学)”[1]。但也有宫廷女性自主看戏的情况,一些小型的娱乐活动,一般在自己寝宫,演内学之戏。且演剧时间由自己来定,可长可短,比较随意。如嘉庆二十三年(1818)九月十二日禄喜传旨,于十月“初六日、初十日着内大学、小内学在重华宫伺候皇后戏”[2]。宫廷女性观剧事宜也得由内务府提前安排妥当,比如什么时辰演、演出什么内容,都要提前请旨,预先绸缪,确保万无一失。另外,相同事由的演剧活动,由于内廷女眷等级身份的不同,在演出内容上也是同中有异。笔者就道光三年皇后、孝和皇太后二人的生辰演剧内容,进行了简单对比:

十七日,皇后千秋。同乐园承应《莲池献瑞》《宝鉴大光明》《寿益千春》《百福骈臻》《福缘善庆》。[3]

十月初九日,皇太后万寿。同乐园承应《九九大庆》头本,卯正三刻十二分开戏,未初二刻十分戏毕。

祥庆传旨,《女博士》、《农丈人》此二出不唱,换外学两出小戏。钦此。

换外学《十宰》(大庆)、《灞不服老》(钮彩)。

《五方呈仁寿》、《司花呈瑞果》、《洞仙供祝》(八出)、《慈容衍庆》《福献瓶开》、《十宰》(大庆)、《灞不服老》(钮彩)、《遐龄普祝》、《永

1 傅谨主编《京剧历史文献汇编 · 清代卷》(三),凤凰出版社 2011 年版,第 140—141 页。
2 傅谨主编《京剧历史文献汇编 · 清代卷》(三),凤凰出版社 2011 年版,第 116 页。
3 朱家溍、丁汝芹《清代内廷演剧始末考》,故宫出版社 2014 年版,第 160 页。

寿无疆》。

又传旨，初十日《瑶池整辔》《函谷骑牛》《万年太平》《丰年天降》此四出不唱，换内学小戏《古城相会》（李兴）、《吟诗脱靴》（安福）。

十一日《法轮悠久》《女娲呈瑞》此二出不唱，换小戏二出：《问探》（鸣凤）、《赏雪》（张明德）。

初十日，敷春堂行礼。总管禄喜、内学首领、官职太监伺候中和韶乐。

同乐园承应《九九大庆》二本，辰初二刻开戏，未初七分戏毕。

《福禄寿》、《万喜千祥》、《中外颂升平》、《麟凤呈祥》、《宝鉴大光明》、《海屋添筹》、《古城相会》（李兴）、《吟诗脱靴》（安福）、《七曜会》、《五云笼》、《罗汉献瑞》、《四海升平》、《渔家欢饮》、《寿祝万年》。

十一日，同乐园承应《九九大庆》三本，卯正三刻开戏，未初二刻五分戏毕。

《太平王会》（十二出）、《问探》（鸣凤）、《赏雪》（张明德）、《佛日光华》、《普天同庆》。[1]

就皇后、皇太后生辰的演剧情况来看，皇后千秋演出天数少、规模略小；皇太后万寿，演出天数多、规模较大，且可依据自己的喜好，随意更换演出内容，以自己的欣赏需求来定演出剧目。

1 朱家溍、丁汝芹《清代内廷演剧始末考》，故宫出版社 2014 年版，第 165 页。

（四）宫廷女性的观剧特点

1. 讲究奢华排场

首先，清宫内廷演戏十分讲究奢华排场，主要表现在每逢万寿节，各州县府衙往往以此为契机普天同庆。如光绪十六年（1890）十月，“恭逢皇太后万寿圣节，普天之下共献颂忱”[1]。这一点从乾隆生母崇庆皇太后六十万寿庆典中，可见其规模和排场：

皇太后寿辰在十一月二十五日。乾隆十六年届六十慈寿，中外臣僚纷集京师，举行大庆。自西华门至西直门外之高梁桥，十余里中，各有分地，张设灯彩，结撰楼阁。天街本广阔，两旁遂不见市廛。锦绣山河，金银宫阙，剪彩为花，铺锦为屋，九华之灯，七宝之座，丹碧相映，不可名状。每数十步间一戏台，南腔北调，备四方之乐，伥童妙伎，歌扇舞衫，后部未歇，前部已迎，左顾方惊，右盼复眩，游者如入蓬莱仙岛，在琼楼玉宇中，听《霓裳曲》，观《羽衣舞》也。其景物之工，亦有巧于点缀而不甚费者。或以色绢为山岳形，锡箔为波涛纹，甚至一蟠桃大数间屋，此皆粗略不足道。至如广东所构翡翠亭，广二三丈，全以孔雀尾作屋瓦，一亭不啻万眼。楚省之黄鹤楼，重檐三层，墙壁皆用玻璃高七八尺者。浙省出湖镜，则为广榭，中以大圆镜嵌藻井之上，四旁则小镜数万，鳞砌成墙，人一入其中，即一身化千百亿身，如左慈之无处不在，真天下之奇观也。……二十四日，皇太后銮舆自郊园进城，上亲骑而导，金根所过，纤尘

1 张天星编著《晚清报载小说戏曲禁毁史料汇编》，北京大学出版社 2015 年版，第 735 页。

> 不兴。文武千官以至大臣命妇、京师士女，簪缨冠帔，跪伏满途。皇太后见景色钜丽，殊嫌繁费，甫入宫即命撤去。以是，辛巳岁皇太后七十万寿仪物稍减。后皇太后八十万寿、皇上八十万寿，闻京师钜典繁盛，均不减辛未，而余已出京不及见矣。[1]

凡至万寿节，清廷就倾举国之力供一时之欢愉。欢庆的场所从宫廷扩延至京师大街，临时搭建彩楼戏台，张灯结彩，百戏俱出。来自全国各地的戏班入京献艺，南腔北调，群伶毕至，风流云集，争奇斗艳，显示出皇室演剧的奢华铺张。衢歌巷舞的盛况，通过皇太后殊嫌繁费的述说，体现出来。

其次，行头、道具一应俱新。如光绪二十八年（1902），"慈禧万寿在即，旧日戏衣已不鲜明。现由苏杭定织顾绣戏衣全份，为现今时代最为求新之款式，已于初六日进呈，盖共需银六万两云云"[2]。伶人们为了承应慈禧太后十月初十万寿节的演出，更换了全套华丽的顾绣戏衣，是当时最流行之款式。仅戏衣一项就花费钱银六万两，慈禧不顾国运衰微，日夜笙歌，造成了财政的紧张和短缺，其穷奢极欲可见一斑。

另外，除了宏大的排场、华丽鲜艳的行头，清宫女性看戏还要求名伶名班装点。如光绪三十二年，"两宫拟于七月初三日驾幸颐和园驻跸节，……有内廷李总管传懿旨，饬梨园名优谭鑫培、汪桂芬等于是日前往颐和园，八（点）钟伺候应差，演唱接驾戏，以便当差"[3]。又如，光绪

1 傅谨主编《京剧历史文献汇编 · 清代卷》（八），凤凰出版社 2011 年版，第 4 页。

2 傅谨主编《京剧历史文献汇编 · 清代卷》（六），凤凰出版社 2011 年版，第 4 页。

3 傅谨主编《京剧历史文献汇编 · 清代卷 · 续编》（四），凤凰出版社 2013 年版，第 221 页。

三十年（1904）八月十五日《大公报》载："本月十二日，内廷传戏，所有供差之名优咸往候旨派戏云。"[1]光绪二十八年，"皇太后于本月二十四日还宫，即召福寿部梨园并召各该内廷供奉诸色人等，闻自二十四日起至二十七日止，共演戏四日"[2]。从"所有""咸"等词可以看出，当时内廷一传戏，所有名伶都得奉旨入内承应。这样一来，势必引起他们的苦烦和不满。如有的档案写道："自六月下旬以后，大内无日不传诸伶供奉，故近日谭鑫培、汪桂芬、余庄儿等甚为忙碌。"[3]苦烦的原因，可能是点到平时不多唱的戏也得能演。

2. 严格的"赏听戏"礼仪规范

宫廷制度森严，规矩严格，是非常讲究礼仪等级的地方，尤其侍候帝后、举行大型庆典活动时，规矩非常严格。有差之日，大型活动的行走路线、迎请方式、观剧礼仪、座次顺序等都有详细安排。

宫廷女性看戏，往往还要"命令"一些人来陪同，称作"赏戏"。被邀请"赏戏"的人，既有与皇家有姻亲关系的福晋、命妇等女性亲眷，也包括一些王公大臣。这部分人观剧，是帝后对他们的特殊恩典，也有很多要遵循的礼仪规范。如道光三年（1823）五月十七日皇后千秋，"同乐园承应《莲池应瑞》《宝鉴大光明》《寿益千春》《百福骈臻》《福缘善庆》。……惇亲王、瑞亲王二位福晋听戏"[4]。光绪三十年一月，"公主、福晋、命妇等奉旨于十八日在南海观剧"[5]。美籍画家凯瑟琳·卡尔曾在《美国女画师的

1 傅谨主编《京剧历史文献汇编·清代卷》（六），凤凰出版社 2011 年版，第 24 页。

2 傅谨主编《京剧历史文献汇编·清代卷》（六），凤凰出版社 2011 年版，第 7 页。

3 傅谨主编《京剧历史文献汇编·清代卷》（六），凤凰出版社 2011 年版，第 3—4 页。

4 傅谨主编《京剧历史文献汇编·清代卷》（三），凤凰出版社 2011 年版，第 148 页。

5 傅谨主编《京剧历史文献汇编·清代卷·续编》（四），凤凰出版社 2013 年版，第 206 页。

清宫回忆》中说道："正式贺寿礼仪结束后，太后、皇帝、皇后前往戏楼，众贵妇、侍从跟随其后……太后与皇帝、皇后落座后，……皇后、福晋和格格们看戏的廊前也都放置了食物。"[1] 尽管陪观女眷可以边看戏边品尝宫廷小点心，但仍有很多人极不情愿，尽量推脱。比如翁同龢曾记载光绪十年（1884）慈禧万寿节时，"满洲命妇多抱病，惟福锟、崧申、巴克坦布三人之妻入内，闻终日侍立，进膳时在旁伺候一切"[2]，如此终日侍立左右，很是疲乏，遂众命妇多推辞不往。另外，陪观的女眷也需要提前到场。"十月初十是慈禧的生日，唱戏七天，前三天后四天，戏码都是吉祥戏。……王府的福晋们，内务府大臣的夫人们和慈禧娘家的女眷们，都在慈禧生日之前到颐和园去住，一共有十数人。"[3]

另外，还有对陪观女眷着装的要求。如裕容龄在回忆录《清宫琐记》中云："慈禧生日的正日子，大家都在六点多钟起来，姑娘们穿蟒袍，戴朝珠，两把头上挂两个大红穗子，福晋们都穿蟒袍和褂子，头上戴垫子，皇后在褂子外面戴一金项圈，上缀一条绣花的黄缎子飘带，飘带上缝着金的、玉的和翡翠的小剪刀、熨斗、尺、顶针等缝纫用具，又戴三副朝珠，光绪穿蟒袍褂子，戴朝帽，戴三副朝珠。"[4] 穿衣戴帽虽是小事，但史料中事无巨细地进行了记录，可见宫廷礼仪是不容马虎的。除此之外，陪观的女眷还要由皇后领着对太后行三跪九叩礼，递如意，礼毕才能到指定地点听戏。第一次到宫里来听赏戏的，还要上去给老佛爷叩头谢赏，足

---

1 ［美］凯瑟琳·卡尔《美国女画师的清宫回忆》，王和平译，故宫出版社 2011 年版，第 56—60 页。

2 傅谨主编《京剧历史文献汇编·清代卷》（七），凤凰出版社 2011 年版，第 69 页。

3 裕容龄著，江荧绘《清宫琐记》，北京出版社 1957 年版，第 53—57 页。

4 裕容龄著，江荧绘《清宫琐记》，北京出版社 1957 年版，第 53—57 页。

见宫廷观剧礼仪的繁缛。

"赏听戏"的王公大臣，也有一套严格的礼仪规范。如同光年间，每逢初一、十五等节令或慈禧万寿，大臣们常常被"赏戏看"。官员们在接到观戏通知后，要沐浴更衣，身着蟒袍补服按时入宫，并在指定位置就座等候。比如《清宫琐记》提及："慈禧的轿子一进德和园，被赏听戏的王公大臣们便都聚拢在右边阶下。步行随在慈禧轿子后面的光绪和皇后和宫女们，这时便赶先绕进颐乐殿后门，在殿里等着慈禧进来。慈禧在颐乐殿前下轿后，站在殿门前的王公大臣向她叩了三个头，谢赏听戏。然后分立在东西廊下。那儿没有座位，只有大红垫子。当他们看到慈禧在殿内坐下后，才敢坐到垫子上。"[1]赏戏的人员按照爵位高低、身份等级排列座次，体现出森严的等级尊卑秩序。再如，光绪三十二年（1906）光绪万寿演戏，此时光绪帝被囚禁瀛台，发布命令的是慈禧太后，当日赏听戏的王公大臣多达40人："本届万寿圣节奏事处奏准二十五、六两日，所有恩赐听戏之王公大臣如下：东边照料恭亲王溥伟、礼亲王世铎、醇亲王载沣、庆亲王奕劻、载洵、载涛、溥伦、载泽、溥倬、载□一间，鹿传霖、翟鸿机、荣庆、徐世昌、铁良一间，世续、增崇、孙家鼐、那桐一间，奎俊、溥良、清锐、溥兴一间，西边照料载振、庄山、那彦图、肃亲王善耆一间，阿穆尔灵圭、达赉、桂祥、芬车一间，伊立布、讷钦泰、继禄一间，葛宝华、松寿、特图慎、寿耆一间，张百熙、陆润庠、陆宝忠、张亨嘉、吴士鉴、袁□准、姜桂题一间，是日奉懿旨均赏吃饭。"[2]有时大臣们不仅奉旨听戏，还奉旨赏饭吃，可谓一种难得的殊荣。由于官员们跪着听戏，不论严寒酷暑均不

1 裕容龄著，江荧绘《清宫琐记》，北京出版社1957年版，第18—19页。

2 傅谨主编《京剧历史文献汇编·清代卷》（四），凤凰出版社2011年版，第557页。

停歇，所以长期以往，也会表现出一些不满，如翁同龢记载同治八年（1869）三月廿二日，“是日宁寿宫听戏……巳正二刻入座、申初一刻始退，乏极”[1]。王文韶亦有过类似的抱怨：“述旨后赏德和园听戏，……竟日未能抽身小憩，酉正二刻同儿来始散，戏却极好。亦勉力支持矣。”[2]但仍需遵守规范仪礼，实属无奈之举。

总之，宫廷女性作为有权有势的特殊阶层，虽然是女性观众中的少数人，但是由于她们的观剧行为具有很大的政治性和仪典性，所以对于推行伦理教化思想，引导中下层女性观众的审美，具有特殊的风向标作用。除此之外，在宫廷生活的宫女们，也是内廷女性观众群体的一支，每当主子们看戏时，她们也能够跟着蹭戏。但是从观剧的能动性角度分析，皇后主子等上层女性拥有很强的主动性，有点戏、赏赐甚至改戏的权力，而为皇家服务的宫女，却没有主动权，是被动看戏的群体。清末也常有太监、宫女串戏供慈禧娱乐的情况，可见他们受清宫演剧环境的影响之深。

二、仕宦女性

戏曲作为清代主流的娱乐方式，是文人仕宦家庭宴饮欢会中不可或缺的风雅点缀。如清代绍兴城一带，“门闹如市，其内笙歌鼎沸，盖演剧宴客者也”[3]，描述出宴客演剧的热闹情景。可见，无论是作为政治活动的宴客欢会，还是作为联络感情的礼仪应酬，抑或是作为排忧解愁之自娱自乐型观剧，都是当时社会仕宦阶层的一种风尚。这样一来，作为家眷

1 傅谨主编《京剧历史文献汇编·清代卷》（七），凤凰出版社 2011 年版，第 61 页。

2 傅谨主编《京剧历史文献汇编·清代卷》（七），凤凰出版社 2011 年版，第 195 页。

3《笔记小说大观》（一），新兴书局有限公司 1987 年版，第 499 页。

的仕宦女性，观剧机会是非常多的。

（一）从身份地位看

从观剧女性的身份看，既有太祖母、祖母、母亲、叔伯母辈，也有妻妾辈，还有子媳、女儿及孙女辈。掌握着话语权的男性精英，在为助记之用留存的大量私人日记中，对自家或亲戚女眷观剧史实多有载录。比如沈复在《浮生六记》中云："吾母诞辰演剧"[1]，在其居宅苏州饮马桥之仓米巷举家庆贺。又如，杨恩寿《坦园日记》同治五年（1866）九月十八日记载："母亲寿诞，贺客毕集；早面午饭，亲串咸至，颇烦聒。夜召张跛唱道情。"[2]还有王文韶也在日记中写到，光绪五年（1879）十月十二日，"出城祝老姨太太五十寿，三媳之庶祖母"[3]。三媳之庶祖母五十寿辰，演剧称觞。光绪五年七月初七日王文韶记载："三儿妇生辰，演大台宫戏一日，颇有可观。"[4]此后，光绪十年又记录道："三媳生辰，内外亲友共设六席，晚间有打包。"[5]《鉏月馆日记》主人何荫柟也曾谈到，光绪十三年五月初十日"上房有摊（滩）簧曲，外祖母来盘桓"[6]。光绪十四年正月十三日，"请外祖母来聚。……并邀唐李两从母、三妹妯娌及其两女，以示春宴之意，唤花鼓曲点缀之"[7]。从母即姨母，用来指称母亲的姊妹。由上可知，参与观剧之女性观众几乎涵盖男主人父族、母族、妻族的所有女眷。

文人日记虽然寥寥数语，但仍可反映出仕宦家庭中女性观众无论老

1（清）沈复《浮生六记》，人民文学出版社 1980 年版，第 7 页。

2 傅谨主编《京剧历史文献汇编 · 清代卷》（七），凤凰出版社 2011 年版，第 149 页。

3 傅谨主编《京剧历史文献汇编 · 清代卷》（七），凤凰出版社 2011 年版，第 180—181 页。

4 傅谨主编《京剧历史文献汇编 · 清代卷》（七），凤凰出版社 2011 年版，第 180 页。

5 傅谨主编《京剧历史文献汇编 · 清代卷》（七），凤凰出版社 2011 年版，第 185 页。

6 傅谨主编《京剧历史文献汇编 · 清代卷》（七），凤凰出版社 2011 年版，第 423 页。

7 傅谨主编《京剧历史文献汇编 · 清代卷》（七），凤凰出版社 2011 年版，第 426 页。

少长幼皆群聚一堂、兴致高昂地观剧的情况。经济状况较好的家庭，多注重排场，如王文韶三媳生辰当天，不仅设宴待客，以示隆重，甚至会演出“大台宫戏”。杨恩寿、何荫柟曾分别官历湖北盐运使、候补知府和浙江诸暨知县，其亲友寿辰，只用道情、滩簧等小戏，聊表庆贺。由此可见，仕宦女性观众等级地位的差别。

（二）自上而下数量可观

书写日记的男性，不仅记录了自家女眷看戏的情况，且从侧面反映了同僚官员的女眷观剧等事。如王文韶记录光绪十三年（1887）十一月十四日，“祝琳粟夫人岁庆听戏，全用新行头，灿烂夺目，亥正归”[1]。与王文韶同时代的翁同龢，也有类似记载。如同治七年（1868）闰四月初三日，“祝袁小午祖母寿。其家演剧”[2]。又如那桐于光绪十六年（1890）八月初七日，“酉刻赴松吟涛尚书处为其夫人拜寿，看剧，子初归”[3]。还有，光绪二十三年（1897）常州武进县袁潜之大令之太夫人“于今年五月初一日适为七旬荣庆，故大令特备桃樽暨雇髦儿戏班为太夫人寿，并柬请城中绅士前往庆祝，是日宾朋满座，水陆纷陈，诚属一番盛举也”[4]。上自朝廷重臣，下至县丞，女性观众不唯一家。其中翁同龢、王文韶、那桐，同光年间曾官历户部尚书、政务大臣、总理衙门大臣等要职。上述种种可见，仕宦女性群体自上而下，数量可观，占清代女性观众的很大比重。

1 傅谨主编《京剧历史文献汇编 · 清代卷》（七），凤凰出版社 2011 年版，第 186 页。

2 傅谨主编《京剧历史文献汇编 · 清代卷》（七），凤凰出版社 2011 年版，第 60 页。

3 傅谨主编《京剧历史文献汇编 · 清代卷》（七），凤凰出版社 2011 年版，第 699 页。

4 傅谨主编《京剧历史文献汇编 · 清代卷 · 续编》（四），凤凰出版社 2013 年版，第 125 页。

（三）观剧缘由的多样化

考察清代官宦绅衿家庭女性观众观剧的缘由，主要有人生礼俗观剧、愿戏观剧、庆贺观剧、日常娱乐观剧、特定节日观剧等。

其中，女性观众庆寿观剧的记载比较集中，这与“明清时期庆寿演剧风气日盛”[1]有关，每逢家中亲眷寿诞，家族成员乃至周围的亲朋好友常会安排一定的祝寿仪式，邀请戏班演戏，以示庆贺。王文韶在日记中就多次提到为朱砚生、成竹坪等人的家眷祝寿的情况。如光绪六年（1880）七月二十七日，“至正乙祠祝朱砚生太夫人七旬寿，盘桓半日，听三庆部”[2]。光绪七年二月二十四至二十五日，“成竹坪太夫人八旬寿诞，连续演剧庆贺二日”[3]。光绪十五年三月二十七日，“晚酌巽卿长媳生辰，孙辈为之醵分致祝，演清华晚台”[4]。王文韶虽未正面描写太夫人等人寿辰演剧时观剧的情形，但作为寿星，其本人观剧是肯定的。此类记载还有很多。清代官场上督抚各司及府县各级，往往制造许多名目来设宴演剧，既要冠冕堂皇，又要有一定的认可度和权威性。如此背景下，最为妥帖合适的名目便是“为尊者祝寿”，因为其符合官方提倡的孝道文化，不失为一个合理借口。因此，文人日记中所载录的仕宦家族最多的演剧类型就是庆寿戏，而为自己的妻女子媳等祝寿演戏，则是从为尊者祝寿到为亲眷祝寿的延伸。为家中亲眷祝寿演剧，已然成为各级官员联络感情、聚会庆祝的一个合理由头和一种流行的社会风尚。有借口同僚女眷寿辰而主动送戏的，如杨

1 赵继红《明清庆寿折子戏的演剧特征与舞台效果》，《中华戏曲》2017 年第 54 辑。

2 傅谨主编《京剧历史文献汇编 · 清代卷》（七），凤凰出版社 2011 年版，第 182 页。

3 傅谨主编《京剧历史文献汇编 · 清代卷》（七），凤凰出版社 2011 年版，第 183 页。

4 傅谨主编《京剧历史文献汇编 · 清代卷》（七），凤凰出版社 2011 年版，第 190 页。

恩寿记载同治九年（1870）四月十五日，“蒋幼怀太夫人生日，潘子箴鸠合幕友醵赀演泰益部”[1]。又如，光绪三十年（1904）十一月，“日前二十五日，为那大金吾母太夫人寿辰，有僚属公送某菊部彩戏。那太夫人因皇太后万寿，尚力崇节俭，故将戏辞退未演云”[2]。男性官员无形中扮演了促进、支持、赞同仕宦女性观剧的角色，然而有时候并不符合女性自己的观剧意愿。同时，东主官员往往还能从中收获额外的物质利益，大行敛财之实。如《顺天时报》光绪二十九年十二记载：“月之十七日，那琴轩司农府前，人烟齐集，车马纷纭，十分热闹。闻系公女之芳诞，是日特召集菊部宝胜和，并邀各色名优在宅内演剧。登堂贺寿诸公接踵而至，极为拥挤。”[3]光绪三十年“八月之二十六日李高阳之子妇寿日，在南衡街粤东馆招福寿部演剧，一时冠赏挤挤，颇形热闹，至夜阑人寂始各鸣而返”[4]。《大公报》光绪二十九年三月亦云：“汪聘宸主事锡珍之封翁六旬晋五太夫人六旬双寿之期，往贺者车马络绎于途，异常热闹云。”[5]光绪二十九年十一月二十六日，“那琴轩尚书之太夫人寿辰，连日送屏帐礼物者纷纷不绝”[6]。可见，借口女眷亲属诞辰演剧，贺客盈门，“靡不送礼，且厚”[7]。

另外，仕宦家庭女性还有封荫观剧、团拜观剧等情况。旧时拥有一定品秩的官吏，其父母、祖父母、曾祖父母及妻室得受封赠，子孙亦得荫袭官爵，称为“封荫”。如光绪三十年（1904）三月，“苏花胡同继宅初

1 傅谨主编《京剧历史文献汇编 · 清代卷》（七），凤凰出版社 2011 年版，第 161 页。
2 傅谨主编《京剧历史文献汇编 · 清代卷》（六），凤凰出版社 2011 年版，第 31 页。
3 傅谨主编《京剧历史文献汇编 · 清代卷 · 续编》（四），凤凰出版社 2013 年版，第 205 页。
4 傅谨主编《京剧历史文献汇编 · 清代卷 · 续编》（四），凤凰出版社 2013 年版，第 217 页。
5 傅谨主编《京剧历史文献汇编 · 清代卷》（六），凤凰出版社 2011 年版，第 10 页。
6 傅谨主编《京剧历史文献汇编 · 清代卷》（六），凤凰出版社 2011 年版，第 17 页。
7 桑兵《清代稿钞本》（第 14 册），广东人民出版社 2007 年版，第 527 页。

六日为其太夫人恭领钦赐匾额，演戏两日，贺客盈门，极一时之盛”[1]。还有，翁同龢记载：“辛亥世兄团拜。母亲至休宁馆观剧，明日再请，盖寓称寿之意。……母亲傍晚归。”[2]同治八年（1869）九月初十日团拜演剧，翁同龢之母连日去休宁馆观剧。

（四）从观剧空间看

仕宦绅衿女性，她们的经济条件、交际需求、社会地位等都决定了观剧空间有很大的伸缩性，既可以在家观堂会演出，又可以去戏园等商业性场所，还可以应邀去衙门公署，甚至部分王府女眷偶尔也会进入宫廷观剧。但总体来看，在家里看戏的比较多，这和封建礼教对她们活动空间的限定有很大关系。但也有去尼寺看善会戏的情况，此属特例。

总之，仕宦家庭女性从其自身分析，因她们大多接受过良好的家庭教育，有一定的文化素养，懂戏者多，故在观剧过程中有很大的主动性。虽然她们有时候被安排在特定的位置（本书第二章第二节有专门论述），但并非陪观的角色，尤其是年老的祖母、母亲等人，不仅可以请家班或职业戏班到家中自娱自乐，亦可以经常享受儿孙辈为她们安排的戏曲活动。这类女性的真实身份，往往可通过后人书写的行状、行述、墓志铭等作相关考证。如翁同龢的母亲许氏夫人，就是一位幼通《诗》《易》，好观史的女性。总之，较之同阶层的男性观众，仕宦女性观众观剧的社会性、目的性更少，观赏性成分更多，是纯粹的艺术欣赏活动，这对于戏曲艺术的提高和改进具有重要的作用。

另外，一些仕宦家庭的女主人随身的女仆女婢，也是女性观众的一

1 傅谨主编《京剧历史文献汇编·清代卷·续编》（四），凤凰出版社 2013 年版，第 207 页。

2 傅谨主编《京剧历史文献汇编 · 清代卷》（七），凤凰出版社 2011 年版，第 61 页。

部分。婢女群体的出现与明清时期蓄婢习俗有关，婢女的出身较为复杂，或没官为奴，或贩卖为奴，或因家贫自卖为奴，而后进入各个主家。她们是清代法律规定的贱民，主要服务于女主人的生活起居：

> 凡内外仆妾，鸡初鸣咸起，栉总盥漱衣服，男仆洒扫厅事及庭铃下，苍头洒扫中庭，女仆洒扫堂室，设椅桌，陈盥漱栉靧之具。主父母既起，则拂床襞衾，侍立左右，以备使令。退而具饮食，得间则浣濯纫缝，先公后私。及夜，则复拂床展衾。当昼，内外仆妾，惟主人之命，各从其事，以共百役。[1]

因生活悲苦，于是看戏就成为仆婢们能够享受到的为数不多的娱乐活动。如《红楼梦》中，当贾府女眷们看戏时，旁边有一群丫鬟跟着伺候并陪同主人看戏，她们的观剧时机、观剧内容随主人喜好而定，属于被动观剧类型。观剧的地点，也随女主人而定。清末，各地戏园均卖女座，女仆也会跟随女主人到戏园等公共剧场观剧，承应端茶递水、跑腿采买之责。如“前江南盐巡道降补通判胡芸台通刺家桢之夫人，……本月初一日之夜，夫人带同家丁仆妇，至盘门外青阳地天□观猫（髦）儿戏。”[2] 再如，日华戏园“男女各有分座位，堂客有女仆伺候”[3]。“福寿堂演唱各种改良词曲，……所有座位共为四等，包厢每间八元，楼上每棹六座，每人六大洋半元，楼下三角，幼童减半，女仆□角。”[4] 可见，女仆入戏园观剧也是

1 （清）张履祥《杨园先生全集》（卷三五），同治十年江苏书局刊本，第 12 页。

2 傅谨主编《京剧历史文献汇编 · 清代卷》（四），凤凰出版社 2011 年版，第 510—511 页。

3 傅谨主编《京剧历史文献汇编 · 清代卷 · 续编》（四），凤凰出版社 2013 年版，第 365 页。

4 傅谨主编《京剧历史文献汇编 · 清代卷》（四），凤凰出版社 2011 年版，第 223 页。

要花钱的，只不过少一些。

三、平民女性

相比内廷女性观众和仕宦女眷观众，平民女性观众群体更为庞大。由于受传统礼教规范和约束相对较少，平民女性外出参与公共娱乐活动的机会更多一些。据文献载录来看，在乡村庙会演出或迎神赛社演剧活动中，处处可见平民女性观剧的身影。

（一）从年龄结构看

中国古代，女孩 7 岁为髫年，12 岁称金钗之年，13 岁曰豆蔻，15 岁是及笄之年，16 岁为破瓜之年（或称二八年华），20 岁为桃李年华，24 岁为花信，至出嫁称摽梅之年，不同年龄的女性，有不同的指代。从文献载录来看，观剧的平民女性中，各个年龄段的都有。如扬城徐凝门内江西会馆于光绪七年（1881）二月谢神演剧，“正演《西游记》，忽一声大震，挤倒东首危墙，……一中年妇女怀抱女婴，为天篷压棍击碎头脑，母女皆毙”[1]。实际上，女婴懵懂无知，并不能算是真正欣赏演出的观众。未成年之女童也喜欢到剧场凑热闹，如光绪二十一年闰五月二十四日，“杭省下城西关帝庙建台演剧，比戏散场，清远桥　朱姓女孩，名宝珍者，才九岁因观戏走失”[2]。幼女由于年龄小，在家长看护不周的情况下，观剧过程中极易发生拐带遗失等情况。另有，光绪六年三月十五日杭垣竹竿巷二圣庙酬谢火神，女性列坐之东看楼突然坍损，“有十一二岁之女孩亦甚伤重

1 傅谨主编《京剧历史文献汇编 · 清代卷》（四），凤凰出版社 2011 年版，第 181 页。

2 傅谨主编《京剧历史文献汇编 · 清代卷》（四），凤凰出版社 2011 年版，第 433 页。

云”[1]。光绪八年（1882）十月初四日永嘉县城隍庙诞辰，搬演夜戏“突有抓儿手将一年约十三四岁之女头上押发花扦等物抢拔而去”[2]。光绪二十年三月初九日广东番禺县洪圣灵诞辰演剧，竟有窃匪混迹其中“潜置引火物于女客看棚下……焚毙一十余岁女郎，践踏跌伤者不知凡几”[3]。辽宁丹东通远堡清光绪年间一村落演戏14—16岁的少女最多，“街上搭了仓氏戏子之棚，……聚集观光听戏之人喧闹挤挨，而最多者即女娘也。年可三五、二七或二八与（欤）”[4]。未婚的年轻少女，往往呼朋唤友或与母同观。如广东新会县，“邓某氏有女，芳龄二九，艳绝尘寰。……潮连乡演剧，女之姨母家于潮连，氏携女往观”[5]。

已有家室的少妇之流，也群相往观。如光绪十九年五月十一日，“金陵聚宝门外东岳庙新造内台一座，内外演戏三日，藉答神庥。……有一妇年约二十许莲钩贴地，疾走如飞”[6]。其中有机匠三四人，见其风姿绰约，弱不胜衣，遂故意调戏，遭到妇人丈夫的毒打。又有，镇江七濠口宁波会馆光绪二十年四月初六日，“召集宝风茶园诸妙伶登台演剧，……某氏妇花信年华，浓妆艳抹，轻移莲步，姗姗而来”[7]。女子20余岁，明媚娇艳，外出观剧常常被恶人戏谑蹂躏，这也是官方禁止女性外出观剧的主要原因。

那些婚后当了母亲的女性，观剧时往往还兼有照顾哺育婴孩的责任。据《申报》光绪二十年（1894）二月二十日报道，同城南河下江西会馆“每

1 傅谨主编《京剧历史文献汇编·清代卷》（四），凤凰出版社2011年版，第173页。
2 傅谨主编《京剧历史文献汇编·清代卷》（四），凤凰出版社2011年版，第224页。
3 傅谨主编《京剧历史文献汇编·清代卷》（四），凤凰出版社2011年版，第412页。
4 程芸《元明清戏曲考论》，中国社会科学出版社2013年版，第98—99页。
5 傅谨主编《京剧历史文献汇编·清代卷》（四），凤凰出版社2011年版，第394页。
6 傅谨主编《京剧历史文献汇编·清代卷》（四），凤凰出版社2011年版，第395页。
7 傅谨主编《京剧历史文献汇编·清代卷》（四），凤凰出版社2011年版，第413—414页。

遇春秋佳日，必召集梨园子弟演戏数日，以答神庥，……有某少妇手抱婴儿，欣然前往”[1]。又如，光绪八年永嘉县“赞善王庙寿诞良辰，庙内遍搭天篷，悬挂灯彩，演戏庆祝，……有林某之妻在庙看戏，林抱其子送交食乳”[2]。又有，宣统年间北平天桥庆祝国会“戏台两旁满是女客。大半都抱着孩子，各自带着凳子同来”[3]。

除此之外，一些老媪老妪也抵挡不住戏曲艺术的独特魅力，不顾年老体衰，欣然往观，但由于腿脚不便，一旦发生危险，后果不堪设想。如《申报》光绪六年三月十五日记载，杭垣竹竿巷二圣庙酬谢火神，女性列坐之东看楼突然坍损，“一老妪则已压断肋骨，十分沉重”[4]。又如，光绪十一年“泰州樊汉镇于四月廿日在火星庙演戏，唱到《九更天》一出，因人众将正殿大楼压坍两间，……内有蒋姓老媪，年已七十五岁”[5]。黔垣西门外紫林庵，光绪二年闰五月上旬，“敬神演戏。地方既狭，观众又众，而戏亦极形热闹，于是拥挤不堪，竟将铁铸香炉挤倒，砸死老妪一人”[6]，可谓乐极生悲耶！

总之，从年龄结构看，观看戏曲的女性年龄跨度极大，既有尚在襁褓中的女婴、不谙世事的幼女，也有待字闺中的少女、初婚不久的少妇，还有怀抱婴孩的妇人及颤颤巍巍的老媪老妪，可谓少长咸至。一些女童由于年龄较小，尚算不得真正的观众和戏曲欣赏者。但值得注意的是，女

1 傅谨主编《京剧历史文献汇编 · 清代卷》（四），凤凰出版社 2011 年版，第 409 页。
2 傅谨主编《京剧历史文献汇编 · 清代卷》（四），凤凰出版社 2011 年版，第 224 页。
3 傅谨主编《京剧历史文献汇编 · 清代卷 · 续编》（四），凤凰出版社 2013 年版，第 668 页。
4 傅谨主编《京剧历史文献汇编 · 清代卷》（四），凤凰出版社 2011 年版，第 173 页。
5 傅谨主编《京剧历史文献汇编 · 清代卷》（四），凤凰出版社 2011 年版，第 252 页。
6 傅谨主编《京剧历史文献汇编 · 清代卷》（四），凤凰出版社 2011 年版，第 105—106 页。

童们经常会参与类傩性质的迎神赛会演出。如光绪十年（1884）沪上租界内迎神赛会当天迎天后神像，“清音迭奏，舆马分陈……台阁三架，亦以童男女扮作戏出，惟妙惟肖”[1]。又如，光绪二十九年浙江定海“三月东岳会，……会中如彩阁一事……其初止用儿童装扮戏剧，继则兼用童女，今则踵事增华”[2]。又如，湖州地区光绪三十一年四月中旬“相传为南乡霅远桥总管神诞，附近数十村举行迎赛，极意铺张，每一村落，必盛饰童男女装扮故事，装架舁之，谓之抬阁，竞巧争艳，靡费滋甚”[3]。这样女童们就兼具演员和观众的双重角色，具有了特殊的意义。

中青年妇女和老年妇女在观剧过程中，既有共同点，也有不同点——青年女性靓妆炫服，对观剧充满了激动和向往，容易沉浸于自己的即时娱乐中；中年妇女的家庭角色，决定了她们观剧往往兼顾照看孩子的责任；老年妇女则几乎完全卸下了家庭重担，一心观剧，有时也会积极参与到庙会的组织管理工作中。如河南省西华县“女娲城庙会”，就是一个由女性组织的具有狂欢色彩的庙会，每年农历二月二十日至三十日，由当地女性发起香会，根据具体活动中每个人的表现和能力的不同，选出主要会首和一般会首：主要会首参与庙会大事的讨论，一般会首则负责一方民众的祭拜以及捐钱、捐物等事宜。从庙会的组织管理，到“唱功”[4]，到祭神活动（包括花供、添坟、守功），再到娱神活动（如宣传功、对功、渡船表演、

1 傅谨主编《京剧历史文献汇编 · 清代卷》（四），凤凰出版社 2011 年版，第 241—242 页。

2 张天星编著《晚清报载小说戏曲禁毁史料汇编》，北京大学出版社 2015 年版，第 771—772 页。

3 张天星编著《晚清报载小说戏曲禁毁史料汇编》，北京大学出版社 2015 年版，第 779 页。

4 “功”是妇女们被女娲赐予的某种特殊能力，具有神秘主义色彩；“唱功”，指妇女们用韵语的形式歌唱、竞赛女娲的神话和祭歌活动。

民间舞蹈和戏曲表演等)，形成了一个强化女性社会性别、女性狂欢的世界[1]。

（二）从地域分布看

有清一代，从女性观众的地域分布来看，呈现出天南海北无处不至的特点。如辽宁丹东通远堡一村落演戏，“戏子等在台上鸣锣击鼓……而最多者即女娘也”[2]。吉林乌拉街上宣统二年（1910）五月十一日，“财神庙开台演戏。……正演《张秀大战皖（宛）城》一出，忽有吉林府李太守派委刘蓝田君率领马巡数名，前来张贴告示禁止停演。……一时台下观戏之人谣传巡警将要开枪击捕，妇孺闻之，多致涕泣”[3]。又如，南方广州地区“酬神演剧，妇女杂沓”，以及“琼郡以土音演剧，……妇女悦观，达旦不倦”。[4]可见，北起辽、吉，南至两广岭南地区，虽然地域不同，距离也极其遥远，但女性观剧的热情丝毫不减。

实际上，从东到西，也有同样的特点。清初文人陈维崧就曾目睹了江苏吴县之楞伽山附近的一个村落，“村鼓正喧阗，赛火成围，雏伶唱销魂院本。讶蓦地、风飘绿杨丝，乍小露墙头，一群红粉”[5]。赛神演剧，乡民扶老携幼竞相观剧，蓦然间风吹柳枝，看到了藏在山墙后面偷偷观剧的一群红粉佳人。又如，浙江“杭垣……庙社演剧……妇女之伴绿携红、约群同往者，固不特小家碧玉、巨室青衣等而已也”[6]。温州陶尖庙演剧，“大

1 祝慧敏《狂欢与秩序——河南省西华县女娲城庙会的双重性》，《青年文学家》2013年第8期。
2 程芸《元明清戏曲考论》，中国社会科学出版社2013年版，第98—99页。
3 傅谨主编《京剧历史文献汇编 · 清代卷》（四），凤凰出版社2011年版，第614页。
4 傅谨主编《京剧历史文献汇编 · 清代卷》（八），凤凰出版社2011年版，第630页。
5 钱仲联《清八大名家词集》，岳麓书社1992年版，第120页。
6 傅谨主编《京剧历史文献汇编 · 清代卷》（四），凤凰出版社2011年版，第77—78页。

家闺秀、小家碧玉皆呼童挈伴以至”[1]。神庙演剧，不特小家碧玉结伴而来，连大家闺阃、巨室青衣也都被戏曲艺术吸引了。如新疆乌鲁木齐清代道光年间智珠山上有文昌庙，“在四五六月不等，演戏于山下沙碛上，士女云集，亦是盛观”[2]。可见，女性观众的身影东至江浙，西达新疆。

除此以外，在梆子腔兴盛的山西、陕西、河南等中部地区，男女观众杂沓聚观的情况比比皆是。如雍正十二年（1734）山西省《朔州志》载：“朔、宁风俗，夜以继日，唯戏是耽。……男女混淆，风俗不正，端由于此。”[3]河南省新乡县上元节，“儿童扮演故事，鸣钲叠鼓，士女往来杂遝，夜分不散”[4]。河南省温县元宵节，“张灯鼓乐，放烟火，扮故事，士女往来杂遝”[5]。河北省饶阳县，“妇女听戏赴会，民间祈报，演戏敬神，妇女聚观毫无顾忌”[6]。

由此可推断，从东至西，由北至南，全国各地的女性均热衷观剧，已然成为戏曲观众中一个重要的群体，看戏是她们日常生活中不可或缺的一项娱乐活动。

（三）从民族属性看

从民族属性来看，大抵汉族女性占大多数，但也有少数民族的平民女性深受汉民族文化的熏染，而热衷于看戏的。如《申报》光绪二十四年（1898）九月十七日载，杭州各扇庄春夏之交，“例于兴忠巷扇业会馆演剧酬神。……有二旗人挈两女郎结队来观，藉扩眼界。……突有机坊

---

1 张棡撰，俞雄选编《张棡日记》，上海社会科学院出版社 2003 年版，第 1—2 页。

2 （清）黄濬《红山碎叶》，中国西北文献丛书编辑委员会编《西北民俗文献》（第 2 卷），兰州古籍书店 1990 年版，第 112 页。

3《中国地方志集成 · 山西府县志辑》（第 10 册），凤凰出版社 2005 年版，第 443 页。

4《中国地方志集成 · 河南府县志辑》（第 12 册），凤凰出版社 2007 年版，第 152 页。

5《中国地方志集成 · 河南府县志辑》（第 15 册），凤凰出版社 2007 年版，第 238 页。

6《中国地方志集成 · 河北府县志辑》（第 47 册），凤凰出版社 2006 年版，第 547 页。

工匠三人从人丛中冲入，致将二女挤仆，旗人大怒，纠二十余人，声势汹汹，意将用武”[1]。二旗人女郎跟随家人外出观剧引发纠纷，这样的事很常见。相对于对观剧旗人女性平面化、背景式的描述，朝鲜使者金昌业在《燕行日记》中更详细地记载了康熙年间，一名不施粉黛，但气度非凡、举止不俗的少数民族女性边掁茶边坐观戏子演出的事情：“巷内有一簟屋，即设戏子处也。……群女中有一胡女，年可十二岁，姿貌丰盈，不施朱粉，穿浅绿锦衣，髻插花钿，耳垂珰，手执白锡壶，制甚精巧，乃茶器也。以小钟频斟茶自呷，亦观劝。同伴见其气止，似非下贱人也。”[2]此处所说的胡女，虽未明确指出民族归属，但当是一名少数民族的贵族少女。总体来看，汉族、满族以外的少数民族的女性是否观剧、观看何种剧目，我们不得而知，有待资料的进一步挖掘和整理。

（四）从女性观众规模看

平民女性观剧人数之众、规模之大，文献中多有记载。如福建厦门道光年间演出《荔镜传》，“妇女观者如堵”[3]。道光二十三年（1843）赵凤夏于归途中完成的《燕蓟纪略》亦载：“以白簟构二层屋架，设倡戏于前，一村男女云屯星会，不下十数百。”[4]又如，某地演剧“四乡红男绿女之联袂而来”[5]。《新闻报》亦云，光绪二十四年（1898）五月二十三日演夜戏，“倾城士女争来观看”[6]。同年五月廿四日，“苏垣青阳地，……凡士女之出城游

1 傅谨主编《京剧历史文献汇编 · 清代卷》（四），凤凰出版社 2011 年版，第 492 页。
2 傅谨主编《京剧历史文献汇编 · 清代卷》（八），凤凰出版社 2011 年版，第 261 页。
3（清）周凯《厦门志》（卷一五），清道光十九年（1839）刻本。
4 傅谨主编《京剧历史文献汇编·清代卷·续编》（四），凤凰出版社 2013 年版，第 610 页。
5 傅谨主编《京剧历史文献汇编 · 清代卷》（五 · 上），凤凰出版社 2011 年版，第 38 页。
6 傅谨主编《京剧历史文献汇编 · 清代卷》（五 · 上），凤凰出版社 2011 年版，第 59 页。

览者，绵绵相属，大有万人空巷之概"[1]。史料中"云屯星会""观者如堵""联袂往观"等词，形象生动地描绘了女性观剧时拥挤异常、摩肩接踵的场面。

另外，利用估数法大致可以估计出观剧女性的人数。18世纪初朝鲜学者金昌业在《燕行日记》中载："戏屋相对处人家门内，有一炕，群女满窗。"[2]道光七年（1827）《赵城县志》云："村必有庙，醵钱，岁课息，以奉神享赛，必演剧，……妇女老幼什百为群。"[3]道光十七年元宵节五圣祠演剧，"诸女人无虑数百"[4]。又有，温州市永嘉县光绪八年（1882）十月"廿三日大街赞善王庙寿诞良辰，……演戏庆祝，两廊妇女看戏比城隍庙更加数倍"[5]。光绪十四年正月十六日温州瑞城陶尖庙演剧，"是庙看戏男女之人较别处尤多"[6]。宣统二年（1910）北平大桥庆祝国会，"统计妇女不下千人"[7]。因为不好计数，所以用"诸""群""尤""更加""不下"等词来估算。

又或者以车代人。如光绪六年神池县五月五日，"城隍庙、龙王庙各献女戏三天……男女看戏者，车以百辆计"[8]。以车的数量来代指男女观剧人数，若一辆车上或可乘五六人，百辆车便可承载五六百人。

还可以通过统计观剧女性所占的比例，考察女性观剧的规模及人数。如苏州城光绪八年（1882）狮子林演剧，"座地益宽，看客益盛，妇女竟十居六七"[9]。可见，女性看客的数量比男性多几成。

1 傅谨主编《京剧历史文献汇编·清代卷》（五·上），凤凰出版社2011年版，第59页。

2 傅谨主编《京剧历史文献汇编·清代卷》（八），凤凰出版社2011年版，第261页。

3《赵城县志》（卷一八），道光七年（1827）刻本。

4 傅谨主编《京剧历史文献汇编·清代卷·续编》（四），凤凰出版社2013年版，第609页。

5 傅谨主编《京剧历史文献汇编·清代卷》（四），凤凰出版社2011年版，第224页。

6 张棡撰，俞雄选编《张棡日记》，上海社会科学院出版社2003年版，第1—2页。

7 傅谨主编《京剧历史文献汇编·清代卷·续编》（四），凤凰出版社2013年版，第668页。

8《中国地方志集成·山西府县志辑》（第17册），凤凰出版社2005年版，第440页。

9 傅谨主编《京剧历史文献汇编·清代卷》（四），凤凰出版社2011年版，第215—216页。

（五）从着装容貌看

从观剧女性的相貌来看，美丑妍媸相杂，皆热衷于烧香看会，兴致丝毫不让男人。清代王应奎《戏场记》就生动地记载了观剧女子的群相："至于女子，则有妖冶如者，有丑如无盐后者，有椎髻者，时事妆者，有小儿呱呱在抱者，有老而面皱如鸡皮者，有稚而发然覆额者。"[1]又如，清道光年间叶调元所撰湖北《汉口竹枝词》"闺阁"中云："热闹场中总到临，莫教豪兴让男人。西施颜色东施貌，两样人材一样心。"[2]可见，无论貌比西施，还是丑若无盐，这些女性皆喜欢结伴往观，翠衣红裙，姗姗而来。类似的记载还有很多。如任百渊《镜浯游燕日录》记载道光年间五圣祠演剧，诸女"皆戴花鸣珰，靓妆冶服，充满其中，喧笑成群。为观丽人故，近栏栅而立，亦无回避之意。见其老少妍丑相杂，大抵多秀丽者"[3]。这位朝鲜使者为观丽人，专门"近栏栅而立，亦无回避之意"，且"喧笑成群"，豪放、爽朗之态莫不让作者感到讶异。另一位姓名不详的朝鲜使者，在清光绪己丑年（1889）三月初八日北平护国寺酬神演戏中，用白描的手法描绘了群女静默观剧的场景："殿前台基上，有一队戏子设幔而唱歌调。众女子……或粉白黛绿、绮罗绫锦者，或淡扫蛾眉、不施脂粉者，或有头插七宝奇花者，或有插野花者，逾至五六十人，而无一字半句。聚首相与之语，但樱唇脉脉、星眼齐齐而已，毫无鄙野轻薄之态，俱有沉默优如之色，举皆丰盈粹美、眼彩滢滢，如秋水之映日，真个是一班花朵矣。"[4]这些女子看戏前都经过

1（清）王应奎《柳南文钞》（卷四），清乾隆年间刻本。

2 傅谨主编《京剧历史文献汇编 · 清代卷》（八），凤凰出版社 2011 年版，第 627 页。

3 傅谨主编《京剧历史文献汇编 · 清代卷 · 续编》（四），凤凰出版社 2013 年版，第 609 页。

4 程芸《元明清戏曲考论》，中国社会科学出版社 2013 年版，第 98—99 页。

了一番精心打扮，或淡扫蛾眉，或头插鲜花，或绫罗绸缎，或樱唇点点，各个静默矜持，看上去如花朵般文静美丽。因为经过了一番打扮，观剧的女性都是美丽而又精神的。

总之，平民女性在女性观众群体中所占比重最大，对于各地方戏曲的传播和繁荣，具有非常重要的贡献，这一点也与下层女性外出活动范围广阔有关。研究表明，受经济、文化、地域等各种因素的影响，清代下层平民女性为了维持生活的需要，从事农耕、蚕桑、渔业、盐业、刺绣等家庭经济活动是非常普遍的[1]。儒家士大夫所构建的“男主外、女主内”的理想生活场景，“在底层人民的现实生活中从未严格执行，现实的困境使妇女的活动事实上超出了儒家规定的界限”[2]。

四、青楼女性

中国古代娼妓始于春秋时期齐国的“女闾”政策，秦汉时贞节观念出现，公娼式微而私娼渐盛。魏晋时出现了乐妓、家妓群体，至隋唐成为官妓发展的重要时期。宋元理学盛行，对贞节观念的强调以及“男女授受不亲”对两性交往的规训，使士大夫多耻于狎妓冶游，娼妓业遂衰。明中后期，随着商品经济和城市工商业的发展，娼妓业复又进入发展期。清代是中国历史上娼妓最为繁盛的时代，特别是晚清的坚船利炮敲开了古

1 清代上海女性从事农耕、纺织、盐业等经济活动的实例，如：“雨后棉花要护陪，农家妇女荷锄来。黎明出户黄昏返，巡视周巡日几回。”“昼出耕田夜纺纱，村庄妇女好当家。小康汔可同操作，戴笠携锄领脱花。”“布机声轧出茅檐，织妇双搀十指尖。蓬首晨兴遁入市，妇家手挈米和盐。”见顾炳权《上海历代竹枝词》，上海书店出版社 2001 年版，第 147、349、218 页。

2 杨蕾《清末民初上海女性生活的嬗变与传统》，上海师范大学 2012 届硕士学位论文，第 16 页。

老中国的大门，五口通商后，受到西方开放的思想影响，传统的礼仪道德观念受到冲击。与此同时，城市工商业的发展，商品经济的刺激，使得无论官宦、文人还是平民，均肆意地纵欲享乐，以求精神上的片刻欢愉，青楼妓馆便成为满足男性性消费和释放压力的重要娱乐空间，官方屡禁而不绝。就妓女的类型而言，除青楼之普通私妓外，尚有官妓、船妓、家妓、洋娼、咸水妹等。不像大多数良家妇女，妓女作为脱离了儒家传统礼教束缚而能够自由出入公共空间的特殊群体，其身体及其活动本身便是公共的。所以一直以来青楼女性都是戏园茶园中的常客，无论是出于社会交往目的出局陪观，还是自己做东请客观剧，都是比较常见的。她们既是戏曲艺术的消费者，也是男性观众眼中的“被消费者”，还是其他女性观众眼中的引领时尚潮流者。

（一）出局陪观

旧时沪上有钱人常以红笺招妓一同观剧，称为“出局”。如光绪年间上海丹桂、金桂、三雅园等戏园，“客之招妓同观者，入夜尤多，红笺纷出，翠袖姗来”[1]。又如，“迩来洋汀一隅地，每值新年，尤为热闹。……戏园中携妓观剧者，纷如也。翠袖红裙，环坐几无隙地”[2]。又有，“西园演剧无虚日……富者携妓同来”[3]。竹枝词中亦有生动的描述，如“竟把黄金视作灰，纷纷舆马戏场开。兴豪正桌居然坐，还写红笺叫局来”[4]。其中，有一位观众叫李长寿，“雄于资。尝游沪，至丹桂戏园观剧，至则据厅事而

1 傅谨主编《京剧历史文献汇编·清代卷》（八），凤凰出版社 2011 年版，第 214—215 页。

2（清）王韬《瀛壖杂志》，上海古籍出版社 1989 年版，第 115 页。

3 傅谨主编《京剧历史文献汇编·清代卷》（八），凤凰出版社 2011 年版，第 101 页。

4 傅谨主编《京剧历史文献汇编·清代卷》（四），凤凰出版社 2011 年版，第 6—7 页。

独坐，诫案目，禁他人入座，惟召妓侍观，环侍左右，顾盼自豪”[1]。这位男性观众至丹桂观剧，竟然跋扈至此，告诫案目禁止他人入座，雄踞正厅，得意扬扬地享受诸妓环侍、群花陪观的虚荣和骄傲。同时，戏园里案目为了戏园的经营，往往很乐意替这些富豪跑腿邀妓。对他们的描述，如“日日频将戏目分，偏于妓馆最殷勤。声声小姐来相请，今夜新灯好戏文。”“传书去后不多时，报道佳人到未迟。飞轿一肩灯两盏，后边跟着俏娘姨。”[2]可见，妓女乘舆出局陪观，往往成为有钱有闲的男性“精英”阶层观剧时身份的象征和陪衬，这些女性为了谋生，往往一接到红笺便艳装靓服，群相出局。社会各界对于妓女出局陪观的现象非常不满，认为她们在公共场合男女混杂，不成体统。另外，青楼女性的出现还容易引起争风吃醋、围观拥堵等一系列社会问题，所以社会各界希望当局能够重视并给予申戒。政府也不断采取措施禁止妓女入园观剧，如“中国酒馆戏园近来多有年在十五岁以下之歌妓出入其中，请于该馆等照会内加入禁条等语，现工部局已议准照行矣。”[3]但往往收效甚微，她们甘愿冒当众受辱、被警察和政府惩罚等危险，不断地突破禁令，虽“当事以为诲淫，屡禁不能绝也”[4]。

（二）做东请客观剧

青楼女性有时也自己请客，邀集姐妹们赴戏园等处看戏。如史料中记载：“妓女请客观戏，必排连两几，增设西洋玻璃高脚盘，名花美果，交映生辉。”[5]又如，“案目朝朝送戏单，邀朋且尽一宵欢。倌人请客微分别，

1 傅谨主编《京剧历史文献汇编·清代卷》（八），凤凰出版社 2011 年版，第 221 页。
2 傅谨主编《京剧历史文献汇编·清代卷》（四），凤凰出版社 2011 年版，第 6—7 页。
3 傅谨主编《京剧历史文献汇编·清代卷》（四），凤凰出版社 2011 年版，第 602 页。
4 傅谨主编《京剧历史文献汇编·清代卷》（八），凤凰出版社 2011 年版，第 101 页。
5 傅谨主编《京剧历史文献汇编·清代卷》（八），凤凰出版社 2011 年版，第 214 页。

两桌琉璃高脚盏。”[1]可见，妓女们请客观剧，名花美酒，玻璃高脚盘，明显是受到西方文化的濡染。近代以来，能够引领中国时尚风潮的首先是妓女群体，她们的生活方式、服饰变化，均影响着普通女性的审美，被不少人跟风效仿。如清人徐珂在《清稗类钞》中记载：“同光之交，上海青楼中人之衣饰，岁易新式，靓妆倩服，悉随时尚……而风尚所趋，良家妇女，无不尤而效之。未几，且及于内地矣。”[2]戏园内“左近良家妇女并娼妓等混杂其中”[3]，妓女“个个自由行动，与良家妇女，同游同座，一切衣履装饰，彼此争相仿效，直分不出谁是好人，谁是歹人”[4]。戏园是普通女性接触妓女最多的场合，尤其是名妓之流更容易成为风尚的创造者与流行的推动者。

另外，晚清至民国还衍生出了一种新兴的娼妓类型——咸水妹。清光绪年间黄式权在《淞南梦影录》中谈道：“粤东蜑妓，专接泰西冠盖者，谓之‘咸水妹’。门外悉树木栅，西人之听歌花下者，必给资而入，华人则不得问津焉。”[5]由此可见，这类人为专门接待洋人的广东妓女。从根本上说，她们是殖民主义的产物。咸水妹，旧指沿海船只上专门接待洋人的妓女，兴起于广东，以粤、沪、汉三地为甚，但凡有外国轮船和海员的地方，就有适宜她们生存的土壤。她们也爱好戏曲，喜欢入园观剧，如清同治

1 傅谨主编《京剧历史文献汇编·清代卷》（四），凤凰出版社 2011 年版，第 998 页。倌人，旧时吴语区对妓女的通称。《二十年目睹之怪现状》第二回云：“还有两枝银水烟筒，一个金豆蔻盒，这是上海倌人用的东西。”见（清）吴趼人《二十年目睹之怪现状》，方玮校点，文化艺术出版社 1995 年版，第 8 页。

2 （清）徐珂编撰《清稗类钞》（第四十六册），商务印书馆 1918 年版，第 53 页。

3 张天星编著《晚清报载小说戏曲禁毁史料汇编》，北京大学出版社 2015 年版，第 779 页。

4 傅谨主编《京剧历史文献汇编·清代卷·续编》（四），凤凰出版社 2013 年版，第 443—444 页。

5 傅谨主编《京剧历史文献汇编 · 清代卷》（四），凤凰出版社 2011 年版，第 26 页。

十二年（1873）八月二十九日，《申报》就记载了一则咸水妹阅剧与人争抢座位滋事的新闻："高升戏园演剧，班名普丰年，歌舞颇推冠时。观者裾连舄错，恒以无可位置为忧。故日戏未已，即有预为夜间阅剧地位者。有不识姓名男子已树立一椅上，一咸水妹欲据其椅也，以身就之，竟视其座若虚无人焉。"[1]

在城市中，还有一种特殊的书寓妓女，称为"女校书"，亦称"眉史"。绛芸馆主人在日记中就曾多次提到，招女校书观剧作陪的事[2]，其中有名有姓的女校书约30人，观剧次数多达200次。这是一群集说书、演剧、弹唱、作诗等多种才艺于一身的高级妓女群体，仅四马路一带就有天乐窝、小广寒、桃花趣等12家妓女书场。清末参加髦儿戏演出的也多为这类妓女，有的名妓因捧场的客人比较多，收入颇丰，这与她们的职业属性有关——为了满足不同男性的审美需求，只能以玲珑的手段来学习各方面的技艺。

以上集中讨论了城市中的青楼女性观众。其实，由于娼妓在清代是一种合法的职业女性，哪里有市场，哪里就会有她们的身影。乡村演剧也往往会有土娼来观，如光绪二十一年（1895）六月二十四日安庆一地，"夏禹诞辰……有花旦名月仙者，……某日扮《卖胭脂》剧中之王月英……有二土娼扶婢而来，挤入人丛，欲一睹天桃颜色"[3]。道光年间湖北汉口某地，在河岸边临时搭草台演剧，"优伶未到，游女先来；富阃名娼，依次而坐"[4]。这点引起了地方官的斥责，认为她们诲淫，破坏风俗，"淫词艳曲，

1 傅谨主编《京剧历史文献汇编·清代卷》（四），凤凰出版社2011年版，第26页。

2 傅谨主编《京剧历史文献汇编·清代卷》（七），凤凰出版社2011年版，第213—260页。

3 傅谨主编《京剧历史文献汇编·清代卷》（四），凤凰出版社2011年版，第435页。

4 傅谨主编《京剧历史文献汇编·清代卷》（八），凤凰出版社2011年版，第627页。

荡目动心；浪蝶狂蜂，品香论色。习俗之敝，至此极矣。”[1]但与此同时，她们也参与戏曲演出，如花鼓戏等地方小戏就经常用娼妓来扮演其中的角色。如清光绪十一年（1885）松江地区，“距真如镇二里许一村，名曰桂行，向多游手好闲之辈，近更召集流娼扮演花鼓淫戏”[2]。另据光绪二十九年四月五日《大公报》记载，浙江定海每年三月东岳庙庙会，“必雇用勾栏中年在十六以上妓女装扮淫戏，沿街弹唱，以此为乐，举国若狂”[3]。可见，娼妓群体是身兼演员和观众双重身份的特殊女性。清末妓女作为“女戏”登台演出，与她们经常观剧的经历不无关系。青楼女性群体是较早参与戏曲观演活动的特殊女性人群，对于打破传统男性观众单一观剧格局，以及扩大公共娱乐空间中女性观众规模、繁荣戏园经济、推动戏曲传播等方面，皆具有重要意义。倡优合一的身份，对于戏曲舞台上的性别审美转向，亦具有推动作用。同时，青楼女性对于戏曲的传播、戏园经济的繁荣等皆具有重要的推动作用。

五、其他女性

（一）伶人家眷

在观剧的女性群体中，还有一部分人是戏班伶人的家眷。如光绪六年（1880）苏州阊门外普安桥京班戏园，“艳妆妇女及班中各优伶妻室”

1 傅谨主编《京剧历史文献汇编 · 清代卷》（八），凤凰出版社 2011 年版，第 627 页。

2 张天星编著《晚清报载小说戏曲禁毁史料汇编》，北京大学出版社 2015 年版，第 720—721 页。

3 张天星编著《晚清报载小说戏曲禁毁史料汇编》，北京大学出版社 2015 年版，第 771—772 页。

趁着“元宵佳节，观戏者蜂屯蚁聚”[1]。如“老十三旦侯俊山，有一个姨太太，据说姓阿，是北京旗籍的人，性喜观戏”[2]。这部分女性如此热衷于看戏，可能与家庭环境的影响有直接关系。清代戏曲从业人员地位卑贱，他们的婚配多承袭内群婚配原则。如“同光十三绝”中梅巧玲的夫人陈氏为昆曲小生陈金雀之女，长子梅雨田的夫人为旦角演员胡喜禄的侄女，次子梅竹芬的夫人杨长玉为皮黄武生杨隆寿之女。受戏业的家庭传承及内群婚配制的影响，这部分女性热爱观剧便再正常不过了。伶人眷属观剧时，往往还受到特别的关照，戏园留出专门的包厢，虚席以待。如《同光梨园纪略》“小叫天来申始末”中载，小叫天谭鑫培在申搭丹桂班时，戏班班主“日备马车三辆，两餐如魏武之接待关公，五日大宴，三日小宴，馆内日留包厢一间，备妻若女观剧”[3]。随着清末戏曲演出的商业化和产业化，特别是城市戏园里名角挑班制的风行，戏园主为了长久留住名角儿以盈利，也会给伶人眷属很高的礼遇。

（二）女校师生观众

19 世纪末，在深重的民族危机和社会时局激变的情况下，中国部分先进知识分子开始谋求救亡图存的良策，将希望寄托在培育强健的下一代国民“新女性”身上，时代和社会历史背景的变迁，使女性教育问题受到了前所未有的关注，其中梁启超等维新派人士率先提倡新办女学。随着清末越来越多的女性走进学堂，接受新式教育，女校也逐渐多起来。徐宁在

---

1 傅谨主编《京剧历史文献汇编 · 清代卷》（四），凤凰出版社 2011 年版，第 171 页。

2 中国戏剧家协会河北分会编《河北戏曲资料汇编》（第 10 辑），中国戏曲志河北卷编辑部 1985 年版，第 314—315 页。

3 傅谨主编《京剧历史文献汇编 · 清代卷》（二），凤凰出版社 2011 年版，第 342 页。

《女校与近代江南社会的变迁（1850—1931）》[1] 中介绍，仅清中后期 1850 至 1911 年短短 60 余年中，江南地区的女校数量就已颇具规模，尤以上海、苏州、杭州三地最多。仅上海一地，就存教会女校 12 所[2]，国人自己办的女校 20 所[3]，苏州地区 1882—1910 年，兴建女校 12 所[4]。杭州地区从 1867 年开始，陆陆续续新建女校 12 所[5]。女校的兴起，必然带来女学生和女教师的激增，这部分人同样是戏曲艺术的忠实粉丝。史料中关于女教员、女学生观剧的记载比比皆是：

> 女教员、学生请于初十日上午在家用过早餐，到李公祠随时行礼。十二点钟入座观剧，务备有茶点，至四点钟回堂。所有男仆应在门外听差，不许入内。
>
> 一、女教员请穿青裙并各带名片。
>
> 一、女学生年在十岁以外者前往；若十岁以内者，不易照料，毋庸前往。

1 徐宁《女校与近代江南社会的变迁（1850—1931）》，上海师范大学 2013 届博士学位论文。

2 民德女校、崇德女校、徐汇女子小学、善导女子初集中学、启明女校、裨文女塾、文纪女校、清心女塾、中西女塾、晏摩氏女学、崇德女校、圣玛利亚女校。

3 务本女塾、爱国女校、城东女学社、宗孟女学堂、育贤女校、上海女医学校、上海速成女工师范传习所、女子蚕业学校、民立女中学校、民立女中分校、竞化女子师范学堂、三育女学堂、萃秀女学堂、南州女校、润鸿女学堂、蓬莱女学堂、中国女子体操学校、湖州旅沪女学校、启秀女子中学、淑新女校。

4 冠英女塾、景海女学、苏州英华女校、慧灵女子中学、兰陵女子中学、苏苏女学校、振华女学、大同女学校、大赉女学堂、女子初等师范学校、宏志女子二等小学堂、苏州竹荫女校。

5 杭州女学堂、惠兴女学堂、模范女学堂、浙江官立女子师范学堂、明敏女子二等小学堂、复新女子二等小学堂、毓秀女学堂、培坤女子二等小学堂、贞才女学塾、育才女学塾、蕙兰女学堂、冯氏女子学堂。

一、女学生衣服宜朴素雅洁，一律穿青素靴鞋。

一、女学生有徽章者，宜一律佩戴。

一、女学生宜端坐肃静，不可随意说笑，不可任便痰唾。

一、每堂带利便女仆一名。如学生较多者再加一名亦可，不宜多带。

一、女仆在旁听候呼唤，不可离本堂学生太远。

一、学生临回堂时，先饬堂役雇妥车辆，再行离座出门，以免各车夫门外嘈杂，且宜挨堂出门，分次行走。庶无拥挤之弊。[1]

以上是《大公报》光绪三十四年（1908），多名女校师生整齐划一去到李公祠参加皇太后万寿庆典的情况。宣统年间，亦常有女学生到戏园看戏的记录。如《顺天时报》记载，某戏园演“《血泪碑》……有学生石姓、女学生冷姓二人，文明自由、正大不苟”[2]。同年，天桥庆祝国会，高搭彩棚演戏，“戏台对过，扎彩牌楼，戏台两旁满是女客。大半都抱着孩子，各自带着凳子同来。统计妇女不下千人，于是不免有下等社会的妇人彼此拥挤，破口相骂，什么话都骂得出来，巡警苦劝无法，只得作揖央求，方肯罢休。……又偏南两旁东边是女学生座，西边是男学生座”[3]。因为观剧女学生甚众，故专门开辟一区为女学生座。可见，女学生与大半抱孩子自备板凳之普通女性是分开的，女学生坐在戏棚东侧偏南的位置，那些下层女性则在戏台两侧。清末民初，对女学生的衣着配饰、行为举止和活动范

1《劝学所启文》，《大公报》光绪三十四年（1908）十月初九日第2265号，第2版。

2 傅谨主编《京剧历史文献汇编·清代卷·续编》（四），凤凰出版社2013年版，第642页。

3 傅谨主编《京剧历史文献汇编·清代卷·续编》（四），凤凰出版社2013年版，第668页。

围也都有明确的规定，试图努力在公众面前树立一个衣着朴素、行为肃静、严守纪律的新兴女性知识分子形象。与那些彼此拥挤、破口相骂的下层女性有着天壤之别，女学生群体代表着文明、自由、知性。所以个别戏园更有因为年轻男女学生在座听戏，而禁止演唱粉戏的。如宣统三年（1911），“梨园旧有之粉戏，一概禁止不准演唱。这原是因为近来有男女学生听戏，恐怕年幼的人，把这种坏人心、坏风俗的戏，看在眼中，听在耳内，印入脑筋里，恐怕不易洗刷，故此禁止”[1]。男女学生接受了新文化和新思想的熏陶，受到了较为良好的教育，新旧思想在头脑中交织碰撞，使得他们在观剧内容方面更倾向于能与他们产生情感共鸣的作品，既能接受如《血泪碑》《惠兴女士》《沭阳女士》《女子爱国》等新戏，也能随大众看旧戏。

女校师生作为当时知识女性的代表，是女性理想的社会形象，因此她们的服饰装束、言行举止甚至两性交往状态均受到社会各界的关注，特别是她们在公共剧场的频频现身，她们的时尚和文明、知性与质朴，更加受到其他女性的追捧效仿。宣统元年《广益丛报》载录一则江宁府一妓女打扮成女学生入庆生戏园观剧的报道：“厢房内有一少女眼镜皮鞋宛如女学生装束。惟举止轻狂，常与隔壁厢房一少年男子以目送情，甚至彼此以果物相掷。见者无不诧为奇事。细加探寻，知系住居复成巷之王姓土娼。以娼妓而冒充女学生，败坏女学界之名誉，殊可恶也。”[2]可见，在当时上至社会名媛下到青楼女子，都以女学生为榜样。总之，女学生和女教师作为女学兴起后出现的一类新兴群体，她们入园观剧，必然也给舞台上的伶人以直接的感触，对于清末戏曲的改良，女界的变革和女性的觉醒

1 傅谨主编《京剧历史文献汇编·清代卷·续编》（四），凤凰出版社2013年版，第406—407页。

2 “土娼假充女学生之可恶”，《广益丛报》1909年第176期，第2页。

都有很好的示范作用。

（三）外籍女性

随着晚清两次鸦片战争的爆发，特别是五个通商口岸的开放，来华的外籍人员及其家眷也逐渐增多。按照身份来看，有女传教士、女医生、各国公使夫人、普通的商人家属等。外籍女性的到来，既影响着中国女性的思想、着装、生活方式等各个方面，同样她们也被中国传统戏曲艺术所深深吸引。北京的皇家宫院和租界的各大戏园内，也时有看戏的外籍女性出入，她们的观剧行为或带有政治目的，或只是纯粹的娱乐观赏。

据《王文韶日记》记载，光绪二十八年（1902）端午节“太后传各国公使夫人等游宴，仍谕令外务部带领，……宴毕赏戏，申初二刻礼成散直”[1]。这是在宫廷内慈禧游宴待宾的情况。另外，地方上为外籍女宾接风洗尘也要观剧。如光绪五年闰三月三十日，“美前总统格兰托既抵沪上，……美总领事设席为总统洗尘。……闻今日四点钟至六点钟，总统及夫人在领事署接见各客，晚至元芳洋行夜膳，继赴上海丝钱两业大观园观剧之招”[2]。美国前总统格兰托夫人抵达上海，美总领事馆设宴为其接风洗尘，先是隆重接见，接着在“元芳洋行”举行晚宴，继而一起赴戏园观剧。可见，戏曲演出已经渗透到外交活动的方方面面。

另外，还有纯粹的娱乐性观剧活动。如光绪十年（1884）六月十四日“西人资雇中华菊部，在圆明路戏园中登台演唱。……寄语中西士女，盍乘兹良夜，命驾一观乎？”[3]又如，光绪三十三年五月“沪北商团……假

1 傅谨主编《京剧历史文献汇编·清代卷》（七），凤凰出版社 2011 年版，第 194 页。

2 傅谨主编《京剧历史文献汇编·清代卷》（四），凤凰出版社 2011 年版，第 158 页。

3 傅谨主编《京剧历史文献汇编·清代卷》（四），凤凰出版社 2011 年版，第 311 页。

英租界南京路小菜场楼上演剧助捐，已志前报。昨晚为第一次开演之期，中西男女宾到者极多”[1]。外籍女性也与中国女性一样，坐在包厢内看戏，演出结束，也要行赏赐伶人的习俗，给伶人送花。如“花四宝前晚在群仙客串《双断桥》一剧，声容并茂，一时台下争掷英蚨，铿锵之声不绝于耳。又包厢内有西妇数人，赏以扎成大花篮一只。”[2]还有外国公使夫人主动组织演戏的行为，如光绪十二年十月二十六日“法总领事官之夫人定于昨日在新辟公家花园招优伶演剧，……午后二点钟，各西官命妇及各西商陆续而至，法文书塾刘俞两教习带领各学生纷纷而入，就座于布幔下”[3]。

值得一提的是，西方妇女观剧与中国女性观剧有一些不同。首先，剧场陈设布置偏西化和现代。如“花园内五层楼之月台前张以布幔，中间有黄色尖角小龙旗两面，旁有江海关三黑字及法国旗帜。布幔之外直接六角亭亦搭幔帐，中间挂灯结彩，两边亦张龙旗如前式，下设靠椅二百余只。月台下左首设红布帘，摆三层桌一张，陈设外国式文具一架，并有木刻五枝桅悬挂风篷之海船一艘，自鸣钟、镀金表、大小火油灯、洋烛灯台、香皂、洋刀、纸墨笔砚、木刻轿一乘及东洋车、刻金匣、卖鱼人、花木匣、宽紧带、大小布袋、挂钟等共计一百五十四件。月台之右设西国各式糕饼及各样洋酒，玻璃杯甚多，六角亭中亦照前陈设点心洋酒。另外，戏曲演出之后还有戏法表演”[4]。其次，观剧内容方面，在戏曲演出之后还有戏法表演，呈现出中西合一、土洋结合的特征。如“园中预雇老丹桂优伶于二点半

1 傅谨主编《京剧历史文献汇编·清代卷》（四），凤凰出版社 2011 年版，第 568—569 页。
2 傅谨主编《京剧历史文献汇编·清代卷·续编》（四），凤凰出版社 2013 年版，第 90 页。
3 傅谨主编《京剧历史文献汇编·清代卷》（四），凤凰出版社 2011 年版，第 273—274 页。
4 傅谨主编《京剧历史文献汇编·清代卷》（四），凤凰出版社 2011 年版，第 273—274 页。

钟开演，先演《大赐福》一出，各西人咸拍手称善，继演《双跑马》《打金枝》《赵家楼》三出。而戏毕接演戏法，初用杯三只，忽来忽去，名曰飞水，继以飞鸟，则有黄头鸟两只翱翔而去，众又鼓掌称善。接演佛肚肠，则腹中之纸蝉联而出，终之以大团圆，则以大碗一只满贮清水，而戏法亦毕”[1]。再次，西人妇女观剧乘坐的交通工具为东洋车，且有中西捕快弹压。如光绪十二年（1886）十月上海某花园演剧，西人妇女所到极多，“前有三道头捕率中西各捕弹压，门外马车东洋车不计其数，亦一时盛会也”[2]。外籍女性来华，对于观剧活动的参与，具有异域色彩，这一切均会影响中国本土女性观众，对于中国戏曲的对外传播也具有一定的作用。

第二节 女性观众观剧需求

清代女性因何喜欢看戏？女性观剧现象背后存在着怎样的消费动机和需求？促使女性观剧的需求是单一的，还是多元复合的？以上问题正是本节重点讨论的内容。

一、娱乐需求

古代社会，女性受封建伦理道德的束缚，无论是身体、言行还是精神均受到诸多限制。如对女子四行“妇德”“妇言”“妇容”“妇功”的阐释：“妇人舍言、容、工，无所谓德。言只柔声下气，容只衣饰整洁，工则针

1 傅谨主编《京剧历史文献汇编 · 清代卷》（四），凤凰出版社 2011 年版，第 273—274 页。

2 傅谨主编《京剧历史文献汇编 · 清代卷》（四），凤凰出版社 2011 年版，第 273—274 页。

黹、纺绩、酒浆、菹醢、终身不能尽。”[1]古代，针黹、纺绩、酒浆、菹醢等是妇职的重要内容。清人李仲麟《增订愿体集》卷一“闺门”条亦云：“主妇职在中馈，躬督纺织，至老勿逾中门，下及侍女，亦宜约束。如有恣性越礼，游山游湖，看戏烧香，出露体面，即非士族家法。”[2]中上层女性终日料理家政，出入公共空间的机会较少，而大多数“贫家妇女，纺绩炊爨，井臼农庄，事姑哺儿，勤劳终日”[3]，日复一日过着相夫教子、纺绩炊爨、侍奉翁姑的单调乏味、循规蹈矩的生活，日常并不得闲。清代昆弋两腔以及各地方剧种的广泛流行，为女性提供了诸多放飞自我、娱乐狂欢的契机。如乡村市镇“春秋佳日，报赛酬神，往往醵钱延雇戏班登场演唱，红男绿女远近来观，诚有如子贡所谓一国之人皆若狂者”[4]。湖北地区稍有盛举便演戏庆贺，女性“逐队成群，出头露面，谈笑无忌，饮啖自如，一任轻浮子弟评肥量瘦，眉语目挑，恬不为怪”[5]。女性抛头露面、谈笑无忌，饮啖自如，戏曲使她们完全突破了封建伦理的束缚，暂时获得平等和解放。又如春台戏演出，“红男绿女杂沓来，万头攒动环当台。台上伶人妙歌舞，台下欢声潮压浦。脚底不知谁氏田，踩踏作齑禾作土”[6]。台上伶人精彩绝伦的演出，引得台下男女观众万头攒动、欢声如潮，热烈的气氛达到极点。可见，戏曲作为一项娱乐活动，对于清代女性的日常休闲生活具有重要的

1 赵尔巽等《清史稿·列女传一》（卷五〇八），中华书局 1977 年版，第 14028 页。

2 王利器辑录《元明清三代禁毁小说戏曲史料》（增订本），上海古籍出版社 1981 年版，第 179 页。

3 （清）陈宏谋《五种遗规》，线装书局 2015 年版，第 141—142 页。

4 傅谨主编《京剧历史文献汇编·清代卷》（四），凤凰出版社 2011 年版，第 316—318 页。

5 傅谨主编《京剧历史文献汇编·清代卷》（八），凤凰出版社 2011 年版，第 627 页。

6 丁力选注，乔斯补注《清诗选》，湖南人民出版社 1985 年版，第 556 页。

调节作用，甚至有人直接指出："盖妇女看戏，原系随时行乐。"[1]戏曲以它细腻婉转的声腔和生活气息浓郁的文辞，不仅能丰富人们的社会生活，还能缓解人们内心的愁苦和失意，起到排忧解闷的作用，"上而内廷，下而国人，无不以听戏为消遣之助"[2]。光绪二十七年（1901）圣驾还宫后，众公主福晋"见皇太后面带忧容，公拟设法排解，……俟新正，公同进戏以慰慈怀。嘱内监代问掌仪司，打听各班名角"[3]。高高在上的慈禧太后，面对光绪皇帝的忤逆、家国的破败、自己年老体弱等现实问题，日复一日地看戏消遣。如光绪二十九年"闻至今无日不演戏如故。议者谓为时局艰危，圣母春秋高，不堪经此焦虑，皇上以养志为天下先，殆欲以演戏者为排遣计耳"[4]。慈禧太后的娱乐活动不减平时，其原因之一便是出于政治活动的需要，更何况这也是她在岁月不稳、动乱频仍的境况下安抚内心的手段。

除去内廷女性借观剧忘却烦恼外，中下层女性亦有疏解心结、消除顾虑的需求。如《鉏月馆日记》主人何荫柟光绪十一年二月初八日记载："三妹生日，为重闱贺，……午后唱滩簧，亦消遣之意耳。"[5]又如《红楼梦》中贾府赖嬷嬷摆酒唱戏，"请老太太、太太、奶奶姑娘们去散一日闷"[6]。又有，"遗老有女曰舜英，神仙中人也。未嫁而婿夫死，世家无与论婚者，舜英悲不自胜，辄偕二三女友至梨园消遣"[7]。新寡之女舜英，未嫁而夫死，虽

1 傅谨主编《京剧历史文献汇编 · 清代卷》（四），凤凰出版社 2011 年版，第 97 页。

2 傅谨主编《京剧历史文献汇编 · 清代卷》（六），凤凰出版社 2011 年版，第 5 页。

3 傅谨主编《京剧历史文献汇编 · 清代卷 · 续编》（四），凤凰出版社 2013 年版，第 196 页。

4 傅谨主编《京剧历史文献汇编 · 清代卷》（六），凤凰出版社 2011 年版，第 15 页。

5 傅谨主编《京剧历史文献汇编 · 清代卷》（七），凤凰出版社 2011 年版，第 416 页。

6（清）曹雪芹《红楼梦》（百家汇评本），陈文新、王炜辑评，长江文艺出版社 2005 年版，第 302 页。

7 刘豁公《上海竹枝词》，雕龙出版部 1925 年版，第 19 页。

娇美无匹，容色绝丽，世家子弟却认为她不洁而无与之婚配者，感情失意，悲苦凄楚，遂寄托于笙歌管弦，日日偕女伴入梨园消遣散闷。

另外，即便“荒村僻堡，民贫无资财，亦复摇小艇，载童冠妇女六七人，赴闹市，赶春场，……熙熙攘攘，以了一年游颐”[1]。正如有人反对禁止女性观剧：“生在深闺，毫无乐趣，已属不幸之身，倘再遇不幸之事，或因夫妻反目，子女伤心，难觅排遣之方，闺中良友邀赴戏场以释愤懑，此亦人情之至当。”[2]这是把戏曲当作排遣之方。有些人还把戏曲当作陶情养性的最佳理疗方法：“商量何处去陶情，姊妹相携乘午晴。闻说景芳花鼓好，山歌唱得最分明。”[3]景芳，即景芳茶园，同治年间上海小东门外一家有名的茶楼，以演花鼓戏（滩簧）出名。此处姊妹们就准备趁着天气晴好去听花鼓戏，为的是获得精神的陶冶和心灵的荡涤。

总之，戏曲赋予女性更多的乐趣和吸引力，使人们对节日民俗活动及其他演剧活动充满且无限的热情和期待。反过来也正是戏曲带给她们无穷无尽的慰藉和欢愉，所以每至神庙诞辰，会首敛钱唱戏，“一呼百诺，无有遗者。男人或以无钱不甚踊跃，其妇女必百计怂恿之”[4]。戏曲作为中国古代最重要且最普遍的一种娱乐方式，其首要的社会功能便是娱乐，它提高了女性观众的生活质量，具有重要的文化地位。

1（清）袁景澜《吴郡岁华纪丽》（卷三），江苏古籍出版社 1998 年版，第 133 页。

2 傅谨主编《京剧历史文献汇编 · 清代卷》（四），凤凰出版社 2011 年版，第 40—41 页。

3 潘超、丘良任、孙忠铨等主编《中华竹枝词全编》（2），北京出版社 2007 年版，第 489 页。

4《明清公牍秘本五种·纸上经纶》，郭成伟、田涛点校整理，中国政法大学出版社 1999 年版，第 229—230 页。

二、交际需求

传统社会男性拥有非常广阔的社会活动空间，“男子处世，有交游之乐，有登临之乐，有酒食征逐之乐，有狗马田猎之乐，甚至有秦楼楚馆之乐、博钱踢球之乐。而在妇女皆无之”[1]。相对于男性而言，大部分女性的活动范围十分狭窄。美国传教士明恩溥认为，“中国的女孩没去过什么地方，生活如同井底之蛙。有些女孩从没有到过距她们出生的村子两里以外的地方”[2]。女性的活动空间主要在家庭内部，虽然部分仕宦女性，可以获得随丈夫或儿子外出宦游的机会，了解不同地域的风土人情，结交更多的朋友，但对于大部分普通妇女而言，到周边邻村，去娘家或亲戚家已是生活空间的最大延伸。

清代“满汉矛盾的时隐时现，迫使汉族士大夫更加关注私人领域——‘家’的发展。家内的主要成员——妇女处于更加严密的监控之中”[3]。满汉矛盾的消长、男外女内社会分工的制约，再加上诸如交通、通信条件的落后以及女性身体条件等因素的影响，女性的交往范围、频度都受到很大程度的限制。但是在群体中交流情感，是人本能的需求。如恩格斯指出：“人们从一开始，……就是彼此需要的。”基于这一点，“他们发生了交往”[4]。

女子在有限的生活空间里，面对夫妻婆媳、生老病死等各种问题，既需要有人给予精神上的慰藉与分享，也需要有人传授实用的生活技能和提供近身的照料与帮助，因而依托于血缘关系的娘家和稳固的地缘关系

1 傅谨主编《京剧历史文献汇编·清代卷》(四)，凤凰出版社 2011 年版，第 40—41 页。

2 [美] 明恩溥《中国乡村生活》，午晴、唐军译，时事出版社 1998 年版，第 290 页。

3 万银红《清代妇女社会活动研究》，南开大学 2014 届博士学位论文，第 26 页。

4 马克思、恩格斯《马克思恩格斯全集》(第 42 卷)，中共中央马克思恩格斯列宁斯大林著作编译局译，人民出版社 1979 年版，第 360 页。

的乡邻、族亲之间的交往，就显得尤为重要。其中，女性之间因为有着相似的人生体验、共同的生存环境和近身接触的便利，更易发展成一种女性情谊。戏曲演出对于女性情谊的建立、维系和巩固，具有积极的意义。同时，对于打破性别间的壁垒，充当与异性交往的媒介亦有助推作用。另外，女性观剧行为亦可和谐家庭关系，特别是由姻亲关系建立的婆媳妯娌之间的关系。另外，女性归宁观剧又可密切与娘家人的交往。

（一）促进女性情谊的建立、巩固和维系

戏曲为女性之间的交往创造了契机，《翁同龢日记》中就多次提到翁母许氏夫人与友人相互邀请观剧的情况，有时候是同乡老太太们请翁母至家里听戏，随后翁母又回请诸位太太。如同治六年十一月十九日（1867年12月14日），“慈亲至董宅听戏明日搭桌请同乡诸太太。每席八十吊，无中桌，另加点心两次”[1]。不仅明确记录了搭桌摆席看戏的开销，还另有点心供女性看戏时品尝。再如，同治八年（1869）七月初七日“慈亲到官菜园宋宅观剧”[2]。可见有时候并不在私宅，而是借会馆等地唱堂会戏轮流请客，连日不绝。再如，“慈亲连日至休宁馆观剧。昨黄、朱两位夫人，今赵宅夫人请”[3]。同治十年七月十三日（1871年8月28日），“宋雪帆、庞宝生、鲍花潭三人皆正寿，于谢公祠置酒演剧，庞年伯母请慈亲观剧”[4]。

绅衿太太们通过经常性的观剧交往，建立了一个物质、信息共享互通的社交网络，与丈夫们的社交圈相呼应，巩固了同阶层官员之间的利

1 傅谨主编《京剧历史文献汇编·清代卷》（七），凤凰出版社2011年版，第60页。
2 傅谨主编《京剧历史文献汇编·清代卷》（七），凤凰出版社2011年版，第61页。
3 傅谨主编《京剧历史文献汇编·清代卷》（七），凤凰出版社2011年版，第60页。
4 傅谨主编《京剧历史文献汇编·清代卷》（七），凤凰出版社2011年版，第63页。

益与合作。所以同寅的太太联络交往，往往得到官僚绅衿的支持，这种女性情谊的建立，多少带有某种功利目的。对戏曲的共同爱好，因为职位之差而尊卑身份不同的女性在演剧场合中均短暂消隐。清光绪末年，《大公报》载录一则女性同盟通过亲自组织罚戏，来化解人际交往间的冲突和矛盾的史料。户部某主政夫人闻知某中翰之妾为夫物色小妾，恼羞成怒，以贺年为名，到中翰家中詈骂。后中翰带妾携仆到主政家殴打其妻，导致主政夫人欲自缢。汪夫人从中调和，遍请同乡各夫人集会于杭州会馆，议处中翰罚戏赔礼。这是太太党们用罚戏来维护社交圈，解决太太们之间和夫妇之间纠葛的生动例子。太太们用男性建立的规则来迫使违背规则的男性屈服，以维护自身利益，颇有女权主义色彩。

在广大的城乡，一地演戏，“远近庄民扶男携女到地观玩者，真有人山人海云”[1]；“若打听得某处有串客做，则约妯娌、会姊妹、带儿女、邀邻舍，成群结队，你拉我扯，都去看到”。[2] 宁波祖关，“对河三层楼仍搭台串演，哄动男妇，举国若狂”[3]。“吴下风俗……如遇迎神赛会，搭台演戏……于田间空旷之地高搭戏台，哄动远近男妇，群聚往观。”[4] 上海县于夜间演唱影戏，“于荒野之处搭台，……竟有妇女不畏十余里之远，唤姑携嫂，结伴往观”[5]。戏曲将四面八方的女性聚集在一起，打破了亲缘关系、地理环境、行政区划等限制，使她们逸出家庭、血缘的狭小圈子，融入更广大的社会交往圈中，实现了人的社会性的一面。

1 傅谨主编《京剧历史文献汇编 · 清代卷》（六），凤凰出版社 2011 年版，第 232 页。

2（清）余治《得一录》（卷一一），苏州得见斋刻同治己巳（1869）年刊本，第 18 页。

3 傅谨主编《京剧历史文献汇编 · 清代卷》（四），凤凰出版社 2011 年版，第 481 页。

4（清）汤斌《汤斌集》（卷九），范志亭等辑校，中州古籍出版社 2003 年版，第 573 页。

5 张天星编著《晚清报载小说戏曲禁毁史料汇编》，北京大学出版社 2015 年版，第 748 页。

同时，在成群结伴去看戏的过程中，女性接受到外界信息，给她们的生活带来一种新的体验、新的知识、新的刺激。戏曲演出为一些常年不见的亲戚朋友提供了交际的空间和场所。难得一见的小姐妹，也都来看戏，村中最近发生了什么、大家生活怎样，诸如此类家长里短的事儿成为她们之间丰富的话题。如“某村某村，婆婆虐待媳妇。哪家哪家的公公喝了酒就要酒疯。又是谁家的姑娘出嫁了刚过一年就生了一对双生。又是谁的儿子十三岁就定了一家十八岁的姑娘做妻子。烛火灯光之下，一谈谈个半夜，真是非常的温暖而亲切。”[1] 同时，戏台下东邻西舍的姊妹相遇了，人们得以互相品评阅览他人的衣服穿戴，“瞥见裙钗队一过，交头接耳话谁何。衣裳时式鬟时样，谁是新娘谁是婆”[2]。“共说梳妆时样好，近来世态喜翻新。”[3] 又如，“谁的模样俊，谁的鬓角黑。谁的手镯是福泰银楼的新花样，谁的压头簪又小巧又玲珑。谁的一双绛紫缎鞋，真是绣得漂亮”[4]。女性通过观剧行为，获得许多有关时事潮流的信息。

戏也能成为她们交往中的谈资和话题，观剧之后，剧中的故事情节、男女人物也必然成为她们交流的对象。如“每逢村里唱戏，真是人山人海，外婆就老早地给她选定坐地，然后叫上戏迷同伴，一道看戏聊天。……她与同伴头对头地说上一番苦命的秦香莲，忠贞的王宝钏，再用戏中的人物

1 萧红《萧红精选集 · 呼兰河传》，中国文联出版社 2017 年版，第 108—115 页。萧红在其自传体小说《呼兰河传》第二章，记载了呼兰河镇演出野台子戏时的场景，对于我们了解清末民初女性观剧的动因具有非常重要的参考价值。虽然从时间节点来看，《呼兰河传》靠后，但作为女性观剧这一社会现象，本身就具有突破时空的延续性，同样适用。

2 傅谨主编《京剧历史文献汇编 · 清代卷》（四），凤凰出版社 2011 年版，第 52—55 页。

3（清）袁景澜《吴郡岁华纪丽》（卷五），江苏古籍出版社 1998 年版，第 183 页。

4 萧红《萧红精选集 · 呼兰河传》，中国文联出版社 2017 年版，第 108—115 页。

对比现实，骂他几句人之良心有变，必有雷劈电击之类的大话。”[1]即使是陌生人，通过看戏也能很快熟识并攀谈起来。《申报》就记载了这样一条新闻。甲乙两妇人同坐一凳观剧，“始不相识而后互谈……甲妇蓦睹乙妇头上有赤金簪，忆及前曾失去一枝，似即此物，乃伪为借观式样，细视之系真赃也。……甲妇旋细询里居姓氏，待剧散与之携手同行。道经嘉兴县署南街，乙妇翩然入家，甲妇佯称内急，欲觅石家金谷中香枣，乙妇允之，遂登楼溺焉。既而熟视桅上之衣，亦系从前所失。爰相辞而去，告知捕役前往搜寻，并拘乙妇至秀水县禀陈。官令小心看押，又将乙妇之私夫某丙拿获，看管待讯”[2]。本来同行陌路的两妇人，在同坐观剧的过程中，迅速消除了彼此的戒备。这一则甲妇丈夫私姘乙妇，并暗相授受钗环衣物的丑闻逐渐败露，事实让人啼笑皆非。

总之，演剧活动作为人际交往的平台，是女性精神联络和社交活动的纽带，是女性情谊建立、联络和巩固的重要方式，使女性从中获得远不止看戏本身所带来的好处，为女性实现社会化的一条重要途径。

（二）促进与异性交往

封建礼教对于男女之间的交往向来有诸多规定，观剧成为打破人际壁垒，促进与异性交往的最佳途径。如《周易·家人》云：“女正位乎内，男正位乎外。”《礼记·曲礼上》载：“男女不杂坐，不同魔枷，不同巾栉，不亲授。”司马光在《家范》中，对男女活动空间有更加详细的阐释：“深宫固门，内外不共井，不共浴室，不共厕。男治外事，女治内事，男子昼无故不处私室，妇人无故不窥中门。男子夜行以烛。妇人有故出中门，

1 苏伟著，施晗主编《有一种财富叫苦难》，内蒙古人民出版社 2009 年版，第 20 页。

2 傅谨主编《京剧历史文献汇编·清代卷》（四），凤凰出版社 2011 年版，第 471—472 页。

必拥蔽其面。”[1]明清时期，为了维护腐朽的封建制度，男外女内的社会分工模式不断得到提倡和强化，加之汉族士大夫对家内女性的严格监管，宣扬贞节观念、男女有别等，无疑加剧了男女两性的隔阂。但具体到社会实践中，各阶层女性的接受程度不同。一般而言，士族妇女依照主流的社会规范来指导约束自己的言行，但也并非绝对。下层妇女，由于面临的首要问题是生存，她们的劳动对于家庭经济有着不可忽略的贡献[2]，最大化地拓展生活空间决定了她们务实的生活原则，所以其思想和意识受封建礼教的影响和约束相对较小。总之，观剧活动为各阶层女性打破壁垒、接触异性，洞开她们的眼界和认知，建立与异性之间的近距离交往创造了可能和契机。

1. 看与被看

男女观众观剧过程中，眉目传情的例子不胜枚举。如汉口地区搭草台唱戏，“河岸宽平好戏场，子台齐搭草台旁。浓妆岂为梨园到，半倩郎看半看郎”[3]。妇女们浓妆艳抹坐在看戏的子台上，她们这样精心打扮，并非是为了台上的戏子，而“半倩郎看半看郎”一句，就透露出女性看戏的目的远远超过了看戏本身：一是为了吸引心上人的目光；二是为了与心上人眉目传情。又如，明末清初酌元亭主人的小说《照世杯》之“走安南玉马换猩绒”中云:“我们吴越的妇女，终日游山玩水，入寺拜僧，倚门立户，看戏赴社，把一个花容粉面，任你千人看，万人瞧。他还要批评男人的长短，

1 费成康主编《中国的家法族规》，上海社会科学院出版社 1998 年版，第 240 页。

2 清诗《缝穷妇》就生动描述了一位辛苦针织以维系全家生活的女性形象：“独客衣单襟露肘，雪中冻裂缝裳手。檐风吹面身坐地，儿女争开啼哭口。夫难养妇力自任，生涯十指凭一针。”见（清）蒋士铨《忠雅堂集校笺》，邵海清校，李梦生笺，上海古籍出版社 1993 年版，第 715 页。

3 傅谨主编《京剧历史文献汇编 · 清代卷》（八），凤凰出版社 2011 年版，第 627 页。

谈笑过路的美丑，再不晓得爱惜自家头脸。”[1] 吴越民间妇女不顾世俗礼教，抛头露面，谈笑批评，纷纷参与到看戏赴社等社会公共活动中，男看女，女看男。李宪默（1714—1788）在《燕行日录》中，也讲到看戏人看看戏人的真实情态：“观光男女，杂沓四围，女子盛饰同在大车，眼不在戏，却在吾人。”[2] 另外，《申报》所载的一首“妇女看戏竹枝词”，更是生动地把握住了男女之间眼神交流的历史瞬间：

刚才流盼忽凝眸，半作欢颜半作愁。为底红潮在两颊，霎时走过是郎不。

最无情处最殷勤，冷眼看来面半醺。谁是凤鸾谁是鹊，暗中心事定能分。

京式烟筒京式鞋，墨晶眼镜手还揩。两行红粉齐回首，第一魂消是坠钗。

未到场中眼已迷，红妆遥对夕阳西。欠身欲惹傍人看，娇倚娘肩首故低。

扇痕折叠手频探，隙里红颜分外酣。可笑轻狂年少子，腹饥眼饱两难堪。[3]

人们常说，眼睛是心灵的窗户，眼睛能够传情、传神、传递各种心灵的信息。封建礼教“男女有别”的隔离原则以及女性被人为的施行缠足，

1 （清）酌元亭主人《照世杯》，上海古籍出版社 1985 年版，第 61 页。

2 傅谨主编《京剧历史文献汇编·清代卷·续编》（四），凤凰出版社 2013 年版，第 593—595 页。

3 傅谨主编《京剧历史文献汇编 · 清代卷》（四），凤凰出版社 2011 年版，第 52—55 页。

将两性生理差异进一步强化。小脚对女性身体和思想的控制，与“男主外、女主内”的社会分工相契合，客观上将女性再度边缘化，处于从属地位，是被塑造而成的“第二性”。但异性之间眼神的交流，却是礼教无法严格限制的。以上五首竹枝词写出了在正统封建社会中处于弱势地位的女性一反被动姿态，主动将目光投向男性，时而“流盼”，时而“凝眸”，用女性的视角观察男性。更有甚者，当一位衔着京式烟筒、脚蹬京式鞋、手里拿着墨晶眼镜不断揩拭的时髦男性走来时，两边的女性观众“齐回首”将目光投向他，一女子因为歪头看得入迷，头上的钗环都掉了。竹枝词白描式地刻画出男女之间通过眼神交流增进了亲密感，男性封闭的世界突然被女性划开了一道缺口，她们往“外”看，甚至侧着身子，倾向一种未知的方向。一半的身体已经伸出了私闺，闯入公共空间，女性用“看”的动作面向“新”的世界，“正是这个动作，拓展了女人的知觉范围，……解放亦可表达为一种身体意向”[1]。这一种“看”的身体意向，可以说是晚清女性现代性的发端，更折射出女性群体的文化心理。她们在殷勤打量的同时，“谁是凤鸾谁是鹊，暗中心事定能分”。

同时，女性群体在用自己的眼光观察男性时，她们也在被观察着，研究表明，“女性更容易受到眼神的暗示作用”。[2]“欠身欲惹傍人看，娇倚娘肩首故低”一句，揭示出这位女性显然感觉到了男性投射到自己身上火辣辣的目光，娇羞地倚靠在娘的肩上，并故意把头低下去。古代社会“被看”模式所彰显的，是根深蒂固的“男权至上”思想，而在这样一种相互的“看与被看”模式下，隐藏的是不同性别间眼神碰撞所带来的一些交流和沟通，

1 张念《性别政治与国家：论中国妇女解放》，商务印书馆 2014 年版，第 89 页。

2 李旭《“眉来眼去”的秘密》，《北方人（悦读）》2015 年第 11 期。

从而有效传递双方的一些情感表达。

2. 寻觅“护花人”

还有托言到戏园观剧，实则寻找情郎的女性。如“李氏女，尤庄人，幼许字青县山呼庄张懋德，未成婚，张因岁饥远出。女年才十六岁，居家贫，以纺织奉母。张去九年无消息，女父以为婿死矣，谋改嫁之。女探知其意，时山呼庄赛神演剧，女托言与邻女观剧，径奔姑家，入门向姑行礼，留姑家不归凡七年。”[1] 广西地区江山庙祀韩将军演剧，士女皆往观，作者模拟女性的口吻写道：“同归观剧女行迟，男女休教杂沓施。郎自向前侬退后，长街正是别途时。”[2] 一对心意已通的青年男女同归，行至长街时，依依惜别。因为拘于礼教，害怕男女杂沓的流言，一前一后走着，以此来掩盖两颗炽热的心。袁宏道曾作《迎春歌》：“梨园旧乐三千部，苏州新谱十三腔。……青莲衫子藕荷裳，透额垂髻淡淡妆。拾得春条夸姊妹，袖来瓜子掷儿郎。”[3] 这说的是，春意盎然的时节，景色宜人，在眼花缭乱的社戏活动和歌舞表演中，未婚女子们细心打扮，亦不放过出游观剧的大好机会，还伺机寻找心仪的“看花人”，用拢在袖中的瓜子和情郎打情骂俏，勇敢地追求爱情和幸福，轻松欢快的气氛不言而喻。还有在神庙中邂逅知心人，私订终身的，如“邂逅同心白传祠，目成眉语订相知”[4]。这种事情比比皆是。

3. 相看配偶

还有借机看戏，相看对象的。清末刘大鹏在《退想斋日记》中，写

1《沧县志》（卷十四），天津文竹斋印 1942 年版，第 29 页。

2 傅谨主编《京剧历史文献汇编 · 清代卷》（八），凤凰出版社 2011 年版，第 632 页。

3（明）袁宏道《袁宏道集笺校》（卷三），钱伯城笺校，上海古籍出版社 1981 年版，第 153 页。

4（清）袁景澜《吴郡岁华纪丽》，江苏古籍出版社 1998 年版，第 70 页。

到作为父亲的他曾在戏场上代儿相看媳妇："三男珦失妻，图谋续弦，有媒指一大姓之女为之婚配，今日□往验视，遇之于戏场，遥见颈项有瘤，恐系大病，天黑归来言其情状，遂作罢论。"[1] 其三子刘珦发妻逝世，图谋续弦，一媒人介绍了一大户人家之女待为婚配。结果在戏场相看时，发现姑娘脖颈上有一个肉瘤，恐有大病，这门婚事遂作罢。虽未相看成功，但在戏场这个公共场合，人群会集，父母为成年的子女们相亲，约立婚事是常有的事。《呼兰河传》中曾写道："东家的女儿长大了，西家的男孩子也该成亲了，说媒的这个时候，就走上门来。约定两家的父母在戏台底下，第一天或是第二天，彼此相看。也有只通知男家而不通知女家的，这叫作'偷看'，这样的看法，成与不成，没有关系，比较的自由，反正那家的姑娘也不知道。"[2]

除去父母代为包办或偷偷相看的做法，在看戏场合，由于打破了平日男女之间交往的清规戒律，青年男女有的还能够自愿相看对象，在"父母之命、媒妁之言"的清代，无疑是一种很大的进步。如《歧路灯》中特别爱看戏的巫翠姐，就是在山陕庙内看戏时，因为长得俊俏出众，被日后的丈夫谭绍闻看中，成就姻缘。民国二年出生的孙犁先生与妻子也是在戏场中相看对眼后结成婚姻的，其《亡人逸事》中具体讲到："虽然是封建婚姻，第一次见面却是在结婚之前。订婚后，她们村里唱大戏，我正好放假在家里。我们村有我的一个远房姑姑，特意来叫我去看戏，说是可以相相媳妇。开戏的那天，我去了……板凳上，并排站着三个大姑娘，都穿的花枝招展，留着大辫子。……我看见站在板凳中间的那个姑娘，

1 刘大鹏《退想斋日记》，乔志强标注，山西人民出版社 1990 年版，第 250 页。

2 萧红《萧红精选集 · 呼兰河传》，中国文联出版社 2017 年版，第 108—115 页。

用力盯了我一眼，从板凳上跳下来，走到照棚外面，钻进了一辆轿车。”[1]

在男权至上的社会，女性属于弱势群体，处于依附地位，上述几则史料敏锐地捕捉到女性在观戏过程中与男性交流的诸多历史瞬间，男性封闭的世界似乎被女性划开了一道缺口，她们主动地、努力地拓展自己的活动空间和知觉范围，打破了男女授受不亲的封建伦理道德约束，通过一系列的努力，加强与异性之间的互动和交往，而戏曲是她们的“媒人”。

（三）密切家庭成员、亲戚之间的关系

清代女性主要的生活圈在家庭之中，观剧具有密切家庭成员、亲戚之间关系的作用，人情往来以有血缘关系的父族和以姻亲关系建立的夫族为主。除此之外，还有更大范围的亲戚之间的交往。戏曲作为一种重要的休闲娱乐活动，具有促进家庭成员以及亲戚之间密切关系的功能。

1. 融洽夫妻、婆媳、妯娌等的关系

清代堂会演剧盛行，作为家庭内部重要的休闲娱乐活动，往往举家观看。如《那桐日记》记载，光绪二十四年（1898）十一月廿六日“母亲寿辰，因九月间举办，今日家宴，早在福寿堂，母亲、叔父、内子、儿女均往大餐，晚至近亲友三桌，亦在福寿堂晚饭，唤宝风、小宝两女乐，子正散归”[2]。民国元年（1912）九月十九日，“饭后丹桂茶园听戏。内子、二、五女、宝儿、儿妇午刻同往，酉刻归”[3]。九月二十四日，“二女、宝儿、二妇请在明阳楼早饭，丹桂茶园听戏，少阶、大姑奶奶在座，酉刻归”[4]。可见，

1 孙犁《青春余梦：孙犁散文精选集》，新华出版社 2016 年版，第 137 页。

2 傅谨主编《京剧历史文献汇编 · 清代卷》（七），凤凰出版社 2011 年版，第 719 页。

3 傅谨主编《京剧历史文献汇编 · 清代卷》（七），凤凰出版社 2011 年版，第 749 页。

4 傅谨主编《京剧历史文献汇编 · 清代卷》（七），凤凰出版社 2011 年版，第 749 页。

祖孙三代共同观剧是生活常态，全家共同参与戏曲活动，在特殊的气氛里，寒暄讨论，呈现出一派母慈子孝、兄友弟恭、夫妻和合的大团圆景象。

就夫妻关系而言，观剧可使夫妻双方增进了解，因为有共同的爱好而志趣相投、彼此欣赏，使婚姻生活趋于稳固、美满。作为儿媳的女性，依托姻亲关系进入另一个家庭，在这个交际圈中，“因为丈夫的纽带关系，妇女要与其他女性建立拟‘母女姐妹’式的婆媳妯娌关系；又因为生活中要竞争家内各种稀缺资源，婆媳妯娌之间总是面临各种紧张”[1]。研究表明，清代家庭中夫妻、婆媳间的矛盾冲突是客观存在的。如光绪二十九年丰润县民孙之瓒，“因妻陈氏向姑顶撞，并扭衣泼骂，经该犯拉开，拳殴后，复因其辱骂翁姑，忿起杀机，用剥刀故砍陈氏身死”[2]。女性对于夫家翁姑的违逆致死案，是一个非常态的极端事件，冯尔康先生论及清人生活时，认为夫妻凶杀和夫妻美满的家庭均是少数，在夫尊妻卑下平安相处是清朝家庭通常的情形[3]。从中可见，儒家性别秩序对女性一味柔顺的规定[4]换来的家庭稳定，在其表面的平安之下，实则隐匿着女性的委屈和不满，甚至是危险的火花和冲天的惊涛。但戏曲可以缓和矛盾，增进彼此感情，从而使家庭关系更加融洽。如《翁同龢日记》记载同僚宋、庞、鲍三人

1 万银红《清代妇女社会活动研究》，南开大学2014届博士学位论文，第57页。

2 骆宝善、刘路生主编《袁世凯全集》（第十一卷），河南大学出版社2013年版，第370页。

3 冯尔康、常建华《清人社会生活》，沈阳出版社2002年版，第143页。

4 身为儿媳公然违逆翁姑的教令，其本身就属“七出”之一的恶行。儒家性别秩序不断强调嫁入夫族的女子应以丈夫、翁姑为天，“故待三人，必须曲得其欢心，不可纤毫触恼。若公姑不喜，丈夫不悦，则乡党谓之不贤”。而且，侍奉此三人的态度皆以“顺”为核心，当翁姑对的但媳妇有所责备时，媳妇也应“只认自不是，不必多辩。骂也上前，打也上前，陪奉笑颜，把搔背痒，无非要得其欢心”。（清）陆圻《新妇谱》，见张福清编《女诫：妇女的规范》，中央民族大学出版社1996年版，第96页。

皆正寿，于谢公祠置酒演剧，“庞年伯母请慈亲观剧，三嫂侍往。亥正归”[1]。《荣庆日记》也有相关记载，民国二年（1913）八月初十日“午后侍婢同内率长、次两媳，罗、张两妾，梁、楷两男，麒、麟两孙，延孙女观剧天仙”[2]。戏曲中劝诫夫妇和顺、讲婆媳相处之道的情节和故事，必然会起到改变家庭相处模式的效果。所以共同参加文娱活动的时间和频率越多，家庭关系越和谐亲密，因为“基本关系（家庭及其他关系）的表达与发展是人们在休闲中寻求的主要结果”[3]。

2. 密切与娘家人的关系

按照儒家礼法的规定，女性出嫁后，便脱离了父宗而加入夫宗，从此她便以夫家为家，与娘家人见面的机会很少，如许多地方限制妇女归宁。《茗洲吴氏家典》载：“诸妇之于母家二亲存者，礼得归宁，无者不许。”[4]士大夫出身的刘大鹏认为士庶之女，断不可久住母家，“若使久住母家，一则缺侍奉翁姑之道，一则失助夫持家之礼。无论婿家见恶，以不顺之言来加，渐至两亲不睦”；二则“女在母家久不与婿相会，贞静之女尚不至生祸端，若女不贞静，其害有不胜言者矣。余尝阅历当世，见夫女在母家有私宿奸夫，败坏家风”；三则“有翻舌弄唇致使母家之兄弟妻子不和，甚至离居分产者”[5]。出于守贞的担忧和男系宗法稳定的考虑，女子私自归宁是不被允许的。清代一些夫殴妻至死的命案，常与女性私自回娘家有关。

1 傅谨主编《京剧历史文献汇编 · 清代卷》（七），凤凰出版社 2011 年版，第 63 页。

2 傅谨主编《京剧历史文献汇编 · 清代卷》（七），凤凰出版社 2011 年版，第 497 页。

3 [美] 约翰 · 凯利《走向自由——休闲社会学新论》，赵冉译，季斌校译，云南人民出版社 2000 年版，第 183、187 页。

4 陈建华、王鹤鸣主编《中国家谱资料选编》（八），上海古籍出版社 2013 年版，第 116 页。

5 刘大鹏《退想斋日记》，乔志强标注，山西人民出版社 1990 年版，第 21 页。

如光绪二十九年所奏平山县民人任全保，因妻子“任氏私往母家，拉令转回，不允，致相争殴。顿起杀机，用刀故杀任氏身死”。[1]“肃宁县民人杨□因伊妻王氏私回母家，训斥不服，拳殴未伤。后因斥其不做套裤，复被撒泼混骂，用铁火筷等械戳殴王氏，致伤身死。”[2]在这两起案件中，令丈夫暴怒的关键点往往在于一个“私”字，即妻子不告私归，是对丈夫知情权和管教权的藐视，也难免有借回母家探亲而对夫不忠的嫌疑，这可能也是丈夫最为担心之事，他们在此处将大门不出和守贞紧密联系在一起。下层女性的丈夫对此施行严格的人身管制。

不只士庶之家对女性身体控制严格，即使是平民之家，出嫁女儿与娘家人的交往也是极少的。如《呼兰河传》中写道：“一家若有几个女儿，这几个女儿都出嫁了，亲姊妹两三年不能相遇的也有。平常是一个住东，一个住西。不是隔水的就是离山，而且每人有一大群孩子，也各自有自己的家务，若想彼此过访，那是不可能的事情。”[3]因为地域的阻隔和家务、抚育幼儿等重任，亲姊妹兄弟们的往来也是比较少的，但是戏曲活动却可使女性与母家的联系密切起来。士庶之家，可将母家的亲人邀至家中观剧。如《鉏月馆日记》记载光绪十三年（1887）五月初十日，“上房有摊（滩）簧曲，外祖母来盘桓，因留下榻”[4]。光绪十四年正月十三日，“今日请外祖母来聚。春初理有此局，并邀唐李两从母、三妹妯娌及其两女，以示春宴

1 袁世凯《摘叙各命案案由折》，骆宝善、刘路生主编《袁世凯全集》（第十一卷），河南大学出版社 2013 年版，第 178 页。

2 袁世凯《摘叙各命案案由折》，骆宝善、刘路生主编《袁世凯全集》（第十一卷），河南大学出版社 2013 年版，第 612 页。

3 萧红《萧红精选集 · 呼兰河传》，中国文联出版社 2017 年版，第 108—115 页。

4 傅谨主编《京剧历史文献汇编 · 清代卷》（七），凤凰出版社 2011 年版，第 423 页。

之意，唤花鼓曲点缀之”[1]。从母，即姨母，为母亲姊妹的别称。又如，《郑孝胥日记》宣统元年（1909）正月初四日记载：“夜，中照邀六姨及儿女往新舞台听戏。”[2]可见，因观剧等因，女性和母家的联系并没有疏远。

下层女性，通过看戏可经常回娘家探亲。如“一旦某一个乡村要举办戏剧演出的事情被确定下来，附近的村庄都为之兴奋得颤抖。由本村出嫁的年轻妇女总是为此早早地就安排回娘家。显然，这种机会对于母女双方来说都是特别重要。”[3]再如，《呼兰河传》写道：“戏还没有开台，呼兰河城就热闹得不得了了，接姑娘的，唤女婿的。”为此，有一个脍炙人口的童谣：“拉大锯，扯大锯，老爷（外公）门口唱大戏。接姑娘，唤女婿，小外孙也要去。”[4]也有哥哥亲自接自己的妹子回娘家看戏的，如山歌唱的“娘家门上槐树槐，槐树底下搭戏台。四月初八庙会开，叫我妹子看戏来。”[5]若是确定了姊妹们都回来看戏，“从那时候起，她们就把要送给姐姐或妹妹的礼物规定好了”。“每个回娘家看戏的姑娘，都零零碎碎地带来一大批东西。送父母的，送兄嫂的，送侄女的，送三亲六故的。带了东西最多的，是凡见了长辈或晚辈都多少有点东西拿得出来，那就是谁的人情最周到。……每个从娘家回婆家的姑娘，也都带着很丰富的东西。”吃的用的都有，“母亲亲手装的咸肉，姐姐亲手晒的干鱼，哥哥上山打猎打了一只雁来腌上，至今还有一只雁大腿，这个也给看戏小姑娘带回去，带

1 傅谨主编《京剧历史文献汇编·清代卷》（七），凤凰出版社 2011 年版，第 426 页。
2 傅谨主编《京剧历史文献汇编·清代卷》（七），凤凰出版社 2011 年版，第 584 页。
3 [美] 明恩溥《中国乡村生活》，午晴、唐军译，中华书局 2006 年版，第 42 页。
4 萧红《萧红精选集·呼兰河传》，中国文联出版社 2017 年版，第 108—115 页。
5 杨克栋搜集整理《仇池风——陇南山歌》，作家出版社 2004 年版，第 425—426 页。

回去给公公去喝酒吧”[1]。

由此可见，女性归宁看戏，既是为了看戏，也不仅仅是为了看戏。老人们因为女儿的到来非常高兴，给了她们尽孝的机会。兄弟姊妹们平时隐藏于内心的牵挂，在观剧的这段时间，又开始抬头，此皆成为女性一生最重要的情感依赖。“媳妇作为外来人进入夫家，经过数年的忍耐，直至生下男性继承人，才能被夫家所接纳。这段时间的精神慰藉很大程度上来自娘家的宽怀。”[2]因此戏曲活动“为表达、维持及丰富这种亲密无间的关系创造条件”[3]，回娘家看戏无疑是众多女性释放压力、维系亲情的好机会。

综上所述，戏曲对于促进女性人际间的往来发挥了媒介作用，是她们实现社会化的一条重要途径。

三、服装展示

清代女性观剧的另一个动机，是展示服装、炫耀妆容。如《燕九竹枝词》之《草珠一串 · 妇女》曰 ：“花边衣服又钉金，袖口宽如独睡衾。不是姻亲俱庆寿，戏庄楼上好登临。”[4]又如，为了去戏园看戏，大户人家的女眷“明眸皓齿，盛饰艳装，仆婢将扶，烟筒果盒，登楼而造座者，虽大宅绅眷，亦所时有”[5]。南方水乡，“沿江演剧，观者如堵，……妇女亦盛饰相炫耀，往来杂沓”。[6]神庙演剧时，“闺门妇女亦随波，有似新娘有似婆。时

---

1 萧红《萧红精选集 · 呼兰河传》，中国文联出版社 2017 年版，第 108—115 页。

2 万银红《清代妇女社会活动研究》，南开大学 2014 届博士学位论文，第 13 页。

3 ［美］约翰 · 凯利《走向自由——休闲社会学新论》，赵冉、季斌校译，云南人民出版社 2000 年版，第 101 页。

4 傅谨主编《京剧历史文献汇编 · 清代卷》（八），凤凰出版社 2011 年版，第 597 页。

5 傅谨主编《京剧历史文献汇编 · 清代卷》（四），凤凰出版社 2011 年版，第 164—166 页。

6（清）姚念杨等修，赵裴哲纂《益阳县志》（第 25 卷），同治十三年（1874）刻本。

式衣裳时式髻，神凝目定语无多”[1]。还有，光绪七年（1881）三月二十三日浙江省弥勒寺演剧酬神，“两面看楼之女眷等，无不桃花扇暖，杏子衫轻，艳裹浓妆，先人早至”[2]。两旁看楼之女眷，盛饰浓妆，早早就登楼看戏。除了内陆地区，这种风气也远布海峡两岸。如台湾诸罗县“演戏，不问昼夜，附近村庄妇女……有至自数十里者，不艳饰不登车，其夫亲为之驾”[3]。薛约在《台湾竹枝词》中亦云：“演剧迎神远近哗，艳妆处处竞登车。阿郎推挽出门去，指点红尘十里赊。”[4]

另外，明清时期整个社会奢靡消费风气的盛行，特别是清代社会经济的快速发展，也影响到了观剧女性的着装。金门地区，“自古风气质朴，数年来渐侈。小家女手足饰金银，村妇偶出门亦须罗绮。里社报赛，或演大梨园至三五日；少妇靓妆坐台前听戏，前所未有也”[5]。民间女性车舆、服饰、器用等，都竞求豪奢、求新求变。“小家女手足饰金银，村妇偶出门亦须罗绮”，这一点体现得比男性更明显。尽管清政府屡次颁布律法遏制女性[6]，以防僭越、以辨等威，从而厚风俗而安王政，但收效甚微。如北直隶宣化府隆庆州“土民竞以华服相夸耀，乡间妇女亦好为华饰”；嘉靖

1 傅谨主编《京剧历史文献汇编 · 清代卷》（四），凤凰出版社 2011 年版，第 56—58 页。

2 傅谨主编《京剧历史文献汇编 · 清代卷》（四），凤凰出版社 2011 年版，第 184 页。

3《诸罗县志》(卷八),“台湾文献丛刊”第 141 种,台湾银行经济研究室 1962 年版,第 149 页。

4 潘超、丘良任、孙忠铨等主编《中华竹枝词全编》（七），北京出版社 2007 年版，第 452 页。

5《金门志》（卷十五），转引自《海峡两岸梨园戏学术研讨会论文集》，国立中正文化中心 1998 年版，第 20 页。

6《大清律例》卷十六《礼律 · 仪制 · 服舍违式》中云：“庶民男女衣服，并不得僭用金绣，许用纻丝绫罗、绸绢、素纱。妇人金首饰一件，金耳环一对，余止用银翠，不得制造花样金线装饰。”以及“妇女僭用金绣、闪色衣服，金宝首饰，镯钏及用珍珠缘缀衣履并结成补子、盖额、璎珞等件。事发，俱照律治罪，服饰器用等物并追入官，妇女罪坐家长”。见沈云龙主编《近代中国史料丛刊》（三编第 22 辑），文海出版社 1987 年版，第 1472、1475 页。

《隆庆志》卷七载录，四川嘉定州洪雅县“其服饰则旧多朴素，近（指嘉靖后期）则妇女好为艳妆，髻尚挺心，两袖广长，衫几曳地”。[1]

女性观众把观剧活动视作一个非常重大的盛会，因为这使她们感到兴奋、愉悦，服饰的鲜亮，极容易成为人们关注的焦点和对象，也容易成为彼此之间的话题和谈资，她们很享受这种特殊的氛围。妇女靓妆炫服观剧的行为，对当时的两性关系有何种冲击？或者可以跳脱父权观念的思维，揭示其更深层的原因。中国古代汉族女性，往往通过宽大肥硕的服装形制，将天然的身体曲线性征严严实实地包裹起来，所谓“衣者，隐也；裳者，障也，所以隐形自障闭也”[2]。这种隐蔽、阻隔、含蓄的服饰观念，加上“男女有别”和“男女授受不亲”的礼教文化对女性日常行为的种种约束，使得两性之间很少有机会能够深入交流。但是处于深闺中的女性，作为活生生的一个人，其思想和感情总是要向外表达和宣泄的。

女性服饰作为女性身体的一部分，无疑承担了调适社会两性关系最具效力的工具，或者说服饰本身就是一种女性与异性接触和交往的符号，具有“两性隔离与亲近的双重性”。正如有评论曾言：“当女性愿望整体受到社会压抑……对于时装和时尚的追求，成为女性表达自己和满足自己的一种手段。”[3]她们通过缤纷绚丽的妆容、发式、首饰、配饰、衣衫纹样等全方位装点着自己未被衣服遮盖的肢体，美化并强调着女性气质和女性形象，力求使自己神采照人，从而实现与男性的亲近和交流，为自己在男

1 （明）张可述《洪雅县志》卷一《风俗》，《天一阁藏明代方志选刊》，上海古籍书店，1982年重印，第13页。

2 （汉）班固《白虎通》（卷四），崇文书局光绪元年（1875）刻本。

3 周乐诗《清末小说中的女性想象（1902—1911）》，上海大学2010届博士学位论文，第170页。

权文化霸权的环境中获取更多的社会资源。因为在“男尊女卑”的人文环境和“女子无才便是德”的社会评价尺度中，男性掌握着社会公共资源和私人家庭的全部资源，女性要想争得更多的生存机会，就要靠自然性征的显示和付出来获得。正如亚里士多德所言：“美貌的推荐功能，胜过任何用来引介的只字片语。”[1]说明形象成了女性博得男性好感至关重要的途径。女子的美貌无疑会在这种交换中更具效率，这就是“女为悦己者容”的装饰动因，女性这种着装美容动机，是中国封建文化的产物。当然也不排除女性“为己悦而容”的心理动因。女性靓妆炫服的观剧行为，无疑为吸引别人的眼球增加了砝码，有的还会通过观剧收获与异性的爱情。

四、追星动机

女性观众观剧的另一个动机，就是“追星”。“追星”是现代的说法，清末民初称为“捧角”。所谓“捧角”，系指“某些观众以种种方式，与演员之间建立超出一般演员与观众之间演出与欣赏的关系。捧角者常借由各种方式，与凡赠写诗文、写剧评赞美、听戏叫好、组团组社、游宴交谊、金钱及戏服上的赞助、编写剧本、封主选后等，来与演员建立关系并取得彼此所需”[2]。捧角现象的出现，是清代戏曲演出商业化、伶人明星化的结果。以往对于捧角现象的讨论，多集中在男性文人、政客、商人、银行家等人身上。实际上，在女性戏迷中也存在大量“捧角”“追星”的举动，与男性观众有许多相似的社会文化心理。

1 [美] K.B. 凯瑟《服装社会心理学》（下册），李宏伟译，中国纺织出版社 2000 年版，第 514 页。

2 孙俊士《民国时期戏曲报刊研究》，山西师范大学 2011 届博士学位论文。

（一）女性对男伶的迷恋

1. 追捧

清代女性观众追捧男伶的例子比比皆是。如女性观众对于名伶杨月楼的痴迷，竹枝词中有形象的描述："二桂名园赌赛来，一边收拾一边开。月楼风貌倌人爱，不羡红妆浪半台。"[1]"金桂何如丹桂优，佳人个个懒勾留。一般京调非偏爱，只为贪看杨月楼。"[2]从上述两首词中，可以看出杨月楼由于个人魅力超群对女性观众的强烈吸引力，女性看戏的主要目的不是过戏瘾，而是为了目睹杨月楼的风貌。据记载："月楼……虽丰躯干，而面莹洁，每着胭脂，带雨桃花，无斯艳丽，以故妇女皆趋之若鹜。"[3]杨月楼舞台扮相矫健俊朗，充满阳刚之气，符合女性观众对某种理想伴侣的向往和幻想，故而女粉丝众多。又如《孽海花》第三十回，武生孙三儿在《白水滩》中英姿勃勃的扮相、俊朗阳刚的外表，迷倒了许多女性：

> 一霎时，锣鼓喧天，池子里一片叫好声里，上场门绣帘一掀，孙三儿扮着十一郎，头戴范阳卷檐白缘毡笠子，身穿攒珠满镶净色银战袍，一根两头垂穗雪线编成的白蜡杆儿当了扁担，扛着行囊，放在双肩上，在万盏明灯下，映出他红白分明、又威又俊的椭圆脸，一双旋转不定，神光四射的吊梢眼，高鼻长眉，丹唇白齿，真是女娘们一向意想里酝酿着的年少英雄，忽然活现在舞台上，高视阔步的向你走来。这一来，把个风流透顶的傅彩云直看得眼花缭乱，心

1 傅谨主编《京剧历史文献汇编 · 清代卷》（四），凤凰出版社 2011 年版，第 6—7 页。

2 雷梦水、潘超、孙忠铨等编《中华竹枝词》，北京古籍出版社 1997 年版，第 801 页。

3 傅谨主编《京剧历史文献汇编 · 清代卷》（八），凤凰出版社 2011 年版，第 233 页。

头捺不住突突地跳，连阿福的伶俐、瓦德西的英武都压下去了。[1]

男伶们的身段、扮相等皆成为女性观众窥视的对象，这一点明显是女性欲望投射得到满足的表现。演员的精彩表演，给女性观众带来了审美的新鲜感，反过来这种新鲜感又增加了艺人的个人光环，二者相互叠加，形成了女性观众对其本人的关注和迷恋。此外，有一定经济实力的女性捧角者，除常出入戏园看戏外，更有甚者将对名伶的喜爱延伸至台下，许多商人之小妾、妓女等凭借财力广散钱财以结交名伶，如杨月楼“出演上海时，妖姬荡妇，均欲得彼而甘心，其中有热心之某名妓，属意于月楼，广散黄白”[2]。

2. 移情

女性观众的情感特点是比较感性，她们对戏曲演员的崇拜“往往出自于对自己‘合理的幻想’得到了‘假象性满足’这一方面”[3]。正是角色扮演表现出的特征符合了女性观众的某种精神需求，进而将对角色的偏爱延伸到演员本人身上，把演员在台上的风采与其生活中的本色等量齐观，以至于爱屋及乌，对演员个人产生难以名状的好感和迷恋，而发生移情现象。

史料中多有良家少女因观剧而属意伶人，不觉移情者，如“天凤隶福庆班，为豫省第一名旦，诸曲皆工，而色尤冶艳。凤年未及冠，貌如处女，

1（清）曾朴《孽海花》，昆仑出版社 2001 年版，第 280—281 页。

2《听寒外史 · 梨园秘辛》（四），《国民杂志》1944 年第 9 期，总第 25 期。

3 徐煜《明星崇拜心理中的非审美成分——以晚清以来捧角现象为样本》，《戏剧文学》2012 年第 10 期。

当装束登场，一种秀逸之态，妩媚之情，真足荡魂摄魄。曾在北帝庙演剧，有小家女见之，心大爱慕，垂注良殷，归而眠食俱废。”[1] 又或有心生爱慕而互通款曲的，如“一旦脚擅长风月，小立氍毹之上，尽态极妍。该处有某氏妇系文君新寡，前月归宁，遂留而观剧，不觉移情。每于该旦及一武生登场，注目不移，如是者三日，一点灵犀，台上下两相会意。”后来同归寓所，密订鸳盟[2]。又有因倾倒于伶人的演出风采而渐生爱意，并将在男伶身上的情感投射变为现实，非某位伶人不嫁的。如上文所引述的福庆班第一名旦天凤，某小家女见而爱慕，曰：“此生不嫁则已，嫁非某伶不可。……得嫁某伶，虽居妾媵之列，亦所愿也。宵征抱裯，并无所悔。”[3] 又如，女观众因观看伶人张桂华的《玉簪记》：“极缠绵之致。姬谓张作出且然，傥偕真伉俪，必非如李十郎鲜克有终者。乃买小蜻蜓，亲赴苏台晤张之大妇，关说定，仍返金陵，就桂华于家。”[4]

女性观众将舞台上伶人的温存美好带到生活中，可以反映出“对演员的追捧，并非完全出于艺术的追求和共鸣，而是满足了某种非审美的心理需求”[5]。当然，这种依靠主观印象的崇拜和痴迷，也往往会造成婚姻的悲剧。

（二）女性对女伶的追捧

女性观众对女伶的追捧，更多是将女性演员当作一位明星来消费。

---

1 傅谨主编《京剧历史文献汇编 · 清代卷》（八），凤凰出版社 2011 年版，第 107 页。

2 傅谨主编《京剧历史文献汇编 · 清代卷》（四），凤凰出版社 2011 年版，第 214 页。

3 傅谨主编《京剧历史文献汇编 · 清代卷》（八），凤凰出版社 2011 年版，第 107 页。

4《清代笔记小说大观》，上海古籍出版社 2007 年版，第 5752 页。

5 徐煜《明星崇拜心理中的非审美成分——以晚清以来捧角现象为样本》，《戏剧文学》2012 年第 10 期。

除了关注女伶舞台上的表演，她们的衣食住行、兴趣爱好、言谈举止等，都会成为女捧角者关注的焦点和话题，甚至女伶的一举一动皆成为女性观众模仿的对象。如《海上花列传》第八回中的黄金凤，“子富见他穿着银红小袖袄，蜜绿散脚裤，外面罩一件宝蓝缎心天青缎滚满身洒绣的马甲；并梳着两角丫髻，垂着两股流苏，宛然是《四郎探母》这一出戏内的耶律公主”[1]。黄金凤模仿的就是《四郎探母》中耶律公主的装扮。又如《海上繁华梦》第二十二回写到，因为看到林黛玉等女伶都有戏装照片，阿珍与少霞两位少女就到致真楼照相馆拍摄戏装照：

> 那扮戏的，要算谢湘娥扮的王天霸、范彩霞扮的十一郎这两张，最是儿女英雄，异常出色。……阿珍说：“拍两张时装的八寸半片，两张扮十一郎、两张扮王天霸、两张西装半身的六寸半片，另外再拍两个最小的头子，镶在小照壳子里边。[2]

当时京津地区的报刊对女伶的报道巨细靡遗，女伶的衣着、装饰、社交活动甚至言谈举止，成为大众茶余饭后的话题以及一种生活品位的指标和一般女性模仿的对象。对女伶的迷恋和追捧，延至民国年间更为明显，如《妇女杂志》中有一段女学生争相前往戏园看戏的对话，很能说明问题：“密斯李，你昨天到游艺园去了没有？琴雪舫脸子长得真漂亮啊！”“不错。密斯赵，我昨天在游艺园门口专等着看琴雪舫上马车，她还抱着一个小

1（清）韩邦庆《海上花列传》，人民文学出版社 1982 年版，第 64—65 页。

2（清）孙家振《海上繁华梦》，上海古籍出版社 1991 年版，第 229 页。

狗呢！”[1]可见，“明星是作为消费的偶像出现的”[2]。还有的女性会给自己喜爱的女伶写诗或写信，以下史料或可作为佐证：

忽然台下起了一阵哄声，我便详细地一看，原来是饰高少爷的李艳芳出台了，她穿了一套条子西装，外面罩上一件大衣，白白的围巾，显得那样的洁净，手上带着一副皮手套，脚上穿着一双黑皮鞋，走起路来，真像一个学生。多么的潇洒，大方，再看她的面部，白白的脸，加上一些淡淡的胭脂，眉毛浓浓的，嘴红红的，眼睛亮亮的，那一副扮相真称得上漂亮两个字。然后我再回过头去看，呵，不得了，原来每个人的嘴都张开着，用心地打量着这个高大的少爷呢，尤其是一般女太太、女小姐们，她们的眼光都送出羡慕之色，她们羡慕的是那位姚水娟扮的玉贞姑娘，她有那样漂亮英俊的少爷追求……凡是一待高少爷出台，台下就有笑声，并夹着说话声，什么李艳芳真漂亮，李艳芳的表情真好极了，那能会介像个男人家哪，呵，李姝已经成为越迷的情人了。[3]

她像世上最美丽的一朵花，更是越剧中最美丽的一位，她那双亮晶晶的逗人秋波，是多么使人神魂颠倒，她的一笑，是多么的可爱，总之，她一切的一切，是不能用一支秃笔所能形容……她的一切，太使人迷恋了，我忘不了她，永远的忘不了她。[4]

1 涓州《自暴的青年》，《妇女杂志》1923年第6期。

2 [美] R.德·科尔多《论明星》，《世界电影》1995年第5期。

3 启明《越迷们的情人》，《上海越剧报》1942年1月9日。

4 戴霞华《我忘不了她——陈少鹏》，《越剧报》1949年7月10日。

以上两段文字，其一是女性观众对饰演男角的女伶李艳芳的描写，其二是一位叫戴霞华的女性，作为陈少鹏的粉丝进行的描述。这种因捧角的狂热而造成的肉麻和偏执，多少带有某种同性相恋的意味，“是一种复杂的文化现象，与单纯的艺术欣赏并不完全相同，其心理成分并不涉及审美问题，而包含着更多的文化因素”[1]。

另外，民国初年随着女子越剧的繁荣，女捧角者中出现了一种“过房娘”现象。凡是“过房娘”则必是越剧迷，且各阶层的妇女均有。20世纪三四十年代，越剧演员有到一地就拜过房娘的风气。有的“过房娘”因为与演员性别上的亲近，对于越剧女伶既有物质上、经济上的资助，也有精神上的安慰，甚至婚姻上的引导，真心爱护越剧的女捧角者大有人在。但也有某些有闲有钱心地狭窄的太太、姨太太们，因为她们关注的重心在演员而不是戏曲艺术，往往会使用各种方法和手段，参与控制班社、女伶的一些日常生活，从而造成了很多不良的影响，严重损害了戏曲艺术的真正价值和魅力。关于“过房娘”的问题，已有专文论及，此不赘述[2]。

五、其他需求

女性到剧场看戏，除去观剧之外，还有一些其他需求和愿景。如作为母亲的女性，主要活动空间在于家庭，子嗣的健康是她们最大的心愿，

---

1 徐煜《明星崇拜心理中的非审美成分——以晚清以来捧角现象为样本》，《戏剧文学》2012 年第 10 期。

2 张雯《从乡村到都市——近代上海女子越剧的流行与社会文化变迁》，《天津音乐学院学报》2013 年第 3 期。

为保护孩子健康成长，求戏班人员给孩子画脸、讨吃戏饭是常有的事。如“戏班到乡村演出，伶工开膳时，村中妇女们常常着小孩来乞讨‘戏班饭’，不问数量多少，能有一点就心满意足，据称，戏班走南闯北，适应性强，台上红脸、白脸都能唱演，天赋甚高，小孩吃了‘戏班饭’，就会聪明伶俐，身体健康”[1]。还有的女性让戏曲艺人给小孩勾脸、画脸谱。笔者通过多方调查走访得知，至今山西省运城市稷山、新绛、河津一带的村里仍保留着让丑角或净角给孩子涂三花脸或者小猫小狗图案的习俗，也有画净角之脸谱眉眼部分，俗称“点天眼”。主要是为孩子祈福禳灾，取好养活的目的。而且多为特别调皮捣蛋的小男孩或者身体孱弱的小男孩点天眼，女孩则很少见到，此种选择亦受到传统子嗣观念的左右。

小　结

综上所述，清代女性观众群体在以往宫廷女性、仕宦女眷、平民女性、青楼女子等类型之外，还有所拓展。其中女校师生群体与外籍来华女性人员，就是比较特殊的人群。虽然这些人的观剧活动，出现的时间比较晚，是一个阶段性的现象，所占比例相对其他几类女性也较小，但是这类女性观众与近代以来中国社会环境的变迁和女界的革新有密切关系。清代女性观众自上而下，由中而外都积极参与，可见女性数量之多、范围之广，某种意义上，颠覆了以往对女性“大门不出，二门不迈”的传统印象。女性观剧，作为一种全民性的戏曲文化活动，无疑是了解中国古代女性生

1 中国戏曲志编辑委员会等编《中国戏曲志·海南卷》，中国 ISBN 中心 1998 年版，第 547 页。

活的一个最佳切入口。另外，清代女性的观剧需求复杂多样，通常集娱乐、交际、追星、服装展示等需求于一体，多种观剧需求的共同作用，促成了清代女性观众观剧的文化景观。

第二章
清代女性观剧场所及设施

剧场是戏曲搬演的空间环境，“通常是指观众观赏演出的场所，由演出舞台与观众席构成”[1]，是演员与观众之间的桥梁与纽带。车文明先生将中国古代剧场的类型大致分为：“商业性剧场、神庙剧场、宫廷剧场、私家园林剧场、临时性剧场五类。”[2]同时，由于中国戏剧具有无处不歌舞的特征，所以举凡厅堂、舟船、街道、广场、院落等均可以撂地做场[3]。本章虽然讨论的是清代女性观剧场所，但严格意义上讲，无论是宫廷剧场、神庙剧场，还是戏园、茶园、私家庭院等，女性与男性观众一起看戏时，是共用一个剧场空间的，各类剧场中皆有女性观众的身影。值得注意的是，在各类剧场中，均设置了女性专用的观剧设施，既有固定的可以持久利用的看楼、女台等，也有临时性的设施。女性专门观剧设施的创设，其意义有三：首先，具有“严男女之大防”的功能和意义；其次，可使女性观众在看戏时有所栖止，获得特殊的照顾和保护；再次，在一些地区

1 车文明、孟伟《中国“剧场”概念流变考》，《文艺研究》2016 年第 7 期。

2 车文明《中国古代剧场类型考论》，《戏曲艺术》2013 年第 2 期。

3 车文明《中国神庙剧场中的看亭》，《戏曲研究》2013 年第 1 期。

还成为人们牟取经济利益之手段。

另外，山西省高平市良户村田逢吉家族女眷剧场和清末北京金鱼胡同尼姑庵女性观剧专场，对于我们认识清代女性观剧场所及设施，具有重要的史料价值。

第一节 各类剧场中的女性观剧现象

一、宫廷剧场中的女性观剧

宫廷演剧由来已久，目前现存的宫廷剧场均属清代遗构。本书所指的宫廷剧场，包括故宫、颐和园、承德避暑山庄等皇家御用之剧场。廖奔先生在《中国古代剧场史》中，将清宫戏台分为室内小戏台、三层大戏楼、普通戏台三类。[1]由于清代帝后和王室很多都是戏迷，所以无论是哪类剧场，处处可见帝后妃嫔、王室内眷观剧的身影，可见清宫戏台使用的频率极高。

第一类，清宫室内小戏台。有重华宫漱芳斋室内“风雅存”小戏台、宁寿宫倦勤斋室内小戏台、宁寿宫阅是楼小戏台、宁寿宫景祺阁小戏台、长春宫怡情书史室内小戏台、储秀宫丽景轩室内小戏台等[2]。如道光六年（1826）十二月二十八日，“皇后等位在漱芳斋台上承应《吟诗脱靴》”[3]。《吟诗脱靴》乃昆剧剧目，叙唐明皇与杨贵妃在沉香亭筵宴赏花，召翰林学士李白吟诗助兴。李白醉酒，命宦官高力士磨墨拂纸，写成《清平调》三章。

1 廖奔《中国古代剧场史》，人民文学出版社 2012 年版，第 230—231 页。

2 杨连启《论内府戏台与清宫大戏》，《戏曲艺术》2013 年第 3 期；张淑娴《清代皇宫室内戏台场景布局探微》，《中华戏曲》2016 年第 52 辑。

3 傅谨主编《京剧历史文献汇编 · 清代卷》（三），凤凰出版社 2011 年版，第 168 页。

唐明皇大悦，连赐巨觥，并派高力士等送归翰林院。李白借酒命高力士为其脱靴，以辱之。重在刻画诗仙李白蔑视权贵的傲骨豪情。该剧为清末昆剧名小生沈寿林、沈月泉父子最擅长的“醉”戏之一。周传瑛先生受教于沈月泉，他曾用六个“三”来总结李白这一人物形象的塑造，即“三醉、三态、三咏、三呼、三辱、三笑”。这一系列的形体表演，在漱芳斋这样的室内小戏台展示很适合。由于室内空间小，故一般适用于帝后及近侍数人平日饮食消遣，看杂耍、八角鼓、太平歌等。

第二类，恢宏大气的三层大戏台。现仅存故宫宁寿宫阅是楼畅音阁大戏台、颐和园德和园大戏台这两座。承德避暑山庄清音阁大戏台、圆明园同乐园清音阁三层大戏台和故宫寿康宫大戏台已毁。其中，清乾隆四十一年（1776）创修的北京故宫宁寿宫“畅音阁戏楼，单檐歇山顶，三层，三面观。台基高 1.2 米，建筑高 20.71 米。下层‘寿台’，约 14 米见方。后部又分两层，上层叫‘仙楼’。从寿台到仙楼设木梯四座，名‘搭垛’。在仙楼两端又各设一搭垛，通往中层。天花板上设天井三个，供演员、砌末升降。中层‘禄台’，不到寿台的三分之一。上层‘福台’，表演区更小。戏楼对面为阅是楼，为帝妃观剧处。东西两侧各有转角庑房十三间”[1]。帝后在此观剧的记载，清宫档案中非常之多。如光绪二十二年（1897）六月二十六日光绪帝万寿节，“皇上于六月二十六日万寿圣节受贺后，在阅是楼听戏，……皇太后亦率同皇后及各妃嫔至阅是楼观剧，南府优伶及外班各名优莫不各奏所长”[2]。《那桐日记》光绪二十八年五月初五日端阳节记

1 中国大百科全书编辑委员会等编《中国大百科全书·戏曲曲艺卷》，中国大百科全书出版社 1983 年版，第 28 页。

2 傅谨主编《京剧历史文献汇编·清代卷》（五·上），凤凰出版社 2011 年版，第 48 页。

载："辰刻进内，宁寿宫皇太后、皇上前谢恩。午刻复进内，带各国女眷筵宴，随两宫至乾清宫养心殿瞻仰，陪各参赞、翻译在颐和轩入宴。申初到阅是楼观剧，开场为《福寿双喜》，二出为《小宴》。"[1]小横香室主人《清宫遗闻》中，对阅是楼内部式样做过详细描述："孝钦观剧处名阅是楼，在养心殿右，距孝钦寝室说数十武。正厅为楹三，孝钦自书额。中设宝座，暖阁覆之。厅前左右有廊，不甚广。凡福晋、命妇蒙特召者，得坐于是间。厅廊之壁，被以金色缎，录《万寿赋》，字如胡桃大，皆南书房翰林手笔。剧台方式，大小与外间同，而华丽过之。"[2]

圆明园同乐园清音阁三层大戏台，皇后妃嫔等册封、大婚，以及帝后万寿等庆典活动也在此举行。如道光三年（1823）五月十七日皇后千秋，"同乐园承应《莲池应瑞》《宝鉴大光明》《寿益千春》《百福骈臻》《福缘善庆》"[3]。咸丰二年（1852）六月初八日贞贵妃被册封为皇后，"初八日贞贵妃封为皇后。……同乐园卯正十分等皇后受礼毕，迎请开戏。《万寿祥开》（十二出）、《回回指路》（张玉）、《吟诗脱靴》（安福、祁进禄、张春和）、《老僧点化》（平喜、张庆贵）、《虎撞窑门》（姚长泰）、《侦报》（张春和）、《思凡》（边得奎）、《祝寿万年》（放牲）"[4]。另外，凡新年、上元节、端午节、中秋节、冬至等重大节日庆典在此举行时，宫廷女眷皆有参加。如道光五年元宵节期间，皇太后在同乐园连续观剧数日：

1 傅谨主编《京剧历史文献汇编·清代卷》（八），凤凰出版社2011年版，第724页。

2 小横香室主人《清朝野史大观》，上海书店出版社1981年版，第107页。

3 傅谨主编《京剧历史文献汇编·清代卷》（三），凤凰出版社2011年版，第148页。

4 傅谨主编《京剧历史文献汇编·清代卷》（三），凤凰出版社2011年版，第209页。

正月十八日，敬事房传旨，十九日皇太后辰初由绮春园至同乐园就迎请开戏。万岁爷于巳时开宝毕，入同乐园厅（听）戏。钦此。

十九日，卯正二刻进门。

同乐园承应戏。辰初二刻五分开戏，未初二刻五分戏毕。《万卉呈祥》（内学）、《庆成》（张福）、《假癫》（套住）、《排风打棍》（鸣凤、玉簪）、《鱼篮记》（八出，内学）、《漆匠招婿》（增福、顺心、得升）、《问路》（周寿、隆寿）、《蜈蚣岭》（如意、陈双全、寿官）、《乐庆春台》（外学）。

皇太后驾幸同乐园，辰初二刻五分开戏。万岁爷开宝毕，巳初十分，驾幸同乐园厅（听）戏。[1]

三层大戏台建筑雄伟、规模宏大、气势磅礴，专门用于上演一些清宫连台本戏，如《忠义璇图》《劝善金科》《升平宝筏》《昭代箫韶》等。这些大戏，或取材于民间长篇小说，或取材于正史，短辄百余出，长可至二百四十出，最适合在此搬演。车文明、廖奔等先生已有专文，此不赘述。[2]

第三类，普通戏台。如故宫重华宫漱芳斋院内戏台、西苑（今北海、中南海）漪澜堂东侧晴栏花韵院中戏台、南海中央康熙年间纯一斋水中戏台、承德避暑山庄残存的如意洲“一片云”戏台、乾隆时清漪园听鹂馆院中戏台、南府（昇平署）戏台、圆明园敷春堂和武陵春色附近的戏台。[3]

1 傅谨主编《京剧历史文献汇编 · 清代卷》（三），凤凰出版社 2011 年版，第 160—161 页。

2 车文明《中国古代剧场类型考论》，《戏曲艺术》2013 年第 2 期；廖奔《中国古代剧场史》，人民文学出版社 2012 年版，第 235—255 页。

3 廖奔《中国戏剧图史》，人民文学出版社 2012 年版，第 213 页。

清宫档案中有嘉庆道光年间，皇太后、皇后等在重华宫看戏的记录。如嘉庆二十三年（1818），“初六日、初十日着内大学、小内学在重华宫伺候皇后戏”[1]；道光二年（1822），“十一月初一日请皇太后重华宫听戏”[2]。实际上，皇太后看戏的场所不止一处。如道光二年十一月初十日，“皇太后寿康宫内学承应戏”[3]。其中，寿康宫为皇太后的寝宫，所以用内学伶人承应。又如，道光十八年（1838）“奴才禄喜谨奏，于正月十八日敷春堂承应戏，皇太后赏禄喜”[4]。这种普通戏台在建筑形制和规模上都近似一般的民间戏台，供初一、十五及日常娱乐承应演出。

综上所述，清宫女性观剧场所与清帝观剧场所多有重合，既有在小戏台观剧的记载，也有在大戏楼观剧的记载，还有在自己所住寝宫看戏的情况。观剧场所之多、活动范围之广，几乎覆盖了全部宫廷剧场。另外，一些观剧场所的布置，也随女主人的品位而定，且不同观剧场所，承应的戏曲内容不同。

二、商业性剧场中的女性观剧

（一）茶园戏园

宋元时期，城市中的商业性游艺场所叫“瓦舍勾栏”。明代以后，勾栏剧场消歇了，其具体原因学界尚未稽考。清代商业性剧场主要是指以营利为主的酒馆、茶园、戏园。酒馆内建戏台，成为兼卖酒馔的演剧场所。

1 傅谨主编《京剧历史文献汇编 · 清代卷》（三），凤凰出版社 2011 年版，第 116 页。

2 傅谨主编《京剧历史文献汇编 · 清代卷》（三），凤凰出版社 2011 年版，第 139 页。

3 傅谨主编《京剧历史文献汇编 · 清代卷》（三），凤凰出版社 2011 年版，第 139—140 页。

4 朱家溍、丁汝芹《清代内廷演剧始末考》，故宫出版社 2014 年版，第 221—222 页。

清初北京已有酒馆演出的记载，乾隆以后酒馆演戏逐渐被茶园演戏所替代。与酒馆相比，茶园不仅保留了饮茶品茗的内容，而且环境清幽，成为更受欢迎的观剧场所。由于演戏是茶园的主要功能，所以也叫“戏园”。随着花部地方戏的勃兴，徽班进京、徽汉合流，京剧的逐渐成熟，各地的茶园戏园如雨后春笋般兴建。据不完全统计，清代全国各大城市几乎都建有戏园，如北京有天乐园、广和楼、广德楼、庆和园、同乐园、三庆园、中和园等几大名园，天津于清中后期建有金声、庆芳等著名茶园，上海同光年间京班戏园中比较有名的如三雅园、丹桂、金桂轩、天仙、新丹桂、咏霓园等。另外，广州、苏州、山东、河南、汉口、香港等地清末民初皆纷纷出现茶园戏园。

各地女性被允许入园观剧的时间不一，或早或迟。如苏州地区早在乾隆年间就遍开戏园，“苏城戏园，向所未有，间或有之，不过商家会馆藉以宴客耳。今不论城内城外，遍开戏园，集游惰之民，昼夜不绝，男女混杂”[1]。北京一地，“京师戏园向无女座，妇女欲听戏者，必探得堂会时，另搭女桌，始可一往，然在洁身自好者，尚裹足不前也”[2]。直到“道光时，京师戏园演剧，妇女皆可往观，惟须在楼上耳”[3]。其他地方女性大规模入园观剧的时间，大约到了咸同之后。如同治十二年（1873）广东戏园演《珍珠衫记》，“楼上蛮姬粤女约数百人，鹿乱不宁”[4]。光绪二年（1876）沪上天仙茶园“演《瑞香山》新戏，……旁有火油灯忽自坠落，油到处一片通明，

1 王利器辑录《元明清三代禁毁小说戏曲史料》（增订版），上海古籍出版社 1981 年版，第 94—95 页。

2 傅谨主编《京剧历史文献汇编 · 清代卷》（八），凤凰出版社 2011 年版，第 222 页。

3 傅谨主编《京剧历史文献汇编 · 清代卷》（八），凤凰出版社 2011 年版，第 222 页。

4 傅谨主编《京剧历史文献汇编 · 清代卷》（四），凤凰出版社 2011 年版，第 26—27 页。

戏园内人急以水泼之，而火直穿上。……所存之老媪幼童，大是惊惶”[1]。光绪末年山东地区，“鲁省前有客籍学堂学生数人至闻善茶园观剧，甫经入门，适有某姓妇女下轿，移步上楼”[2]。同年，京津地区“石桥茶馆……带卖女座儿，真有二十多的姑娘坐在爷们一块儿，男女不分呢！”[3]。宣统二年（1910）英、法、俄、意、奥等租界也开设茶园卖女座，如“奥界同乐茶园，……该园听戏的女座儿，还是很多，要教他（她）们随便这么一来，实在是有伤风化呀”[4]。宣统三年，长春“北门外富贵茶园，开演起来，座客常满，异常热闹。近因会仙茶园发封，城中士女联袂往观”[5]。由此可知，“自光绪季年以至宣统，妇女入园观剧，已相习成风矣”[6]。虽然史料当中可看到已有很多女性入园观剧，但实际上，女性入园观剧的过程并非从一开始便一帆风顺，各地均有反对和禁止女性入园观剧的声音。在禁止与反禁止的反复较量中，戏园里的女性观众，经历了由少到多，从无到有的过程。另外，就女性的身份而言，先是妓女群体给男性陪观，再是一些豪门世族女性突破禁令，然后是普通平民女性效仿，日趋热衷入园。清末民初，随着妇女解放思潮的影响，女性逐渐步入社会，一些职业女性、女学生、商人妇女等纷纷入园观剧。

（二）女客包厢

清代商业性戏园茶园，由于针对的是各行各业的观众群体，所以女

1 傅谨主编《京剧历史文献汇编 · 清代卷》（四），凤凰出版社 2011 年版，第 101 页。
2 傅谨主编《京剧历史文献汇编 · 清代卷》（四），凤凰出版社 2011 年版，第 585—586 页。
3 傅谨主编《京剧历史文献汇编 · 清代卷》（六 · 下），凤凰出版社 2011 年版，第 142 页。
4 傅谨主编《京剧历史文献汇编 · 清代卷 · 续编》（四），凤凰出版社 2013 年版，第 472 页。
5 傅谨主编《京剧历史文献汇编 · 清代卷 · 续编》（四），凤凰出版社 2013 年版，第 506 页。
6（清）徐珂编撰《清稗类钞》，商务印书馆 1918 年印行，第 72 页。

性入园观剧，是与男性同观的，但是在位置和距离上有所区隔。关于戏园，清代杨掌生《梦华琐簿》、包世臣《都剧赋》中均有详细描述。[1]戏园之结构基本上是“在一座方形或长方形的封闭式大厅内顶端建有一座伸出式戏台……戏台前大厅中央为池座，其间摆设许多条桌，为普通观众观戏处。周围三面为二层看楼，下层为散座，一般有桌子，观众围桌而坐；上层靠近戏台之处设官座，以屏风相隔，一般每侧三四个这样的包厢，这是最高规格的座位，观众不光看戏，同时还狎旦。官座后边空余之地亦摆一些桌子形成散座。正对戏台的一面正楼不设座位。此外，还有官座与散座后放高凳供仆从或其他散客的兔儿爷摊及戏台上下场门与后楼的倒官座”[2]。（见图 1）“茶园剧场在建筑上有一个重大的发展，就是对于观众席位进行了精心设置和安排”[3]。

不少戏园，女性被安排在二层楼上的包厢内看戏。如“津郡戏园，

1《梦华琐簿》载：“戏园客座，分楼上楼下。楼上最后近临戏台者，左右各以屏风隔为三四间，曰‘官座’，豪客所集也。官座以下场门第二座为最贵。以其搴帘将入时，便于掷心卖眼。《竹枝词》‘楼头飞上迷离眼，订下今宵晚饭来……。’官座面前，短几鳞次，曰‘桌子’，渐远戏台，价亦递杀。惟正楼不横座，盖旧例也。楼下周回设长案，观者比肩环座，曰‘散座’。其后亦设高座，倚墙矫足，可以俯视。中庭设案如楼下，而坐者率皆市井驵侩，仆隶舆儓，名之曰‘池子’。余尝谓此万人海，真乃众维鱼矣。从楼上凭栏俯临下界，长几列如方罫，大似白袍鹄立，橐笔试有司时，特不能衔枚静无哗耳。夹台基曰‘钓鱼台’，亦以下场门为贵。至于上场门鸿钲喤聒，目眩耳聋，客不愿坐也。”见（清）杨懋建《梦华琐簿》，张次溪编纂《清代燕都梨园史料》，中国戏剧出版社 1988 年版，第 353 页。包世臣《都剧赋·序》载：“其地度中建台，台前平地名池。对台为厅，三面皆环以楼。堂会以尊客坐池前近台，茶园则池内以人起算，楼上以席起算。故坐池内者，多市井儇侩。楼上人谑之曰‘下井’。其衣冠皆登楼，而楼近台之右者，名‘上场门’，近左名‘下场门’，呼为官座。‘下场门’尤贵重，大率佻达少年前期所预定。堂会则右楼为女座，前垂竹帘。”见（清）包世臣《都剧赋》，李星点校《包世臣全集》，黄山书社 1997 年版，第 26 页。

2 车文明《中国古代剧场类型考论》，《戏曲艺术》2013 年第 2 期。

3 廖奔《中国戏剧图史》，人民文学出版社 2012 年版，第 203 页。

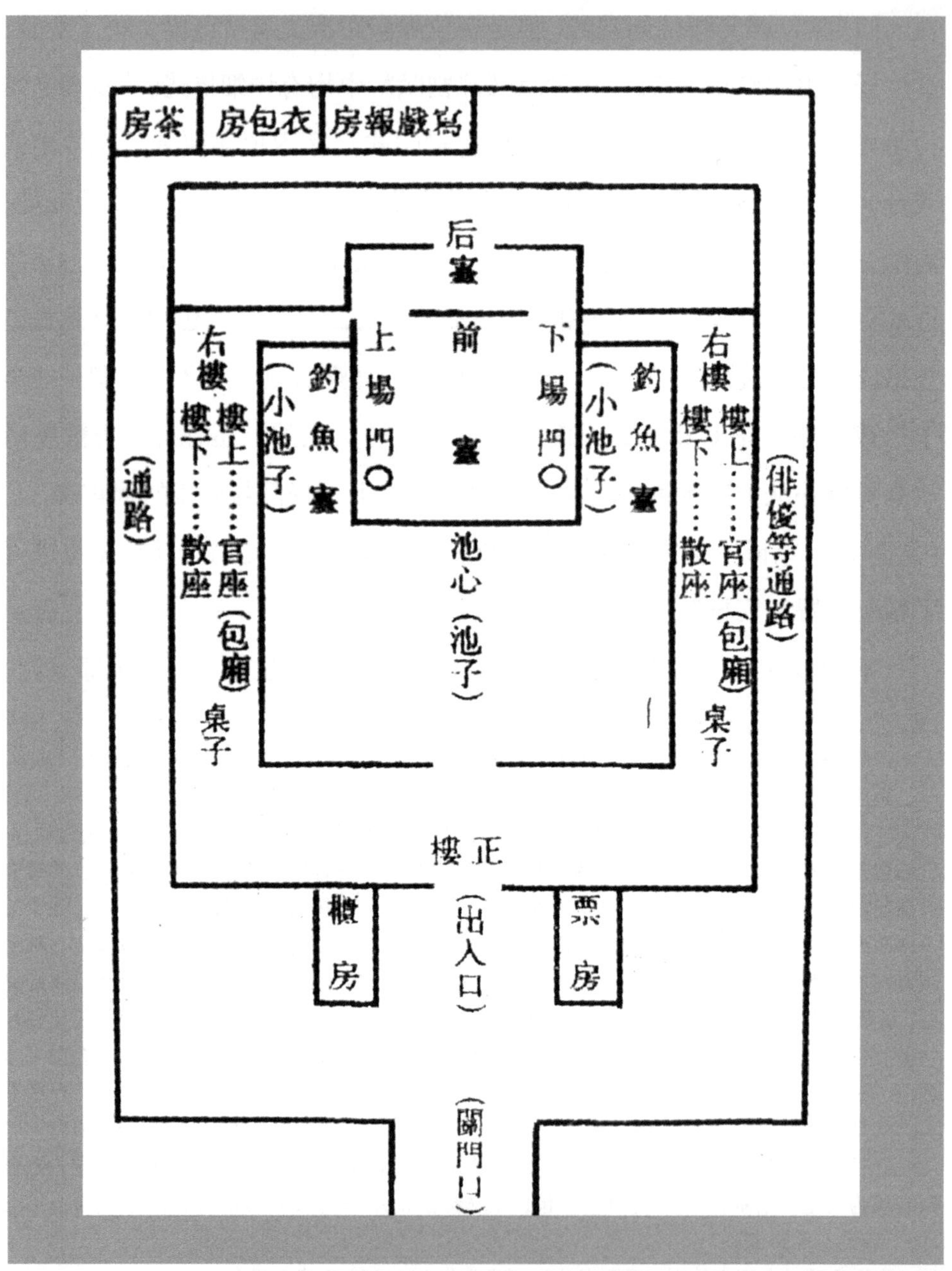

图1 清代茶园平面图（[日] 青木正儿《中国近世戏曲史》，中华书局 2010 年版）

添设包厢，多有良家妇女幼童观剧”[1]。天津观众观看蹦蹦戏，“窃拟以为妇女听戏，必须包厢，不准入散座”[2]。上海丹桂戏园，“包厢多女客，正桌无白丁”[3]。“歌舞台客串管，………见包厢中有妇女，必注目直视，或竟进包厢，而坐其傍。正经妇女见之，咸退避不遑。”[4]也有把包厢称作“包楼”“楼厢”者，如河南地区有诗云：“爆竹声中献岁忙，舞台诘午便开场。楼厢巧划鸿沟界，惠普深闺此破荒。”[5]又如，上海某园“可容妇女入园……以包楼之中为分别男女之界限”[6]。关于包厢的形制，史料当中亦有透露。如文明园，“楼上都是女座，是一间一间的包厢，包厢两面，都有板墙隔断，后面有活络门扇，可以随意推动。包厢又分头等包厢、二等包厢”[7]。西珠市口新建的一座戏园，“名叫丹桂茶园。……包厢的门开在后边，是活络门”[8]。另外，女性观剧包厢的价格也比池座、散座昂贵不少。据光绪三十四年（1908）二月十六日《顺天时报》记载，某戏园“楼上女客包厢，每间十五圆；散座一圆五角，小孩子和仆人都是半价。楼上男座，头等每位一圆，二等五角，小孩子和仆人也都是半价”[9]。根据此标准可计算出，楼上女客包厢的价格是楼上头等男座的15倍，是二等男座的30倍，是散座的10倍。又如，

1 傅谨主编《京剧历史文献汇编 · 清代卷》（六 · 下），凤凰出版社2011年版，第20页。

2 傅谨主编《京剧历史文献汇编 · 清代卷》（六 · 下），凤凰出版社2011年版，第40页。

3 傅谨主编《京剧历史文献汇编 · 清代卷》（二 · 下），凤凰出版社2011年版，第615—616页。

4 傅谨主编《京剧历史文献汇编 · 清代卷》（二 · 下），凤凰出版社2011年版，第591页。

5 《河南戏曲史志资料辑丛》（第一辑），中国戏曲志河南卷编辑委员会1985年版，第175—176页。

6 傅谨主编《京剧历史文献汇编·清代卷》（五·上），凤凰出版社2011年版，第25—26页。

7 傅谨主编《京剧历史文献汇编·清代卷》（五·上），凤凰出版社2011年版，第513—514页。

8 傅谨主编《京剧历史文献汇编 · 清代卷》（五 · 上），凤凰出版社2011年版，第457页。

9 傅谨主编《京剧历史文献汇编 · 清代卷》（五 · 上），凤凰出版社2011年版，第502页。

同年三月初八日的《顺天时报》记载：“财神庙演唱义务戏……楼上女座包厢每间八圆，楼下男座每桌五圆，散座头等八角，二等七角，三等六角，比向来义务戏格外的便宜”[1]。此处，楼上女座的价格比男座贵3元，是头等散座的10倍。

清代吴友如画作《申江胜景图》（见图2）亦描绘了北京、上海等地“华人戏园”观剧的场景，其中不乏女性身影，与上文或可互为参照。从图中可清晰地看到，图左为演剧的戏台，台口宽敞，围有矮栏杆。台柱上悬有楹联，台上所演剧目不可知，但见一位艺人正腾空高悬在舞台上方横杆上进行表演，前面还有几人耳挂髯口，身着袍带，粉墨登场，演出的或为《三上吊》之类的惊险戏。台下正厅有五排横桌，每排亦密密麻麻摆有四张桌子。过道走廊极窄，似乎仅能容一人通过。每张桌上的男女客人五至七人不等，一般是面对戏台，横向坐三位，侧向对坐两位。其中，男性多正向面对戏台坐观，女性侧坐两面。再者，观剧女性既有各家眷属，似还有妓女、仆婢等群体，如图左下角第二排第一桌，围绕着三位男性，有三位女性环侍左右。其中，左一女性身体前倾，似乎在为男性装烟；右边一位女子手扶椅背而立，应该是出局陪观之妓女；其他三位男性，扭头窃窃私语。三位女性的注意力似乎都放在对眼前三位男性的玲珑应酬上。图右剧场中第二排和第四排，还有第三排的左边，有三位身着青衣站立在女眷身后的女性，从着装来看，应该是仆婢。她们除了看戏，便是做好服侍工作，如端茶递水、为女主人采买点心等。另外一类女性，便是靓妆炫服、装扮精致的女眷了。从图中看，男女混杂，履舄交错，女性公开入园观剧已经很普遍了。

---

1 傅谨主编《京剧历史文献汇编·清代卷》（五·上），凤凰出版社2011年版，第512页。

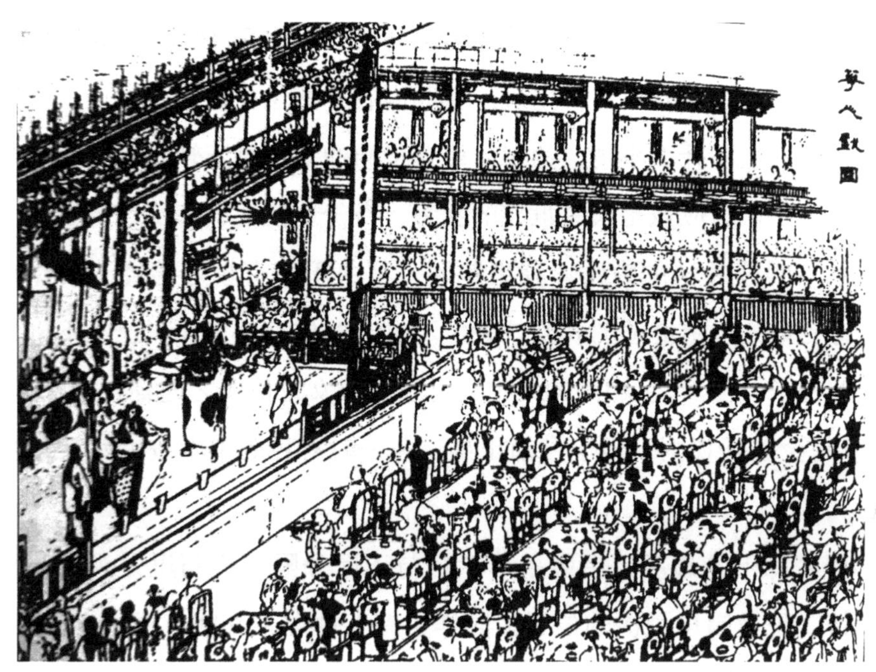

a. 全景

b. 局部

图 2 （清）吴友如《申江胜景图》“华人戏园”场景

在图的正面二层楼座上，可看到分割成一间间的包厢，每间包厢大概可容纳六人，有女性凭栏坐观。包厢内有一两位女性面向右侧，似乎是在看楼下发生了什么事情。第二、第三包厢的女性目不转睛地盯着戏台上精彩的演出，这应该是大家世族的女眷，身份地位比较特殊，既受到“男女有别”封建礼法的束缚，独坐包厢，又由于拥有较好的经济条件而可以选择更好的、更舒适的观剧位置。不过当时楼上的包厢，已经不再具有官座的神圣。当然，包厢内的人也有可能是妓女或伶人之内眷。如文献说：“两客赴金桂轩观剧，坐于台前正桌。……时有包厢中女校书某某与客素相识。”[1]

楼底廊下为边厢，用竖条形栏杆与正厅分隔，边厢里人头攒动，非常拥挤，是戏园里最次的位置。同样也有女性混杂其间，根据座次判断，应该是平民女性。

《申江胜景图》的独特价值在于，用形象、生动的图像资料再现了清末戏园内男女奔赴，尽情领略戏曲艺术之魅力的真实场景。女性走出家门，公开涉足戏园观剧，是女性社会地位发生变化的直接明证。

三、神庙剧场中的女性观剧

车文明先生在《中国神庙剧场概说》中指出：“神庙剧场是指在神庙里建立戏台，并有观剧场地的场所。”[2] 清代全国各地城乡神庙剧场遍布，说明在神庙中修建戏台已经成为一种礼制，戏台建筑已经是一些神庙不可分割的重要组成部分。这一切根植于民间广泛的神灵信仰和祭祀习俗，

1 傅谨主编《京剧历史文献汇编 · 清代卷》（四），凤凰出版社 2011 年版，第 96 页。

2 车文明《中国神庙剧场概说》，《戏剧》2008 年第 3 期。

承载了人们对神灵的景仰和敬畏，而出于敬神娱神的目的，戏曲已成为供奉给神灵的最好的精神祭品。

对于神庙剧场的研究，学界已取得了丰硕的成果。其中，较有代表性的有周贻白《中国剧场史》(外二种)[1]，廖奔《中国古代剧场史》[2]，周华斌《京都古戏楼》[3]，冯俊杰《山西神庙剧场考》[4]，罗丽容《中国神庙剧场史》[5]，罗德胤《中国古戏台建筑》[6]，薛林平《中国传统剧场建筑》[7]，车文明《中国神庙剧场》《中国古戏台调查研究》[8]，牛白琳《明清时期太原府剧场考论》[9]，曹飞、颜伟《中国神庙剧场史》[10]，王潞伟《上党神庙剧场研究》等著作[11]。此外，还有以神庙剧场为研究对象的硕博士学位论文 40 余篇。以上成果均是基于大量的田野调查进行的研究，为研究中国古代神庙剧场演出状况提供了翔实可靠的实物证据。关于神庙剧场中女性观剧现象和女性观剧设施的研究，诸位学者虽有不同程度的涉猎，但还未有人进行过专门的整理，尚存在较大的研究空间。

清代各地城乡神庙剧场内，“你方唱罢，我登场”，举凡神诞、开光、祈谢神灵、节令节日等均有演出，剧坛出现了一片繁盛的局面。在遍布

1 周贻白《中国剧场史》(外二种)，中国戏剧出版社 2016 年版。

2 廖奔《中国古代剧场史》，人民文学出版社 2012 年版。

3 周华斌《京都古戏楼》，海洋出版社 1993 年版。

4 冯俊杰《山西神庙剧场考》，中华书局 2006 年版。

5 罗丽容《中国神庙剧场史》，里仁书店 2006 年版。

6 罗德胤《中国古戏台建筑》，东南大学出版社 2009 年版。

7 薛林平《中国传统剧场建筑》，中国建筑工业出版社 2009 年版。

8 车文明《中国神庙剧场》，文化艺术出版社 2005 年版；车文明《中国古戏台调查研究》，中华书局 2006 年版。

9 牛白琳《明清时期太原府剧场考论》，中华书局 2014 年版。

10 曹飞、颜伟《中国神庙剧场史》，三晋出版社 2016 年版。

11 王潞伟《上党神庙剧场研究》，中国戏剧出版社 2016 年版。

城乡的神庙剧场内，女性观众层出不穷。据文献、文物、口述等史料考证，神庙剧场中女性观剧的特点主要体现在以下几个方面。

首先，神庙剧场演剧时，女性观众人数众多，蔚为可观。如江苏常州，“灵观庙每届九月二十八日演剧祀神，……内女人为多”[1]。浙江省温州地区永嘉九月廿三日，“赞善王庙寿诞良辰，庙内遍搭天篷，悬挂灯彩，演戏庆祝，两廊妇女看戏比城隍庙更加数倍”[2]。中国台湾彰化县道光年间，“岳帝庙在县治东协镇署前……每岁正月初九日祝诞，火烛辉煌，彻宵如昼，庙前筑台一座，演剧十余日，妇女焚香不绝，观者如堵”[3]。

甚至，不乏一些不辞劳苦长途跋涉而往观的女性，或徒步，或舟车，络绎不绝。如江西九江地区湖口县，“邑中城隍神素称灵应，每年六月初四、五、六等日为迎神赛会之期，今年阖城士庶相与敛资，先期雇菊部演剧三天。初四日起用全副仪仗迎神出巡，鼓乐声中杂以爆竹，前导牌伞台阁，秋千高跷，靡不斗丽争妍，五光十色。远近士女或泛桂楫以来游，或驾香车而莅止”[4]。还有河北省无极县一庙会演剧，“唯迎神赛会最为靡耗，其中演戏剧饮、赌博启衅、掏摸生奸。其大弊者，宿庙跑解二事。每逢庙期妇女辐辏，远者大车以载，近者联袂而来”[5]。

其次，神庙演剧时，男女混杂观剧的现象较为突出。如江苏省常州地区新闸大王庙九月十七日为大王诞辰，会首集资“雇天仙菊部演剧三天……红男绿女，如蚁附膻，颇极一时之盛”[6]。江西省江州地区，“财帛司

---

1 傅谨主编《京剧历史文献汇编 · 清代卷》（五），凤凰出版社 2011 年版，第 139 页。
2 傅谨主编《京剧历史文献汇编 · 清代卷》（四），凤凰出版社 2011 年版，第 224 页。
3（清）周玺纂《彰化县志》（卷五），道光十六年（1836）刊本。
4 傅谨主编《京剧历史文献汇编 · 清代卷》（四），凤凰出版社 2011 年版，第 311 页。
5（清）黄可润纂修《无极县志》（卷一），乾隆二十二年（1757）刻本。
6 傅谨主编《京剧历史文献汇编 · 清代卷》（四），凤凰出版社 2011 年版，第 459 页。

诞辰……南昌帮更醵金召菊部，在洪都会馆登台演剧，红男绿女相约往观，十里长街异常拥挤”[1]。江西匡庐（庐山市），“四月十五日为炎帝神诞，居民醵金为寿，并召梨园子弟演剧，以娱神听。十四日起，在南门外火神庙演唱十天。红男绿女之往观者络绎于途，诚所谓举国之人皆若狂也”[2]。光绪十四年（1888）九月初四日《申报》刊发了四明荥阳子周甫的“戏无益说”:“一乡一邑，春秋佳日，报赛酬神，往往醵钱延雇戏班登场演唱，红男绿女远近来观。”[3]光绪十八年十月二十五日《申报》刊发了“戏场大火续述”的新闻：“粤东肇庆府……是处乡人迎神赛会，采烈兴高，并雇梨园子弟登场演剧。附近男女结队往观，几致万人空巷。”[4]山西高平米山地区炎帝庙会，“春祈秋报，礼也。城乡迎神赛社，鼓吹鸠众，戏优杂沓，按月恒有，东关每年四月八日，祭赛炎帝大会十日，九月十三日，祭赛关帝于炎帝庙内，诸货骈罗，远近士女云集，其于米山各处，赛会尚多”。[5]文献中有大量的“红男绿女”混杂观剧之现象描述，为研究女性外出参加社会活动提供了重要的史料参考。

再次，神庙演剧时，女性夜晚观戏较为频繁。如安徽广德地区，“建邑人民好鬼，祠祭纷繁……每至孟夏之月，铺户居民醵钱演戏，多至四五十台，男妇杂沓，咣夜不散，复于是月十二日迎神赛会，扮演丑怪，使村农妇女聚观戏笑，既不遵功令之明肃，复不畏神道之尊严”[6]。河北无

1 傅谨主编《京剧历史文献汇编 · 清代卷》（四），凤凰出版社 2011 年版，第 469 页。

2 傅谨主编《京剧历史文献汇编 · 清代卷》（四），凤凰出版社 2011 年版，第 470 页。

3 傅谨主编《京剧历史文献汇编 · 清代卷》（四），凤凰出版社 2011 年版，第 316—318 页。

4 傅谨主编《京剧历史文献汇编 · 清代卷》（四），凤凰出版社 2011 年版，第 388—389 页。

5 丁世良、赵放主编《中国地方志民俗资料汇编》（华北卷），书目文献出版社 1989 年版，第 618 页。

6（清）胡文铨修，（清）周应业纂《广德直隶州志》（卷四三），乾隆五十九年（1794）刊本。

极县，“唯迎神赛会最为靡耗，其中演戏剧饮……夜则执香坐卧庙中，男女杂沓，大为风俗之害”[1]。

更有甚者，由于迷恋夜间观剧，被盗、被伤者不计其数。如光绪二十一年（1895）十二月杭州武林太平门外横塘，某社庙酬田神报赛，夜间演剧，发生混乱，“该处农人于上月廿四日起，在社庙中传班演剧三昼夜，以酬田神。至廿五晚间，正值袍笏登场，忽闻戏房中人声鼎沸，诸伶人手忙脚乱，飞奔入内，锣鼓之声一时俱绝。台下喧传火发，看戏者纷纷逃避，争先恐后，有啼哭者，寻人高叫者，妇女之失簪堕环者不计其数”[2]。浙江杭垣五月十三日为关帝诞辰，庙内夜间演剧，发生多次斗殴，致使观众拥挤，伤及无辜。光绪九年五月二十八日《申报》记载：“下城之孩儿巷关帝庙中因传该班，作长夜之欢……远近闻者皆以目所未见，无不争先奔集，以致《戏凤》一出未终，而台下已殴打两次，且有一老妪一小儿皆遭踏伤。”[3]

由上述可知，迎神报赛演剧活动几乎遍及全国各地，尽管形式不一、规模不等，供奉的神祇也各地不一，但通过祀神演戏来祈福禳灾，期望保护民众生产生活方式的愿望则基本相同，彼时的中国城乡，庙会每年都会如期举办。可以想见，女性观众看戏的时机之多。

图像史料对于神庙剧场中女性观剧现象也有所反映，或可为佐证，以期获得更直观的感受。如清嘉庆年间画作《北京妙峰山庙会图》(见图3)，描摹了北京妙峰山娘娘庙、大觉寺等处，每届神诞京中人众纷纷到此进香

1（清）黄可润纂修《无极县志》（卷一），乾隆二十二年（1757）刻本。

2 傅谨主编《京剧历史文献汇编·清代卷》（四），凤凰出版社 2011 年版，第 439—440 页。

3 傅谨主编《京剧历史文献汇编·清代卷》（四），凤凰出版社 2011 年版，第 231 页。

a. 全景

b. 局部

图 3 北京妙峰山庙会图

逛会的景象。图中有民间艺人正撂地为场，大觉寺前空地上有五位净脚演员正在表演《五虎打路》[1]，周围观众男女混杂，商贩百姓络绎不绝。其中较为显著的是，在靠近庙门之左侧，有一位领着小孩的梳着两把头的旗装女性在观看表演[2]。在她的左侧，有一位撑着纸伞坐在高几上的女性。另外，图的下方，一位红衣女子站在马车旁边，马车里坐着一位妇女，头部扭向路边的商贩。这样一幅画作，必然是有所依据的，反映了当时的社会现实，即女性是庙会演出中非常重要的一支观众群体。

四、会馆剧场中的女性观剧

会馆是明清时期都市中由同乡或外地商人在本埠同乡公会组织而成的团体，可视为一种社会组织。从某种意义上讲，有保护同行业者自身利益、集会宴请、敦睦乡谊、祭祀乡贤等性质，是同乡组织发展到一定阶段的产物。许多会馆中均建有戏台，较著名的有四川省自贡市自流井西秦会馆剧场、河南省社旗县山陕会馆剧场、北京虎坊桥湖广会馆剧场等。[3]会馆剧场既可满足同乡观剧的需求，也可加强人际关系，是清代戏曲演出活动的重要场所之一。由于会馆一般都祭祀神灵，故在功能上同神庙剧场有一定的雷同性。

会馆的创建及演剧活动，多为经济实力雄厚的商人联盟所为，故雇

1 廖奔《中国戏剧图史》，人民文学出版社 2012 年版，第 155 页；黄竹三、延保全《中国戏曲文物通论》，山西出版传媒集团、山西教育出版社、三晋出版社 2017 年版，第 175 页。其中，黄竹三、延保全先生认为妙峰山演剧场景为《五虎打路》，并做了较为详细的分析。

2 两把头是当时满族妇女具有代表性的发式，就是把头发束在头顶上，分成两绺，结成横长式的发髻，再将后面余发结成一个“燕尾”式长扁髻，压在后脖领上，使脖颈挺直。

3 廖奔《中国古代剧场史》，人民文学出版社 2012 年版，第 270—271 页。

请戏班多水平高、技艺精者，对观众的吸引力也较大，这其中不乏大量的商人女眷家属；再者，会馆演剧多请商会本地之戏班，同样，对于会馆所在地的民众，“外乡”之剧种腔调，也极具吸引力，是促使男女观众纷纷前往观剧的原因之一。

（一）会馆演剧形式

就会馆演剧形式而言，包含酬神演戏、团拜演戏、行业演戏、其他吉庆事演戏等。其时，女性眷属也会积极参与到会馆演剧当中。如《杂咏风俗·团拜》歌颂各地同乡团拜相庆：“同乡团拜又同年，会馆梨园设盛筵。灯戏更闻邀内眷，夜深歌舞尚流连。”[1]

又如酬神演戏：“元宵佳节，适值天公做美，南市各会馆由各号商集资，雇梨园子弟演戏酬神。清歌甫起，观者纷来，绿鬓红裙，掩映于道。”[2]“苏城胥门外三山会馆，年例于正月十五日召集梨园子弟登台演戏，以答神庥。今年天气畅晴，风和日暖，红男绿女联袂往观，较常年更形拥挤。”[3]“十三日关帝诞辰，京口广东会馆循例演戏三日。四乡男女纷至沓来，几于无处插足。”[4]“杨城南河下江西会馆对门有戏台一座，……每遇春秋佳日，必召集梨园子弟演戏数日，以答神庥，……一时远近哄传，绿女红男相率来游。”[5]还有许真君诞辰演剧，“沪城小南门外江西会馆，每逢许真君诞辰，由各董事集资雇梨园子弟登台演剧。……想嬉春士女，可以联襟偕来，一

1 傅谨主编《京剧历史文献汇编·清代卷》（二·下），凤凰出版社 2011 年版，第 933 页。

2 傅谨主编《京剧历史文献汇编·清代卷》（四），凤凰出版社 2011 年版，第 407 页。

3 傅谨主编《京剧历史文献汇编·清代卷》（四），凤凰出版社 2011 年版，第 407—408 页。

4 傅谨主编《京剧历史文献汇编·清代卷》（四），凤凰出版社 2011 年版，第 251 页。

5 傅谨主编《京剧历史文献汇编·清代卷》（四），凤凰出版社 2011 年版，第 409 页。

扩眼界矣”[1]。

另外，三百六十行，行行都有自己的行业神，各行业也要定时酬神献戏。如商船帮，“本邑南会馆自二十五日起，由商船帮中人集资演剧，以答神庥。昨日有西门外郁姓女郎，年约二十，袅袅婷婷，无异临风弱柳，雇小车而往。”[2]“昨日重阳佳节，南市宁波商船各会馆中均各雇得梨园子弟登台演戏。一时往观之人，红男绿女，颇觉热闹异常。”[3]商船帮供奉天后娘娘，“昨日重逢天后圣母千秋华诞之期，沪南浙宁会馆及商船会馆，均雇梨园演戏一天。以故附近之红男绿女，结伴往观者，颇觉异常热闹。”[4]又如衣业，“沪城东街地方向有衣庄十余家，每于正月中旬集议行规，议毕演戏酬神，以示欢忭。本届定于昨今二日，雇沪北天仙菊部在南市泉漳会馆演戏。昨日天气晴和，乌衣子弟，绿鬓女郎，结伴偕来，争欲一扩眼界。”[5]盐商帮，“扬州府新城南河下有江西会馆焉，雕梁画栋，金碧辉煌。……一时倾城士女，联袂来观。”[6]

很多时候，各大会馆演剧均邀请当地名班。如“彰仪门大街河东会馆演福寿班，洪洞会馆演宝胜和班，虎坊桥浙绍乡祠演四喜班，鹞儿胡同平介会馆演太平和班，东晓市精忠庙演义顺和班，均每日开觞卖戏，并卖堂客。”[7]其中，宝胜和班、四喜班、太平和班、义顺和班均是当时艺

1 傅谨主编《京剧历史文献汇编·清代卷》（四），凤凰出版社 2011 年版，第 408—409 页。

2 傅谨主编《京剧历史文献汇编·清代卷》（四），凤凰出版社 2011 年版，第 402 页。

3 傅谨主编《京剧历史文献汇编·清代卷》（五·上），凤凰出版社 2011 年版，第 61 页。

4 傅谨主编《京剧历史文献汇编·清代卷》（五·上），凤凰出版社 2011 年版，第 57 页。

5 傅谨主编《京剧历史文献汇编·清代卷》（四），凤凰出版社 2011 年版，第 407 页。

6 傅谨主编《京剧历史文献汇编·清代卷》（五·上），凤凰出版社 2011 年版，第 33—34 页。

7 中国社会科学院近代史研究所、近代史资料编辑室编《庚子记事》，中华书局 1978 年版，第 54 页。

术水准较高的京剧班社。因为会馆剧场有自己固定的观剧群体，所以必然对戏曲演出提出较高的要求，而会馆中的女性观众也应该持有较高的欣赏水平。

（二）会馆女性观剧场所

现存会馆剧场多仿照神庙剧场的形制，利用四合院形成一个封闭的空间，女性观剧时在二层看楼上，以严男女之大防，进一步规范观剧秩序。如始建于乾隆八年（1743）山东聊城的山陕会馆，三进院，坐西朝东，自东向西沿中轴线，依次为山门、过楼、戏楼、中献殿、关帝殿、春秋阁，山门至戏楼为前院，两侧为钟鼓楼、夹楼等。戏楼与正殿间为中院，两侧建有上、下两层看楼，看楼各五间，通长15.8米，进深4米，“是会聚宾客、家眷看戏的场所”[1]。周口山陕会馆道光二年(1822)《山陕会馆春秋阁院创修牌坊两廊看楼客庭工作等房铺砌甬路院落碑记》载：“起看楼十间，而眺望于以聘。”[2]襄阳山陕会馆道光三年《重修山陕会馆并初建荥惑宫碑记》，记载了该会馆嘉庆年间重建的过程，其中“建拜殿三间、钟鼓楼二座、东西看楼”。[3]上海钱业会馆，西侧看楼十间，通长20米，东侧看楼六间（北有偏门），两侧看楼进深3.5米。研究表明，会馆中的看楼多建于清代中后期，在观众布局上颇费心思，体现了男女区隔的构思。

---

1 薛林平、王季卿《山西传统戏场建筑》，中国建筑工业出版社2005年版，第309页。

2 碑高215厘米，宽86厘米，现立于会馆碑廊。

3 张平乐、李秀桦《襄阳会馆》，中国文史出版社2015年版，第394页。

五、私人宅第剧场中的女性观剧

私人宅第演出，最早可追溯至秦汉时期的殿堂宴饮[1]，五代时期《韩熙载夜宴图》可视作家宴行乐传统的延续。宋元戏曲形成之后，私人宅第演出盛行。现存金元墓葬中“开芳宴”[2]类夫妻对坐宴饮赏乐文物图像，如稷山县马村段氏墓中杂剧砖雕、新绛县吴岭庄卫家墓元至元十六年（1279）堂屋演剧图、运城市西李庄元中后期墓葬杂剧壁画堂屋演剧图，均是男女主人厅堂观剧的明证。明清之际，戏曲演出频繁，江南达官贵人蓄优成风，清初外官及两淮盐商，亦多自备家乐。举凡婚丧嫁娶、宴客待宾、祝寿乔迁等，都要在私人宅第的厅堂或庭院花园中“唱堂会”。如果说神庙剧场是普通平民女性重要的娱乐场所，那么私家庭院剧场一般只作为仕宦大家或巨商大贾女性家眷的观剧娱乐场所，具有封闭性、私密性、非营业性等特点。私人宅第演剧，大抵包括室内厅堂、庭院、私家园林三个场所。

（一）厅堂演剧

如《红楼梦》第八十五回贾政升任郎中，“王子胜和亲戚家已送过一班戏来，就在贾母正厅前搭起行台。……里面为着是新戏，又见贾母高兴，便将琉璃屏隔在后层，里面也摆下酒席”[3]。这里，女眷看戏在厅堂的后厦，用琉璃屏隔着形成一个独立的空间。又如《聊斋志异·神女》提到庆寿演剧，“女乐作于堂下。座后设琉璃屏，以障内眷。鼓吹大作，座客无哗”[4]。《恽

1 四川成都北郊羊子山一号汉墓出土的宴饮百戏画像石，展现了一户贵族家庭宾主分席共同欣赏演出的场景。四川省郫县汉代宴饮百戏画像石，也显示出内室垂幔演出的场景。

2 开芳宴，夫妻之间一种特定的宴席。通过举办这样的宴席增进夫妻感情，反映了当时人们理想的家庭模式。

3（清）曹雪芹《红楼梦》（百家汇评本），陈文新、王炜辑评，长江文艺出版社 2005 年版，第 611 页。

4 吴敬梓《聊斋志异》（下），上海古籍出版社 1986 年版，第 568 页。

毓鼎澄斋日记》民国三年（1914）十一月初八日记载：“宝惠三十岁生日，来客竟有七八十人，……邀请众乐会诸友演戏，计昆腔四出，乱弹十出。澜翁演《训子》余演《黄金台》，宝襄演《武家坡》。不别搭台，即在客厅画界分前后场，足容男女百余人。”[1]厅堂内演剧，一般是在大厅中央铺上一方氍毹作为表演区，如《金瓶梅词话》第三十一回云：“……，地下铺着锦裀绣毯。”可见“锦裀绣毯”是为表演专门铺设的，在四围设桌席供宾主坐赏。一般男女观众的坐席是这样安排的，男主人及贵宾居中正对表演区，周围坐来宾，女客眷属坐在旁边的厢房里，垂帘观剧。

如明崇祯本《金瓶梅词话》第六十三回“堂会演戏”场景（见图4），演出场所在屋内厅堂，女眷们在帘子后面观看，撩起的帘子一角，两位女性探出半边身体，前边的一位正扭头与红衣女子讨论着场上的演出。

图4 明崇祯本《金瓶梅词话》第六十三回“堂会演戏”场景

清代孙温画作《全本红楼梦》十二册之四第五十三回“荣国府元宵夜宴演戏图”（见图5），大厅中间铺设地毯作为演出场地，周围设桌席供宾主观赏，其中贾母坐在正对戏台的桌后，贾府其他女眷分列两旁，仆婢立观随时等待传唤伺候。此类安排布置，皆为不致男女混然

1 傅谨主编《京剧历史文献汇编·清代卷》（七），凤凰出版社2011年版，第650—651页。

图 5（清）孙温《全本红楼梦》第五十三回“荣国府元宵夜宴演戏图”

杂处，而于“礼教”与“娱乐”又可得两全。

（二）庭院搭台

厅堂内演剧也有不便之处，就是不适合表演动作幅度较大的戏，正如梧子《笔梦叙》中回忆钱岱有一次在厅堂宴客时，“适优人装兀术战败时跳跃状，撼摊席上高果”[1]。腾挪跳跃一不小心就会打翻桌上的水果杯盘，观众席与优人的表演空间太近，有时并不利于演出。特别是当来客众多、席筵规模较大时，就把舞台从屋内挪到屋外庭院中，或在正厅台阶之下，或在四合院里。又如，《九尾狐》第四回杨四宴客待宾：“天井中台已搭好，旁边一个厢房做着戏房，一个厢房是通人出入的，正厅上摆着筵席，却空开一面，以便女客看戏。”[2] 院内天井搭戏台，旁边厢房作为临时的戏房，男女客在屋内正厅摆下筵席观剧。又如，《红楼梦影》第五回宁国府演戏，

1（清）梧子《笔梦叙》，《香烟丛书》，人民文学出版社 1994 年版，第 320 页。

2（清）梦花馆主《九尾狐》，上海古籍出版社 1997 年版，第 19—20 页。

“尤氏因无外客，叫了一班小戏，就在上房院里搭了个行台，挂了堂帘”。[1] 堂屋中间留给家中女眷看戏。除去日常会宾客和平日娱乐，清代民间丧葬演戏也屡禁不止。如“丧中宴饮已属非礼，兼之演戏，实干例禁。……男女聚厅，悖理伤化，莫此为甚。风化攸关，不可不严为训导俾知例禁。”[2]

依据庭院的地形，厢房、厢楼等均可临时作为女性专门的观剧场所。如《海上尘天影》第七回写道：“在庭心里搭了小戏台，女客在北厢房排着桌面。”[3] 应该就是在庭院中搭戏台，女眷坐在厢房内观看。《泪珠缘》第九十五回：“天井里盖着一座四面风窗的气楼，对面便是一座戏台，离地有三四尺高，竟和戏馆里形式一般。仰望两厢楼……隐约见帘子里面，都是些花团锦簇的人。”[4] 又如，《二十载繁华梦》中写道：“中央自是戏台，两旁各筑一小阁，作男女听戏的座位。”[5] 戏台两侧之小阁，作为观剧之所。

另外，私宅剧场为了满足女眷的观剧需求，有时会辟出女性专门的观剧场所，并不拘泥于厅堂、厢房等一般的观剧处。如 2014 年修缮过云楼时[6]，在二楼东侧（修缮时这个地方本是个书橱，移开书橱后，里面有一道暗门）发现了一间暗室，宽 1.3 米，长约 7 米，呈甬道状，空间底部被吊顶封住，底部向上约一米多的地方，东西向铺着 10 多根粗大的杉木横梁，最上面为坡状屋顶，暗室西侧有两扇窗，每扇宽约 1 米、高约 0.5

1 古本小说集成编委会编《古本小说集成》，上海古籍出版社 1994 年版，第 80—81 页。

2《中国地方志集成 · 山西府县志辑》（第 67 册），凤凰出版社 2005 年版，第 588 页。

3 古本小说集成编委会编《古本小说集成》，上海古籍出版社 1994 年版，第 67 页。

4（清）陈栩《泪珠缘》，黑龙江美术出版社 2015 年版，第 356 页。

5（清）黄小配《二十载繁华梦》，天津古籍出版社 1986 年版，第 84—85 页。

6 过云楼，位于江苏苏州乐桥西北堍附近，建于 1873 年，是江南著名的私家藏书楼，以集宋元古椠、精写旧抄、明清佳刻、碑帖印谱 800 余种而为世人所关注，享有“江南第一家”的美誉。

米，窗上有光滑的活络木板，打开就可以看到过云楼陈列馆西侧的戏台。据过云楼后人顾笃璜先生回忆，他小时候进入过这个暗室。这间暗室是女眷看戏的地方，因为封建时代女眷不能跟男人坐在一起看戏，也不允许随便跑到大厅抛头露面，所以每逢年节堂会演出，只能躲在这个暗室里悄悄欣赏。[1]这间专门的女性观剧暗室，由于居高临下，视线不易被人遮挡，所以欣赏的效果反而比在大厅更好。

（三）园林搭台

一些身份特殊的贵族世家，拥有私家园林，也会在园子里搭建戏台，如《红楼梦》里的大观园戏台。大观园戏台是为元妃省亲大典时专设的，其他时候女性招待外宾观剧，或者在荣庆堂戏台，或者在大花厅戏台，或者在贾母院中临时搭个小戏台。又如《红闺春梦》第八十回写道："园子里到处张灯结彩，仍将留春馆前搭了戏台，预备女客们起坐。"[2]可见，仕宦绅衿女性观剧的机会是很多的，依据不同的礼仪、场合和规模最终确定在哪里观剧。

六、舟船水畔剧场中的女性观剧

江南水乡一带土地狭窄，湖泊星布，水汊横支，当地人就利用地形构筑水畔剧场。有些戏台一部分在水上，一部分在岸上。如绍兴安城土地庙戏台和绍兴辣山乡眼光娘娘庙戏台，均背靠河面，朝向陆地，因为

---

1 过云楼第一代主人顾文彬（1811—1889），字蔚如，号子山，晚年号艮庵，道光二十一年进士，曾历任刑部主事、汉阳知府、浙江宁绍台道等职。第二代主人顾廷烈，第三代主人顾麟士，第四代主人顾公雄、顾公柔和顾公硕，第五代主人顾笃瑄等。顾笃璜，1928年生，顾公硕的儿子，顾氏第五代后人。

2（清）西泠野樵《红闺春梦》，百花文艺出版社2002年版，第1114页。

神殿在岸上。也有戏台的台口侧向水面，或完全伸向水中的。对于这类水畔戏台上的演出，观众或在岸上观看，或撑船观看，既便于往来交通，又有了观看处所。如同治年间益阳县，“沿江演剧，观者如堵，彩船画楫，箫管闲奏，酒馔丰饫，妇女亦盛饰相炫耀，往来杂沓，守土者亦屡设禁，迄不能止”[1]。光绪年滦州，“汀有小圣庙会，妇女游观者，俱以舟，非竞渡也，钗光衫影荡漾水中，沿岸则急管繁弦，俳优演剧”[2]。清康熙三十三年（1694）王翚等绘制的康熙《南巡图》（见图 6），其中第九卷为绍兴府河桥镇水边演剧的场景。戏台搭在庙前临河处，正对庙门，用枋木和席棚搭成，前台三面伸出，后台用席片封闭隔开戏房，顶部为仿砖瓦结构的单檐歇山顶式。

a. 全景

1（清）姚念杨等修，赵裴哲纂《同治益阳县志》（卷二），同治十三年（1874）刻本。

2（清）杨文鼎修，王大本纂《滦州志》（卷八），光绪二十四年（1898）刻本。

b. 局部

图 6（清）王翚等绘康熙《南巡图》第九卷

台上所演剧目为《单刀会》，戏台和庙门之间的广场上摩肩接踵，拥挤异常。戏台木支架底部挤满了人。河中舟船往来，撑船渡客的往往为女性。另外，坐在称作“沙飞”或“牛舌”的小舟船头观剧之女性屡屡有之。[1] 如左起第二条和第三条小船上，一名身着湖蓝色衣服和一名身着月白色衣裳的女性正倾斜着上半身往戏台方向远眺。河岸对面铺户林立，其正中临街的二楼窗户上，有两位女性正开着窗翘首观望。楼下第一家和第二家商铺里，还有手牵孩童躲在木板门后观剧的女性，其中有一位已经将大半个身体探出门外。实际上，从她们那个角度是看不到戏台上的演出的，不能算作真正的观剧，仅能看作听戏罢了。但无论是“倾斜”还是“远眺”，如此充满动态的场景，反映出戏曲艺术已浸透深闺，不少妇女放下针织女红，急切得要一睹台上伶人的风采。

史料中经常有妇女立于桥头或船上观剧，因为观客过多，所以容易招致覆溺身亡的记载。如乾隆年间青浦县，“大通桥小西门内，两岸皆市廛，无隙地，港小而浅。三十九年夏，船上演戏，人多伫立于桥。乘

1 傅谨主编《京剧历史文献汇编 · 清代卷》（八），凤凰出版社 2011 年版，第 213—214 页。

舟者藉避炎歊，泊桥下。日稷桥圮，压损无算，水为之赤。有孙氏妇首碎脑流，及殓，以勺舀脑注者”。[1]这位孙氏妇女，便是因为乘舟停于桥下，遭遇不测的。

七、其他剧场中的女性观剧

尽管城市乡村遍布神庙剧场、戏园茶园，但还远不能满足民间演戏的需求，仍有不少演出是在临时搭建的戏台上。这类戏台往往选择旷野或街道的宽阔平坦处，用木板、席布等材料扎搭，再用颜料涂绘一新，用毕可以立即拆除。因为街道或旷野等处，不受地形面积等制约，可以容纳更多的观众。资料表明，每逢有春台戏、社火等表演，女性外出观看的很多。乡间的春台戏——春季祈农祥之戏，常于旷野搭台演出。如成都地区，“戏演春台总喜欢，沿街妇女两旁观”[2]。又如，清人顾禄在《清嘉录·春台戏》中云：“二三月间，里豪市侠，搭台旷野，醵钱演剧，男妇聚观，谓之春台戏，以祈农祥。”[3]江苏南京地区，“上下文昌宫演戏庆祝，谓唱春台，近下街停戏矣。士女聚观，喧杂尤甚”[4]。除去春台戏，农村岁时节令，借口各种名目理由，也会在田间场上搭台演戏。如小说《新世鸿勋》第十九回，“到城外拣个平坦去处，搭高台赛神演戏”[5]，只见“台耸齐云，结五彩不尽之绚丽；人游素时，当三时禾麦之丰登。悲欢离合传奇新，南北东西来往众。儿童妇女，拍掌欢嬉，商贾农士，摩肩杂沓，五瘟使者扁颜笑，四境齐

1 傅谨主编《京剧历史文献汇编 · 清代卷》（八），凤凰出版社 2011 年版，第 31 页。

2 傅谨主编《京剧历史文献汇编 · 清代卷》（八），凤凰出版社 2011 年版，第 633 页。

3（清）顾禄《清嘉录》（卷二），中华书局 2008 年版，第 75 页。

4 傅谨主编《京剧历史文献汇编 · 清代卷》（八），凤凰出版社 2011 年版，第 636 页。

5 古本小说集成编委会编《古本小说集成》，上海古籍出版社 1994 年版，第 397 页。

禳降福来”[1]。

又有一些特殊的民俗节日，也会在街巷表演。如立春为二十四节气之首，清代立春日有迎春祈丰的习俗，其中河北地区曲周县，“立春前一日，迎春东郊，诸技艺各逞所能，乡邑男女沿街充巷，纵观之”[2]。苏州地区立春前一日，迎芒神，出土牛，号召梨园百戏，声歌杂遝，士女倾城往观。又如，各地正月期间的社火表演，包括台阁、鳌山、杂剧、百戏、戏曲等都是主要内容，女性也积极往观。如山西霍州上元节期间，“元宵张灯，吹鼓扮台阁，办杂剧，士女骈集”[3]。山西绛县，元月“十六日妇女登城游赏，名曰游百病。各处祭火神，设鳌山，演剧，放灯，喧闹微夜，城市为多，乡村亦间有之”[4]。

清光绪年绵竹年画《迎春图》（见图 7），沿街观看者甚众，男女老幼均有。图上方突出描摹了三位年龄不同、身份不同、着装各异的女性，临街观看表演的情景。其中，第一位女性整个身体都露在外面，微微左倾，头部斜着探看；第二位是一位年龄稍小的女孩，半个身在躲在门后，半个身子在门外；第三位女性亦以门为遮挡，半隐半露。她们均皆目不转睛地看着街上迎春社火演剧活动。街道当中，四个人为一组，抬着三张方桌，桌上有三位孩童戏曲扮相人物，边走边演。据考证，内容为“《秦香莲闯宫》《秋江》《抢伞》等，另一组为《西游记》，桌上倒竖一杆，上立圆圈，

1 侯忠义等主编《中国古代珍稀本小说》(4)，春风文艺出版社 1994 年版，第 481 页。

2（清）陶淑纂修《衡水县志》（第 44 册），乾隆三十二年（1767）刻本影印，第 512 页。

3（清）崔允昭修，李培谦纂《直隶霍州志》（第 54 册），道光六年（1826）刻本影印，第 122 页。

4（清）张成德修，李友洙等纂《直隶绛县志》（第 61 册），乾隆三十年（1765）刻本影印，第 270 页。

图 7 清光绪年间绵竹年画《迎春图》

孙悟空站在圈内”[1]。

1 画高 0.47 米，长 6 米。连环画式，分四部分描绘绵竹县城迎春活动。第一部分“迎春”，知县着官服坐八抬大轿，前有仪仗队，后有随从队伍举万民伞、春牌。队伍开往先农坛。第二部分“报春”，在春场上搭彩棚，棚内两条纸扎春牛和芒神（牧童）置春座上，正中设香案，左右排列拜席。迎春队伍到达后先由执事引导众官入拜位，然后在鼓乐声中向芒神行礼。第三部分“游城”，人群簇拥着春牛、芒神绕城一周。沿街店铺林立，队伍中有戏曲杂技表演，四人抬一桌，桌上立一男角色，其右手托一女角，共五组，表演内容似为《秦香莲闯宫》《秋江》《抢伞》等，另一组为《西游记》，桌上倒竖一杆，上立圆圈，孙悟空站在圈内。沿街观看者甚众，男女老幼均有。此外，还有龙灯龙狮。第四部分“打春”，立春日，官员着官服集衙前，待立春时辰到，将春牛从彩棚中抬出，由四名官丁执杖打破，春牛肚里之小牛、五谷纷纷落地，众人欢呼，意在祈求五谷丰登、六畜兴旺。现藏绵竹市文管所。见高文、侯世武、宁志奇《绵竹年画》，文物出版社 1990 年版；《中国戏曲志 · 四川卷》，中国 SBN 中心 1995 年版；朱启新《“迎春图”年画所反映的古代“立春”习俗》，《历史月刊》1994 年第 2 期；简涛《立春风俗考》，上海文艺出版社 1998 年版，第 110 页。

第二节 女性专门观剧设施

女性观剧设施，是指剧场内为满足女性观剧需要而专门搭建、建置的设施。就目前掌握的资料看，神庙剧场女性观剧设施文献载录及实物遗存大量存在，大致分为看楼、看台、女台、子台、女棚、花场、女厂、女亭等。另外，还有一些临时充作女性观剧设施的，呈现出形式多样化的特点。

一、看楼

学界考证，神庙剧场中看楼的设置，大约出现于明中后期。车文明先生指出："看楼纯为观剧而设，为妇女儿童专席，它在不扩大观剧广场水平范围的前提下开阔了观众席，对于伸出式戏台来说，在看楼上观演可一览无余，确实也是个角度较好的位置。"[1] 薛林平等在《山西传统戏场建筑》中进一步论述："明清看楼的出现则体现了对特殊观众空间的初步有意组织。"[2] 这里的"特殊观众"，主要是指女性观众。

关于神庙剧场中的看楼，有大量实物遗存。看楼一般位于庙院两侧，对称而设，一层为社房，二层为看楼，三间、五间、六间、七间、九间，规模不等，视庙院整体规模而定。看楼一般与二层戏房呈垂直角度对接，以腰楼衔接，可直接通入戏房。也有少数庙宇设有正面看楼，这似乎对于观剧角度而言更为舒适，但可能考虑到对神灵正位的僭越，正面看楼这种更具人性化、更舒适的形制并没有普及开来。

1 车文明《20世纪戏曲文物的发现与曲学研究》，文化艺术出版社2001年版，第37—38页。

2 薛林平、王季卿《山西传统戏场建筑》，中国建筑工业出版社2005年版，第214页。

清中后期，全国各地神庙剧场设有女性观剧看楼的很多，这应与清代戏曲活动的频繁，社会风气的转变，女性社会活动空间的拓展有密切关联[1]。如浙省下城一箔业三月廿四日于弥勒寺敬神演戏，“两面看楼之女眷等，无不桃花扇暖，杏子衫轻，艳裹浓妆，先人早至”[2]。浙江绍兴两溪乡双江溪舜王庙内清同治十二年（1873）《禁碑》载：“公禁两廊看楼上，不许男人混入。”[3]浙江嘉兴，“郡城天后宫有鸿福堂演戏娱神，两旁看楼分别男左女右”[4]。还有因为看楼人满为患，不堪重负而倒塌的。如光绪六年（1880）三月杭垣竹竿巷酬谢火神，“月之初五日，二圣庙内戏初开台，而台下之人已拥挤万分，两边看楼上之瓦檐屋角，无处非人。演至将半，东边之看楼一声震响，早已栋折梁摧，一齐坍损，诸女眷无不作坠楼之绿珠矣”[5]。光绪十九年五月金陵聚宝门外，“东岳庙内外演戏三日，借答神庥。……两旁看楼上人山人海，忽闻轰然一声，如天崩地裂，东楼倒矣。妇女受重伤者十余人，用板舁去微伤者二十余人”[6]。

另外，北方许多神庙剧场中至今仍有二层女性看楼的实物遗存，如

1 中国传统社会的女性不仅遭受缠足、束胸等身体上的束缚，在活动空间上也多有局限，然而“男主外、女主内”的内外分治，只是士大夫建构的理想化的两性生活场景，几乎只能出现在富裕的士大夫家庭，在底层人民的现实生活中从未严格执行，现实的困境使妇女的活动事实上超出了儒家规定的界限。底层妇女除料理家事外，还广泛参与农作、采桑、采茶、捕鱼、纺织、刺绣、针凿、贩盐等劳动，其经济收益占据家庭总收入相当大的比重。见杨蕾《清末民初上海女性生活的嬗变与传统》，上海师范大学 2012 届硕士学位论文，第 16—20 页。

2 傅谨主编《京剧历史文献汇编 · 清代卷》（四），凤凰出版社 2011 年版，第 184 页。

3 《禁碑》，碑高 0.46 米，宽 0.8 米，现存庙内。碑刊十条禁规，目的是保护庙宇、规范人们的行为，反映了当地戏曲演出男女不能混杂的习俗。见车文明《20 世纪戏曲文物的发现与曲学研究》，文化艺术出版社 2001 年版，第 267 页。

4 傅谨主编《京剧历史文献汇编 · 清代卷》（四），凤凰出版社 2011 年版，第 471—472 页。

5 傅谨主编《京剧历史文献汇编 · 清代卷》（四），凤凰出版社 2011 年版，第 173 页。

6 傅谨主编《京剧历史文献汇编 · 清代卷》（四），凤凰出版社 2011 年版，第 395 页。

山西省高平市良户村大王庙剧场东西看楼（见图8）。据《大王庙创修前院碑记》载：“院前有舞楼，东西仅建墙墉，不足以壮观瞻，何以别士女之望？……自道光壬辰年……共举前院，当建看楼数间……东西特立看楼上下十二间。”[1]其他地区的碑刻中，也多有新建、改建看楼的记载。如山西晋城市泽州县陟椒村三教堂乾隆四十年（1775）《重修三教堂碑序》中云：“东西看楼上下十□间。”[2]该县东四义村嘉庆十三年（1808）《碾玉玉帝关帝真武汤帝碧霞圣母各殿并碾玉舞楼起造东西楼房上下十二间碑记》云：“起造东西楼房上下十二间。”[3]山西省长治市屯留县寺底村亚岳庙光绪十六年（1890）《重修社庙碑记》云：“改为东西看楼十四楹”等[4]。可见，清初以来仅山西上党一地，神庙剧场中创建女性观剧专门设施的举动从未间断过。而且，建立女性观剧设施越来越体现出自觉意识，不光在碑刻中明确出现起造看楼、重修看楼等字眼，而且看楼的规模也越来越大，动辄十数间，足以容下数量可观的观剧女性。

二、看台、女台、子台

看台，是神庙剧场或一些临时剧场设置的另外一种女性专门观剧设施。看台、女台、子台等名异实同。女台是从观众性别角度出发，因为安

1 王树新主编《高平金石志》，中华书局2004年版，第304页。

2 碑存泽州县李寨乡陟椒村三教堂内，碑高173厘米，宽63厘米，笏头方趺。据笔者2014年5月13日实地调查。

3 清嘉庆十三年（1808）九月勒石，现存府城玉皇庙内。碑高192厘米，宽52厘米，厚16厘米，笏头方趺，额篆“补修神殿舞楼碑记”。山西师范大学戏曲博物馆藏该碑拓片，拓于1997年10月1日。

4 清光绪十六年（1890）十月刊，现存屯留县寺底村亚岳庙内，保存完好。碑高185厘米，宽67厘米，厚18厘米。据笔者2014年7月20日实地调查。

a. 东看楼

b. 西看楼

图 8 山西省高平市良户村大王庙剧场看楼遗构

置妇女，名曰“女台”。子台，属于某种从属关系，是戏台两侧之附属设施，故曰“子台”。也有的地区称呼为“小台”，“戏台旁边搭小台，家家先送女人来”[1]。也有可能是从女性观剧的台子所占面积和形制来看，比戏台小而得名。但无论是子台、女台还是小台，从称谓来看，似乎都体现出女性之于男性的从属地位。剧场中看台之设，最早源于何时？暂不可考。明末张岱《陶庵梦忆》中云：“余蕴叔演武场搭一大台，选徽州旌阳戏子，剽轻精悍，能相扑跌打者三四十人，搬演目连，凡三天三夜。四围女台百什座，戏子献技台上。”[2]可见，最迟至明末已有女台之记载。有清一代，在神庙剧场中增设看台逐渐流行开来，至民国初年部分地方仍在增设。现将文献中载录的神庙剧场女性看台列表，以供参考（见表 1）。

表 1　神庙剧场看台、女台、子台、小台文献载录

序号	文献摘要	地区	备注
1	上月十八告竣，特雇三庆戏班登台演戏，以答神庥。一时城厢士女结伴来观，鹤跂鹭翘，万头攒动，更有名门淑质、蓬户娇娃，列坐两旁看台，藉聆一曲霓裳，自下望之，几如月殿仙人下临尘世。	安徽芜湖	傅谨主编《京剧历史文献汇编 · 清代卷》（四），凤凰出版社 2011 年版，第 403 页。
2	看台密密界西东，抄得三岔路更通。怪煞陌头风一阵，藕丝裙底露双红。阑干几曲只低凭，台是蓬张系是绳。背后一声呼小姐，吾家小姐也来登。	不详	傅谨主编《京剧历史文献汇编 · 清代卷》（四），凤凰出版社2011年版，第52—55页。

1 苏州市文化局编《姑苏竹枝词》，百家出版社 2002 年版，第 48 页。

2（明）张岱《陶庵梦忆》，弥松颐校注，西湖书社 1982 年版，第 74 页。

（续表）

序号	文献摘要	地区	备注
3	汉镇历年三月二十八日，逢东岳大帝圣诞，各岳庙演戏广多，……男子妇女，或涉游玩，或因敬神，是时人山人海，挨挤不开，固不待言。……汉地演戏，往往搭看台而敛钱，此风殊属可恶。	湖北汉阳	傅谨主编《京剧历史文献汇编·清代卷》（四），凤凰出版社 2011 年版，第 156—157 页。
4	武昌城外筷子街地方前遭回禄，邻近未被灾之铺户祈保平安，集资演戏。除架木支搭戏台外，欲觅蝇头者又在两旁高搭看台，任人凭眺，每人给数十文或数文，以时之久暂为区别。当日观剧者，红男绿女，塞海堆山。	湖北武昌	傅谨主编《京剧历史文献汇编·清代卷》（四），凤凰出版社 2011 年版，第 305 页。
5	九江各庙宇演戏酬神……衣香队里，时见美人；筝笛声中，杂以笑语。……二十四日，小校场左偏看台忽然坍倒，一时人声鼎沸，有压伤手足者，有撞破头颅者，有遗失簪珥者，各妇女经人舁回，无不眼零雨而首飞蓬矣。	江西九江	傅谨主编《京剧历史文献汇编·清代卷》（四），凤凰出版社 2011 年版，第 262—263 页。
6	昨日南会馆仍在演戏，……当锣鼓喧闹时，众无赖就戏场畔支板为台，招人坐看，每演一折即伸手乞数文。钱江北妇某氏，雌虎也，一啸风生，万人辟易。昨日正在台上高坐，忽台板欹倒，跌仆尘埃中，鬓乱钗横，异常狼狈。	不详	傅谨主编《京剧历史文献汇编·清代卷》（四），凤凰出版社 2011 年版，第 402—403 页。

（续表）

序号	文献摘要	地区	备注
7	松郡人士在北郊以优觞奉都天神，……盖此次优伶稍有衣饰，而手口亦颇灵妙，以致城厢轰动，空巷并观，傀儡场前，几无插足之地。……两行看台以人多拥挤，因而折足伤肱，遗簪堕珥者，亦时有之。所尤可悯者，有某妇反扃其门，乘兴诣观，及归去时，室中所有各物已为匪人席卷一空，妇恐夫归谴责，吞声饮泣，遂投缳以逝。呜呼，惨矣！	上海松江	傅谨主编《京剧历史文献汇编·清代卷》（四），凤凰出版社 2011 年版，第 287—288 页。
8	西龙王宫，东老君殿。两庙台榭，寓形宇内。逢场作戏，挤拥实是。男女摩肩，老幼丧气。……民十三纪，阎君九思。急公好义，倡首维持。……二月中旬，鸠工庀材，次第动工。……请宫旁启，乐楼对楹。西庙移来，损益虚盈。梨园子弟，椒载南亩。看台东筑，安栖妇女。	山西寿阳	《重修清微观移盖吕祖庙钟鼓楼新建女学校平房大门请宫麻河看台乐楼下处碑记》，碑高 170 厘米，宽 68 厘米，厚 14 厘米。青石石质，共二石，尺寸相同。有边饰，碑文楷书体。现存于山西省寿阳县平舒乡东郭义村。
9	河岸宽平好戏场，子台齐搭草台旁。……野地演戏，谓之“草台”，旁搭高厂以安妇女，谓之“子台”。优伶未到，游女先来；富阃名娼，依次而坐。淫词艳曲，荡目动心；浪蝶狂蜂，品香论色。习俗之敝，至此极矣。	湖北汉口	傅谨主编《京剧历史文献汇编·清代卷》（八），凤凰出版社 2011 年版，第 627 页。

（续表）

序号	文献摘要	地区	备注
10	广州酬神演剧，妇女杂沓，列棚以观，曰“看台”，又曰“子台”。	广东广州	（清）徐珂编撰《清稗类钞》，商务印书馆1918年印行，第49页。
11	粤俗酬神演戏，两旁搭棚与人坐观，谓之“子台”。每有罔利之徒先期出钱若干赁受，转售以取盈余，谓之“投子台”。	广东	傅谨主编《京剧历史文献汇编 · 清代卷》（八），凤凰出版社2011年版，第630页。
12	每逢唱戏喜颜开，早嘱家人抬女台。要与戏台相对面，姑姑嫂嫂结成堆。	安徽	安徽大学徽学研究中心《徽学》第2卷，安徽大学出版社2002年版。
13	白后堡村玄帝庙《公置场院碑》载：“今幸公置场院，阖堡便用，观戏以分男女。并工筑台，不日告成，建室以配左右。经此补修，岂不得便用配合之美哉！”	河北蔚县	白后堡村玄帝庙《公置场院碑》，清道光四年（1824）刊。碑高70厘米，宽86厘米，壁碑，蔚州邑人庶老苏克敏撰文，蔚州邑人善士苏克己书丹。现嵌白后堡村玄帝庙东墙。碑题据内容拟。邓广平编录《蔚县碑铭辑录》，广西师范大学出版社2009年版。
14	甬上都神会……十六日黄昏时，会过湖西后营教场，戏台之旁，妇女搭台观看者不下千余人。	浙江宁波	傅谨主编《京剧历史文献汇编 · 清代卷》（四），凤凰出版社2011年版，第160页。
15	戏台旁边搭小台，家家先送女人来。	江苏苏州	苏州市文化局《姑苏竹枝词》，上海百家出版社2002年版，第48页。

图 9 北京精忠庙清代戏曲壁画“梨园子弟演剧图”

另外，我们也可通过图像史料，进一步了解看台、女台、子台的形制。譬如，北京前门珠市口精忠庙喜神殿内，一幅绘于清中叶的戏曲壁画（见图 9），就有相关信息。据周华斌先生考述，喜神庙壁画共 7 幅，反映梨园事迹的有《唐明皇梨园乐舞图》《梨园子弟演剧图》。[1] 其中《梨园子弟演剧图》表现了梨园子弟在宫苑外演戏的场面。图正中有一座戏台，为前后复合形制，前台为单檐歇山卷棚顶，后台亦为单檐歇山卷棚，筒瓦覆顶。前台为伸出式三面观，面阔一间，柱间设有矮栏杆。后台面阔三间，两次间为戏房。台上艺人正在作场。戏台右侧用木板搭建二层看台一座，四周围有低矮的凭栏，妇孺居其上，或立或坐床凳观看。戏台前站立庶民男子仰观演出，右侧亦有数人围桌观赏。稍远处似有二名官差正持棍

1 周华斌《北京精忠庙及戏曲壁画考述》，《中华戏曲》2010 年第 41 辑。

棒驱逐散民，以维持秩序。图左上角与看台一墙之隔，另有一座高层楼阁，单檐卷棚顶，三开间，筒瓦覆顶，描绘的是贵族大家内眷十数人隔墙远眺戏院内戏曲演出的情景。画面右侧为皇宫宅院，唐明皇坐于殿内，殿前院中将有优伶作场，后宫女眷们则搭设布帐，在一围有布帐的方形女台上看戏。女台的形制不止一种，如清代《点石斋画报·卯集》所载庙外搭台演戏图（见图 10），也有女台的呈现。图中戏台正面的地坪上，挤满了梳着长辫的男性观众。戏台下方左侧搭有一座高出地面的女台，由六块木板连接而成，下面用梯形木架支起，有七八位女性领着小孩摆放条凳坐观，四周不设围栏。

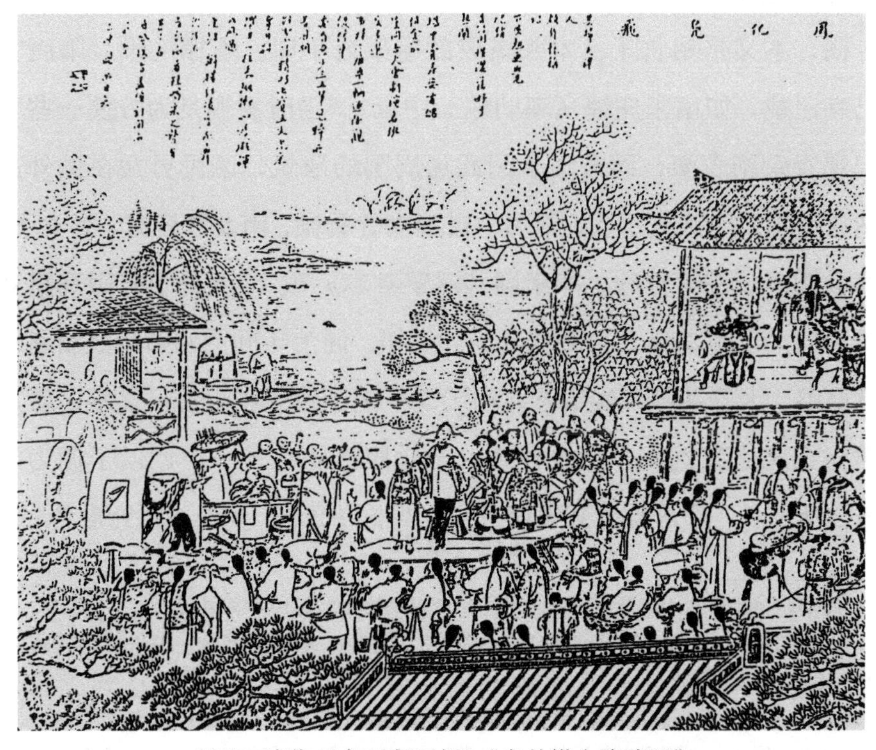

图 10 清代《点石斋画报》“庙外搭台演戏图”

图像史料中“女台的单独设置是有现实依据的”[1]，既有如《梨园子弟演剧图》中木板搭建的简易女台，也有设帷帐的多层女台。女台设置的繁简，或许与经济状况有关。帷帐女台或者是为了更有效地遮蔽女性的身体，又与女性的身份、地位等有密切关系。值得注意的是，有的女台是大户富绅为了方便自家内眷而搭建的，演戏前临时抬到戏场。正如书中所言：“每逢唱戏喜颜开，早嘱家人抬女台。要与戏台相对面，姑姑嫂嫂结成堆。”有的女台则是组织演戏的众人搭建，然后召集女性观众来看，二者是有区别的。

三、看棚

棚，本义是用竹子、木头搭成的篷架或小屋。看棚之设，隋唐文献中已有记载，如南宋庄绰《鸡肋编》中云：“当时看棚是为方便一些官僚大户观看杂剧表演，而搭建于阅武场周围的建筑，庶民男女在棚外高凳上站立观剧。”[2]到了清代，剧场中搭建女眷看棚，南北方皆有，有女子棚、女客看棚、子棚等称呼。如康熙《浮梁县志》载：“八月于旷野高搭戏台演戏，妇女设棚以观，尤为陋习。”[3]又如，同治年间“佛镇某姓新科举人得宴鹿鸣，大开菊部以娱亲友。……女子棚则设于附近练厂之地。有居住普君墟细庵之某姓妇，随众往观，忽觉腹疼隐作，……竟以子棚为闺房临蓐之所。”[4]“广东番禺县属谭三乡，洪圣灵诞辰，乡之人举行胜会，于二

1 周华斌《北京精忠庙及戏曲壁画考述》，《中华戏曲》2010 年第 41 辑。

2（宋）庄绰《唐宋史料笔记丛刊：鸡肋编》（上卷），萧鲁阳点校，中华书局 1983 年版，第 20—21 页。

3（清）王临元纂，陈淯增修《浮梁县志》（卷七），康熙十二年（1673）刻增修本。

4 傅谨主编《京剧历史文献汇编·清代卷》（四），凤凰出版社 2011 年版，第 55 页。

月二十日演剧两台，……有窃匪混迹其中，……潜置引火物于女客看棚下，一时火焰上炽，诸妇女惊魂飞越，夺路而逃。”[1]有些女棚除去观剧，还兼卖茶水，故曰“茶棚”。如文献记载：“戏台前支搭茶棚二座，男左女右，以免混杂。”[2]

这些女子棚为临时搭建，大概可以分为用苇蔑、竹篾等编织搭成的席棚，还有支木为棚的。如《民国馆陶县志》记载，村庄演戏之时，“看戏者络绎道如归市然。舞台高搭席棚，前后可容二三千人，系男子看戏处，两旁亦有席棚，系妇女看戏处”[3]。可见，秩序井然。《齐如山文集》中提及，民间“凡遇丰年报赛，歌舞升平，喜庆诸事，演剧每次不过三五日，故皆临时搭一板台及席棚，遇有巧匠，往往有极美观者，费颇不资。两旁席棚、车辆，皆为妇女观剧之所，中间乃男客立观处，观客可随便往来”[4]。可见，作为妇女观剧用的席棚，遇有能工巧匠，还能装饰得精良美观，所费不赀。也有用木头支搭，顶部遮篷，里面排列椅凳，供妇女坐观的看棚。如皖西南地区光绪二十六年（1900）三月某日，“南门外招商码头支盖高台，招梨园演剧，淫歌沸耳，袍笏登场，观者举国若狂，几无容足地。牟利者于台前两旁支木遮篷，排列椅凳，为闺秀坐处，俾不至贴地金莲如风飐蜻蜓立不牢也”[5]。

女客看棚未能见相关实物遗存，但其形制、用材从相关图像文献中可知大概。如明人画作《南都繁会景物图卷》（见图 11），真实反映了江

1 傅谨主编《京剧历史文献汇编 · 清代卷》（四），凤凰出版社 2011 年版，第 412 页。

2 傅谨主编《京剧历史文献汇编 · 清代卷》（四），凤凰出版社 2011 年版，第 413—414 页。

3《中国方志丛书 · 山东省馆陶县志》，成文出版社有限公司 1976 年版，第 1014 页。

4 梁燕主编《齐如山文集》（第 4 卷），河北教育出版社 2010 年版，第 263 页。

5 傅谨主编《京剧历史文献汇编 · 清代卷》（四），凤凰出版社 2011 年版，第 516 页。

图 11 明代《南都繁会景物图卷》戏曲演出场景（常熟翁氏旧藏）

南地区戏曲演出场景。关于这幅图，廖奔、黄竹三、延保全等多位学者曾予以关注和解读[1]，对了解女客看棚的形制、结构、规模等提供了重要参考。综合以上诸位学者的描述，笔者认为各地看棚的特点有以下相似之处：首先，看棚一般为高脚平顶，用木条或木板支搭成高出地面的台子，呈方形或长方形，顶部用布幔、席笆遮盖，四周设有围栏。其次，棚内可排列板凳，充分考虑到了女性观剧的舒适性。因为一座看棚的容量有限，所以

1 王宏钧、刘如仲《明代后期南京城市经济的繁荣和社会生活的变化——明人绘〈南都繁会图卷〉的初步研究》，《中国历史博物馆馆刊》1979 年第 1 期；刘如仲《明代南京市民的饮茶风尚——读〈南都繁会图卷〉》，《民俗研究》1989 年第 2—3 期。从戏曲史角度对这幅图进行研究的有廖奔《中国戏剧图史》，人民文学出版社 2012 年版，第 217 页；黄竹三、延保全《中国戏曲文物通论》，山西出版传媒集团、山西教育出版社、三晋出版社 2017 年版，第 167—169 页。

可以搭建多座台脚相连的看棚，距离戏台近的，看棚较低，距离戏台远的，看棚较高，以便观剧者视线不受阻挡。

四、花场

古代形容女子貌美，常用如花似玉作比。妇女以花纹饰面，又称“花面”。如温庭筠有“照花前后镜，花面交相映”之句，唐代刘禹锡《寄赠小樊》诗云：“花面丫头十三四，春来绰约向人时。”同理，“花场”即神庙剧场内为女性设立看戏专区的别称，分别有以下几种。

一是，在月台上置花场。据顺治《密县志》记载：“顺治七年（1650）密县知县李芝兰把东门外的关王庙，改建于西门外，并设戏楼一座，正对大殿月台，相距 17 米，其间场院为男观众席地。月台上为妇女看戏的‘花场’，台宽 12 米，深 6 米，高 0.8 米。”[1] 山西代县新高乡赵村赵武灵王庙清代过路台，一面观，前歇山，后悬山顶，院北正殿前有月台，台周砌花栏墙，为妇女观戏场所。[2] 还有在月台上利用栏杆等建筑围起来的空间，作为女性观剧处的。如山西临汾王曲村东岳庙剧场，戏台坐南向北，距献殿约 26 米，献殿前有 13 米见方的月台一座，台上砖砌栏杆，演戏时女性在栏杆内坐着凳子观看，男性则在栏杆外站着看戏[3]。现已不存。

二是，河南地区在男性“八步场”左右两边各设女性看戏的花场：“高台演出时，从戏台的前沿往对面数八步，左右再数八步，这三个八步以

1 中国戏曲志编辑委员会等编《中国戏曲志 · 河南卷》，文化艺术出版社 1992 年版，第 503—504 页。

2 车文明《20 世纪戏曲文物的发现与曲学研究》，文化艺术出版社 2001 年版，第 199 页。

3 中国戏曲志编辑委员会等编《中国戏曲志 · 山西卷》，文化艺术出版社 1990 年版，第 542—543 页。

内叫‘八步场’。……八步场内是让观众看戏的，不设坐凳，均系立而观看。男观众都站在中间仰望，左右两边属于妇女和小孩看戏的地方叫做‘花场子’。大户人家的太太小姐看戏，拉着车停放花场之间，有的撩帘观望，有的垂帘窥视。一般人家，有的坐在太平车上，有的站在长短板凳上观看。”[1]可见，花场又叫“花场子”，并没有特殊的形制。

五、女厂

厂，本义为“棚舍”，古人云“枳篱茅厂共桑麻”[2]。又有“厂屋”，指棚舍、无隔墙的房屋，应该是有顶盖无墙壁的亭式建筑。“女厂”，是供女性专用的观剧设施。如清顺治年蓬蒿子《新世鸿勋》第十九回，写到民间赛神演戏的场景：“方御史又教人在戏台上，两边搭起两个厂，唤一班女妓在东边厂里，歌舞奏乐；贺乡宦唤些妇女婢妾打扮似天仙，到西边厂里来看戏。”[3]此处，是将女性观众安排在戏台两旁东西“厂”里。河北蔚县南马庄北堡关帝庙民国初年《重修关帝庙戏楼建立禅房女戏厂碑记》中，也有“女戏厂”的记载：“戏楼乃演古讽今，戒人以好善恶恶之地，女厂亦所以分男女之区，是皆可有而不可无者也。如南马庄北堡旧有关帝庙戏楼，奈年湮日久，风雨飘摇，鸟鼠相穿，以至土崩瓦解，神像凋落。村中人等目睹心伤，遂淳然有兴作之念。众善人捐赀施财，不日而工程告竣。庙宇戏楼灿然生辉，禅房女厂亦丕然建立。是皆村中风化之美，人才之盛以致之也。”[4]碑

1 中国戏曲志编辑委员会等编《中国戏曲志·河南卷》，文化艺术出版社1992年版，第540页。

2 周振甫主编《唐诗宋词元曲全集·全唐诗》（第十三册），黄山书社1999年版，第5049页。

3 古本小说集成编委会编《古本小说集成》，上海古籍出版社1994年版，第397—398页。

4 碑刻现嵌于关帝庙墙上，碑高69厘米，宽148厘米。中华民国十年（1921）刊，蔚州儒学生员郑永亨撰文并书丹。见邓广平编录《蔚县碑铭辑录》，广西师范大学出版社2009年版。

刻中明确提到女厂之作用在于“分男女之区”，“是皆可有而不可无者也”。可见，女戏厂是神庙剧场中不可或缺的一部分。

从上述两则材料推断，关于女厂，南北方皆有，既有临时搭建过后可拆除的女厂，也有如神庙中的固定设施。临时性的女厂，如姜彬《吴越民间信仰民俗：吴越地区民间信仰与民间文艺关系的考察和研究》一书中提到，金华城内的玉泉庵每到演戏时必搭草台，“草台骑街而搭，朝南正对神像，行人从台底下来往，街上观众只能看‘侧台戏’。……由于街小，又拥挤，故两旁商店门口，多用门板凳子搭成小看台，称之为‘厂’，女眷多坐厂上看戏”[1]。可见，女厂即女性临时看台，用门板或凳子搭就，但并未见有顶盖类棚样设施。

六、女亭

关于神庙剧场中的看亭，前已有学者关注[2]。车文明先生在《中国神庙剧场中的看亭》一文中指出，明清时期有少数神庙剧场建起了看亭。目前，所见神庙剧场中看亭的位置有三种：一是在戏台正前方紧靠戏台；二是与戏台通脊连檐形成二连贯或三连贯；三是远离戏台独立为亭。南北方神庙剧场中的看亭建筑形制差异较大，规模不一，所容观众数量也不同。但有一点，它们均“加盖顶部，四面透空，类似传统建筑中的亭子，故名之为‘看亭’”[3]。且看亭中大多设有长条木凳供观众看戏使用，不仅改善了观剧条件，

1 姜彬《吴越民间信仰民俗：吴越地区民间信仰与民间文艺关系的考察和研究》，上海文艺出版社1992年版，第361页。

2 车文明《中国神庙剧场中的看亭》，《戏曲研究》2013年第87辑；颜伟、曹飞《新见神庙剧场看楼、看台、看亭（厅）》，《戏曲研究》2014年第90辑。

3 车文明《中国神庙剧场中的看亭》，《戏曲研究》2013年第87辑。

而且能遮风挡雨。车文明先生认为，“看亭，早于看楼的设置。具体原因无法得知，但满足观众需求，提高观赏质量应该是不言而喻的”[1]。那么神庙剧场中专为女性观剧设置的女亭，也应该和看亭的功能属性、建筑形制有共通之处。目前仅见山西省临汾市洪洞县民国十七年（1928）堤村乡干河村净石宫《重修净石宫碑记》载：“兼之庙院逼狭，游人山海，每际重三大会，女界挤拥难站，村人目击心伤，咸有鸠筑之愿。邀集村民会议，出彩募化，得洋九百而鸠工度材焉。……建东西女亭……经始于戊辰二月，成于三月，为女亭二，伶室三，厦房十五间，门疆户窗无一不新。”[2]这一则珍贵的女亭资料表明，因为庙院逼仄，女性观众看戏时拥挤不堪，为此兴建起东西看亭两座。然而神庙剧场中的女亭，不止一处，但囿于目前文献文物资料的匮乏，有关女亭的具体形制、女亭与看亭是怎样的关系等问题还有待进一步探讨。

七、其他

除去以上种种女性专门的观剧设施，也有临时充作观剧设施的建筑，如神庙里带出厦的厢房或配殿前的两廊。比如浙江温州市永嘉县，“大街赞善王庙寿诞良辰，庙内遍搭天篷，悬挂灯彩，演戏庆祝两廊妇女看戏比城隍庙更加数倍”[3]。瓯江地区，“金鼓喧阗演戏文，庙廊游女正如云。一班

1 车文明《中国神庙剧场中的看亭》，《戏曲研究》2013 年第 87 辑。

2 碑刻现存庙内西碑廊，碑高 159 厘米，宽 65 厘米，厚 29 厘米，笏首方趺，额题“席先启后”，中华民国十七年（1928）刊。第一高级校长山西省立第一师范毕业徐慈绩撰，第二高级教员山西省立第六师范毕业徐绍绩书，山西师范大学戏曲博物馆藏有该碑拓片。见汪学文主编《三晋石刻大全 · 临汾市洪洞县卷》，三晋出版社 2009 年版，第 644 页。

3 傅谨主编《京剧历史文献汇编 · 清代卷》（四），凤凰出版社 2011 年版，第 224 页。

年少真轻薄，炯炯双眸盼翠裙”[1]。又如，“宁城人崇奉关帝……月之十三为关帝圣诞，是日月湖陆殿演戏庆祝者凡四家。……便诡称庙内失火，人皆向外奔出，两廊妇女群相逃窜，嘈杂中或拔去簪珥，或扯碎衣衫者，不计其数。”[2]可见，妇女在两廊或庙廊看戏的不在少数。妇女在廊下看戏，也可自带板凳。如浙南龙泉古城五显庙，“戏场里条件很差，没有座位，都是站立地上，挺着身，仰着头，睁着眼睛，看一场戏比做一天事还要吃力。有的神庙，场地狭小，有时拥挤一团，秩序非常混乱。但对妇孺之辈另有优待，自己带凳坐在两边廊内，不受影响”[3]。这种临时挪用作为女性观剧设施的，可能与当地的经济条件有关。

纵观神庙剧场女性观剧设施，大致有以下特点。

（1）北方多是固定式的，如看楼、看台等可持久使用；南方多是临时搭建或流动式的，如女台、女棚等都是可拆装的。

（2）南北方神庙剧场和宗祠会馆剧场均有二层看楼等实物遗存，然而女台等几乎没有留下，只能通过图像资料获得相关信息。

（3）从稳固性来看，北方乡间神庙剧场之看楼稳固得多；女台、看棚等因为是临时搭建，不够牢固，经常会因拥挤推搡等发生意外。

（4）女性观剧设施名称多有重叠、含混之处，实物亦难以完全区分开来。如“旁搭高厂以安妇女，谓之‘子台’”。可见，女厂与子台多有重叠。又有，“广州酬神演剧，妇女杂沓，列棚以观，曰‘看台’，又曰‘子

1 傅谨主编《京剧历史文献汇编·清代卷》（八），凤凰出版社 2011 年版，第 620—621 页。

2 傅谨主编《京剧历史文献汇编·清代卷》（四），凤凰出版社 2011 年版，第 104 页。

3 蔡文水《龙泉相传庙会灯会概况》，中国人民政治协商会议浙江省龙泉县委员会文史资料研究委员会编《龙泉文史资料》1988 年第 7 辑，第 97 页。

台'"。此处，看棚、看台、子台多共用，名称重叠、含混。另外，如《妇女看戏竹枝词》云："看台密密界西东，抄得三岔路更通。怪煞陌头风一阵，藕丝裙底露双红。阑干几曲只低凭，台是蓬张系是绳。背后一声呼小姐，吾家小姐也来登。"[1] 此处女性看台，上覆篷顶，张开的篷子用绳子系着，周遭设有几曲低矮的栏杆。廖奔先生认为，"女台是在看棚的基础上发展而来，只是成为女性的专用品"[2]。看台与看棚的形制，或有许多相似之处。

第三节 女性观剧设施创设原因

一、剧场性的增强及对女性观剧的重视

清代大量的女性专门观剧设施的修建，既是当时女性观剧现象普遍存在的实证，也是社会各界支持、认可女性观剧自觉意识的外化，标志着对女性观众参与戏曲活动的逐步认同和重视，是戏场"剧场性"明显增强的结果。从来戏曲演出就涉及观演两方面的协调和统一问题："传统戏场的布局形式是一定观演关系的承载体。观演关系影响着戏场形式；戏场形式又限制着观演关系，戏场形制的演进渗透着观演关系的微妙变化。"[3] 从这方面讲，剧场出现伊始，并不一定就成为最适宜的演出场所。最初的剧场在建筑设计上对观众的安置考虑并不充分，如撂地围场就是利用自然地形，对观众基本上没有明确的组织和安排，观剧和演出空间相对模糊。从撂地围场到出现高于地面的露台，观演空间有了明确区分，使观众可

1 傅谨主编《京剧历史文献汇编 · 清代卷》（四），凤凰出版社 2011 年版，第 52—55 页。

2 廖奔《中国戏剧图史》，人民文学出版社 2012 年版，第 212 页。

3 薛林平、王季卿《山西传统戏场建筑》，中国建筑工业出版社 2005 年版，第 214 页。

以在四周观看。宋元时期，随着有顶盖的舞亭、舞楼的出现，观众可以在庙院里正殿台阶下、廊檐下或挨挤在戏台周围随意站立看戏。清代戏曲演出与民俗活动紧密结合，举凡年节庆典、春祈秋报、红白喜事都要演戏娱乐。随着山门舞楼、二连台、三连台的出现，戏曲从“娱神”到“娱人”的功能演变愈加明显，“凡神依人而行，人之所不欣畅者，神听亦未必其平和也”[1]。

看楼、女台、女看棚、女厂、女亭等观剧设施的设置，一方面突出了“看”字，使戏场的剧场性明显增强；另一方面突出了“女”字，强调其性别因素，标志着明清以来对女性观众观剧需求的重视。它们的出现，说明男权社会公开给予女性参与文化娱乐活动的机会，标志着公共娱乐场所男性接纳女性群体的明朗化和公开化。女性专门观剧设施的配备，亦折射出丰富的性别内涵和社会价值：“消费文化背景和男权中心意识支配下，一方面女性身体建构难以避免男性的主导，女性身体带有一定的商品性和消费性。另一方面女性也展开了自我身体建构，这是其主体意识增强的表现。女性身体建构的过程，也是社会性别关系变动和重构的过程。”[2]

二、照顾与限制

武翠娟女士认为，女性观剧设施的修建“在一定程度上发挥了维护剧场秩序、保护女性观众的功能和作用，但从传统礼教的视角看，它们实际上是对传统礼教的一种自觉遵从，是慑于传统礼教的威严而产生的特定

1 吴钊等编《中国古代乐论选辑》，人民音乐出版社 2011 年版，第 388 页。

2 李从娜《〈北洋画报〉的身体史意蕴及解读》，《兰台世界》2011 年第 16 期。

历史产物”[1]。可见，女性专门观剧设施的修建，有“严男女之大防”和顾与保护女性的双重功用。另外，还有多位学者也提出过类似观点。如冯俊杰先生指出，“看楼则为妇女看戏的所在，创建意图是要严肃‘男女之大防’的，无形中却成了‘二等包厢’。客观上等于是对妇女的照顾。”[2]车文明先生认为，“二层看楼的设置，进一步规范了男女分群看戏的规矩与习俗，确实能‘严男女之大防’，这也从一个侧面折射出礼教的盛行与威严。”[3]以下详细分析。

首先，严男女。如高平市王何村三嵕庙内《重修看楼碑记》载：“戏之有台，所以载歌舞也。而台侧之建楼，或以为便登临也，或以为壮观瞻也。余曰：不然。一村之大，讵乏胜地名区可以赏心而悦目？名曰‘看楼’，其必有所取也。《礼》曰：‘男女有别。’意在斯乎，意在斯乎！村之东北隅，有歌舞台焉。台侧又有看楼七楹，代远年湮，渐将倾圮，且台前地狭，容受不多。村人佥欲阔而新之。于是增其旧制，庀材度工，不数月而告厥成。斯举也，非特登楼者无混杂之嫌，亦且观戏者免拥挤之苦。余故曰：非徒便登临也，非徒壮观瞻也，总之不离乎别男女者。”[4]又如，《重修关帝庙戏楼建立禅房女戏厂碑记》载：“戏楼乃演古讽今，戒人以好善恶恶之地，女厂亦所以分男女之区，是皆可有而不可无者也。……庙宇戏楼灿然生

1 武翠娟《男女有别：传统礼教视野下中国古代女性观剧方式述论》，《艺术百家》2012年第1期。

2 冯俊杰《山西戏曲碑刻辑考》，中华书局2002年版，第11页。

3 车文明《20世纪戏曲文物的发现与曲学研究》，文化艺术出版社2001年版，第37—38页。

4 清光绪三年（1877）刊《重修看楼碑记》，现存高平市北城街道办事处王何村三嵕庙内，碑高170厘米，宽60厘米，厚34厘米。见常书铭《三晋石刻大全·晋城市高平市卷》（上），三晋出版社2010年版，第726页。

辉，禅房女厂亦丕然建立。是皆村中风化之美，人才之盛以致之也。”[1] 又如，妇女入园观剧“虽男女杂坐而不以为嫌，其少守礼之家，则以包楼之中为分别男女之界限”[2]。由此可见，民间女性专门观剧设施“严男女之大防”是首要功用。

其次，保护与照顾。从一些禁碑中，也能看到为进一步规范女性在看楼和看台上的安全，而对男性作出规定。如浙江绍兴两溪乡双江溪舜王庙内清同治十二年（1873）《禁碑》云：“公禁两廊看楼上，不许男人混入。如违，罚瓦一千张。”[3] 若有不遵禁约的男子私自混入看楼，那么要受到严厉的经济惩罚。大庸县关帝庙道光二十七年（1847）《公议条约碑》共有六条规矩，其中两条是“看台上不准人寄放什物，以免污亵。观剧男子不得占上阶石，坐靠栏杆”。应该是为了保证妇女上下看台通畅方便，不仅不能寄放物品，也不许男子站上台阶或坐靠栏杆。站上台阶，极易引起眉挑目招、顾盼传情等行为或阻挡女性观众的视线，坐靠栏杆又有男女混杂之嫌，所以有如是规定。

虽然三令五申禁止男性的一些行为，但仍有一些无赖子弟违反规定。如同治十三年（1874）杭州童乘寺演戏，寺庙两旁看楼为妇女坐处，“是日两廊看楼满坐裙钗，几令旁观目眩。突有无赖四五辈忽然摄衣登楼，意图追视，及至扶梯，为守者拦阻，不得遽登。无赖即逞强梁，直打进去，另有无赖辈从而和之，霎时间寺内鼎沸，尽数登楼，梯忽中断，而楼中男妇错杂，竟无立锥隙地矣。旋经地保禀知保甲总巡委员，总巡委员赶即

1 邓广平编录《蔚县碑铭辑录》，广西师范大学出版社 2009 年版，第 228 页。

2 傅谨主编《京剧历史文献汇编·清代卷》（五·上），凤凰出版社 2011 年版，第 25—26 页。

3 车文明《20 世纪戏曲文物的发现与曲学研究》，文化艺术出版社 2001 年版，第 267 页。

派役弹压，始各纷纷散去”[1]。这些无赖子弟，欲强行登楼，在遭到看守者阻拦后，居然大打出手，以致秩序大乱，经过保甲巡捕弹压，才纷纷散去。女性外出观剧有许多不可预测的事件发生，对女性的保护和照顾也是官方及社会各界人士颇为忧心的社会责任。

三、谋取经济利益

有资料显示，南方部分女性看楼、看台的搭建，是为谋取经济利益，女性观众看戏时需要另外缴费或支付租金。如湖北汉阳每年三月二十八日，“逢东岳大帝圣诞，各岳庙演戏广多，……男子妇女……挨挤不开……汉地演戏，往往搭看台而敛钱，此风殊属可恶。凡平地演戏，左右必有看台高耸如城，兼之高凳纵横，几无隙处，逼使入其台、立其凳而后可观。若辈借此谋利，而不顾其害地方，亦无有禁阻之者”[2]。既然若辈等搭看台是为了牟利，必然物尽其用，看台越高，容纳的观众也就越多。除此外，还要另外摆放高凳，收取租金，这种情况不少。如杭州童乘寺，“酬神演剧……惟其寺之两廊向有看楼，每逢演剧之期，均为妇女租坐”[3]。

女眷满楼是租户最愿意看到的场景，如南会馆剧场演戏，“当锣鼓喧闹时，众无赖就戏场畔支板为台，招人坐看，每演一折即伸手乞数文。钱江北妇某氏，雌虎也，一啸风生，万人辟易。昨日正在台上高坐，忽台板攲倒，跌仆尘埃中，鬓乱钗横，异常狼狈”[4]。可见，临时支板为台，召人坐看，

1 傅谨主编《京剧历史文献汇编·清代卷》（四），凤凰出版社 2011 年版，第 77—78 页。

2 傅谨主编《京剧历史文献汇编·清代卷》（四），凤凰出版社 2011 年版，第 156—157 页。

3 傅谨主编《京剧历史文献汇编·清代卷》（四），凤凰出版社 2011 年版，第 77—78 页。

4 傅谨主编《京剧历史文献汇编·清代卷》（四），凤凰出版社 2011 年版，第 402—403 页。

每演一折戏即乞钱数文，看台的租金并不便宜。这样的情况，如武昌城外筷子街，“方前遭回禄，邻近未被灾之。铺户祈保平安，集资演戏。除架木支搭戏台外，欲觅蝇头者又在两旁高搭看台，任人凭眺，每人给数十文或数文，以时之久暂为区别。当日观剧者，红男绿女，塞海堆山”[1]。

根据看戏时间的长短，缴纳的钱数也多少不一，从数文至数十文不等。即便如此，仍是红男绿女人山人海，观看如堵。有学者指出：“中国本土史料中戏价的记载并不常见，且主要是有关私家的堂会演出、宫廷的赏赐以及酬神演剧的整体花费。”[2]女性观众入场付钱看戏，这种面向城市乡村各个社会阶层的文化生产与消费方式，“可谓有清一代戏曲较诸明代更加商业化、平民化的一个显证，也为探究明清二代社会变迁提供了一个切入点”，[3]具有十分重要的史料价值。以上资料均集中在清代中国南方地区。关于北方地区女性观剧情况如何，或可通过异域文献《燕行录》的记载，发现一些端倪：

> 《戏子游》：……凡州府村镇市坊繁华去处，皆有戏屋，而皇城为尤胜，置层楼者屡处。戏子皆从南方来，无远弗届。设戏自正月，尽三月而止。其无屋处则临时构屋，多者十余日，少或数日而罢，又转而之他。所至男女奔波，争施钱财。[4]
>
> 初三日辛巳，晴。皇城内每当岁□，无论街市寺观，多设戏具、

1 傅谨主编《京剧历史文献汇编 · 清代卷》（四），凤凰出版社 2011 年版，第 305 页。

2 程芸《“燕行录”戏曲史料的学术价值初探》，《戏曲艺术》2013 年第 2 期。

3 程芸《“燕行录”戏曲史料的学术价值初探》，《戏曲艺术》2013 年第 2 期。

4 傅谨主编《京剧历史文献汇编 · 清代卷 · 续编》（四），凤凰出版社 2013 年版，第 600—605 页。

> 杂技，到处打场，不一其艺。闻曹公馆尤甚，连日不绝。饭后同愚山步往……行进十里，始到戏馆，人海人城市，殆难移步。……与愚山携手入馆门。馆若古庙，略有塑像，庭之广若郊场，处处素帐为重门复道。每所门外立旗杆，或书或画，具列帐内戏具。门内观光者千百为群，门首有数人拦住诸人，人各收四五钱，然后许入。如是者略十所。……而观者不知几千百人，男女分场而立，有时大笑如雷。[1]

王政尧先生认为，众多的燕行使著“著录完整、内容全面、重点突出、史料重要、填补我们研究之不足是其鲜明特色”[2]。以上两则史料，为神庙剧场女性入场交戏钱提供了翔实的证据。但使用女性观剧设施是否需要另外付费，暂无相关记载。

第四节　女性观剧专场研究

个案研究一：山西高平良户村田宅女性剧场考述——兼谈垂帘看楼与明清女性观剧场所的变迁[3]

山西高平市良户村田氏家族垂帘看楼，是一处专门的女性观剧场所，为我们探讨女性垂帘观剧现象提供了珍贵的实物依据。本书就田宅女性垂

1 傅谨主编《京剧历史文献汇编·清代卷·续编》（四），凤凰出版社 2013 年版，第 609 页。

2 王政尧《朝鲜〈燕行录〉著者爱戏辨析》，《朝鲜·韩国历史研究》（第 15 辑），延边大学出版社 2014 年版，第 152—170 页。

3 王姝《明清世家女性垂帘观剧考——以山西高平良户村田氏家族为中心》，《妇女与性别史研究》（第 3 辑），上海三联书店 2018 年 11 月版。

帘观剧场所、明清女性垂帘观剧现象及帘之垂撤等方面的问题进行讨论。

（一）田宅女性观剧场所考

田宅女性观剧场所位于山西高平良户村太平街。高平市属山西省晋东南地区，居上党腹地，相传是中华民族人文始祖炎帝神农氏的故里。历史上著名的长平之战便发生在此。良户村是中国历史文化名村，位于高平市西 17 千米处，现有居民 505 户 1530 人。前有双龙岭列其南，后有凤翅山守其北，中有原村河自西向东静静地流向许河、丹河，正如良户村玉虚观元宪宗五年（1255）《新修玉虚观记》所云："凤翅山之南，双龙岭之北，左有汤庙，右有昊神，护持福地。流水环其中，澄澈清冷，涤人烦襟。"[1] 村落内外分布着大小 24 座神庙，现有 7 座神庙剧场遗存（皆为明清时建筑），可谓一方之特色景观，足见良户村明清以来演剧之频繁。受神庙演剧的影响，清代良户村田氏家族与王氏家族也建立了专门的私宅剧场[2]。遗憾的是，王宅剧场已毁，田氏家族剧场得以保留，其中专设的女眷垂帘看楼，尤为罕见，为了解中国北方世家大族女性观剧形式提供了重要的实证参考。

明清时期，良户村郭、田两家势力最大。郭家在商业经营上风生水起，家大业大。田家为书香门第，耕读传家，科第人才辈出，先后培养出田逢吉、田多眷、田光复、田长文四位进士和多位举人，是高平一带的名门望族[3]。

---

1 碑存山西高平市良户村玉虚观，圭首方趺，碑高 111.5 厘米，宽 70.5 厘米，厚 18 厘米。

2 良户村原有两处私家戏台，都在太平街，分别是田家和王家的戏台，现仅田家剧场遗存。见王金平等《良户古村》，中国建筑工业出版社 2013 年版，第 41 页。

3 田逢吉：顺治十二年（1655）乙未科有传；田多眷：康熙二十七年（1688）戊辰科有传；田光复：康熙三十六年（1697）丁丑科有传；田长文 ：康熙五十一年（1712）壬辰科镇海知县有传。见《中国地方志集成 · 山西府县志辑》（第 36 册），凤凰出版社 2005 年版，第 121 页。

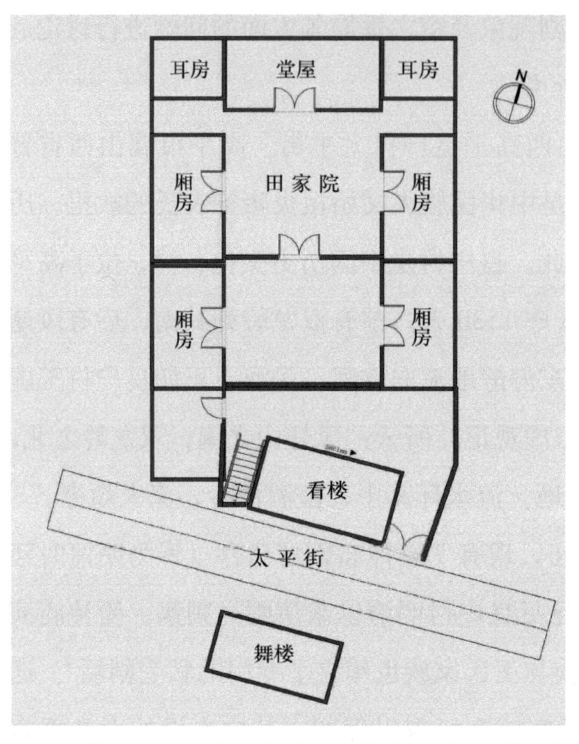

图 12 山西省高平市良户村田家院剧场（王潞伟绘）

如田逢吉（1629—1699），字凝只，号沛苍，清顺治乙未（1655）进士，初选翰林编修，累官户部右侍郎，康熙帝经筵讲官、内阁史学士、浙江巡抚等职，为康熙时朝廷重臣。至今村内仍留有“名流翰院光留良户，德惠浙江史汇长平”的对联门匾，赞颂其功绩。

良户村目前仍存田家侍郎府、田家院、郭家院、双进士院、当铺院、书房院等多处宅院，见证着良户村注重文教的传统和过去的繁荣。其中，位于太平街北侧的田家院独具特色（见图 12）。此宅坐北面南，三进院，东西宽 18 米，南北通深 36 米，面积 648 平方米，体现了仕宦家族森严的等级秩序和严密的防卫设施。

田宅剧场位于一进院门楼西侧（见图 13），为自家女眷专设之垂帘看楼。此建筑三楹，悬山顶，灰脊板瓦盖顶。下层南向砌封，北向辟一门二窗，现有住户。上层北向青砖砌封，中间辟一窗，南向圆木柱，柱间砌一米余高青砖矮墙，为护栏。矮墙之上装木质方格槅扇。槅扇可灵活拆卸，演剧时将竹帘挂于窗前。看楼通面阔 10.3 米，通进深 7.2 米，上层柱高约 2 米。

看楼南侧为良户村太平街，街南侧建有戏台（2014 年重修），悬山顶三楹，屋顶灰脊筒瓦覆布，鸱吻、宝珠、垂兽俱全。圆木柱，鼓镜础。柱上平板枋，枋下施由额。柱头科，五踩单翘单下昂，耍头单福云。平身科，五踩单翘单下昂，明间四攒，次间一攒。明间开阔，次间窄小，次间设槛

a．戏台

b．看楼

图 13 山西省高平市良户村田宅

墙，高约 1.5 米。进深四椽，五架梁通达前后，后金檩下置金柱，用于装置槅扇区分前后台。戏台通面阔 11.7 米，通进深 6.65 米，基高 1.1 米。距对面看楼 13.7 米。[1]

据良户村村民宁宇讲述，“旧时家中女眷不能到公共戏台看戏，田宅便有了专设看楼。唱戏时，夫人小姐们就在看楼上垂帘坐看”[2]。明清时期，随着堂会演出的盛行，自家宅邸修建戏台者比比皆是，如明人祈彪佳寓园之“四负堂”、冒襄水绘园之“得全堂”、万历间年上海潘允端豫园之“乐寿堂”等[3]；清雍正年间江西乐平洪汝仪宅院戏台，面阔 6 米，进深 4 米，台基高约 2 米，右侧为艺人化妆住宿之楼式厢房，主人在正屋楼上观剧[4]；清光绪元年（1875）举人吴筱晴所建“凹凸山房”吴宅剧场，因其戏台为凸形，看楼为凹形而得名。戏台面阔 11 米，进深 4.5 米，台面高 2 米。看楼上下两层，宽 9.9 米，深 4.2 米。[5]私宅演剧，多为了娱亲和自娱。如潘允端为其父潘恩悉心营造的豫园，就取“豫悦老亲”之意。豫园的“乐寿堂”（三穗堂）更是“无日不开宴，无日不观剧”，成了主人自娱自乐的重要场所[6]。

---

1 王潞伟《上党神庙剧场研究》，曾对田宅剧场做简要考述，中国戏剧出版社 2016 年版，第 387—389 页。

2 采访对象：宁宇，高平市良户村村民，文物收藏爱好者，高平市古建筑普查组组长。采访时间：2014 年 11 月 12 日，采访地点 ：良户村皇王庙内。

3 笔者曾于 2017 年 12 月 10 日到上海豫园进行实地调查。豫园现存戏台两座：一为点春堂对面之打唱台，戏台面积仅 10 余平方米，距点春堂约 3 米，邻水而建；二为东南角还云楼对面之古戏台，台基高 2.3 米，单檐歇山顶，东西两侧为二层看楼，七开间，形成一个独立封闭的观剧空间。

4 中国戏曲志编辑委员会《中国戏曲志 · 江西卷》，中国 ISBN 中心 1998 年版，第 646 页。

5 薛林平《中国传统剧场建筑》，中国建筑工业出版社 2009 年版，第 352 页。

6（明）潘允端《玉华堂日记稿本》，现藏上海博物馆。

二层看楼之设[1]，既是明清时戏曲演出风靡境况下，对女性观剧吁求的有力呼应，也反映了一些有权势、重礼法之大家士族尊重、赞同和支持女性观剧的自觉意识。对于书香门第颇重礼法的田家，亦不例外。据乾隆《高平县志》记载，田逢吉五岁时，其父驭远“为流贼所執，以刃胁之，号泣父傍，若请代状，贼感动得无害”[2]。年幼的田逢吉不畏强暴，以身救父的故事至今一直被高平人传为“忠孝”之典范，濡染着后代子孙[3]。由此，田宅剧场看楼专为田家女眷如祖母、母亲辈而设便不难理解，效斑衣戏彩，孝亲娱亲之用，亦方便了她们呼朋唤友邀请姐妹或本族女辈同观。

较之其他全封闭式私宅剧场，田宅剧场独特之处有二。

一是它的半封闭式剧场性质。说它封闭，是因为田氏女眷看楼从院内登楼，观剧时拆除隔扇，施以竹帘，只可内者观外，外者则无法视内，起到了很好的遮蔽作用；说它开放，是因为田宅剧场之戏台建于田府大门外正南，不仅有太平街横穿，而且戏台前尚有百米见方的观剧广场。每当田府演剧时，街坊邻舍、十里八村的乡民皆来看戏，这样的格局，一举两得，

1 明清时期，为了增加观众席，同时遵循封建礼教之规范，祠庙剧场在庙院两侧兴建二层看楼者比比皆是。如山西高平市王何村五龙庙二层看楼、山西泽州陟椒三教堂《重修三教堂碑记·序》云：“东西看楼上下十□间”等，此不一一列举。“看楼则为妇女看戏的所在，创建意图是要严‘男女之大防’的，无形中却成了‘二等包厢’。客观上等于是对妇女的照顾。”见冯俊杰《山西戏曲碑刻辑考》，中华书局 2002 年版，第 11 页。建立二层看楼，进一步完善了剧场形制，这是“古代祠庙剧场发生的又一具有划时代意义的变化。这一变化对清代剧场布局有着广泛的影响”。见车文明《20 世纪戏曲文物的发现与曲学研究》，文化艺术出版社 2001 年版，第 38 页。

2 《高平县志》，《中国地方志集成·山西府县志辑》（第 36 册），凤凰出版社 2005 年版，第 152—153 页。

3 “田光复，丁丑进士，早孤，事母尽孝，下帷攻苦”“田长文，字近庭，逢吉孙，少好学，事祖若父，以孝闻。”见《高平县志》，《中国地方志集成·山西府县志辑》（第 36 册），凤凰出版社 2005 年版，第 154 页。

不仅具有神庙广场演剧的红火、闹热性效果[1]，而且进一步规范了男女分群看戏的规矩和习俗，使田府女眷严格遵守“严男女之大防”的礼制。

二是正面看楼的创修实属罕见[2]。从女性观剧的位置看，正面看楼，观剧的舒适性更强，比起两侧看楼上的女性，她们已不再是男性观众的陪衬（陪观者），而是观看戏曲的主体。正面看楼正是女性观剧主体意识的物化，也是田宅男主对女眷观剧行为支持、认可和赞同的体现，是对女性的特殊照顾。

（二）明清剧场中女性垂帘观剧考

“帘”是中国古代居室的重要生活物件，通常以布、竹、苇草、丝绸等制作而成，富贵仕宦府邸亦有用云母、水晶、琉璃等作材质的帘。生活中帘与人们的关系非常密切，最常见的，传统社会大门以里的内庭，往往“以帘代门”。如古人云“晚逐香车入凤城，东风斜揭绣帘轻，漫回娇眼笑盈盈”[3]，张挂于床榻、门窗及车船之上的帘，起到遮蔽、保温、隔热等作用。人们还把帘与农业生产联系在一起，如《齐民要术》提到“每饲蚕，卷窗帷，饲讫还下，蚕见明则食，食多则生长”[4]。说的是利用帘的卷舒来调节光线的明暗，从而控制蚕的生长。帘与养生也有关系，如“天热时必撤去衣被，常令清凉，但谨门窗帷帐勿使邪风透入”[5]。中医认为，风是万病之根源，利用帘帷可达到挡风之目的。所以，作为一种生活用品，“帘”的首要功

---

1 王奕祯《从仪式到娱乐：戏曲闹热性的发生逻辑》，《中华戏曲》2013 年第 46 辑。

2 正面看楼的设置，并没有在神庙剧场流行开来，究其原因在于不敢僭越。见王潞伟《上党神庙剧场研究》，中国戏剧出版社 2016 年版，第 221 页。田氏家族正面看楼的遗存，尤属罕见，亦可看出私人府邸建立看楼存在很大的随意性、主观性，以主人观剧的舒适性为宗旨。

3 王新霞选注《花间词派选集》，北京师范学院出版社 1993 年版，第 152 页。

4《授时通考》（全二册），中华书局 1956 年版，第 1663 页。

5 谢观《中华医学大辞典》，辽宁科学技术出版社 1994 年版，第 1609 页。

能就是用来遮避风寒或遮挡光线，最初并没有任何潜在的内涵，而是渐渐才被赋予了更深的含义，由对空间的分隔、对风寒暑热阻挡之居家功能，变成对外物、功名和喧嚣的隔绝和阻挡。

通过“帘”在空间上形成一种人为的阻隔，形成一个封闭的物理空间，是室内生活、私人世界的表征。特别是对于女子，“帘”有了一种内外指向意义，女子所谓“内人”，不宜抛头露面；男子则称“官人”，是面向家庭外部的。明清小说亦多处提到帘与女性生活的关系。如《金瓶梅》第二回“俏潘娘帘下勾情，老王婆茶坊说技”中，多处提到“帘儿”“帘子”“帘”。[1]《红楼梦》第十八回元妃省亲时，“贾政至帘外问安行参等事”[2]；第五十一回，胡庸医给宝玉的丫鬟晴雯瞧病时垂帘。即使是贵为天尊的太后、皇妃，她们虽拥有足够大的权力，也只能“垂帘”听政。事实上，揭开帘子是容易的，但揭开一种心灵的束缚却是不易的。帘的遮蔽，是社会对女子的控制和束缚，千百年来已内化为女子的自觉应从。可见“帘”作为一个蕴藉深厚的意象，有一个从物理的到心理的再到文化意义上的转变。“垂帘”其本身已不是孤立的存在，而是一种文化现象，亦是整个社会男女有别的象征性符号。

明清之际，戏曲活动极其繁荣，举凡岁时节令、神灵寿诞、人生礼俗、晋升搬迁等都要演剧庆贺。在这种“全民聚观”“举国若狂”的社会风潮的影响下，各阶层女性观剧活动亦非常频繁，宫廷剧场、神庙剧场、戏园茶楼、私宅剧场、舟船广场等各处都留下了她们靓丽的身影。

1（明）兰陵笑笑生《金瓶梅》（下），王汝梅等校点，齐鲁书社 1991 年 2 月第 2 版，第 38 页。

2（清）曹雪芹《红楼梦》（百家汇评本），陈文新、王炜辑评，长江文艺出版社 2005 年版，第 111 页。

与此同时，因为女性观剧与风化攸关，是对传统社会“男外女内”封建礼教的反叛，以及男女杂沓而偶发奸淫、拐带等社会问题，女性观剧又屡遭官方和士人禁止。如清《示谕集录》“禁妇女看戏烧香”条载：“近日城厢之民，竟有妇女群集戏场，艳妆观剧……为此示仰阖邑士庶军民保甲人等知悉：嗣后务各管教妻女，遵循礼法，深处闺中，毋许艳装出游，搭台看戏，……倘有故违，定将不行管教之父兄夫男，及纵放妇女进庙之僧尼道士，严拿究处。”[1] 为了阻止女性外出观剧，政府利用法律条文对其父兄夫男施加压力。家规族训中亦经常出现劝妇女谨守闺门的记载，如清人李仲麟《增订愿体集》卷一“闺门”条载：“主妇职在中馈，躬督纺织，至老勿逾中门，……看戏烧香，出露体面，即非士族家法。……余意妇女概不令其读书，尤不可容看戏文、听说唱也。闺门严肃之家，宜细防范。”[2] 所以，垂帘观剧便是在无法阻挡女性狂热观剧的势头下，在公共空间中营造出的一种“内外防闲”的妥协通融的做法。作为一道独特的文化景观，在各类演剧场所皆有设置，胪列如下。

1. 宫廷剧场中的垂帘观剧

英国使臣马戛尔尼在《乾隆英使觐见记》一书中，记载了乾隆皇帝万寿节期间内廷宫眷垂帘观剧的场景，“戏场之两旁则为厢位，群臣及吾辈坐之。厢位之后有较高之座位，用纱帘障于其前者，乃是女席，宫眷等坐之”[3]；又如《翁同龢日记》光绪二十二年（1896）八月十八日记载，奉

1 王利器辑录《元明清三代禁毁小说戏曲史料》（增订本），上海古籍出版社 1981 年版，第 159—160 页。

2 王利器辑录《元明清三代禁毁小说戏曲史料》（增订本），上海古籍出版社 1981 年版，第 179 页。

3 傅谨主编《京剧历史文献汇编 · 清代卷》（八），凤凰出版社 2011 年版，第 7—8 页。

慈禧太后旨意入宫听戏，“辰正入宫门，补褂。即至听戏处坐，辰正二刻太后至，恭邸领班，在廷中迎跪安，随即三叩头。太后命恭邸升阶，面谕数语。恭邸即领群臣于上前三叩头入座。坐在台东，上及旁皆施帷帐高坐，东边只近支王公、御前及枢廷耳”[1]。以上皆是宫廷女性垂帘观剧的有力证据。

2. 神庙剧场中的垂帘观剧

《红楼梦》第二十九回“清虚观打醮”写到，贾家女眷赴清虚观看戏，凤姐提前打发人去，“把楼打扫干净，挂起帘子来”，一个闲人也不许进庙。[2]因为是男班演出，为了男女防闲，贾母、小姐们在楼上垂帘观看。清道光年间贵州财神爷圣诞，也有妇女垂帘观戏之情形：“财神多寓过街楼，戏到生辰演不休。莫怪行人争觑看，红妆妇女倚帘钩。”[3]同治十二年（1873），杭州“某氏酱园者”有幸躲过火劫，因感火神之灵异，建台演剧，“盖杭俗妇女，出现庙台路台戏剧者，皆有高台搭于戏台之侧，帷而观之”。[4]台北天后宫，福省某戏班“庙内开演三天。远近之人携老扶少来观，各大宪眷属亦皆命舆与往，从楼头垂帘而看，衣香鬓影，翠绕珠围”[5]，呈现出仕宦女性垂帘观剧的盛景。可见在神庙剧场中，无论是固定的看楼还是临时搭建的女台，女性观剧均需垂帘。

1 傅谨主编《京剧历史文献汇编 · 清代卷》（七），凤凰出版社 2011 年版，第 97—98 页。

2（清）曹雪芹《红楼梦》（百家汇评本），陈文新、王炜辑评，长江文艺出版社 2005 年版，第 186 页。

3 中国戏曲志编辑委员会编《中国戏曲志·贵州卷》，中国 ISBN 中心 1999 年版，第 569 页。

4 傅谨主编《京剧历史文献汇编 · 清代卷》（四），凤凰出版社 2011 年版，第 49—50 页。

5 傅谨主编《京剧历史文献汇编 · 清代卷》（四），凤凰出版社 2011 年版，第 319 页。

3. 戏馆茶园中的垂帘观剧

晚清京师茶园“庆贺雅集，召宾客，则名堂会”，开座卖剧“午后开场，至酉而散。……则右楼为女座，前垂竹帘”[1]。光绪九年（1883）苏州一地，“苏城外茶园每于厢房另设女座，虽高挂竹帘，仍朗若列眉，徒为掩耳盗铃之计划”[2]。清末《总督堂札据（巡警、劝业）道会详举人徐炯等呈请禁止戏园女座文》云：“查戏园初开，楼上女座本施有罗幔，拟仍规复旧章，不得再有除卸。”[3]其中提到戏园初开时，楼上女座施帘。戏馆茶园内女性观剧似乎有一个从垂帘到撤帘的过程，呼吁现今应该遵照旧章，不得拆卸。

4. 私宅剧场中的垂帘观剧

（1）室内厅堂剧场中垂帘

《梼杌闲评》中，王尚书为老太太祝寿演堂会，“戏子扮了八仙上来庆寿。……王奶奶便叫一娘出来接。一娘掀开帘子……将桃酒接进，送到老太太面前，复又拿着赏封，送到帘外，小旦接了去”[4]。另外，《金瓶梅》及《歧路灯》中也有厅堂演剧女性垂帘观看的记载（见图 14）[5]。

1（清）包世臣《包世臣全集》，李星点校，黄山书社 1997 年版，第 27 页。

2 张天星编著《晚清报载小说戏曲禁毁史料汇编》，北京大学出版社 2015 年版，第 195 页。

3 傅谨主编《京剧历史文献汇编·清代卷·续编》（四），凤凰出版社 2013 年版，第 583 页。

4（明）佚名《梼杌闲评》（上），远方出版社 2007 年版，第 24—25 页。

5（明）《金瓶梅词话》第六十三回写李瓶儿“首七”过后，西门庆叫人在灵前为前来伴宿的亲朋演戏。“晚夕，亲朋伙计来伴宿，叫了一起海盐子弟搬演戏文。……点起十数枝高擎大烛来，厅上垂下帘。堂客便在灵前，围着围屏，放桌席，往外观戏。……这里厅内，左边吊帘子看戏的，是吴大妗子、二妗子、杨姑娘、潘妈妈、吴大姨、孟大姨、吴舜臣媳妇、郑三姐、段大姐并本家月娘众姊妹；右边吊帘子看戏的，是春梅、玉箫、兰香、迎春、小玉，都挤着观看。”见（明）兰陵笑笑生《金瓶梅词话》，人民文学出版社 1985 年版，第 872—873 页；《歧路灯》第二十一回，戏主点了几出酸耍戏奉承谭绍闻。绍闻急欲起身，说道：“帘后有女眷看戏，恐不雅观。不如放我走吧。”见（清）李绿园《歧路灯》，栾星校注，中州书画社 1980 年版，第 166 页。

又如清顺治十四年（1657），尚书龚芝麓偕夫人到金陵，值夫人生辰演剧，老梨园郭长春等“串《王母瑶池宴》，夫人垂珠帘，召旧日同居南曲呼姐妹行者与宴，李六娘、十娘、王节娘皆在焉”[1]。李渔《乔复生、王再来二姬合传》中云，范正家宴时“二姬垂帘窃听”，其中13岁的北方乔姓少女，因颇解吴音，李渔奇之。[2]又如光绪时杭州流行髦儿戏，富家巨族到处传呼，“虽女卷（眷）盈堂，垂帘平视，而此辈淫声浪语，绝无忌讳”，所演者皆生旦小戏，“是真风俗人心之大害也，安得贤有司尽驱而逐之”。[3]

图14　明刻本《金瓶梅词话》堂会演出

有的戏曲内容诲淫，有关风化，正是官方和士人反对女性观剧的主要原因。

（2）庭院剧场中垂帘

如《泪珠缘》第九十五回中，“女眷们都在楼上看　对面便是一座戏台，离地有三四尺高，竟和戏馆里形式一般。仰望两厢楼，都挂了极细

1　蒋瑞藻《小说考证》（上），蒋逸人整理，浙江古籍出版社2016年版，第125页。

2　“二姬垂帘窃听。予以聋瞽目之。非惟词曲莫解，亦且宾白难辨。以吴越男子之言，投秦晋妇人之耳。何异越裳之入中国，焉得译者在旁，逐字为之翻译乎？次日诘之，曰：昨夜之观乐乎？曰：‘乐。’予谓能解其中情事乎？对曰：‘解。’予莫之信。谓：‘果能解，试以剧中情事，一一为我道之。’渠即自颠至末，详述一过，纤毫不遗。”见《李渔全集》（第一卷），浙江古籍出版社1991年版，第95页。

3　傅谨主编《京剧历史文献汇编·清代卷·续编》（四），凤凰出版社2013年版，第236页。

的湘妃竹帘，隐约见帘子里面，都是些花团锦簇的人。戏台上，锣鼓打的正是热闹，一阵紧似一阵，把耳朵也聒淫了"[1]。扬州晚清观察使何藏舫的何园戏台，"戏亭利用水面的回音，增加音响效果；又利用回廊作为观剧的看台……女宾只能坐在宅内贴园的复道廊中，通过疏帘，从墙上的什锦空窗中观看"[2]。台北一座私宅剧场，"戏台建于正厅天井之内，……演剧时，男客坐在戏台对面的平地上隔水设宴观剧，女客坐在戏台两侧的看楼上垂帘看戏。"[3]

5. 其他场所中的垂帘观剧

清代江南水乡的苏、扬二州，以舟船为剧场的戏船，一度十分流行，"画舫有堂客官客之分"（专供女性观剧的称为"堂客船"）。"妇女上船，四面垂帘"[4]，这一点在鲁迅先生的《社戏》中亦有记载。街头广场妇女垂帘观剧，如同治八年（1869）秋，湘潭城东石牛铺村"己巳秋，演目连剧于城东之石牛铺，彩楼高结，俯临人海，妇女垂帘聚观者不下千人"[5]。泱泱千人是为看乡村街道上目连戏的演出。

通过对文人笔记、小说、报刊、诗歌中各种演剧场所女性垂帘观剧文献的爬梳，可见明清时期这一特殊观剧形式的盛行。垂帘观剧，"取其可以观剧，而不至为人所观也"[6]。"帘"作为一个阻隔和交接内外的载体，作为分隔女性与外界的有效工具，一种过渡空间中使用的装饰物，其本

1（清）陈栩《泪珠缘》，黑龙江美术出版社 2015 年版，第 356 页。

2 陈从周《扬州园林》，上海科学技术出版社 1983 年版，第 6 页。

3 高琦华《中国戏台》，浙江人民出版社 1996 年版，第 86—87 页。

4（清）李斗撰《扬州画舫录》（卷十一），汪北平、涂雨公点校，中华书局 1960 年版，第 252 页。

5（清）张应昌编《清诗铎》（卷二十五），中华书局 1960 年版，第 950 页。

6 傅谨主编《京剧历史文献汇编 · 清代卷》（八），凤凰出版社 2011 年版，第 7—8 页。

身的材质特征决定了这一物象若隐若现、飘忽绵邈、亦内亦外、虚实相间的特点。如有学者写道 :“它固守一些东西,又吸引着某种力量不断冲破它。它构成一种封闭压抑的情势,可是它又不像门窗那样封闭得彻底,它显出一种欲拒还迎的姿态,形成暧昧、矛盾、张力、模糊。”[1]垂帘观剧正体现着世家大族对女性观剧欲拒还迎的含糊态度。

(三)帘之垂撤及影响因素

明清时期“垂帘观剧”多在皇家贵族、仕宦名媛中流行,同时笔者通过检索大量文献、田野调查和实地走访,结合神庙剧场看楼等实物遗存得知,在下层社会神庙剧场演剧活动中,不排除女性观剧垂帘的情况,但这种现象不多见。相对于世族大家和儒学门第的贵族女性,下层社会小户人家的妇女,其生活方式和受教育的状况决定了她们受礼教束缚的程度要少,行动也较为自由,观剧时不垂帘应该是常态。如同治十二年(1873)农历十月初一某神庙剧场中,男子饿眼饱观靓妆炫服、容貌娟丽的看戏少女,“腰如杨柳口樱桃,翠鬓轻松首屡搔……扇痕折叠手频探,隙里红颜分外酣。可笑轻狂年少子,腹饥眼饱两难堪”[2],未见垂帘。又如,康熙三十三年(1694),十岁女孩娇弟,在本村迎神赛会中观“夜戏”[3],为取暖靠近照明火源,引发火灾,不治身亡[4],并未见垂帘的记录。可见,封建礼教对下层女性的影响是有限的。

---

1 戴娜《试论〈金瓶梅〉中的“帘子”意象》,《文教资料》2007 年 12 月号上旬刊。

2 傅谨主编《京剧历史文献汇编 · 清代卷》(四),凤凰出版社 2011 年版,第 52—55 页。

3 “夜戏”,顾名思义,为夜晚所唱之戏,既包含所搬演的戏剧,还引申为此类活动本身。姚春敏《控制与反控制 :清代乡村社会的夜戏》,《文艺研究》2017 年第 7 期。

4 [日] 田仲一成编《清代地方剧资料集》,东京大学东洋文化研究所附属东洋学文献センター 1968 年版,第 41 页。

仕宦大家女性观剧垂帘与否，与伶人性别和在场观众的性别也有一定关系。黄竹三、延保全二位先生认为，“在厅堂演出时，如是男班表演，有身份的女眷一般在厅堂帘后观看，如是女乐表演，女眷则不必躲在帘后，但如有家族外男宾在场，女眷仍需回避。”[1] 另外，垂帘亦只是针对青年女性，为防其以色招愆才垂帘的，对于老年女性则没有特别严格的限制。《海上尘天影》第七回写庭院中搭台演戏，“女客在北厢房排着桌面。前面挂着帘子，顾母便命人把自己门前的帘子挂起，说：‘我已老到这样，人家的男我都生得出，还描了我的娇嫩样儿去么？’说得众人皆笑了，老妈子遂将帘子挂起”[2]。此处帘子虽非撤除，但二者的功能是一致的。再如，《红楼梦》第二十二回薛宝钗生日当天，贾母院中临时搭了个小戏台，昆弋两腔并演，“无一个外客，只有薛姨妈、史湘云、宝钗是客，余者皆是自己人”[3]。因为属于女性专场，观剧就不必垂帘。可见，仕宦女性垂帘与否亦有多重复杂的面相。

关于女性观剧“帘之垂撤”的现象，还有许多值得探讨之处，此处并不能一概而论。比如，女性观众在街头或商业性戏园观剧，是什么时候开始撤帘的呢？还是垂帘只是某些地区的习俗？公共剧场中帘之垂撤的现象折射出怎样的社会风俗和舆论变迁？这些情况都比较复杂，笔者不揣谫陋，略陈己见。

---

1 黄竹三、延保全《中国戏曲文物通论》，山西出版传媒集团、山西教育出版社、三晋出版社 2017 年版，第 233 页。

2《中国近代孤品小说精品大系 · 海上尘天影》，内蒙古人民出版社 1998 年版，第 115 页。

3（清）曹雪芹《红楼梦》（百家汇评本），陈文新、王炜辑评，长江文艺出版社 2005 年版，第 137 页。

有材料显示，女性街头观剧“撤帘下帷”清初已有[1]，但实际上，至清同治年间湖南街头目连戏演出时还有女性垂帘观剧的情况。如同治八年（1869）秋，湘潭城东石牛铺村“己巳秋，演目连剧于城东之石牛铺，彩楼高结，俯临人海，妇女垂帘聚观者不下千人”。[2]又如，“女子有时会上剧院看戏……她们总是必须坐在为她们单独设置的、用帘子严密遮挡的包厢里”[3]。但在同时期吴友如画作《海上百艳图》中[4]，上海某戏园二楼设女座，有妇女五人携一小孩正在目不转睛地看夜戏，并不设帘帷。席座左下悬一木制戏牌，上书“夜戏”，下方从右往左题《一捧雪》《二度梅》《三疑计》《四杰村》《五雷阵》《六月雪》《七星灯》七种剧目。成都地区宣统二年（1910），为防止某戏园男女观众眉目相送，四川总督赵尔巽竟然提倡重新给女座垂帘：“戏园初开，楼上女座本施有罗幔，拟仍规复旧章，不得再有除卸。”[5]延至民国初，昆明地区仍有人提议戏园里女性看戏要与男性分场、垂帘等[6]。由此可见，任何事物的发展变化都不可能是一蹴而就的，而是一个复杂的、长期的拉锯过程，公共剧场女性观剧“帘之垂撤”

1 女性观剧“撤帘下帷”始于何时，目前所见材料，最早的是龚炜《巢林笔谈续编》中云：“内室之施帘帷尚矣，移之厅事看戏，移之户前看张灯赛会，久已成俗，然犹不失障蔽之义。近闻吴趋有并此撤之者。”龚炜，字巢林，自称巢林散人，晚号际熙老民，江苏昆山人，生活在康熙、雍正、乾隆年间。见《巢林笔谈续编》（二卷），乾隆三十四年（1769），第 211 页。

2 张应昌辑《国朝诗铎》，清同治八年（1869），永康应氏秀藏堂刻本。

3 [美] 何天爵《真正的中国佬》，鞠方安译，光明日报出版社 1998 年版，第 78 页。

4 黄竹三、延保全《中国戏曲文物通论》，山西教育出版社·三晋出版社 2017 年版，第 235 页。

5 傅谨主编《京剧历史文献汇编 · 清代卷 · 续编》（四），凤凰出版社 2013 年版，第 582—584 页。

6 石阡《昆明早期话剧——文明戏史话附“男女分演”和“男女分观剧”》，中国人民政治协商会议云南省昆明市委员会文史资料委员会编《昆明文史资料选辑》（第 16 辑），1991 年第 1 期，第 84—89 页。

问题亦然。从实践过程来看，公共剧场帘之垂撤与否可能受到以下几方面因素的影响。

第一，不同地区对“男女有别”封建礼教接受程度略有差异。女性之所以垂帘观剧，是认为女性的“身体不仅是生物躯体，更重要的是它承载着社会的意义”[1]。传统社会男女有别的性别秩序，要求女性必须与男性身体进行严格的区隔，以维护当时的礼教制度。所以某地对儒家思想接受的程度，决定了该地女性是否严格执行垂帘之习俗。

第二，年龄与身份的区别。年龄大的女性或者身份尊贵的母亲等，子孙辈出于娱亲、孝亲的目的，有时候会遵从她们的意见，免去一些繁缛的礼节。如上文所述，顾母认为自己年岁已大，足以做其他男子的母亲，不再有以色招愆的可能，遂命令撤去帘子无遮拦无阻挡地看戏。

第三，神庙剧场帘之垂撤的临时性与便捷性。资料表明，神庙剧场并非平民女性的专属剧场，有些仕宦家眷苦于庭院厅堂演剧不够尽兴，或观剧需求未能完全满足，常常移步神庙。如“杭州名优某甲月前在涌金门之金华庙演《荡河船》一剧，云情雨意，极意描摹，适某宪宦之瀛眷在该庙之侧垂帘观剧。”[2]《红楼梦》“清虚观打醮”中，女性观剧时临时垂帘。可见，神庙剧场女性观剧时垂帘，观毕撤帘并非难事。新近发现的山西省晋城市陵川县圪坨村诸神庙内，现存一座专为女性观剧设置的二层看楼，上层里外两排柱子之间，留有垂挂帘子的过道，两柱间距0.926米，可容一位成年男性通过。同时，两柱顶端的廊檐上留有槽区，其作用应该是

1 张田生《女性病者与男性医家：清代礼教文化中的女性隐疾应对》，《自然科学史研究》2014年第2期。

2 张天星编著《晚清报载小说戏曲禁毁史料汇编》，北京大学出版社2015年版，第229页。

为了固定挂钩。[1]神庙看楼帘之垂撤的临时性与便捷性，决定了今日多见实物遗存，却不见帘之踪影。

第四，商业性戏园的盈利需求。清末一城之内，戏园林立，竞争激烈的戏曲生态，日趋压低的戏价，使许多戏园为了生存专设女座招徕宾客。尤其光绪后职业女班的兴盛，女性大规模外出观剧，像决堤的洪水，势不可当，于是戏馆茶园等处干脆撤去帷帘，痛快地满足女性观剧的吁求。由此可见，社会各界对女性观剧态度由一种欲拒还迎的模糊态度到对女性群体观剧行为的支持、认可和赞同。

总之，女性"垂帘观剧"作为一种现象，具有特殊的文化意蕴。"帘"一垂，阻隔了内外空间，象征着壁垒和距离；"帘"一卷，又与外界形成了交接。明清时期垂帘在各类剧场中广泛流行，而之后又撤帘下帷的现象，是与清末民初废缠足、天乳运动等女性身体的解放、女学的兴起、女性娱乐活动的增加以及维新派对于女性解放运动的倡导密不可分的。随着社会风气的变迁和人们思想观念的变化，社会舆论一致导向男女平权。民国以后，女性观众公然与男性观众一起并肩看戏，女性"垂帘观剧"现象最终完全退出了历史舞台。山西高平市良户村田氏女眷垂帘看楼的遗存，提供了一则极其珍贵的实物依据，为我们探讨明清女性观剧场所的历史变迁和文化意蕴，具有重要的史料价值。

个案研究二：清末北京尼姑庵演剧女性专场考述

明清之际寺庙尼姑庵依托佛会、善会名义演剧现象十分普遍，大量

---

1 山西晋城市陵川县圪坨村诸神庙，看楼面阔 12.17 米，进深 3.33 米，垂帘距离 0.926 米。笔者于 2018 年 7 月 19 日实地调查。

寺庙庵堂剧场遗存为其实证。女性庵寺观剧常因男女混杂、僧俗不分等遭到文人士大夫的谴责和排斥。清末北京东单金鱼胡同尼姑庵演剧的女性专场，既是佛教寺院接纳戏曲演出的明证，又是极其特殊的一种文化现象。本书主要讨论尼姑庵演剧女性专场及其所演剧目之间的关系，二者的结合，或许是由尼姑庵性别属性、权势女性的性别禁忌所决定的，也可能是尼姑庵受到女神信仰、原始母性生殖崇拜遗风影响的结果。清末民初社会变革，尼姑庵亦可视为女性自我意识树立的一个特殊象征空间。尼姑庵演剧的女性专场，表现出女性意识的高扬和对男权思想的挑战。

（一）庵寺善会演戏及女性观剧

明清之际，随着佛教的世俗化、平民化和戏曲艺术的空前繁荣，佛寺庵堂依托佛会、善会名义举行戏曲演出也日益频繁。妇女或为休闲娱乐，或为排忧解愁，或为听信因果，群集入寺烧香游庙观剧的现象屡见不鲜。不仅一般市井女性怠惰女红“游荡在外”，不少上层妇女亦借口各种宗教活动积极参与进来。如清代俗曲《阔大奶奶出善会》，就生动描述了四月初八浴佛节庵堂寺院举行佛会，一位大户人家的阔太太在丫鬟仆婢的前呼后拥下，去尼姑庵进香、筵席、观剧等场景。又如，约道光十八年（1838）子弟书《灵官庙》和《续灵官庙》中，就北京东郊灵官庙住持尼僧广真姑子借庆贺生辰演戏，做了详细描述：

> 正遇着中元已过不寒不暖，灵官庙广真姑子摆酒庆贺生辰。……专请朝中贵显臣，还有那久搅久闹的堂客夫人。也有亲藩，与国同休，称为屏捍，也有官宦，世代书香掌丝纶。也有经商，家财万贯，也有应役，广交衙门。还有男僧与优童妓女，俱是广真的施主，欢

喜仇人。……这个说："贱内时常在他庙内过宿。"那个说："小女因病许下跳墙在佛门。"那好静的，或在禅堂吸烟过瘾，或携着年少的尼儿，在密室相亲。又有那充熟的，混在堂客里面说说笑笑，好搅的，抱着妓女，眼望堂客叫亲亲。[1]

这一景观，经常被社会各界人士指责为男女混杂、僧俗不分、奢侈靡费、亵渎神明、有伤风化等而加以严禁。但有清一代，妇女入庵寺观剧屡禁不止，民间多处佛教寺院庵堂剧场实物遗存[2]，就为庵寺演剧的风靡和繁盛，提供了可靠的实物依据。大量文献文物资料表明，佛寺庵堂剧场对戏曲的接纳，为女性外出观剧创造了很多机会。在村野乡间礼俗不严的情况下，或许尼姑庵演剧并不限制男性观看，那么北京金鱼胡同尼姑庵演剧的女性专场的特殊性就显而易见了。

（二）北京金鱼胡同尼姑庵演剧女性专场概况

清末北京金鱼胡同非善会期间尼姑庵演剧事件，目前掌握有四条相关文献。其中一条"风化攸关"载录于《大公报》光绪三十年（1904）九

1 刘烈茂、郭精锐主编《清车王府钞藏曲本·子弟书集》，江苏古籍出版社1993年版，第265页。

2 王潞伟《上党神庙剧场研究》"附录"中，表14《上党地区佛教寺院庵堂剧场资料一览表》曾对山西上党地区佛教寺院庵堂创建的戏台，进行了统计。其中，涉及庵堂剧场6处，分别为1. 沁县牛寺乡南牛寺村净土庵戏台，建于清道光九年（1829）之前；2. 晋城市城区临泽村海潮庵清代戏台遗址；3. 高平市野川镇北杨村三清庵山门舞楼，嘉庆四年（1799）创建，民国二十四年（1935）《补修彩画各庙暨创修看楼改修学校碑记》，载录了创修东西看楼相关事宜；4. 高平市北诗镇上沙壁定慧庵清代戏台，"东西看楼各五楹，通面阔10.8米"；5. 高平市陈区镇水沟村六如庵清代山门舞楼；6. 高平市河西镇永宁寨白衣庵清代山门舞楼，"东西看楼悬山顶各五楹，通面阔13.5米，进深4.2米"。见王潞伟《上党神庙剧场研究》，中国戏剧出版社2016年版，第498—509页。

月初十日第 2 版；第二、三条分别题为“有伤风化”与“禁止演戏”，先后载录于《京话日报》光绪三十年九月十二日第 66 号和九月二十二日第 76 号；最后一条《尼姑庵一种特殊的堂会戏》，是王叔养老先生根据他生活于清末的祖母口述资料整理所得，载于《北京文史资料》。现将这几则材料按照报道时间的先后顺序辑录如下：

风化攸关

本月初七、八两日，东单牌楼金鱼胡同某尼姑庵演戏，其生旦净末等戏并不甚多，如路三宝《双铃计》《双钉计》，大五月仙全本《杀子报》《珍珠衫》《卖胭脂》，小福才《送灯》《双沙河》等出，按次开演，形容丑态。是日则专卖堂客，凡搭桌者，除戏价之外，尚须写香资缘簿，并不卖官客座云。

《大公报》光绪三十年九月初十日 /1904 年 10 月 18 日第 2 版

有伤风化

金鱼胡同某尼姑庵，每年九月间，必演戏两台，专卖女座，所演戏目，顽笑居多。因为各处堂会戏，如有女眷在座，各种玩笑戏，都不便点唱，所以爱听戏的太太们，说嫌听不畅快。尼姑体贴这个意思，特开此方便之门，专卖女座，以免有所顾忌。即此而论，已属有关风化，何况唱戏之外，还别有用意。愿地方官，速为查明封禁，定能造福不浅。

《京话日报》光绪三十年九月十二日 /1904 年 10 月 20 日第 66 号

禁止演戏

东华门外某尼姑庵，常常演戏，专卖女座各节，已纪前报。现经那琴轩尚书，访知情形，已出示严禁，以后不许再行演唱。

《京话日报》光绪三十年九月二十二日 /1904 年 10 月 30 日第 76 号

尼姑庵一种特殊的堂会戏

从清代到民国，堂会戏很是兴盛，除去皇宫里传差唱戏外，各王公大臣以及旧民国的军政官僚和富商财主等户，遇到生日、满月、结婚的时候，经常约戏班到家里或饭庄子演堂会戏，藉以助兴。这种堂会戏，分为“整包”、“分包”和“外串”三种。所谓“整包”，就是约某班社的全班演出，价格较贵；“分包”是约某班社的部分演员演出，其另一部分演员仍然可以在本戏园演营业戏，所以价格比较便宜些；“外串”是约妥某班外，再另约其他名演员参加演出，另约的这位名演员就叫“外串”。以上是关于堂会戏的一些简略介绍。

早年妇女不能到戏园子去看戏，这是多少年来的礼教旧例，而且那时候戏园子也不卖女座儿，妇女只有在家里或亲戚家办堂会的时候，才有机会看戏。除堂会戏以外，妇女还有一种看戏机会，那就是尼姑庵办的堂会戏了。听我祖母说，这个尼姑庵的堂会戏，她曾听过两次。按当时的情况说，她是没有资格参加这种堂会的，但是由于我祖父那时在内务府堂上当差，人称“长王大老爷”，因我祖父叫王长海，被指名为姓而称“长王”。同时又有麻花胡同继家、椿树胡同庆小山家和宝钞胡同那王府等戚友们的连带点照的关系，所以她才能参加。

我祖母说，这个尼姑庵在东四牌楼南边，金鱼胡同东口内路北，正对着校尉营胡同，庵里的老姑子记得叫妙静，庵名记不清了，俗称“观音庵”。老尼姑每到春秋两季，先到家里要求我祖母点戏，因我祖母爱听老旦戏，所以每次不是点《钓金龟》就是《行路训子》，总是一般老旦戏。等到演出前，老尼姑先来下贴相请，我祖母坐着轿车（俗称“棚儿车”），来到这个尼姑庵看戏。这里一进门就是一个大院子，院里搭着戏台，戏台前边儿摆着好多八仙桌和方凳儿，一桌坐 6 个人，全都是妇女。桌上放着干鲜果品和茶水等，有的王公大臣家的眷属们还在一出戏演完后，给尼姑庵捐赠布施些银子，庵主散戏后留她们在庵里吃顿素席。几天后，老尼姑就到祖母家里来，把这次堂会戏的一切开销包括外约演员的戏份，写好一笔清单交给我祖母，我祖母就按单儿付款。如果再捐一些布施，老尼姑就更满意了。以后俞振庭组班，戏园子楼上可以卖女座儿，这个尼姑庵的堂会戏也就终止了。[1]

通过对上述几则材料认真比对分析，笔者发现，其描述内容之间关联紧密，各有侧重又相互补充，足以还原当时尼姑庵演剧的完整面目。如材料一云“东单牌楼金鱼胡同”，材料二云“金鱼胡同”，材料三为“东华门外某尼姑庵”，又据材料四“这个尼姑庵在东四牌楼南边，金鱼胡同东口内路北，正对着校尉营胡同”，综合这些信息，可以确定尼姑庵的具体位置就在金鱼胡同内。

1 中国人民政治协商会议北京市委员会文史资料研究委员会编《文史资料选编》(第 43 辑)，北京出版社 1992 年版，第 293—294 页。

《大公报》与《京话日报》在同一年即清光绪三十年（1904）对同一地点、同一事件分别进行了报道，突出了该尼姑庵演剧“专卖女座”“不卖堂客”女性专场的性质。所不同的是，《大公报》提供了尼姑庵演剧的具体时间为九月初七、初八日，参演的名伶及演出剧目等信息。《京话日报》虽不太详尽，但也做了一些重要补充，字里行间可见当时的报人对尼姑庵演剧女性专场的态度。《尼姑庵一种特殊的堂会戏》中虽没有明确提到该尼姑庵演剧的具体月份，但春秋两季在庵内临时搭台演剧是肯定的。

由于口述史料获自作者祖母，作为亲历者，她就女眷身份、女眷赴庵观剧如何出行、如何安排座位、喜欢观看什么类型的剧目和什么行当的戏、如何点戏、如何筵席，如何出资等，提供了更多真实生动的细节，丰富了该尼姑庵演剧的面貌，弥足珍贵。另外，根据短文中提到的俞振庭这位京剧名伶的活动时间，以及王叔养祖母家族与那王府等盘根错节的亲友关系网络可以推断，老太太在金鱼胡同尼姑庵观剧的时间仍不出清光绪末这一时间范围。短文将该尼姑庵演剧定义为一种特殊的堂会戏，其特殊之处可能就在于特殊场合（尼姑庵）的性别禁忌（女性专场、男性禁忌）吧。下面就对该尼姑庵演剧的地理环境、剧目、伶人、观众、媒体记载等方面进行深入分析。

从地理环境来看，金鱼胡同地处北京市东城区灯市口大街南侧，现属东华门街道办事处管辖，呈东西走向。东起东单北大街，西接王府井大街，南与校尉胡同相通，北邻西堂子胡同。全长 567 米，西口宽 12 米，东口宽 44 米。历史上，明时属澄清坊，清朝属镶白旗。胡同东口有清末著名大学士、“戏痴”那桐（那琴轩）的府邸那家花园（1988 年和平宾馆、王府饭店扩建，那家花园也被拆除）。西口过了东安市场北门为吉祥剧院，旧时京剧、评戏、曲艺之类经常上演。“文化大革命”期间，金鱼胡同一度改称瑞金路九条，后恢复原名。本书探讨的尼姑庵，就处于这样一个演剧氛围浓厚的场域中。

就剧目考释分析，光绪三十年（1904）九月初十日《大公报》所载得知，该尼姑庵所演“其生旦净末等戏并不甚多，如路三宝《双铃计》《双钉计》，大五月仙全本《杀子报》《珍珠衫》《卖胭脂》，小福才《送灯》《双沙河》等出，按次开演，形容丑态”[1]。可见，该尼姑庵演出角色多、故事情节复杂的大戏极少，史料中所列七种《双铃计》《双钉计》《杀子报》《珍珠衫》《卖胭脂》《送灯》《双沙河》等折子戏，讲述什么内容，是何种题材和性质，它们之间有何联系和相似之处，考释如下。

1.《双铃计》内容梗概

一名《海慧寺》，又名《马思远》。叙王江龙在京马思远饭肆充厨司助手，三节回家。其妻赵玉不甘寂寞，闲游海慧寺，遇卖绒线之贾明，由调笑而私通。年终王江龙自京归家，中途饮酒大醉，遇故友甘子迁，向其私贷，王拒之。甘见其行囊沉重，跟踪至家，拟乘夜偷窃。赵玉夫归，急使贾明藏匿缸中。乘王醉卧，竟用厨刀将王劈死，将尸掩埋；甘子迁惊逃。赵玉恐王久不回饭馆，启人疑窦，反至京向马思远索人，因口角而诬马害死其夫，至官成讼。问官不能明，辗转上控至巡城御史，时甘子迁因犯夜被押，乃将己目睹情事说出，堂官逮捕贾明，严讯赵玉，马思远冤枉得雪。

2.《双钉记》内容梗概

又名《白金莲》。叙宋代成衣匠吴能手之妻白金莲与绸商贾有礼私通，

1 傅谨主编《京剧历史文献汇编 · 清代卷》（六 · 下），凤凰出版社 2011 年版，第 25 页。

并合谋以钉钉入吴能手头中，将其杀死。包拯验尸勘查时，又发现忤作之妻可疑，最终断明两起以钉杀夫奇案。此剧清末传演于辽宁，擅演者有宝玉兰等。

3.《杀子报》内容梗概

又名《阴阳报》《通州奇案》。叙光绪初年，南通王世成身故，留妻徐氏及子、女各一。徐氏与天齐庙僧人纳云私通，为其子官保所见。官保怒逐纳云。徐氏恼羞成怒，夜深趁官保熟睡之际，以刀杀之，并碎其尸，逼女金定将碎尸藏入油罐之内。官保塾师，曾闻官保告知其母私通之事，日久不见上学，询问徐氏，徐氏吞吐难言。塾师又从金定口中探知隐秘，乃状告州衙，州官不信，监押塾师。塾师夜得官保托梦，醒后再击鼓申诉。州官始乔装卜卦人私访，终于探知真情，捕拿徐氏、纳云，勘明定罪。此剧据清末实事编写，中华人民共和国成立后禁演。

4.《珍珠衫》内容梗概

又名《蒋兴哥重会珍珠衫》，故事见于明冯梦龙《喻世明言》中的《蒋兴哥重会珍珠衫》及《古今奇观》第四十回。写蒋兴哥娶妻王三巧，蒋外出经商，年余未归，三巧思夫，推窗远眺。陈商见其色垂涎，乃贿卖花薛婆，计诱三巧失身，三巧将夫家藏的珍珠汗衫赠陈。陈归途中遇蒋，示衫夸耀。蒋回家即休弃了三巧。三巧改嫁于过路县令吴杰。陈再访三巧，得知三巧遭弃，乃病死。陈妻来搬陈灵柩，财物被盗，遂改嫁于蒋。蒋续结家室后，再度外出经商，误伤人命，受吴审勘。三巧见蒋后，佯称蒋为己之表兄，求吴宽判。吴开脱了蒋的死罪，令与三巧相见，二人触动旧情，为吴看破。问明缘由，仍将三巧归蒋，夫妻又得重圆。此剧系唱做并重的旦脚、小生应工戏。河北梆子演员田际云（响九霄）于清光绪中期编演，崔德荣（崔灵芝）以演此剧而著称。京剧、评剧均有此剧目。京剧演员余玉琴擅演此剧。《戏考》三十八集有载。

5.《卖胭脂》内容梗概

故事出自元曾瑞《王月英月夜留鞋记》杂剧及《缀白裘》六集之一。写书生郭华进京应试，因落第而流落街头，以卖文为生。一日在胭脂铺前经过，见铺中少女王月英貌美，遂进店借买胭脂以会月英。二人互生爱慕之意，正在调笑间，被王母撞见，责问后，为二人联姻。此剧是花旦、小生应工戏，清乾隆年间魏长生代表剧目之一。河北梆子演员田际云（响九霄）、韩海亭（海棠花）均以擅演此戏而著称。京剧亦有此剧目，剧中书生名郭怀，其他人及情节基本相同。《戏曲大全十二本》、《戏考》第二十八集均载有京剧本。

6.《送灯》内容梗概

民间小戏。叙青年张继先受托为曾家捎回家书，并留住曾家。适逢恶霸李万全欲强娶曾家小姐桂娟为妾，逼亲甚紧。小姐桂娟借送灯机会，求救于继先。二人情投意合，互定终身。

7.《双沙河》内容梗概

剧情谓有两小将，一高姓名能，一杨姓名仙同。俱丰貌翩翩，陈平一流人也。随其表兄魏小生出征番营，交战之时，遇两番公主，一名赛美人玉宝，一名赛天仙玉珍。彼此于阵上一见倾慕。血染沙场，悲风猎猎顿变温柔绮丽之乡。高能、杨仙童固愿以张瑞自居。而赛美人、赛天仙亦敛其暴气，作西厢待月之双文。复有张天龙者，番邦驸马也。时方为番邦督帅。两公主既各眷异敌，即助敌设谋将张天龙杀死。唯京都四喜班名伶水仙花以擅此剧名。剧中事情怪诞，无大意旨，更无情理。

通过上述考释得知，以上七种剧目的情节均含有描摹男女私情或涉两性情爱的内容，多为小旦、小生应工戏。《双铃计》《双钉计》《送灯》《双沙河》为折子戏，大五月仙的《杀子报》《珍珠衫》《卖胭脂》为连台本戏。对照清光绪年间官府示禁的“淫戏”，可见这几种剧目赫然在列。如光绪十六年（1890），“计开淫戏如《卖胭脂》、《打斋饭》、《唱山歌》、《巧姻缘》、《珍珠衫》、《小上坟》、《打樱桃》、《看佛手》、《挑帘裁衣》、《下山》、《倭袍》、《瞎子捉奸》、《送灰面》（即《二不知》）、《杀子报》（即《天齐庙》）、《秦淮河》（即《大嫖院》）、《关王庙》等”[1]。光绪三十二年，“外城总厅谕禁淫迷各戏……禁止演唱淫邪、迷信戏出如左：《海潮珠》《送盒子》《送灰面》《芭蕉扇》《也是斋》《珍珠衫》《庙中会》《嫖院》《卖胭脂》《打樱桃》《翠屏山》《段家庄》《遗翠花》《战皖（宛）城》《迷人馆》《花园赠珠》《阴阳河》《五雷阵》《斗牛宫》《无底洞》《双钉计》《佛门点元》《大劈棺》《洛阳桥》”，[2]共计 24 种。尼姑庵所演《双钉记》《杀子报》《珍珠衫》《卖胭脂》，均在官方所禁之列。其中，《珍珠衫》《卖胭脂》《杀子报》等官府先后屡次禁毁，然而民间禁者自禁，演者自演，观者自观，足见这类“粉戏”的受欢迎程度。

此处女性观众堂而皇之点演淫戏，引起社会各界的恐慌与不安。《大公报》和《京话日报》对尼姑庵演剧多次采用“风化攸关”“有伤风化”“形容丑态”等字眼，由于报刊文章是男性书写的，所以可以明显看出男性的视角和男性的在场，必然有失偏颇。可见男权社会意图通过禁戏的权力话语，维护和保持良性的社会平衡，努力消解女性在现实中使性别制度招致逾越、破坏与挑战的可能。尼姑庵演剧被指责，一是因为女性参与公共社

1 傅谨主编《京剧历史文献汇编 · 清代卷》（四），凤凰出版社 2011 年版，第 351 页。

2 傅谨主编《京剧历史文献汇编·清代卷·续编》（四），凤凰出版社 2013 年版，第 356—357 页。

会活动和观看“淫戏”显然违背并挑战了男权社会“男外女内”“幽娴贞一”的儒家伦理纲常与性别秩序。二是尼姑群体跳出父权制为其设定的婚姻家庭制度和两性关系模式，以某种特殊社会身份服务社会、独立谋生，经济上的独立违背了传统的社会秩序，引起士大夫等儒家知识分子对维持自身地位的惶恐与不安。于是由酷爱看戏的那琴轩尚书出面禁止，这位晚清重臣，光宣年间的户部尚书、内阁大臣代表的是国家层面的态度。可见，尼姑庵演剧给社会各界带来了很大的影响。

当然，女性观众观看的上述“淫戏”，并不代表全部女性的喜好，如王叔养的祖母就爱看《钓金龟》《行路训子》等老旦戏[1]。尼姑庵女性之所以爱看“淫戏”，有其特殊原因，这种排除了男性在场的独特文化现象，其背后的深层文化内涵值得今人探讨和重视。

（三）尼姑庵演剧女性专场与男性禁忌

该尼姑庵演剧最突出的、被反复强调的特征，即“只卖堂客，不卖官客”，体现了女性专场与男性禁忌的统一共存。如材料所述，“是日则专卖堂客……并不卖官客座云”，“专卖女座，所演戏目，顽笑居多。……爱听戏的太太们，说嫌听不畅快，尼姑体贴这个意思，特开此方便之门，专卖女座，以免有所顾忌”，“专卖女座各节，已纪前报”，“妇女还有一

1《钓金龟》又作《吊金龟》，叙宋代贫妇康氏生子张仁、张义。长子张仁进京赴试，次子张义在孟津河钓鱼养母。长子高中，授祥符县令，寄书接眷，其妻匿信不告。一日，张义钓得一金龟，又得悉其兄出仕为官，狂喜归家告母，母以张仁忘恩不孝，遣张义赴祥符质问。《行路训子》亦称《行路哭灵》，讲的是康氏遣次子张义至祥符县寻兄，一去杳无音讯，心中挂念，乃亲往祥符。康氏见张仁，责其忘恩负义，并询问张义下落，张仁支吾以对，后始告已身死。康氏顿时气绝，醒后至灵前哭祭，张义托兆，告以被嫂谋害经过。次晨，康氏至包拯处控告，包拯为之昭雪。以上二者组成全本《孟津河》。此剧为老旦唱工戏，唱腔优美动听，流传甚广，为李多奎代表作。龚云甫、卧云居士、时慧宝、朱斌仙、茹富蕙等均有唱片行世。

种看戏机会，那就是尼姑庵办的堂会戏了”。那么，北京金鱼胡同尼姑庵演剧对女性群体的肯定和对男性的禁忌因何而兴呢？

1. 尼姑庵性别属性所致

佛教的根本精神是以一切众生为吾子，缘何要对男性禁制？首要原因是尼姑庵为女性修行道场，男性的进入可能会带来不便。把男性排斥在尼姑庵之外的传统，最早可追溯至宋代“景乐寺，太傅清河文献王怿所立也。……至于大斋，常设女乐。歌声绕梁，舞袖徐转，丝管嘹亮，谐妙入神。以是尼寺，丈夫不得入。得往观者，以为至天堂。及文献王薨，寺禁稍宽，百姓出入，无复限碍”[1]。景乐寺是一尼姑寺，在大斋之日设女乐，男子不得入内观看，文献王死后，寺禁放宽，百姓方能自由出入。所以尼姑庵演剧的男性禁制，其内涵是女性在场，男性有所不便。

2. 女性的地位和权势对男性的禁忌

对男性的禁忌还与观剧女性的身份、权势和地位有关，“禁忌的存在和实现与施禁者和受禁者地位、权力之间的差等有极为重要的联系”[2]。从上述材料可知，金鱼胡同中这个尼姑庵，观剧的女性多为身份显赫、地位高贵者，以王公大臣家的眷属为主。王叔养的祖母，按当时的情况，本没有资格参加这种堂会的，但是由于祖父在内务府当差，同时又有麻花胡同继家、椿树胡同庆小山家和宝钞胡同那王府等戚友们的连带点照关系，所以她能参加。可见，女性施禁者的地位和权力越高，其观剧禁忌就越易成为超顺势禁忌。外在表现为任何人触犯了这个禁忌，就会受到惩罚，小则挨打、受骂，大则失财、失命等。如《红楼梦》第二十九

1（北魏）杨衒之《洛阳伽蓝记》，国立第一中山大学出版部 1927 年版，第 13—14 页。

2 张勇风《中国戏曲文化中的“禁忌”现象研究》，文化艺术出版社 2016 年版，第 100 页。

回“清虚观打醮”，贾府的太太小姐们观中观剧，一个男的也不允许放进去，此处就属于女性专场和男性禁忌的典型。其中，一个小道士因为剪灯花没有及时避开，还被凤姐打了一巴掌。世家大族眷属在场，受到封建礼教男女有别观念的影响，男性是必须回避的。所以“是日专卖堂客，并不卖官客座”便很容易理解了。

3. 女神信仰与生殖崇拜的影响

（1）尼姑庵为观音庵

该尼姑庵无正式庵名，上述报刊资料直以“尼姑庵”名之。据王叔养的祖母回忆：“庵里的老姑子记得叫妙静，庵名记不清了，俗称‘观音庵’。”或许金鱼胡同这个尼姑庵，正是供奉最受中国民间大众欢迎的神灵观音菩萨的。为何这样肯定呢？首先，尼姑庵供奉同为佛教神系的女性神灵颇合情理。其次，从酬神演剧的时间一般在九月间推断，尼姑庵供奉的正是观音。观音祭祀在中国有特定的日期和仪式，农历二月十九日观音诞辰，三月二十八日观音入化，六月十九日观音卒忌，九月十九日观音正果，以上均要举行朝拜祀典。此处应是庆祝观音正果而举行的酬神演剧活动。《大公报》由于办报地域阻隔等因，并不能真切了解尼姑庵的庵名，所以只把尼姑庵演剧女性专场这个事，作为一个独特的“景观”或新鲜的事来报道。

（2）观音变脸与母性女神崇拜

观音，即观世音菩萨[1]，三国时随佛教从域外传入中土，并在民族化、

1 又作观世自在菩萨、光世音菩萨、观世声，佛教典籍中根据其智慧、德行、道场、形象等，别称圆通大士、大慈菩萨、大悲圣者、南海大士、白衣大士。与文殊菩萨、普贤菩萨、地藏菩萨，共同构成大乘佛教的四大菩萨。为了教化不同层次、不同环境的不同众生，出现了六观音、七观音、十五观音、三十三观音、九面观音、十一面观音、六臂观音、二十四臂观音、千手观音等多种造像和身份。她全知全能，大慈大悲，主管催生、治病等凡间琐事。

世俗化的过程中，最终于唐宋时期完成了男性菩萨的女性化，随后逐渐形成了一股中国化的民间观音信仰潮流。全国各地观音堂、观音阁、观音庙等数不胜数。侯杰先生认为，观音香火之盛堪比释迦牟尼。清中后期，一些观音庙设立了演剧场所，为我们了解民间观音庙演剧情况提供了重要的实物依据。[1]

观音之所以能成为民众心目中救危济世的庇护神与福神，从男神变脸为女神，从民众文化心理方面考察，是上古时期就有的母性崇拜观念在后世不断蕴藉、沉淀的结果。1983 年辽西河梁女神庙大型女神头像和大量生殖女神裸体陶质塑像的出土，即是原母神崇拜的实物证据。那些丰乳、巨腹、肥臀的裸体女神像，突出表现着生命力，象征生殖崇拜。有学者认为，“原母神是后代一切女神的终极原型，原母神是女神崇拜的最初形态。正是从这单一的母神原型中逐渐分化和派生出职能各异的众女神”[2]。观音形象的女性化，正是中国民众“为我所用”的实用主义和功利主义心态的结果。

女性与观音信仰的普及化关系尤密。在观音菩萨三十三应化身中，白衣观音、杨柳观音、鱼篮观音、水月观音、洒水观音等各种造像，尤其受女性的虔诚敬奉。清代学者梁章钜说：“百乡人家堂室中，亦无不奉观音者，女流持斋讽经尤为敬信。”[3] 民间“观音大士成道之日，乡镇妇女皆往大寺或云台殿进香。”[4] 直到民国，广东三水河口的疍民，“每家住艇都

1 王潞伟《几座罕见的观音堂戏台》，《戏剧文学》2018 年第 4 期。

2 叶舒宪《高唐神女与维纳斯》，陕西人民出版社 2005 年版，第 4 页。

3 （清）梁章钜《退庵随笔》卷十“家礼”，《笔记小说大观》（第二十一编），新兴书局有限公司 1987 年版，第 255 页。

4 侯杰等《民间信仰史话》，社会科学文献出版社 2012 年版，第 140 页。

设有神位，或观音或北帝或玄坛，……早晨晚上和初一、十五都要烧香，每逢神诞更为热闹，拜神的都是妇女，男人及小童较少”[1]。如果说“男性所主导的宗教崇拜活动多牵涉国家、乡里祭祀等公共领域，而女性神祇的象征意义多属于家庭事务或个人救赎等私人领域”[2]。传统观念中女性在履行传宗接代的使命中扮演着极为关键的角色。女性到观音庙，或保佑顺利生产，或祈求婴孩平安健康成长，“若有女人，设欲为男，礼拜供养观世音菩萨，便生福德智慧之男；设欲求女，便生端正有相之女”。[3]正是在一次次互动中，观音越来越受到中国女性的崇信。观音信仰在吸纳、融合中国传统的过程中与上古母性女神崇拜相呼应，是对女性生殖力由衷敬畏与利用的信仰心态。

与观音信仰最能结合且影响力最大的母性女神，有学者认为是女娲。《酉阳杂俎》记载：“肃宗将至灵武一驿，黄昏，有妇人长大，携双鲤咤于营门曰：‘皇帝何在？’众谓风狂。遽白上，潜视举止。妇人言已，止大树下。军人有逼视，见其臂上有鳞，俄天黑，失所在。及上即位，归京阙，虢州刺史王奇光奏女娲坟云：‘天宝十三载，大雨，晦暝忽沉。今月一日夜，河上有人觉风雷声，晓见其坟涌出，上生双柳树，高丈余，下有巨石。’”[4]至少有以下两点或可为证：一是妇人携双鲤等说，双鱼可表现为与鱼篮观音相连接；二是天宝十三载，黄河潼关段涌出的女娲陵，有丈余高的两棵

1 李文海主编《民国时期社会调查丛编·底边社会卷》（下），福建教育出版社 2005 年版，第 689 页。

2 吴真《民间神歌的女神叙事与功能——以粤西地区冼夫人神歌为例》，《文学评论》2008 年第 5 期。

3 谭蝉雪《民俗画卷》（第二十五卷），香港商务印书馆 1999 年版，第 81—83 页。

4（唐）段成式《历代笔记小说大观·酉阳杂俎》，曹中孚校点，上海古籍出版社 2012 年版，第 2—3 页。

杨柳。《周易·大过》爻辞云:“九二,枯杨生稊,老夫得其女妻,无不利。……九五,枯杨生华,老妇得其士夫,无咎无誉。”[1]枯杨生芽,老翁娶年少娇妻,无所不利。枯杨开花,龙钟老太配得个强壮丈夫,没有怪罪,也无佳誉。枯木再生,阳春万物生命复活隐喻阴阳男女和合之义。阳春增殖神之女娲,坟上再生双柳,这点在女娲与观音相结合之际,自身化变为杨柳观音信仰,可想而知。

北京金鱼胡同尼姑庵女性专场所演的以上七种关涉情色的剧目,在当时戏曲舞台上很是流行,清末小说《九尾龟》中就有舞台上男女演员合演《卖胭脂》的一段描述:“这个冯月娥做到‘买脂调戏’的一场,竟当真和那小生捻手捻脚,两个人滚作一团,更兼眉目之间隐隐地做出许多荡态,只听得楼上楼下一片声喝起彩来。秋谷……口中只说:‘该死!该死!怎么竟做出这个样儿来,真是一些儿廉耻都不顾的了!’金观察等看了也说形容得太过了些,未免败坏风俗……只见冯月娥索性把上身的一件纱衫卸了下来,胸前只扎着一个粉霞色西纱抹胸,衬着高高的两个鸡头,嫩嫩的一双玉臂。口中咬着一方手帕。歪着个头,斜着个身体,软软的和身倚在那小生的肩上,好似没有一丝气力的一般。鬓发惺忪,髻鬟斜亸,两只星眼半开半合的,那一种的淫情荡态,就是画都画不出来。”[2]又如,《杀子报》《双钉记》《战宛城》《卖胭脂》等戏,“生旦狎抱也,袒裼露体也,帐中淫声也,花旦独自思淫作诸丑态也”[3]。这些赤裸裸的荤戏场面,男女

1 (元)胡炳文《周易本义通释》,《四库全书》(第二十四册),上海古籍出版社1987年版,第378—379页。

2 (清)张春帆《九尾龟》,吉林文史出版社1998年版,第815页。

3 傅谨主编《京剧历史文献汇编·清代卷》(四),凤凰出版社2011年版,第448—449页。

交合的场景，正是与生殖崇拜密切相关的，体现出尼姑庵演剧中母神信仰（或女神信仰）遗存的痕迹。

对担荷了重要的生殖职能的女性来说，在祭祀中对赐以子嗣的女娲或观音，必然深怀敬畏。她们的虔诚跪拜及尼姑庵里的酣歌狂舞，这种女性在场男性趋避的仪式的规定性，实际包含了确保“求子”等过程圆满完成的禁忌内涵。这里是女性的专场和狂欢，出于对生殖这一母性天职的强化，尽情点演一些象征生殖和生育的“淫戏”又何妨呢？另外，张翠玲《生殖崇拜，母性天职的强化——女娲城庙会祭祀禁忌初探》一文中，通过实地调查研究表明，豫东西华县女娲城庙会从“花供”“添坟”“拴娃娃”的求子仪式，到香会组织的娱神歌舞和戏剧表演，最突出的特征即女性主体，并有严格的男性禁忌。酬神戏演出剧目为《花木兰》《穆桂英》《白蛇传》《孟姜女》，地方小戏有《老姊妹进香》《小二姐骑驴》等，全为女性题材。可见，以生殖崇拜为目的的女性专场和男性禁忌并非孤例。

（四）尼姑庵——特殊的象征空间

清末民初社会转型的过程中，女性外出参加社会活动越来越频繁，尼姑庵或可作为一个特殊的象征空间。“空间不是一个非物质性的观念，而是种种文化现象、政治现象和心理现象的化身。……在某种程度上，空间总是社会性的。空间的构造，以及体验空间、形成空间概念的方式，极大地塑造了个人生活和社会关系。”[1] 尼姑庵是女性社会地位确认、女性意识高扬的一个象征场所。这一相对独立于世俗社会的信仰天地，将女性生殖推崇到一个极端，是对“女人和性”的肯定，与世俗生活中男性的肆虐

1 ［英］丹尼·卡瓦拉罗《文化理论关键词》，张卫东等译，江苏人民出版社 2013 年版，第 163 页。

和女性的压抑形成鲜明对比。对女性群体暂时的肯定和男性群体的排斥，从正反两方面凸显了生殖这一永恒的母性天职。由于“在基层非组织性的民间信仰中，国家、制度化宗教、男性的控制比较薄弱，女性得以在神灵世界里扩展她们的空间和权力。在这片‘飞地’内，女性是得到广泛认可的‘能动者’”[1]。

《大公报》和《京话日报》对尼姑庵演剧女性专场的推波助澜，不但强化了媒体场域对原有现象的侵蚀，并且通过对文化现象消费的社会掌控，使女性观剧群体受到巨大损失。需要注意的是，尼姑庵演剧女性专场被污名也并非是坏事，其背后蕴含的逻辑是，清末女性意识的觉醒对女性生殖能力和地位的肯定，给传统的男权社会带来了动摇和恐慌。男性群体期望通过操纵报刊争夺主流话语权，构成了另一种权力争夺的方式。

小 结

总之，就清代女性观剧的一般场所来看，与男性观剧场所并无太大区别，只不过在各类剧场中，均设置了女性观剧的设施，包括固定性设施和临时性设施,其中尤以神庙剧场的女性观剧设施保存相对完整。看楼、看台，女棚、女厂、女亭等既有相同之处，又有很大差别，文物遗存及图像史料为我们提供了更为直观的证据。这些女性观剧设施，主要突出了“看”与“女”两点，是出于对女性观剧行为的重视、限制、照顾、谋利

1 吴真《民间神歌的女神叙事与功能——以粤西地区冼夫人神歌为例》，《文学评论》2008年第5期。

等目的而设。其中，南方部分女性观剧设施需要花钱才能使用。山西高平市良户村田宅女眷正面看楼的遗存，为我们探讨明清时期女性垂帘观剧现象提供了一个很好的实例。清末北京金鱼胡同尼姑庵演剧的女性专场和对男性的限制，是受到女神信仰和生殖崇拜影响的结果。

第三章
清代女性观剧习俗

女性观剧习俗，主要是指女性在长期的观剧过程中，形成的一整套定戏、点戏、看戏、赏赐及禁忌习俗。女性观剧习俗与传统礼教和社会制度对于女性言行、活动空间、身体的束缚密切相关。女性观剧习俗与男性观剧习俗相较，既有相似之处，又呈现出明显的女性性别特征。女性观剧习俗，不仅更为复杂，也更能体现礼仪化的特征。尤其当男女观众同时在场时，为敦风化、严男女之大防，形成了特殊的男女分观习俗和男女落座方位习俗。女性观剧禁忌，则是女性禁忌与戏曲禁忌双重标准的结合。另外，女性由于特殊的权利、身份地位、受尊宠程度等，又能轻而易举地突破这些陈规旧俗，呈现出一些特殊的面相。

第一节 定戏习俗

定戏，“即派人去向戏班约定唱戏的时间、地点、指定要看的角色甚至预先点好戏，这就是喊定戏班”[1]。女性定戏习俗与男性定戏最大的差别

1 黄天骥、康保成主编《中国古代戏剧形态研究》，河南人民出版社 2009 年版，第 264 页。

在于间接性，她们大多委派相关人员来完成接洽。

宫廷女眷看戏，主要是依据太后等人的喜好和旨意，提前由内务府安排，不仅对演出剧目有规定，而且对演出时长、用本家还是外学都有要求，这在清宫差事档和旨意档中有明确记载。如光绪二十八年（1902）旨意档，“二月二十二日旨意传，着外学赶紧排全本《珍珠衫》、《五彩舆》。三月三十日总管奉旨，着外学排后本《得意缘》，老佛爷教总管、首领陆续上角”[1]。清中后期，随着民籍艺人走进宫廷，直接选定宫外的职业戏班和名伶入内承应的记载，也逐渐多起来。如光绪二十九年三月十四日晚，“皇太后在保定行宫传各优演戏”[2]。光绪三十年九月，“皇太后颐和园内自本月二十一日起，召各菊部名优入内演戏三日”。[3]以上活动均要委派内务府来安排。

仕宦绅衿女性看戏，如果用自己的家养戏班演出堂会，定戏的步骤可以省略，且随时随地演唱即可。若要请外面的职业戏班演唱，定戏的事一般由其子孙辈代办。如《儒林外史》第二十五回提到，天长县富户杜老爷为其母祝寿演戏，由邵官家代表主人到南京鲍家戏班事先定二十本戏，说定了戏班动身的时间，并先交付定银五十两。具体定戏细节如下：

(鲍文卿云)“你家老太太该在这年把正七十岁。想是过来定戏的？你家大老爷在府安？”邵管家笑道：“正是为此。老爷吩咐要定二十本戏。鲍师父，你家可有班子？若有，就接了你的班子过去。”

1 傅谨主编《京剧历史文献汇编 · 清代卷》（三），凤凰出版社 2011 年版，第 343 页。
2 傅谨主编《京剧历史文献汇编 · 清代卷》（六 · 下），凤凰出版社 2011 年版，第 11 页。
3 傅谨主编《京剧历史文献汇编 · 清代卷》（六 · 下），凤凰出版社 2011 年版，第 26 页。

> 鲍文卿道："我家现有一个小班，自然该去伺候。只不知要几时动身？"邵管家道："就在出月动身。"说罢，邵管家叫跟骡的人把行李搬了进来，骡子打发回去。邵管家在被套内取出一封银子来递与鲍文卿道："这是五十两定银。鲍师父，你且收了。其余的，领班子过去再付。"[1]

《恽毓鼎澄斋日记》亦云，光绪三十四年（1908）正月十五日，"采涧夫人生日。好月初圆，名花不老。……儿辈招金麟班演大傀儡戏。诸门人咸来祝"[2]。《红楼梦》第二十二回，贾母做主给薛宝钗过生日，就是提前出资二十两银子交付贾琏夫妇以备酒戏，"至二十一日，贾母的内院搭了家常小巧戏台，定了一班新出的小戏，昆弋两腔俱有"[3]。贾府的奶奶、太太、小姐等是不能随便外出的，定戏之事一定得依托男性子孙、丈夫等，或委派家丁代为办理。

关于民间女性看戏前定戏之情况，就目前所掌握的资料来看，一是由负责祀神、演剧事宜的社首（纠首、首事）主持。先是社首通过捐资、摊派、社产、罚金的方式筹措戏资[4]，再由"社首负责写戏"[5]，就演出时间、演出场地、演出剧日、演员吃住、演出戏金等事宜和戏班进行磋商，谈妥

1（清）吴敬梓《儒林外史》，人民文学出版社 1977 年版，第 177 页。

2 傅谨主编《京剧历史文献汇编 · 清代卷》（七），凤凰出版社 2011 年版，第 619 页。

3（清）曹雪芹《红楼梦》（百家汇评本），陈文新、王炜辑评，长江文艺出版社 2005 年版，第 137 页。

4 王潞伟《上党神庙剧场研究》，中国戏剧出版社 2016 年版，第 245 页。

5 冯俊杰《山西戏曲碑刻辑考》，中华书局 2002 年版，第 449 页。

后双方签订写戏合同[1]。从中可看出男性在整个戏事活动中所担负的责任。如果社首定戏职责有差，也会受到社众的惩罚和非议[2]。男性社首定戏是最主要最普遍的一种形式。二是也有女性担任会首的，如清末北京京西四王府村底头门地方"有几位女会首，约了一个当子呵呵儿腔，昼夜演唱，招得附近的少妇长女，拥挤不动。所唱的净些个淫词丑戏，秽污难堪"[3]。女性担任会首的情况下，职责与男性社首等同，但并不能代表民间定戏的普遍现象。民间定戏的决定权，主要还是掌握在男性社首手中。这种情况多与女性常被排除在公共事务之外有关，且古代女性"识字读书者少"，在组织、筹办酬神演剧的过程中，参与力度有多大，暂不能确定，但可以肯定的是，清代已经出现了由女性组织自主定戏的情况。女性在观剧活动中的主动性不容忽视。

值得一提的是，定戏或写戏作为一种民俗行为，从某种意义上讲，又是一种法律行为。戏班一旦接受了主家定戏，就要如期履约到场，若

1 清末孝义影班二义园"契约版"写戏合同，长28厘米，宽29厘米，厚3厘米。契约事无巨细，几乎列有所有商定事宜，包括戏箱由谁看顾，柴米油盐炭火、菜面烟酒、棉花明纸布各多少尽列其中。每一项的具体数量并无定例，依据演剧时间长短和主家的经济状况而定。见宋希芝《戏曲行业民俗研究》，山东人民出版社2015年版，第194页。

2 山西蒲县东岳庙乾隆十七年（1752）《昭兹来许》碑载："乾隆八年（1743）三月二十八日酬神演戏，夏器等寔（实）首其事，因所托非人，骗银误戏，暂觅本县土戏以应其事。前后搬取戏箱脚价，并定戏献牲等费，约计二十余金，俱系器等首事十人自行备捐，其公项息银有预行支用者，尽数交出未敢稍侵毫厘。"罚失职的十位首事自付戏资，并勒石以儆效尤。碑存山西蒲县柏山东岳庙大殿前廊，笏首，碑高90厘米，宽41厘米。见冯俊杰《山西戏曲碑刻辑考》，中华书局2002年版，第395页。

3 张天星编著《晚清报载小说戏曲禁毁史料汇编》，北京大学出版社2015年版，第805页。

到约定日期发生“塌台”等情况[1]，可能引发主家与戏班之间的冲突和纠纷，甚至受到惩罚[2]。定戏是女性观剧习俗的首要一环，具有重要的意义。

第二节　点戏习俗

点戏，是指戏班的负责人请主家或临时到场的宾客在戏单、戏折、牙笏等上面任意拣选上演剧目的行为。早在元代夏庭芝《青楼集》中就有一位叫小春宴的艺人，“勾栏中作场，常写其名目，贴于四周遭梁上，任看官选拣需索”[3]。应该是目前所见点戏习俗的较早记载。元杂剧《蓝采和》第一折有蓝采和“（唱）甚杂剧请恩官望着心爱的选”一句[4]，可见点戏习俗由来已久。明清时期观众点戏的记载，比比皆是。如宫廷内帝后点戏，清道光三年（1823）八月初十日道光帝爱新觉罗·旻宁万寿演剧，“酉初三刻九洲清晏上点《古城》（李兴）、《罗卜行路》（安福）”[5]。清道光二十六年端午期间差事档记载：“初四日请皇太后慎德堂后院帽儿排，上点《争功请罪》，上点《一门忠烈》《训子》《桃花山》。”[6]商业性剧场观众往往出钱就可以点自己喜欢看的戏，“包定房间两侧厢，倚花傍柳太猖狂。有时

1 “塌台”，也称“回戏”。清代戏园演出也有提前贴出演出告示或约定了演出而没有演出的情况，俗称“回戏”。一般情况下不能“回戏”，特别是帝后或王府传差，更不能回戏。见宋希芝《戏曲行业民俗研究》，山东人民出版社 2015 年版，第 197—200 页。

2 “上月下旬，同春班胡子生小叫天入内廷当差，皇上点戏三出，只唱二出。皇上问：‘尚有一出，何故不唱？’内侍奏云：‘渠托言有病。’皇上大怒，命内侍责四十棍。”见傅谨主编《京剧历史文献汇编·清代卷》（四），凤凰出版社 2011 年版，第 403—404 页。

3 中国戏曲研究院编《中国古典戏曲论著集成》（一），中国戏剧出版社 1959 年版，第 38 页。

4 隋树森编《元曲选外编》（第三册），中华书局 1996 年版，第 972 页。

5 傅谨主编《京剧历史文献汇编·清代卷》（三），凤凰出版社 2001 年版，第 151—152 页。

6 朱家溍、丁汝芹《清代内廷演剧始末考》，故宫出版社 2014 年版，第 245—246 页。

点出风流戏，不惜囊中几个洋”[1]。私家宅院堂会点戏，小说中多有记载。如《红楼梦》第九十三回，南安王府临安伯家演戏，“只见一个掌班拿着一本戏单，一个牙笏，向上打了一个千儿，说道：‘求各位老爷赏戏’”[2]。可见，点戏已成为戏曲演出中一个不可或缺的环节，遍及各种演出场合和观剧人群。关于点戏习俗，学界已多有关注，其中涉及堂会点戏、点戏意义、点戏文物、公宴选剧难等文化现象[3]，但就女性点戏习俗尚未进行过深入系统的梳理和研究。

就女性点戏而言，宫廷女性与仕宦大族女性由于身份地位较高且能识文断字，多可主动点戏，甚至如慈安、慈禧太后凌驾于光绪帝之上而可以独立点戏、看戏和封赏。如清同治十年（1871）六月十六日，“奉佛爷旨，伺候《慈容衍庆》《蝠献瓶开》”[4]。此处的“佛爷”，指慈安太后。又如，同治六年十月初十万寿节前，慈禧太后提前半个月就为自己的生日派演剧目。“九月二十八日，佛爷派得初十日之戏。《福禄寿》唱完，《题曲》（马喜顺）、《胖姑》、《蜈蚣岭》、《藏舟》、《问路闯界》、《三元店》、《三气》。

1 傅谨主编《京剧历史文献汇编·清代卷》（四），凤凰出版社 2011 年版，第 6—7 页。

2（清）曹雪芹《红楼梦》（百家汇评本），陈文新、王炜辑评，长江文艺出版社 2005 年版，第 660 页。

3 堂会点戏的专题研究，如叶紫飞《明清堂会点戏研究》（浙江师范大学 2016 届硕士学位论文）；王姝《泽州裴宂村怡悦会记“点戏谱”考述》（《戏曲研究》2017 年第 3 期），对山西泽州地区现存的一折点戏谱进行了考释。另外，还有对点戏意义的探讨，如李枚《〈红楼梦〉第二十二回薛宝钗、王熙凤“点戏”意义探微》（《红楼梦学刊》2014 年第 6 期），梅挺秀《析“凤姐点戏，脂砚执笔”》（《红楼梦学刊》1984 年第 4 期），线天长、吴营洲《“元妃点戏”与元妃其人》（《辽东学院学报（社会科学版）》2010 年第 6 期）。刘永良《中国古典戏曲与〈红楼梦〉人物刻画》（《红楼梦学刊》1998 年第 4 期）一文，对贾母、宝钗、凤姐、元妃等人所点戏码进行分析，以期探讨人物性格和审美趣味；范春义《焦循戏剧学研究》（凤凰出版社 2012 年版，第 249 页），其中第六章第二节“公宴选剧何以最难”，对公宴选剧难及其背后的制约因素进行了探讨。

4 朱家溍、丁汝芹《清代内廷演剧始末考》，故宫出版社 2014 年版，第 354 页。

佛爷又派得《舟配》《诧美》《拾画叫画》《梳妆掷戟》《亭会》《学堂》《刺虎》《三气》《乔醋》。”[1]由于宫廷女性派戏动辄十几二十出之多，小横香室主人《清宫遗闻》云："剧目孝钦自定，命阉人传知内务府人员，然后以黄纸大书‘口传懿旨演某剧’，黏之剧场后。每一出上，必先有内务府司员二人，自幕后出，朝冠补服，分立台左右。谓之‘带戏’。出止随下。”[2]这一习俗一直延续至清朝灭亡后。又如，民国十二年（1923）太妃寿辰，梅兰芳等照旧例入宫演戏，“我们化妆完了之后到后台正屋，看见大红漆插屏架上一个大水牌，上面写着‘辰正开戏大吉’，列着一天的戏码”[3]。所谓“水牌”，明人郎瑛在《七修类稿》中云："俗以长形薄板涂布油粉，谓之简板，以其易去错字而省纸。官府用之，名曰‘水牌’，盖取水能去污而复清，借义事毕去字而复用耳。”[4]可见，水牌是记录所点剧目的长形薄板，用后可以用水洗去字迹再写，摆在后台具有提醒和通知演员的作用，让演员做好准备以便依序扮演。可见宫廷女性点戏，是预先选定上演剧目，伶人奉旨承应或伺候。

关于平民女性神庙点戏的情况，目前仅见一则口述史料。清末民初山西省晋城地区一位叫孔文秀的女性，其子孙回忆录中载："她是大家闺秀，略通历史，热爱戏曲。每逢戏班在其邻村演出，总要出头露面点几出戏，显示她文秀之才。”[5]对于大多数不识字的平民女子而言，因为在神庙演剧中，点戏者多为当地声望较高的社首、乡绅、耆老等识字的男性观众，

---

1 朱家溍、丁汝芹《清代内廷演剧始末考》，故宫出版社 2014 年版，第 343 页。

2 小横香室主人《清朝野史大观》（卷一），上海书店出版社 1981 年版，第 10 页。

3 朱家溍、丁汝芹《清代内廷演剧始末考》，故宫出版社 2014 年版，第 507—509 页。

4（明）郎瑛《七修类稿》（上册），安越点校，文化艺术出版社 1998 年版，第 325 页。

5 孔文秀，生于咸丰七年（1857），卒于民国二十三年（1934），享年 77 岁。李近义《泽州戏曲史稿》，山西人民出版社 1989 年版，第 97—98 页。

一般是轮不到女性点戏的。如小说《醒世姻缘传》第六十九回，给娘娘庙进完香后，大家摆酒唱戏饯别，“在厂棚里面，男女各席，满满的坐定，摆酒唱戏，公同饯行。当中坐首席的点了一本《荆钗》，找了一出《月下斩貂蝉》，一出《独行千里》”[1]。此处是首座点戏。在戏园中，女性一般也没有主动点戏的权力，如张家口“上下堡共有三座戏园，近来开演说清唱，每日所演，总占多一半儿粉戏，作的那份儿厌气，说的那些个村话，我们实难下笔。唯独听戏的堂客一多，那群爱挨骂的人，专花两吊（合北京钱二十吊）点个粉戏，演到难看的时候，可就不看台了，一边叫唤着，两眼直勾勾地往堂客堆儿里瞧。伤风败俗，再没有比这个厉害的了”[2]。男性占多半的戏园里，男性观众拥有绝对的点戏权。

特别值得一提的是，清代堂会演出中仕宦女性点戏的情况。清初张宸《平圃杂记》云：“无席不梨园鼓吹，无招不全柬矣。”[3]堂会演剧，既包括婚礼寿诞、弥月升迁等人生礼俗的庆贺演剧，也包括酬神还愿的庆典型演剧，也有出于结交联络上下级感情或维护同僚之间情谊的宴饮交际型演剧，而更多的是自娱或娱亲性质的玩赏型演剧。为了达到宾主尽欢的目的，出于礼节的需要和增进宾主之间的感情，女性私人堂会点戏，有着极其繁杂的规矩和严格的讲究，体现出礼仪化的特征。

1（清）西周生《醒世姻缘传》，天津古籍出版社 2016 年版，第 625 页。

2 张天星编著《晚清报载小说戏曲禁毁史料汇编》，北京大学出版社 2015 年版，第 803—804 页。

3（清）张宸《平圃杂记》，赵诒琛、王大隆《庚辰丛编》1940 年排印本。

一、点戏人的选择

（一）男女同观时点戏人的选择

男女观众同时在场看戏时，通常是首座点戏，且男女席中各设一位首座，以便各自点戏。如小说《醋葫芦》第十回，成珪叫了一班有名的戏子在家办下酒席，“迎接周智一家赴酌，……又着成华遍请来探望的亲友邻里，并熊阴阳俱来赴酌。早已酒席完备。成珪排列位次，先选女客何院君首席，妻子都氏虽在次席，却是一个独桌，就着熊二娘子相陪。男客中就选了周员外首席，其邻里亲友、熊先生、周文、周武，都飙俱依次坐定。戏子首呈戏目，到席中团团送选，俱各不好擅专”[1]。此处成珪做东，“一个上席却被老周夫妻占去……专主拣戏”[2]。后来成珪向夫人都院君解释，“拙夫既忝东翁，亦无自拣之理；他人择戏，好歹岂敢参越”“首席自然先邻后亲，叙齿而坐”[3]。这就点明了首座的选择，往往是先宾后亲，首座确定，然后大家再按齿序列坐。男女宾客分别确定一位首座，负责点戏。

也有一些女性在堂会演剧中并不直接点戏，而此时男性可依据自己的喜好来点戏。男主点什么戏，女性就跟着看什么，甚至男性点出的戏，就是为了教化后堂女性的。如《歧路灯》第七十一回，夫人在堂上帘后看戏，盛希侨吩咐戏班就唱《杀狗劝夫》，且当他询知大奶奶就在帘后，故意大声道：“看！看这贤德妇人劝丈夫，便是这样的。……我到戏上再叫他加上些做作，好劝化那搅家不贤的人。叫他再添上两句，说：‘这是俺丈夫家兄弟，不是俺娘家孩子他舅。’”谭绍闻笑道：“这才化的太太们明

1 励东主编《古书秘藏》（第十二卷），延边人民出版社 2001 年版，第 208 页。
2 励东主编《古书秘藏》（第十二卷），延边人民出版社 2001 年版，第 210 页。
3 励东主编《古书秘藏》（第十二卷），延边人民出版社 2001 年版，第 210 页。

白。”[1]这种情况也是普遍存在的，此时女性作为陪观的角色，点戏多没有主动权。也有的虽不直接点戏，但可以影响到男主人的选择。如《歧路灯》第七十九回写道：“戏也住了，巫氏偏不依，叫绍闻再点三出。戏子虽不欲唱，……少不得勉强从命……这巫氏一定叫唱《尼姑》一出。”[2]

（二）女性观剧专场点戏人的选择

堂会演戏还有一种情况，就是只有女性观众的女性专场。点戏人的顺序以尊者长者为先，这一点和男性专场几无区别。如《红楼梦》第九十三回，掌班蒋玉函手拿一本戏单和一个牙笏，“‘求各位老爷赏戏’。先从尊位点起”[3]。《儒林外史》第四十九回说道：“一个穿花衣的末脚，拿着一本戏目走上来，打了抢跪，说道：‘请老爷先赏两出。’万中书让过了高翰林、施御史，就点了一出《请宴》，一出《饯别》。施御史又点了一出《五台》，高翰林又点了一出《追信》。”[4]万老爷是高翰林请来的贵宾，施御史是高的学友，所以万中书略谦让一番，先点了两出戏。女性点戏也与此相似，如《红楼梦》第七十一回，贾母八十大寿，皇亲国戚包括郡主王妃、公主诰命等在内皆来庆寿。至荣庆堂上拜寿入席，“一时参了场，台下一色十二个未留发的小丫头，都是小厮打扮，垂手伺候。须臾，一个捧了戏单至阶下，……走至上席，南安太妃谦让了一回，点了一出吉庆戏文。然后又让北静王妃，也点了一出。众人又让了一回，命随便拣好的唱罢了”[5]。此处便是依照宾

1（清）李绿园《歧路灯》，李颖点校，中华书局2004年版，第677页。

2（清）李绿园《歧路灯》，李颖点校，中华书局2004年版，第764页。

3（清）曹雪芹《红楼梦》（百家汇评本），陈文新、王炜辑评，长江文艺出版社2005年版，第660页。

4（清）吴敬梓《儒林外史》，人民文学出版社1977年版，第390页。

5（清）曹雪芹《红楼梦》（百家汇评本），陈文新、王炜辑评，长江文艺出版社2005年版，第497—499页。

主关系，先让客人中的尊贵者南、北王妃点，次为公候诰命点，然后众人才依序点。即使是当日的寿星主人贾母，也不能先点戏。

虽然从点戏人的选择来看，有等级尊卑之别，但实际上，上层社会的郡主王妃、诰命夫人等在观剧过程中，通过交流剧情、演员演技、家庭生活等信息，能促进彼此之间的感情，是一个较为平等的社交平台。这时往往获得她们的丈夫或子孙的支持，因为能够认识同级的或上层女性，或许对家人的仕途有所裨益，大概也是一种有效的联盟或联姻手段。如《红楼梦》中暗含的四大家族"一荣俱荣，一损俱损"的关系，即是这个道理。

另外，女性长者点戏，小说作品中也有所反映。如《红楼梦》第十一回，贾敬寿辰演戏，"凤姐儿至邢夫人王夫人前告坐。尤氏拿戏单来让凤姐儿点戏，凤姐儿说：'太太们在这里，我怎么敢点。'邢夫人、王夫人道：'我们和亲家太太点了好几出了，你点几出好的我们听。'凤姐儿立起身来答应了，接过戏单，从头一看，点了一出《还魂》、一出《弹词》"[1]。像贾府这样一个"钟鸣鼎食之家，翰墨诗书之族"，自然是严格遵循地位高低、辈分大小依次点戏，凤姐便是在得知邢、王二位夫人皆已点戏后，才点了一出《还魂》一出《弹词》，并不敢僭越伦理秩序。又如《梼杌闲评》第三回，王尚书为老太太祝寿唱戏，"宾主尊卑相让序坐"后，"呈上戏单点戏。老太太点了本《玉杵记》，乃裴航蓝桥遇仙的故事"[2]。演完《玉杵记》和找的戏，众女眷欲起身告辞，王老太太再三相留，才又坐下，一娘又拿着单子到老太太面前，老太太说："随她们中意的点几出罢。"女眷们都互相推

1（清）曹雪芹《红楼梦》（百家汇评本），陈文新、王炜辑评，长江文艺出版社 2005 年版，第 71 页。

2（明）佚名《梼杌闲评》，时代文艺出版社 2003 年版，第 25 页。

让不肯点，后来还是王奶奶提议一家点一出。一娘点了一出《玉簪·听琴》，接着王尚书的小夫人杨小娘点了出《霞笺追赶》，王奶奶点了出《红梅·问状》。在身份尊贵的王尚书的母亲面前，众女眷互相推让，不敢造次，而为了讨她高兴，大家才奉命各点一出。可见，若是某位女性眷属寿辰演剧，一般由女主人自己先点，再由客人挑选。

点戏之俗一般严格遵循尊卑长幼之序，但在一些特殊情况下，会打破此序。如《红楼梦》第二十二回，薛宝钗生辰，贾母雇了一班昆弋两腔皆有的小戏庆贺，“吃了饭点戏时，贾母一定先叫宝钗点”。继宝钗之后，是凤姐、黛玉，“然后宝玉、史湘云、迎、探、惜、李纨等俱各点了，按出扮演”[1]。此日是薛宝钗的生日家宴，薛是主角，贾母并不介意比自己辈分低的孙辈先点戏。此时长辈喜欢叫谁点，那么即使是小辈也可先点。宝钗生日，即是以谁是事件主角而定的点戏优先权。这样一些特殊时刻，点戏人顺序并不按照尊卑长幼的严格秩序来。

二、点戏的讲究和礼节

（一）皆大欢喜原则

根据演戏的目的和表演场合的不同，选择相匹配的剧目是非常重要的。女性观剧不仅仅是一种个人行为，更是一种社会行为，戏码得点的恰到好处，满堂出彩，宾主皆欢，若是犯了主人的忌讳，往往导致不欢而散，甚至引发纠纷。所以为了保证演出的顺利进行，就必须照顾到各个方面，遵守一定的规矩和相关礼节：“每次演出翻箱前，领班必须要向主家问清

1（清）曹雪芹《红楼梦》（百家汇评本），陈文新、王炜辑评，长江文艺出版社 2005 年版，第 137 页。

楚姓氏和名讳，以便在主家点戏时与戏中人物相对照，以防所点戏的故事中有‘归位’（死亡）、斩首、遭祸等人物的姓氏和主家相同。如是相同的，就犯了忌，是不能上演的，需要主家重新点戏。主家不点好戏，戏是不能开演的。”[1]

特别是在寿礼、婚礼等喜庆场合，源于人们驱邪纳祥图个好彩头的思想，一定要上演吉庆戏，较少点演悲剧，更忌讳演杀戏、哭戏、死亡戏等。这在一些仕宦大族的女性身上，体现得尤为明显。这和她们追求福禄寿考，希望家声世泽代代相继的人生理想密切相关。所以南方有些地区，只要有女性观众在场，就要“跳女加官”，是具有显著性别特征的表内容。如《二十年目睹之怪现状》第四十三回，“入席开戏，席间每来一个客，便跳一回加官，后面来了女客，又跳女加官，好好的一本戏，却被那跳加官占去了时候不少”[2]。又如《海上尘天影》第四十七回，“这时候戏已第四出了，重新跳起女加官来”[3]，遂“跳加官”作为求吉纳祥之戏，“客虽厌观，每或阻之，而跳如故；不跳，恐滋客不悦也”[4]。

关于“跳女加官”的扮相与表演，“南方杭嘉湖等地的水路班还有女加官，扮相是穿蟒戴凤冠，跟《大登殿》王宝钏一个扮相。跳男加官时，男观众往舞台上扔钱、扔贵重的东西，跳女加官时则是女观众扔钱、扔贵重的物品。北方虽无女加官，但盔箱有女加官脸子”[5]。广西一地跳“女加官”，由班中旦脚浓妆艳服，舞扇花，挥方巾，舞步登场。亮相后，做整

1 李跃忠《中国影戏与民俗》，大象出版社 2010 年版，第 182 页。

2（清）吴趼人《二十年目睹之怪现状》，人民文学出版社 1959 年版，第 396 页。

3 古本小说集成编委会编《古本小说集成》，上海古籍出版社 1994 年版，第 549 页。

4 傅谨主编《京剧历史文献汇编 · 清代卷》（二），凤凰出版社 2011 年版，第 636 页。

5 迟金声《今生散记 · 戏曲艺事见闻录》，中国戏剧出版社 2017 年版，第 110—111 页。

妆、洒水、扫地、抹桌、挂画等身段，并携带“某某夫人富贵荣华”等条幅，走到台口，向观众展示，躬身行礼。表演完毕，受提名者赠送“红包”，放鞭炮答谢。接着班主或检场师傅，以司仪身份，手捧封包、礼品，伴随跳加官演员出场谢赏。这时旦角将礼品向观众一一亮出，每亮一件，司仪即向赠礼人高喊“某某先生和夫人万事如意，富贵吉祥”。在向主人谢赏时，根据演出性质讲“彩话”，如祝寿演出，便说“福如东海，寿比南山”；小孩满月，说“长命富贵，金榜留名”；儿女婚事，说“良缘结缔，永偕百年”；新居落成，说“紫气东来，五福临门”；祝丰收，说“六畜兴旺，五谷丰登”；还愿祈神，说“人丁兴旺，四季平安”[1]。

所以，人们观看戏曲的主观目的性很强，一般不演与吉庆场合不相符的戏，但也有一些特殊情况。如《红楼梦补》第八回云：“宝玉点的《五郎出家》那出……看得贾母、王夫人等都伤心流泪起来。贾母查问谁点的戏，林之孝家的在旁回明是宝玉点的，贾母也无言语。”[2]宝玉点了《五郎出家》这样的哭戏，引人落泪，贾母虽心中不悦，但因为宠爱孙儿，便不再多说。又如《海上尘天影》第四十一回，程夫人命兰生点戏，兰生点了《长生殿》中《惊变》《埋玉》二出，有杨玉环马嵬坡香消玉殒的情节，“珩坚意思要想阻他，说不吉利的戏不做罢，这回子见太太高兴，反不便说了”[3]。兰生点了不吉利的戏，珩坚、素秋一脸惊慌，连连给兰生使眼色，但程夫人高兴，并不计较。由此可见，女性拥有至高的权力或女性并不特别在意戏的内容时，可以随心所欲打破既定的习俗和规范，突出了女

1 中国戏曲志编辑委员会等编《中国戏曲志·广西卷》，中国 ISBN 中心 1995 年版，第 475 页。

2（清）归锄子《红楼梦补》，韩锡铎校点，春风文艺出版社 1987 年版，第 83 页。

3 古本小说集成编委会编《古本小说集成》，上海古籍出版社 1994 年版，第 478—479 页。

性的主体意识。

（二）礼仪周全原则

能够在堂会上点戏是件体面的事，但要点好戏也是件难事。点戏之人，如对剧情和在座人员情况不熟，极容易犯了忌讳或引起一些不愉快，甚至引出好多笑话。如《红楼真梦》中，借南安太妃之口，说到点戏之难，“点戏看着容易，若戏文不熟，点错了就是笑话，只看那名目好听是靠不住的”[1]。焦循《剧说》卷六，就写到公宴选剧何以最难的问题：“相传，秦姓者选《琵琶记》数出，座有蔡姓者意不怿，秦急选《风僧》一出演之，蔡意始平。岁乙卯，余在山东学幕，试完，县令送戏，幕中有林姓者选《孙膑诈风》一出，孙姓者选《林冲夜奔》一出，皆出无意，若互相诮者。主人阮公之叔阮北渚鸿解之曰：‘今日演《桃花扇》可也。’怀宁粉墨登场，演《哄丁》、《闹榭》而出，北渚拍掌称乐，一座尽欢。”[2]秦、蔡二人借着戏曲演出互相讥讽，观剧气氛一时剑拔弩张，阮鸿看到了问题的严重性，于是选了《桃花扇》里的《哄丁》《闹榭》二出，从中调和双方的矛盾，效果极佳，一座尽欢。《红楼梦》中凤姐、薛宝钗就是最懂点戏礼数的行家，如第二十二回薛宝钗生辰，“吃了饭点戏时，贾母一定先叫宝钗点。宝钗推让一遍，无法，只得点了一折《西游记》。贾母自是欢喜，然后便命凤姐点。凤姐亦知贾母喜热闹，更喜谑笑科诨，便点了一出《刘二当衣》。贾母果真更又喜欢”[3]。薛宝钗和王熙凤深谙贾母喜欢热闹戏，便点《西游

1（清）郭则沄《红楼真梦》，华云点校，北京大学出版社1988年版，第628页。

2 中国戏曲研究院编《中国古典戏曲论著集成》（六），中华书局1996年版，第71页。

3（清）曹雪芹《红楼梦》（百家汇评本），陈文新、王炜辑评，长江文艺出版社2005年版，第137页。

记》《刘二当衣》这样的热闹戏来投其所好。可见，点戏不仅是一门艺术，更是一种应酬的礼节。点戏之人能做到面面俱到、礼仪周全，是极不易的。

三、点戏物件类型

清代女性用于点戏之物，种类繁多，常见的有戏单、牙牌、笏板、戏折等。但也有按照平日惯常的审美口味，吩咐随意演唱的方式，此时就不用点戏的媒介了。

（一）戏单

戏单，是戏班管事将本班拿手戏及著名演员的信息写在一张纸单上供人点选。清代戏单多用墨笔在红纸上写就，遂有“红纸开来窄戏单”之说[1]。之所以用红纸，二人转艺人认为，戏单是具有灵性的物件，晚上睡觉时放在枕头下面，具有驱邪的功能。演出的时候，若遇到灯光照明条件不好的情况，把单盒挂在门上，可以驱赶妖魔鬼怪[2]。一般来讲，清代名气大一些的职业戏班都有自己的戏单，既可以显示班社的演出实力，又可方便观众点选。戏单的形式，也经历了一个由简单到复杂、由粗陋到精美的发展过程。清末时，一张完整的戏单通常会列出班社、戏码、演员姓名、演出剧场、演出日期等信息[3]。如1909年春庆班丹桂茶园“说白清唱”戏单、1912年喜庆和班同乐园戏单。

清代小说《续红楼梦新编》第十一回，王夫人六旬大寿，“周瑞家里、

1 邵红《戏曲的活页历史——老戏单》，《中华戏曲》第27辑，文化艺术出版社2002年版。

2 孙红侠《二人转戏俗研究》，文化艺术出版社2013版，第75页。

3 谷曙光《梅兰芳老戏单图鉴——从戏单探究梅兰芳的舞台生涯》，学苑出版社2015年版，第5、7页。

吴新登家里就拿上戏单来，请点戏”[1]。此外，戏单又可叫“戏文手本”“戏目”等，称谓不一。如《金瓶梅词话》第四十三回，庆贺与乔家结亲，“下面鼓乐响动，戏子呈上戏文手本，乔五太太吩咐下来，教做《王月英元夜留鞋记》”[2]。此处称作“戏文手本”，也可简称“戏本”“戏本儿”。如李绿园《歧路灯》第七十一回，“苏班老生拿着戏本儿来求点戏”，即称作“戏本儿”[3]。还有既称呼“戏单”，也称“戏目”的。如《红闺春梦》第七十五回，小儒及方夫人等宣请云从龙夫妇等人，西边乃女眷席，“玉儿在帘外请了安，将戏目呈进”[4]。《醋葫芦》第十回，成珪、周智夫妻坐定后，“戏子首呈戏目，到席中团团送选，俱各不好擅专”[5]。

（二）笏板、牙牌、戏扇

有的地方也把剧目名称、剧目提要等刻在象牙、骨角或竹子制成的长方形板状物或扇面上，充当点戏之物。

戏扇，如《红楼梦影》第二十三回，“把扇子递与孩子们，捧上去请点曲儿。此时胡氏用三个珐琅小碟盛了滴珠儿，摆在三位太太面前，预备打彩。早有人在地下铺了栽绒花毡。老太太点了个‘从别后’，薛太太点了个‘瘦腰肢’，王夫人点了个二人合唱的‘春色儿娇’。”[6]《花月痕》第六回，“酒行三巡，曼云等出位，走到正面席前，以次呈上歌扇。……荷生就随意将各人都点了，只把秋痕的扇子握在手中，且令归坐。……荷生便

1（清）海圃主人《续红楼梦新编》，于世明点校，北京大学出版社 1990 年版，第 114 页。

2（明）兰陵笑笑生《金瓶梅词话》，戴鸿森校点，人民文学出版社 1985 年版，第 349 页。

3（清）李绿园《歧路灯》，李颖点校，中华书局 2004 年版，第 581 页。

4（清）竹秋氏《红闺春梦》，天津出版传媒集团、天津古籍出版社 2016 年版，第 742 页。

5 励东主编《古书秘藏》（第十二卷），延边人民出版社 2001 年版，第 208 页。

6 古本小说集成编委会编《古本小说集成》，上海古籍出版社 1994 年版，第 417—418 页。

向秋痕笑道：‘你这扇上大半是《燕子笺》《桃花扇》《西楼记》《长生殿》，可见是个名家了’。”[1]

牙笏，如清人徐珂《清稗类钞·戏剧类》中“规矩”条载：“客至点戏，有贴（旦）执牙笏至坐客前为礼，谓之抱牙笏。”[2]《红楼梦》系列的续书中有很多用笏板、牙牌点戏的记载。如《红楼梦补》第四十五回，“那唱旦的才得十二岁，拿着笏板上来请贾母点戏。”[3]海圃主人《续红楼梦新编》第十一回，“吃着饭，周瑞家又拿笏板请点找戏。郁夫人、潘夫人着实高兴，又点了出《寄简》《闹学》。”[4]还有用牙牌点戏的，如《海上尘天影》第四十七回，“班中小旦拿了牙牌戏目折到东西厢楼，请太太奶奶姑娘点戏。”[5]笏板，一般是指象牙笏，简称“牙笏”或“牙牌”。陈少海《红楼复梦》第二十回云：“有个十二三岁的小旦，穿着大红衫子，包着头，拿着牙笏同笔走出戏场，朝上磕了三个头，起身走到梦玉桌前请点戏。”[6]

（三）戏折或点戏谱

戏折，又称“戏折子”“点戏谱”，是另一类非常重要的点戏物件。目前所知，现存清代以来的点戏谱11册。拙文《泽州裴甙村怡悦会记“点戏谱”考述》，就曾对山西省晋城市南岭乡裴甙村的泽州秧歌班“怡悦会”戏折进行过详细考述[7]。凤邑裴甙怡悦会记“点戏谱”编号:JB2165，木板面，经折装。板面长18.5厘米，宽11厘米，高3.5厘米，重量286.1克，

1（清）魏秀仁《花月痕》，尚成标点，上海古籍出版社1996年版，第26页。

2（清）徐珂编撰《清稗类钞》（第三十七册），商务印书馆1918年印行。第23页。

3（清）嫏嬛山樵《补红楼梦》，胡文彬、叶建华校注，北岳文艺出版社1989年版，第277页。

4（清）海圃主人《续红楼梦新编》，于世明点校，北京大学出版社1990年版，第116页。

5 古本小说集成编委会编《古本小说集成》，上海古籍出版社1994年版，第549页。

6（清）陈少海《红楼复梦》，张乃、范惠点校，北京大学出版社1998年版，第225页。

7 王姝《泽州裴甙村怡悦会记“点戏谱”考述》，《戏曲研究》2017年第3期。

现藏于晋城市博物馆。木板正面墨笔题："凤邑裴窊"，背面题："怡悦会记"。内部由蓝色土布糊成硬页，正反共 22 页。每页贴有红纸剪成的戏签三个，竖排：上下两签呈扇面形；中间戏签呈葫芦、桃子、石榴、树叶等状。每一纸签上墨笔题写戏名一出（其中 21 页中签题两出），共计 67 出，其中 15 页下与 22 页下之《大观灯》一剧重复。"点戏谱"的发掘整理，对于认知某段历史时期特定区域剧坛流行的剧种剧目、戏班"拿手"好戏、民间演剧习俗等方面提供了重要的实证依据。据怡悦会记"点戏谱"原主人李小贤老人介绍："怡悦会'点戏'时，没有子嗣的妇女在神庙内求子祈愿，必点《求子》一出。"[1] 同样，生活于晋城地区清末民初一位叫孔文秀的，"她每逢戏班在其邻村演出，总要出头露面点几出戏，显示她文秀之才"[2]。她用流行于当地的戏折来点戏是完全有可能的。

四、男女观众点戏的区别

女性点戏种种，与男观众点戏既有相似之处，又存在较大差别，呈现出更为明显的性别特征和女性化色彩。另外，点戏的环节也更为繁缛、复杂，体现出高度的仪式性和等级观念，主要表现在以下两方面。

（一）戏单呈送人性别不同

女性看戏由女副末或小旦呈送戏目。陈少海《红楼复梦》第二十回里写道："有个十二三岁的小旦，穿着大红衫子，包着头，拿着牙笏同笔走出戏场，朝上磕了三个头，起身走到梦玉桌前请点戏。"[3] 这里是由小旦

1 李小贤先生口述，采访时间：2017 年 1 月 12 日上午 10—12 点；采访地点：晋城市泽州县南岭乡裴窊村三教堂内。

2 李近义《泽州戏曲史稿》，山西人民出版社 1989 年版，第 97—98 页。

3（清）陈少海《红楼复梦》，张乃、范惠点校，北京大学出版社 1998 年版，第 225 页。

拿着牙笏请点戏。陈瑞生《再生缘》第七十五回喜宴演剧，“女副末，戏目呈，呼腰双手送千金。小姐略把头来侧，趋跄忙送众夫人。点了一本长生乐，锣鼓笙箫奏乐新”[1]，体现出女性化色彩。男性观众看戏时，呈送人多为班中扮演老生或末脚的。如《歧路灯》第十八回，“只见戏台上下来一个老生，方巾大袍，上前跪了半跪，展开戏本，低声道：‘求爷们赏一本，小的好扮’。”[2]《儒林外史》第四十九回，“一个穿花衣的末脚，拿了一本戏目走上来，打了抢跪，说道：‘请老爷们先赏两出’。”[3]《儒林外史》第十回，“副末执着戏单来请蘧公孙点戏”[4]。

（二）繁缛的点戏礼节

唱堂会的戏班出入于仕宦贵族庭院，就必须了解许多规矩，包括如何呈递戏单、怎样与主人敷衍、怎样领赏钱，特别是当帘后有看戏的女眷时，有哪些特别注意的交接事项。《梼杌闲评》第二、第三回载：“开场做戏，锣鼓齐鸣。戏子扮了八仙，上来庆寿。看不尽行头华丽，人物清标。唱一套《寿域婺星高》。乔王母娘娘捧着仙桃，送到帘前上寿，王奶奶便叫一娘出来接。一娘掀开帘子……勉强撑持，将桃酒接进。送到老太太面前，复又拿着赏封送到帘外，小旦接了去。”[5]可见，演出过程中先扮演八仙唱一套曲，再捧仙桃上寿。如果是女眷，还有一套相对繁缛复杂的交接过程，所以只能直接递奉到主人手上，而是隔着帘子，由女眷的女仆将戏目转交呈上。拿到封赏后亦不能直接授受，仍须隔着帘子，由女仆或小辈送出，

1（清）陈瑞生《再生缘》，刘崇义编校，中州书画社 1982 年版，第 1067—1068 页。

2（清）李绿园《歧路灯》，李颖点校，中华书局 2004 年版，第 140 页。

3（清）吴敬梓《儒林外史》，人民文学出版社 1977 年版，第 390 页。

4（清）吴敬梓《儒林外史》，人民文学出版社 1977 年版，第 87 页。

5（明）佚名《梼杌闲评》，刘文忠校点，人民文学出版社 1983 年版，第 24 页。

小旦接了去。如果对这些礼仪不熟悉，就容易出岔子。

除此之外，伶人或班主将该戏班擅长演出的戏目写在戏单或戏簿上，呈于座上传看，也依然遵守这样的程序。如《红楼梦补》第三十五回薛姨妈过生日，“说着戏文已开了场，先唱《八仙庆寿》，……当下有两个年纪最小的托了戏目上来点戏，在帘子外站住，林之孝家的接了戏目进来，送到薛姨妈面前点戏”[1]。《红楼梦》第七十一回贾母过八十大寿，南安太妃和北静王妃等都来祝寿，对于这套繁缛的礼仪有更加详细的描述：“一时参了场，台下一色十二个未留发的小丫头，都是小厮打扮，垂手伺候。须臾，一个捧了戏单至阶下，先递给回事的媳妇；这媳妇接入，才递给林之孝家的；林之孝家的用小茶盘托上，挨身入帘来，递给尤氏的侍妾佩凤；佩凤接了，才奉与尤氏；尤氏托着，走至上席，南安太妃谦让了一回，点了一出吉庆戏文。然后又让北静王妃，也点了一出。众人又让了一回，命随便拣好的唱罢了。”[2]从垂手伺候的小丫头，到戏单呈送人、接单子的回事媳妇，再到贴身女奴、比尤氏身份微贱的侍妾，最后到尤氏、南安太妃、北静王妃，这级级呈递戏单的过程，清一色都是女性，一方面体现了封建社会等级的严格，另一方面也尽显豪门贵族女性观剧的排场和气派。

与之相比，男性看戏时与戏子的交接程序比较简单。如《儒林外史》第四十九回：“一个穿花衣的末脚，拿着一本戏目走上来，打了抢跪，说道：‘请老爷先赏两出。’万中书让过了高翰林、施御史，就点了一出《请宴》，一出《饯别》。施御史又点了一出《五台》。高翰林又点了一出《追信》。

1（清）归锄子《红楼梦补》，韩锡铎校点，春风文艺出版社 1987 年版，第 355 页。

2（清）曹雪芹《红楼梦》（百家汇评本），陈文新、王炜辑评，长江文艺出版社 2005 年版，第 497—499 页。

末脚拿笏板在旁边写了，拿到戏房里去扮。”[1]《红楼梦》第九十三回，南安王府因新到了一班小戏子，邀请平素相好的众人观赏，“只见一个掌班的拿着一本戏单，一个牙笏，向上打了一个千儿，说道：‘求各位老爷赏戏。’先从尊位点起，挨至贾赦，也点了一出。那人回头见了宝玉，便不向别处去，竟抢步上来打个千儿道：‘求二爷赏两出’”。中间不需要层级递奉，相对直接、简单。不同之处在于，因为是戏子与观众面对面求各位老爷赏戏，出于礼节，要先行“抢跪”或“抢步上来打个千儿”。

另外，关于女性点戏，还有“点找戏”[2]等习俗。

第三节 看戏习俗

一、男女分观习俗

“男女授受不亲”作为制约中国古代男女两性社会交往的最高准则，早在《礼记·内则》中就提出：“外内不共井，不共湢浴，不通寝席，不通乞假，男女不通衣裳。”唐代宋若莘、宋若昭著《女论语》亦云：“内外各处，男女异群。莫窥外壁，莫出外庭。出必掩面，窥必藏形。”明清时期，封建礼教对于女性的束缚更加严苛，出现了大量的女教书，如明成祖孝文皇后编撰的《内训》、王相母刘氏的《女范捷录》、吕坤的《闺范》

1（清）吴敬梓《儒林外史》，人民文学出版社 1977 年版，第 390 页。

2 堂会点戏还有一种“点零出”的习俗，指的是贵客或主人点定的主要剧目演完之后，又由主人或一些客人及主人家的次要人物点演的零出剧目，相对于主要剧目而言就是找零的戏，所以又称作“找戏”。“点找戏”一般只能在大本的剧目中挑出自己喜欢或与当时环境相宜的一出。因为开头上演的主要剧目已经占用不少时间，只有一人点一出，才能让与会者都能点到，点到都能演完，演完才能尽兴。见黄天骥、康保成《中国古代戏剧形态研究》，河南人民出版社 2009 年版，第 267—268 页。

等，对妇德、妇言、妇容、妇功各方面都做出更加细致的要求。官府一面推行女教，一面对妇女守贞行为大肆褒赏，方志中大量节烈妇女的辑录，即可说明这点。由此，在公共剧场中亦呈现出“男女有别”的独特观剧风景。

（一）男女分观之诸种形式

总体来看，男女分观习俗主要有分场、分日、分门、分座等形式。

1. 分场、分日观剧

所谓分场、分日，主要是指戏园为了践行“男女有别”的礼俗，将男女观众分别安排在同一天的不同时段或一周内的不同日期。如成都地区悦来茶馆，“白昼专售女宾座”[1]。宣统二年（1910）重庆戏园，“男女分期招待”[2]。1912年万春茶园的一个广告称，“9月22日和24日，白天演出只卖女宾票……夜场只卖男宾票”[3]。可见，主要是把连续的演剧过程分成两个时间段，有白昼和夜晚两场。再比如，北平某戏园宣统元年（1909）九月“初七日，白昼灯下均专卖官客座；初八、初九、初十等日，白昼专卖堂客座。灯下仍卖官客座”[4]。

分日观剧是以月为单位，一个月里不同的日期分别安排男女宾客观剧。如宣统元年成都可园，“每逢阴历每月初二、初五、初八、十二、十五、十八、廿二、廿五、廿八日对女宾开放，其余时间为男客时间。

1 中国人民政治协商会议成都市锦江区委员会学习文史委员会编《锦江文史资料》（第8辑），锦江文化出版社2004年版，第372页。

2 张天星编著《晚清报载小说戏曲禁毁史料汇编》，北京大学出版社2015年版，第136页。

3 王笛《茶馆》，社会科学文献出版社2010年版，第179页。

4 傅谨主编《京剧历史文献汇编·清代卷》（五·上），凤凰出版社2011年版，第621—622页。

如果女宾日恰逢星期天，也只对男宾开放，第二天则为女宾开放”[1]。显然，这样一来，男宾观剧时间要比女宾多，仍是以男人为中心的安排。至民国二年（1913），四川都宪就省城悦来茶园和可园女座是否要取缔，反复进行核议，“候再行巡警劝业两道会商议复，或径将各园女座取消，或饬分日售票，或别有取缔改良之法，详候核办”[2]。云南昆明地区清末民初男女观众分日分场观剧来回经历了许多波折，提出了“或分日售票”之建议。[3]民国四年五月，保守派借口“男女观众同场看戏，存在‘调眼色、赠食品’等借以撮合的弊病，从而主张男女‘分日售票’”[4]。同年6月，军警督察长刘祖武以大观茶园多次发生兵闹事件“伤风败俗，不堪改良”为由，查封戏园，与此同时颁布《增改取缔伶业章程》，增加“须分日售男女宾票”等内容。男女观众分日看戏一事，正式提出。8月经官方倡议，正式施行。1915年8月21日《共和滇报》报道：“男女分日售票之议，倡自政府。昨巡署已就本省各茶园情形，斟酌完善，特令警察厅实行取缔。自阳历8月16日起，每日午台专售女票，夜台专售男票。唯星期日为军队、各学校休息之日，是日午夜均售男票云。”[5]

那么“男女分场观剧”具体执行效果如何呢？有史料表明，戏园、女性观众、保守派、反对派、地方政府各持一端。

首先戏园从盈利的角度考虑，认为平日观众本就男多于女，“午场专售女票，诚恐生意清淡，无法维持。因而午夜两场都售卖男票，把女观众

1 王笛《茶馆》，社会科学文献出版社2010年版，第178—179页。

2 张天星编著《晚清报载小说戏曲禁毁史料汇编》，北京大学出版社2015年版，第137页。

3 张天星编著《晚清报载小说戏曲禁毁史料汇编》，北京大学出版社2015年版，第473页。

4《欲改良风化，先从戏园入手》，《共和滇报》1915年5月22日。

5 万揆一《昆明掌故》，云南民族出版社1998年版，第93—97页。

摒绝于戏园之外”[1]。这遭到了女观众的强烈反对，纷纷起来维护自己的观剧权利，如某戏园 1915 年 9 月 22 日开演前几天提前售票，“争购戏票的妇女络绎不绝”[2]。有鉴于此，午场专售女票的规定不攻自破，“从此不定期地为女观众演出专场（包括夜场）”。保守派对此又大起反感。如 1915 年 10 月 25 日《共和滇报》发表古愚写的评论文章《夜台专售女票之宜禁》，指责各戏园不遵照章程执行妇女专看午场的规定，“竟敢夜台专售女票，至使无怪不有，无丑不出！”[3]但实际上，在当年 7 月男女分日观剧还未正式执行时，民间已有反对的声音。

署名瘦仙的作者，在昆明《觉报》发表了《不准男女同日观剧议》的文章，对男女分日观剧进行了辛辣的讽刺和质疑。瘦仙认为云华茶园营业之初，戏园管理者就已充分考虑到“男女有别”的问题，于是采取男女观众分门而入的办法，可谓泾渭分明。现在保守派进一步又因“恐视线相触，顾盼传情”而主张男女观众分日观剧，那么务必“男观众看的戏必须由男艺人演唱，女观众只能看女艺人演的戏。女性看戏之日，售票员、场务员，也必须全用女性，男警察更不能进园弹压，政府应当专门训练一批女警察来备用。训练女警察的长官，也必须由女警官担任。推而广之，政府也‘必以女子统治此事’，坐斩子去看戏的女观众，就必须雇女斩大，步行到戏园的妇女，必然会在街上碰异性，免不了‘目光相接’，所以，每值妇女看戏之日，‘勿论政、军、警、学、商各界’，凡是男子都得‘避居暗室，勿得出户；男子观剧之日，女亦如之’。这样，男女间方能完全

1 万揆一《昆明掌故》，云南民族出版社 1998 年版，第 93—97 页。

2 万揆一《昆明掌故》，云南民族出版社 1998 年版，第 93—97 页。

3 万揆一《昆明掌故》，云南民族出版社 1998 年版，第 93—97 页。

隔绝，无法眉来眼去，从此天下太平！”[1]层层批驳，有理有据，反对男女分日观剧之事。

紧随其后，《觉报》又发表了作者熊碍生的《男女分日观戏之可笑》一文，对瘦仙的观点给予支持。但政府依然我行我素，“各戏园呈请取消男女分场观剧，没有得到批准。……此后一段时期，戏园只得多设男场，少设女场”[2]。直到护国讨袁军兴，因军饷缺乏，各戏园愿意增加戏捐，要求停止男女分场观剧，从而增加戏园的收入和盈利额。政府从实际考虑，才从 1916 年 1 月 6 日起，废除了男女分日分场观剧的规定，恢复了男女同场看戏。可见，女性进入公共娱乐空间和男性一样获得同等的观剧权利，已到民国初年，其中经历了许多坎坷和斗争，既有女性自身的积极争取和努力，亦有赖于社会各界的推动和促进。

2. 分门入场

在剧场中另辟一门，男女分门而入，史料中时有见之。如阳城县驾岭乡吉德村汤帝庙道光十五年（1835）《补修碑记》载：“庙之东西，旧有看楼两所……分东看楼为两所，其在北者于庙外东边砌以石梯，使妇女之观者由外而入；其在南者为职事息肩之所，由内而入。妇不入庙而男女异路，制斯善矣”[3]。阳城县驾岭乡吉德村汤帝庙析东看楼为两部分，位处北者，在庙外另砌石梯，供女性由外面登梯而上；南者为掌管庙事等人入庙之处，男女异路，分门而入，巧妙地解决了观剧时男女混杂的问题。

---

1 万揆一《昆明掌故》，云南民族出版社 1998 年版，第 93—97 页。

2 万揆一《昆明掌故》，云南民族出版社 1998 年版，第 93—97 页。

3 碑存阳城县驾岭乡吉德村汤帝庙内，碑高 127 厘米，宽 68 厘米。见王潞伟《上党神庙剧场研究》，中国戏剧出版社 2016 年版，第 207 页。

除去乡村神庙剧场有此设计，城市各地戏园也有类似记载。如光绪三十三年（1907）和三十四年《顺天时报》对北平的文明茶园男女异路分门入园观剧的情况做了反复介绍，并表现出一种赞扬的态度。

光绪三十三年十月廿五日《顺天时报》所登之《文明茶园听戏记》中云："楼座正楼、东西楼大包厢是头等。靠北边小包厢和倒座包厢为二等。正楼包厢后是正桌。东西楼包厢后是散座。……楼座只卖堂客，不卖官客。堂客进戏园上下楼另走一门，该门在煤市街路西，因此秩序格外整齐。"[1]"堂客另由一门出入，不是和官客一个门，那门在东边，在煤市街路西。"[2]"楼上专卖女座，男子无论什么人，一概不许上楼。不但不许上楼，并且不许在一个大门内入。男子由南门出入，妇女由东门出入。南门在西珠市口大街上路北，东门在煤市街南头路西。座位路线，都分得清清楚楚，秩序很是整齐。……男女分门出入。"[3]"文明园固最新之剧场，以天和馆而改革者，池中无柱，特色一：别有旁门，特色二：男女异路，特色三……"[4]堂客即女性观众，官客即男性观众，女性是从东边朝向煤市街的门直接上楼，男性则是从南边西珠市口大街路北入园，秩序井然，不相混杂。又如，清末张光裕提及某广州戏院"建造之法，仿造上海戏院款式，围以砖墙，搭以桁桷，盖瓦架楼，门开两路，分别男女，各为出入，以免混杂"[5]。广州戏院的建造仿造上海一地，可见各地风俗之相互影响交融。又如，成都

1 侯希三《北京老戏园子》，中国城市出版社 1996 年版，第 123 页。

2 傅谨主编《京剧历史文献汇编 · 清代卷》（五 · 上），凤凰出版社 2011 年版，第 489 页。

3 傅谨主编《京剧历史文献汇编·清代卷》（五·上），凤凰出版社 2011 年版，第 513—514 页。

4 傅谨主编《京剧历史文献汇编·清代卷》（五·上），凤凰出版社 2011 年版，第 606—607 页。

5 王利器辑录《元明清三代禁毁小说戏曲史料》（增订本），上海古籍出版社 1981 年版，第 203—204 页。

地区清末民初男女界限十分森严，“悦来茶园为了争取广大妇女观众，便想出了新招，安排了两个观众入口，男宾从华兴街出入，坐堂厢；女宾从梓潼街出入，坐楼厢。戏打伙看，门各走各”[1]。可见，悦来茶园对于女性观众入园持赞同态度，而为了争取更多观众，又不违背“男女授受不亲”的封建礼教，应实际需要安排了男女观众从不同的入口入座观剧。河南丰乐园，“男女观剧分门出入，男宾仍走前门，女宾指定东岳庙门开后门，以便出入，秩序不致紊乱”[2]。可见，时至晚清，男女观众分门异路观剧的习俗在各地已非常普遍。

3．分座观剧

清代各类剧场中男女观众同时看戏时，多遵循男女分座观剧的习俗。如小说《歧路灯》第四回和第四十九回，就记载了山陕庙演剧，以甬路为界，男女分置两侧观剧的习俗。又如，海南地区直至民国初年，男女观众看戏采取“画地为牢”分座观剧的做法，主要有以下三种：其一，在台下正面地段，用绳索或竹、木圈围起来，为男人看席，不设席位，亦不能随便摆放条凳和座椅，席地而观，而圈围以外的场地，为女观众看池，可放置条凳和座椅；其二，区分男行和女行，即从舞台正面起至尾端，被划为男行，左右两侧为女行；其三，戏台正中留一条通道，通道左侧为男观众座席，通道右侧为女座席[3]。从以上三种“画地为牢”的分座情况看，

1 唐思敏《从悦来茶园到川剧艺术中心》，中国人民政治协商会议成都市锦江区委员会学习文史委员会编《锦江文史资料》（第 8 辑），锦江文化出版社 2004 年版，第 372 页。

2 唐思敏《从悦来茶园到川剧艺术中心》，中国人民政治协商会议成都市锦江区委员会学习文史委员会编《锦江文史资料》（第 8 辑），锦江文化出版社 2004 年版，第 372 页。

3 中国戏曲志编辑委员会等编《中国戏曲志 · 海南卷》，中国 ISBN 中心 1998 年版，第 546—547 页。

前两种男性观众始终被安排在戏台正面，男性观剧的舒适度是被优先考虑的，女性观剧总体上不脱离男尊女卑之社会性别秩序。另外，云南地区神庙演剧，“女子所在之地，男子向不杂入，男子伫立之区，女子避之唯谨”。[1]这种男女分座互不干扰的做法，确实可以避免剧场内男女之间发生纠纷或不测，是保持剧场良好秩序的做法。

但是仅依靠习俗对社会成员的约束和控制是非常弱的，常有男性因违背这些习俗而引发一些冲突甚至是命案的。如嘉庆十二年（1807）九月，“村众秋报，在周公祠演戏敬神，傍晚戏毕，吴允江走近妇女坐处观看，喊伊侄女回归。周观富斥其不应男女混杂，两相争詈。”[2]所以为了防止男女混杂的情况，浙南龙泉古城西边的药王庙“有严格的庙规，在女子席的两端梁上挂有两束‘广神鞭’，如果有歹徒戏弄妇女，任何人可放下‘广神鞭’鞭打”[3]。犯规之男性人人都可代神当众责打。如河南地区男女观众戏台前观戏，亦有很多讲究：“戏台前往对面八步、左右宽八步的地方称‘八步场’。‘八步场’内不许设坐凳，立而观看。场左为女子看区，场右为男子看区，女子看区称‘花场’，男人不准到花场看戏，也不准围着花场看‘溜边戏’”[4]。如有违者必受指责，重者以流氓论处，被当众责打。当然妇女也不准到男区看戏，违者拿其家长或丈夫治罪。

商业性剧场，如戏园茶园也施行男女分座。光绪年间日华戏园，“男

1 刘全健主编，昆明日报编《老昆明》，云南人民出版社 1997 年版，第 395 页。

2 ［日］田仲一成编《清代地方剧资料集》，东京大学东洋文化研究所附属东洋学文献センター 1968 年版，第 25 页。

3 蔡文水《龙泉相传庙会灯会概况》，中国人民政治协商会议浙江省龙泉县委员会文史资料研究委员会编《龙泉文史资料》（第 7 辑），中国人民政治协商会议浙江省龙泉县委员会史资料研究委员会 1988 年版，第 97 页。

4 河南省地方史志办公室编纂《河南省志·民俗志》，河南人民出版社 1995 年版，第 427 页。

女各有分座位”[1]；河南开封丰乐园，“河南向禁妇女入园观剧，自丰乐园始，经官府批准，方开禁。该园设前后门，男女分行别座，不得混杂，即使夫妻亦得分座”[2]；“成都妇女出游，久成习惯，以现在两茶园之布置，男女并分”[3]；宣统二年（1910），“园内地方不大，男女分座”[4]。从杜广沛先生收藏的清末民初《旧京老戏单：从宣统到民国》中[5]，也可看出直至民国初年，北平各大戏园仍延清制，实行男女分座之规定。如天乐茶园民国三年（1914）六月廿八日，“男女分座”。华乐园民国十二年六月四日，“男女分座风雨无阻”。该园大约至民国二十年，由男女分座变成了“楼上包厢男女合座”“包厢男女同座”，而随着普通座男女合座，约在民国三十年后，戏单上不再有男女落座的特别说明和介绍，男女分观的习俗被彻底打破了。本书认为，戏园里男女分座习俗一直坚持到民国三十年前后的原因有二。一是戏园经理出于经济利益方面的考虑不肯打破男女分座的旧规，“池子售价较廉于包厢，曩因分座之禁令，凡携眷或偕情人赴剧场聆歌者，势不能不购价值较贵之包厢票，今池子开放，群将舍包厢而去池子。其影响于营业之收入，岂可以道里计哉”[6]。因为女性观剧之包厢比池子价格昂贵，放开男女分座之禁令，势必引起人们就池子而去包厢之举动，对戏园经营造成经济损失，因此戏园的管理者并不乐意开放男女同座。二是传统封建礼教的思维惯性不易打破。清代一直强调男女有别，之所以男女

1 傅谨主编《京剧历史文献汇编·清代卷》（五·上），凤凰出版社 2011 年版，第 379 页。

2 中国戏曲志编辑委员会等编《中国戏曲志·河南卷》，文化艺术出版社 1992 年版，第 517 页。

3 张天星编著《晚清报载小说戏曲禁毁史料汇编》，北京大学出版社 2015 年版，第 137 页。

4 傅谨主编《京剧历史文献汇编·清代卷》（五·上），凤凰出版社 2011 年版，第 656 页。

5 杜广沛收藏，娄悦撰文《旧京老戏单：从宣统到民国》，中国文联出版社 2004 年版。

6 颖川《旧都见闻记》，《北洋画报》1928 年 10 月 25 日。

分座是因为在同一封闭空间内，男女混杂，会引起男性对女性的瞩目和遐想，与风化攸关。这种观念并非随着清政府的灭亡，即可一下革除殆尽，习俗一旦形成，就深深地融入人们的意识和行为中具有顽固性和滞后性。五四运动之后，随着社会的变革、女性社会地位的改变以及人们思想观念的更新，公共剧场中男女分座的情况才有所改变，戏园里男女可以同坐，但是包厢依然为那些经济条件良好、讲究舒适度的女性观众保留。据一位陪婆婆看戏的女性回忆："我们一同去看的戏院里，有半圆式的戏台，台上演着历史的旧剧。……我们一同坐在花楼里面，望着楼下，看见许多排的椅子，上面坐着许多攒动不息的看客，其中有男的，有女的，还有许多小孩由他们的阿妈抱着的。"[1]

通过这些描述，我们不难想象当时戏园中不拘男女，混杂看戏，间有私语的情形。女性自由进入大厅与男子同座，经历了相当长的一段争取期。男女座位界限的突破，是新女性在观念上对"男女授受不亲"教条的突破，是对女性作为一个完整的社会人的人格地位的认可，也是女性走向自主解放的重要过程。

综上所述，男女分观习俗，具体就表现为分场、分日、分门、分座几种形式，且这几种观剧形式有时会兼而有之。如四川某戏园"以男女有别为词，现在戏园客座有楼上楼下之分，出入异门，何尝无别？"[2]女性观众的座位被安排在戏园的二层楼上，男性观众的座位则位于楼下，同时男女观众由不同的门出入，既男女分座，又分门而入。可见，社会实践中男女分观习俗之多样面貌。

1 赵文《〈生活〉周刊（1925—1933）与城市平民文化》，上海三联书店 2010 年版，第 211 页。

2 张天星编著《晚清报载小说戏曲禁毁史料汇编》，北京大学出版社 2015 年版，第 138 页。

（二）男女分观——对女性身体的“规训”

男女分观习俗背后有着深层的文化原因，这种因性别差异而对男女个体活动范围做出区别的规定，可以说是对男女观众身体的一种“规训”。正如福柯在《规训与惩罚》中认为，“规训”的发生“它首先依据的是单元定位或分割原则。每一个人都有自己的位置”[1]。“纪律首先要从对人的空间分配入手。……纪律有时需要封闭的空间，规定出一个与众不同的、自我封闭的场所。”[2]男女分座观剧，将男性和女性固定在不同的位置，无论如何都是对既有纪律和秩序的遵守，但是因为男权社会里公共领域是属于男性的，其代表着“一种以公共权力为内容、以公共参与为形式、以批评为目的的空间”[3]。

对女性身体的言说基本上是在公共领域进行，重在监控逸出边界的女性身体，这与传统社会女性的社会地位是分不开的。封建伦常要求妇女“在家从父、出嫁从夫、夫死从子”，女人作为男人的附庸，通过婚姻形式实现附庸关系的转移。“婚姻的完成意味着对妇女的身体及劳役控制权力由原来的生父转到另一个男系家庭手上。”此时，妇女“身份类似外来的‘闯入者’，对于男系的宗法稳定造成一定程度的威胁”，所以控制女性的身体成为不二的选择[4]。为了保证男性家族血统的纯正，她们不能随便外出，而是作为家庭的一项财产存在，所以禁止女性入园或入庙观剧的记载比比皆是。然而

1 ［法］米歇尔·福柯《规训与惩罚：监狱的诞生》，刘北成、杨远婴译，生活·读书·新知三联书店 1999 年版，第 163 页。

2 ［法］米歇尔·福柯《规训与惩罚：监狱的诞生》，刘北成、杨远婴译，生活·读书·新知三联书店 1999 年版，第 160 页。

3 张凤阳等《政治哲学关键词》，江苏人民出版社 2006 年版，第 189 页。

4 柯惠玲《近代中国革命运动中的妇女》，山西教育出版社 2012 年版，第 95 页。

随着戏园开放女禁、神庙剧场势不可当，“性别空间的无形隔离，被娱乐消费的商业浪潮冲开了缺口”[1]。“女性观众试图以身体作为载体，逐渐摆脱政治权力对传统观演空间之操控，以获取相应的空间自由与身体解放。”[2]

然而，旧式戏园茶馆存在严格的等级界限，使其成为儒家思想体系和社会原则的“规训场所”[3]。这种依据观众的身份、性别对女性观剧活动空间的规定，即是对女性身体的一种规训，“此种界限实质构成强化女性性别的标识”。[4]对女性而言，“男性对女性的社会空间的安排是男性控制妇女的一个重要工具”[5]，而“控制妇女的身体就是控制她们的个性，代表着一种权威行为，旨在维护依据男人的所谓理性价值组织起来的公共秩序”[6]。对女性身体的规训这种文化现象，“实为官方禁戏权力话语的延伸”[7]。

另外，男女分观习俗既反映了官方当局和社会各界人士对女性观剧有意识的推动，也表现出对妇女观剧欲开又禁的矛盾心态。实践表明，从男女分观到民国以后逐渐男女同座，其中经历了很长的一段路程。女性观众主体意识的建构是一步步实现的，“在消费社会文化语境下，女性通过身体建构自我主体意识，仅取决于男权社会下禁戏话语中所固有的主体意识，而非颠覆现存社会机制以改变既定之戏剧观演关系”[8]。

1 罗书文《近代上海 ：都市社会与生活》，中华书局 2006 年版，第 149 页。

2 陈仕国《清末民初禁戏与戏剧观演形态》，《中华戏曲》2017 年第 54 辑。

3 林存秀《城市之声 ：戏院与都市生活的变迁》，《华东师范大学学报》（哲学社会科学版）2011 年第 3 期。

4 陈仕国《清末民初禁戏与戏剧观演形态》，《中华戏曲》2017 年第 54 辑。

5 谢纳《性别身体与空间》，《文艺争鸣》2012 年第 5 期。

6 ［英］布莱恩·特纳《身体与社会》，马海良等译，春风文艺出版社 2000 年版，第 285 页。

7 陈仕国《清末民初禁戏与戏剧观演形态》，《中华戏曲》2017 年第 54 辑。

8 陈仕国《清末民初禁戏与戏剧观演形态》，《中华戏曲》2017 年第 54 辑。

二、男尊女卑与男女落座方位

关于女性观众的落座习俗是，当没有男性观众，为女性专场时，女性依据尊卑长幼秩序来决定落座的方位。如《红楼梦》第七十一回，贾母八十大寿，王妃、诰命等至荣庆堂拜寿入席。身份最尊贵的南、北王妃在上面两席，下面依序是众公侯命妇。其中又有左右之别，左边为锦乡侯诰命与临昌伯诰命，右边是贾母，体现出森严的等级尊卑观念。资料表明，用南北、东西、左右、前后、上下、内外等方位词，表示尊卑地位的例子古来有之。如《廉颇蔺相如列传》中云："以相如功大，拜为上卿，位在廉颇之右"，官职排列尊右卑左。又如，"予左迁九江司马"，"左迁"即贬官。汉魏之后，称世家豪门为"豪右""右族"，以右为上。贫民地位低下，居住在街巷左边，称"闾左"。但后世似乎以方位来定尊卑，也有一个历史的变迁，并不完全因循于此，而是视具体情况来定。此处贾母在右，地位明显要高于其他两位诰命。按照尊卑秩序排列完座次后，邢、王二夫人带领尤氏、凤姐等小辈，"两溜雁翅"站在贾母身后。她们没有资格就座，只能站着伺候。另外，一些年长的颇有头有脸的如林之孝家的、赖大家的，只能在竹帘外伺候上菜上酒，更无资格近身伺候主人了[1]。

本书主要探讨的是各类剧场中男女同观时，女性落座方位之特殊规定和习俗。中国古代"男尊女卑"思想一直是钳制两性社会地位的最有力武器，就连观剧落座方位都分明体现出这一点。从掌握的史料来看，主要有男前女后、男左女右、男东女西、男外女内等几种方位。

1（清）曹雪芹《红楼梦》（百家汇评本），陈文新、王炜辑评，长江文艺出版社2005年版，第497—499页。

（一）男女观众落座方位

1. 男前女后

各类剧场中，男性观众置于前、女性观众置于后的情况并不少见。如私宅演剧，分别将男女观众安置于前厅和后厅。《玉蟾记》第四十九回："结彩张灯，开场演戏。前厅摆男席，后厅摆女席，席散之后吹打送客。"[1]又如，晋、陕、豫地区的一些神庙剧场，"观剧时，男立于前，女坐于后，大家眷属则各坐于自备轿车中，秩序井然"[2]。又有，山西河津九龙山真武庙剧场，根据地形落差从高到低划分成上、中、下三个观剧区，"上级俯视，是乡绅名人雅座。中级可置板凳平视，供老幼妇孺观瞻。下级为一般男性立站而仰视之"[3]。从戏台的角度来看，普通男性观众立于台前，妇孺儿童在男性后方。如河南安阳龙泉乡白龙庙剧场，地面呈斜坡状，戏楼前有宽 11 米、深 15 米的场地，连同大殿前的卷棚为观众区。男区在前，深约 10.5 米；女区在后，用砖石铺成，深约 4.6 米[4]。

2. 男左女右

男左女右方位习俗在清代文献当中也多有记载。如李鼎受（1783—1834）《游燕录》中《早发中后所忽闻丧家作乐次书状韵二首》有云："其路旁棚戏时，观者如鸦阵，而男左女右，分作两队，不相杂乱。"[5]北京文明

---

1 古本小说集成编委会编《古本小说集成》，上海古籍出版社 1994 年版，第 574 页。

2《阳原县志》（第 15 册），民国二十四年（1935）铅印本影印，第 76 页。

3 中国戏曲志编辑委员会等编《中国戏曲志·山西卷》，文化艺术出版社 1990 年版，第 547 页。

4 中国戏曲志编辑委员会等编《中国戏曲志 · 河南卷》，文化艺术出版社 1992 年版，第 511—512 页。

5 傅谨主编《京剧历史文献汇编 · 清代卷 · 续编》（四），凤凰出版社 2013 年版，第 600—605 页。

戏园演义务戏，“左男右女座分明，演剧新添义务名”[1]。北京日华女戏，“右边是女座，左边是男座，后边是散座”[2]。七濠口宁波会馆每年春间酬答神庥演戏，“二十七日召集宝风茶园诸妙伶登台演剧，……戏台前支搭茶棚二座，男左女右，以免混杂”[3]。嘉兴郡城天后宫鸿福堂演戏娱神，“两旁看楼分别男左女右，分曹而坐”[4]。黑龙江地区旧时乡间民众看野台子戏，“在台口中央拉一长绳，伸向远处，看戏观众则各占一方，男左女右，不能逾越”[5]。清末成都茶馆，“男女观众不得间杂，一幅竹屏风把男女观众分开，男坐左，女坐右”[6]。男左女右，左为尊位是封建社会千百年来男尊女卑的传统使然。

3. **男东女西**

中国古代方位讲究“主东宾西”，以东为大为首，是一种权力和身份的象征。受夫权思想影响，男女尊卑贵贱观念也通过方位之别，渗透到各种日常活动中，并逐渐演变为一种习俗。如《续红楼梦》第二十九回：“家宴演剧，奉贾母之命，阖家夫妇同在一堂，仍遵循‘男东女西，两边分坐’。”[7]清代戴熙芠述及五湖（系太湖流域）一带演社戏的情形，“演唱最为认真，自晨及暮，必演三四十出之多。四方驰名来睹者，不计其数，填港塞路，热闹已极。男女不混，以东西分别”[8]。

---

1 傅谨主编《京剧历史文献汇编 · 清代卷》（八），凤凰出版社 2011 年版，第 602 页。

2 傅谨主编《京剧历史文献汇编·清代卷》（五·上），凤凰出版社 2011 年版，第 487—488 页。

3 傅谨主编《京剧历史文献汇编 · 清代卷》（四），凤凰出版社 2011 年版，第 413—414 页。

4 傅谨主编《京剧历史文献汇编 · 清代卷》（四），凤凰出版社 2011 年版，第 471—472 页。

5 中国戏曲志编辑委员会等编《中国戏曲志 · 黑龙江卷》，中国 ISBN 中心 1994 年版，第 350 页。

6 王笛《茶馆、戏园与通俗教育——晚清民国时期成都的娱乐与休闲政治》，《近代史研究》2009 年第 3 期。

7（清）秦子忱《续红楼梦》，华世瑞点校，北京大学出版社 1988 年版，第 405 页。

8 武新立编著《明清稀见史籍叙录》，江苏古籍出版社 2000 年版，第 108—109 页。

可见，男女观剧时一般遵循“男东女西”的习俗，但有时候也并不那么严格。如清代小说《歧路灯》第四十九回山陕庙演戏，“进的庙院，更比瘟神庙演戏热闹，院落也宽敞，戏台也高耸。不说男人看戏的多，只甬路东边女人，也敌住瘟神庙一院子人了”[1]。该书第四回：“那遭山陕庙看戏，甬路西边一大片妇女，只显得这巫家闺女人材出众。”同样是山陕庙演剧，将女性观众安置在甬路东边或甬路西边。北平天桥席棚庆祝国会演剧，“偏南两旁东边是女学生座，西边是男学生座”[2]。可见，有时候民间演剧礼俗并不十分严苛，或许是由于地形限制，只要做到男女观众不接触即可。

4. 男北女南

建于清道光二十六年（1846）的河南获嘉县西刘固堤村王氏祠堂戏楼，位于王氏祠堂对面，“戏楼坐南面北……戏楼至祠堂拜殿前为观众区，男女分开。男区在南，……北区在北，两区间有栅栏相隔。”[3]可见，清代宗祠剧场在布局上严格遵循封建宗法等级制度——戏楼在南端，身材高大的男性观众被安排在靠近戏楼南边的观众区，以便观戏；低矮的女性观众却被安排在远离戏台的北区观戏，充分说明当时的女性在宗族活动中处于边缘地位。戏园子也有“男女分座，男客在池子内及北边，女客在南边”[4]的习俗。古人认为面南而为正、为顺，故“圣人南面而立”，南为至尊，所以臣见君必然北向，称臣都叫“北面”。古代用方位词表示尊卑的例子比比皆是，

1（清）李绿园《歧路灯》，李颖点校，中华书局2004年版，第346页。

2 傅谨主编《京剧历史文献汇编·清代卷》（五·上），凤凰出版社2011年版，第668页。

3 中国戏曲志编辑委员会《中国戏曲志·河南卷》，中国ISBN中心1992年版，第506页。

4 傅谨主编《京剧历史文献汇编·清代卷》（五·上），凤凰出版社2011年版，第656页。

体现在男女两性关系中，男尊女卑思想也影响着男女观众落座方位。

5．男外女内

男外女内之观剧传统，多适用于私家园林厅堂剧场。如《疗妒缘》云："厅上两席，是许雄、秦仲各一席，朱纶陪。帘内两席，是何氏、尤氏各一席，秦氏、巧珠陪。点了一本《满床笏》。"[1] 以上例子，就是男外女内，各设席面。再如，《雪月梅传》第五十回："外厅许公点了《满床笏》全部，东厅唱《七千缘》全部，内厅四席女乐扮演《永团圆》全部。"[2]

男女观众内外分厅，所演戏曲剧目也各有不同。如《红楼梦》中贾府赖嬷嬷之孙得选州县官，摆酒唱戏庆贺，"头一日，在我们破花园子里摆几席酒，一台戏，请老太太、太太们、奶奶姑娘们去散一日闷。外头大厅上一台戏，摆几席酒，请老爷们、爷们去增增光"[3]。可见，老爷们、爷们在外面大厅上，老太太、太太、奶奶姑娘们在园子里，并且男女观众观看的也不是同一个班子的戏。

另外，某些神庙剧场，也把"男外女内"的性别秩序搬到了家庭外部的空间。如山西临汾王曲村东岳庙剧场，紧邻献殿之方形月台作为男女观众看戏之所，其中把月台上砖砌栏杆，"演戏时女性在栏杆内坐着凳子观看，男性则在栏杆外站着看戏"[4]。

---

1 古本小说集成编委会编《古本小说集成》，上海古籍出版社 1994 年版，第 153—154 页。

2（清）陈朗《雪月梅传》，上海古籍出版社 1987 年版，第 455 页。

3（清）曹雪芹《红楼梦》（百家汇评本），陈文新、王炜辑评，长江文艺出版社 2005 年版，第 143 页。

4 中国戏曲志编辑委员会等编《中国戏曲志 · 山西卷》，文化艺术出版社 1990 年版，第 542—543 页。

6. 男下女上

如北京一地“道光时，京师戏园演剧，妇女皆可往观，惟须在楼上耳”[1]。又有，“京师近年来演唱夜戏，警厅取缔极严，分别男坐楼下，女坐楼上，所以别男女之嫌而防其或有扰乱也。”[2]文明戏园坐落于前门外西珠市口大街路北，光绪末年至宣统年间一直保持“男下女上”之观剧方位习俗，如文献中说：“楼上专卖女座，楼下专卖男座。”[3]宣统元年（1909）兰陵忧患生《京华百二竹枝词》载：“园自文明创始修，开通破例萃名优。各家援列齐开演，男女都分上下楼。”[4]私家园林剧场演剧，女眷们在楼上看戏，男子则在楼下。《泪珠缘》第九十五回：“太太吩咐，请爷们到园子里看戏去。梦庵早就跳起来道：‘我们去看了戏，可不是累了太太们没得看呢？’宝珠笑道：‘女眷们都在楼上看，咱们在楼下，妨碍不着的。’”[5]

（二）女性落座方位之突破

1. 权力因素

当女性的地位、身份、权力具备一定特殊性时，也可影响和改变女性观剧的方位。如马戛尔尼的《乾隆英使觐见记》，作者以一个异域使者的身份客观记录了他看戏时观察到的乾隆皇帝、大臣、外国使臣及宫廷女眷观剧的方位，“演时皇帝白就戏场之前设一御座坐之。……戏场之两旁则为厢座，群臣及吾辈坐之；厢座之后有较高之座位用纱帘障于其前

1（清）徐珂编撰《清稗类钞》，商务印书馆 1918 年印行，第 72 页。

2 傅谨主编《京剧历史文献汇编 · 清代卷》（六），凤凰出版社 2011 年版，第 87 页。

3 傅谨主编《京剧历史文献汇编 · 清代卷》（五），凤凰出版社 2011 年版，第 333—334 页。

4 转引自杨米人等著，路工编选《清代北京竹枝词》（十三种），北京古籍出版社 1982 年版，第 133 页。

5（清）陈栩《泪珠缘》，黑龙江美术出版社 2015 年版，第 354 页。

者乃是女席，宫眷等坐之”[1]。乾隆皇帝在戏台前正中就座，群臣位于两旁，女席宫眷在两旁群臣之后，帝后群臣等级秩序森严。

到了清同治光绪年间，因慈禧太后独揽大权，她观剧时往往坐在戏台的正对面。如《清稗类钞》记载，颐和园戏台“两旁皆平房，其外有廊，为恩赏王公大臣听戏处。正对戏台者有屋三间，高一丈，孝钦后听戏所坐。偏右一间，为休息室，临窗有长坑，坐卧可随意，有时锣鼓喧天，孝钦能酣眠不醒”[2]。又如，做过宫廷女官的裕容龄在回忆录《清宫琐记》中，写到某次德和园演戏，慈禧太后与光绪帝及众人的观剧方位：“慈禧在颐乐殿前下轿后，站在殿门前的王公大臣向她叩了三个头，谢赏听戏。然后分立在东西廊下。那儿没有座位，只有大红垫子。当他们看到慈禧在殿内坐下后，才敢坐到垫子上。慈禧在殿内坐在靠窗右边的炕上，从玻璃窗内往外看戏。……光绪站在慈禧后面，约站了一小时就走开了。”[3]群臣在戏台之两旁廊内，孝钦太后位于戏台正对面之屋内听戏，光绪皇帝站在慈禧身后，甚至还增设可以随意躺卧之休息室。因为拥有至高无上的特权，慈禧太后既不遵循清宫祖制，也不遵循一般男女观众落座方位习俗，而是直接取代了历代皇帝的正面观剧位置，观剧的舒适度倍增。这显示出特权地位的极大特殊性和自由度，完全打破了作为一名女性所应遵循的一切限制和规约。

具有这样特殊身份的女性并非只有慈禧一位，宫廷之外也有。如民国元年（1912）成都悦来茶园，当时著名的川剧班社三庆会管事名丑唐广

1 傅谨主编《京剧历史文献汇编 · 清代卷》（八），凤凰出版社 2011 年版，第 7—8 页。

2 傅谨主编《京剧历史文献汇编 · 清代卷》（八），凤凰出版社 2011 年版，第 178 页。

3 裕容龄著，江荧绘《清宫琐记》，北京出版社 1957 年版，第 18—19 页。

体，邀请大汉四川军政府都督尹昌衡之母光临悦来茶园看戏[1]，“官家老夫人及其女眷当然不能去楼厢看戏，她们自然坐了堂座中的正座，有如现在的‘最佳座位’。”[2]辛亥革命后，尹昌衡任四川都督府都督，为地方最高军政长官。掌班唐广体从戏园营业之目的出发，率先邀请都督母亲及家人来看戏，因为地位特殊，老夫人从侧面的厢楼转向正面最佳的观剧位置，这样一来，就轻而易举地打破了平常戏园里“男坐楼下，女坐楼上”之传统格局。“这一开戒，女性争先‘效法’”[3]，男下女上之观剧格局逐渐被打破。这种格局的打破，男性戏园掌班的作用不容忽视，甚至可以说主要是依靠男性来策划和推动的。

2. 其他因素

首先，传统孝道文化与男女性别限制的背离，可以影响到女性观剧的方位。如山西省高平市良户村田宅剧场正面看楼的设置，就是田氏子孙出于孝亲、娱亲之目的，效斑衣戏彩，为其女性长辈及相关女眷建造的专门的女性看楼。又如《红楼梦》第二十九回“清虚观打醮”，贾母作为贾府的女性长辈，就坐于正面楼上看戏，处于晚辈的王熙凤等人则在两边楼上伺候。有研究表明，在传统父权社会中“女人处于五伦（父

1 尹昌衡（1884—1953），原名昌仪，字硕权，号太昭，别号止园，四川彭县（今彭州市）升平镇人。清光绪二十八年（1902）入四川武备学堂，毕业后保送日本留学。先后任四川督练公所军事科科长、编译局总办、四川陆军速成学堂总教习（相当于校长 ）。1911年11月，大汉四川军政府成立，任军事部长。1912年，成渝两军政府合并，成立四川都督府，尹昌衡任都督。辛亥革命时期，起义各省多置都督，为地方最高军政长官。袁世凯上台后，改称某某将军，督理某省军务。1916年袁死后改称督军，1922年又称督理。著有《止园文集》等。

2 中国人民政治协商会议成都市锦江区委员会学习文史委员会编《锦江文史资料》（第8辑），锦江文化出版社2004年版，第372页。

3（清）陈季同《吾国》，李华川译，广西师范大学出版社2006年版，第20页。

子有亲、君臣有义、夫妇有别、长幼有序、朋友有信）的核心。母亲的称呼是神圣的，我们的法律认可这一称呼的尊贵及其相应的权力”[1]。五伦中，夫妇一体，夫妻几乎拥有相等的权力。“但妻拥有的权力是隐性的”，当丈夫不在场或死亡后，女性的家长权才会显现出来，并且妇女在家庭中的优势随着年龄的增长而增加，所以女性家长权会凌驾于男女性别秩序之上。

为了满足母亲及长辈女性的观剧愿望，把她们置于最有利于观剧的正面位置是很容易理解的。目前神庙剧场中普遍设置有左右双侧看楼，而正面看楼比较少见[2]，实际上“正面观剧场所……剧场的建造思维和实践已经充分考虑到了观者需求，提升了观剧效果，体现了神庙剧场专门化的建造和对人性化的考量”[3]。但是神庙剧场内正面看楼没有大量普及开来，其真正的原因可能是民间信仰中认为只有至高无上的神灵可以居于正中观剧，人若居中，且为楼者，是对神灵的僭越。所以，神庙中设正面看楼有一些尝试，但并未大量普及。

其次，男性对女性的尊宠和溺爱程度，也会对女性观剧方位有影响。如《二十载繁华梦》第十一回载：“中央自是戏台，两旁各筑一小阁，作男女听戏的座位。对着戏台，又建一楼，是预备马氏听戏的座处。”[4]男主人因为尊敬和宠溺妻子马氏，专为其在庭院中建造戏台并马氏听戏之正

1（清）陈季同《吾国》，李华川译，广西师范大学出版社 2006 年版，第 20 页。

2 王潞伟《上党神庙剧场研究》中“神庙剧场设置正面看楼的尝试”一节，对神庙剧场设置正面看楼做了简单考述。见王潞伟《上党神庙剧场研究》，中国戏剧出版社 2016 年版，第 206—221 页。颜伟、曹飞《新见神庙剧场看楼、看台、看亭（厅）》中，详细介绍了上党地区高平市境内现存正面看楼的五座神庙剧场，《戏曲研究》2014 年第 1 期。

3 颜伟《村社传统与神庙演艺》，山西师范大学 2018 届博士学位论文，第 172 页。

4（清）黄小配《二十载繁华梦》，天津古籍出版社 1986 年版，第 84—85 页。

面看楼，设置工巧之至。

由上可知，女性观剧落座方位之突破，既仰仗于女性自身地位权力和身份，也不排除男性的努力。在某些情况下，男性也会通过一些具体的行为积极推动女性观剧方位的改变。

第四节 赏赐习俗

点戏看戏之后，便是放赏。无论是民间职业戏班还是内廷伶人和私邸家班，在额定的戏钱之外，一般还会得到主家或宾客临时给予的一些赏赐，可以是赏钱，也可以赏物或其他。明清时期，放赏已然成为观众在观剧过程中的例行程序。封赏的多寡，与主人的阔绰程度、伶人的演出技艺和宾主的满意程度有直接关系。通过赏赐习俗，可以反映观众的观剧心态和个人喜好等。赏赐习俗一样可以促进戏曲艺术的精益求精，某种程度上对于抬高戏曲艺人的身价、增加伶人的收入、促进伶人的社会交往有一定作用。女性观众的赏赐，既有与男性相同之处，又呈现出不同于男性观众的繁缛复杂的特点。在赏赐品类方面，有时带有明显的女性化特征和女性个人情感投射。

一、从施赏者看

（一）赏赐者多为中上层女性

女性对伶人的赏赐，多集中在中上层女性中，如清宫内皇太后、皇后、妃嫔等或豪门贵族女性。清宫档案详细记录了咸丰二年（1852）皇后、英嫔、云嫔册封礼后对昇平署太监的赏赐：

十五日敬事房传旨，十六日皇后在交泰殿午时演接册宝礼。……皇后赏禄喜蓝绣蟒袍料一件、大卷蓝袍料一匹、大小荷包一分；内学首领四名，每名小卷袍料一件，小荷包一对；太监等银五十两。中和乐首领二名，每名小卷褂料一件，小荷包一对；太监等银五十两。钱粮处首领二名，每名小卷褂料一件，太监等银四两。档案房首领金保全小卷褂料一件，太监等银四两。十一月初二日奴才禄喜谨奏，于十一月初七日时，英嫔接册，是时，奴才率领中和乐首领、太监等伺候乐。云嫔接册，是时，奴才率领中和乐首领、太监等伺候乐。谨此奏闻。初七日奴才禄喜谨奏于十一月初七日，英嫔赏禄喜小卷袍料一件；中和乐首领李会元、宋大成每名小荷包一对、槟榔口袋一个；中和乐太监银七两。云嫔赏禄喜小卷袍料一件；中和乐首领李会元、宋大成每名小荷包一对、槟榔口袋一个；中和乐太监银七两。[1]

可见，给昇平署太监的赏赐，也要依据看戏的主子是什么身份和地位来分别打赏。赏赐的物品也存在等级差异，其中咸丰帝的皇后地位最高，赏赐也最多，英嫔、云嫔等地位较低，赏赐也少很多。另外，有清一代，不同时期的宫廷女眷对于同一人生礼俗的赏赐也多寡有别。如同为册封礼，道光五年与咸丰二年的赏赐就有很大的差别。道光五年（1825）“四月十三日全贵妃、祥妃、珍嫔俱在本宫迎接册宝，按例伺候乐”[2]。禄喜带领中和乐太监为三位妃嫔册封奏乐，“奴才率领中和乐首领、太监等伺候钟粹宫、翊坤宫、延禧宫接册宝。全贵妃赏禄喜大卷江绸袍料一匹、大小

1 朱家溍、丁汝芹《清代内廷演剧始末考》，故宫出版社 2014 年 12 月版，第 270—271 页。

2 朱家溍、丁汝芹《清代内廷演剧始末考》，故宫出版社 2014 年 12 月版，第 174 页。

荷包二对，太监等银五两。祥妃赏中和乐首领梁忠大小荷包二对，太监等银四两。珍嫔赏中和乐首领尤进喜大小荷包二对，太监等银四两。谨此奏闻”[1]。禄喜原名李进喜，是嘉庆、道光、咸丰三朝昇平署总管，最能见证历史的变迁和伶人的生活状况。同为嫔位，咸丰年间英嫔、云嫔各赏“中和乐首领李会元、宋大成每名小荷包一对、槟榔口袋一个；中和乐太监银七两”[2]，明显比道光五年珍嫔的赏赐丰厚，这可能受道光帝与咸丰帝对戏曲的不同态度影响所致。

道光朝国力每况愈下，鸦片战争失败后，《南京条约》的巨额赔款使国库愈加空匮，闭关锁国的政策致使大清帝国的衰落已成不可逆转之势，道光帝深深地意识到了这一危机，采取了一系列缩减开支的政策。他崇简黜华，身体力行，对宫廷演剧管理机构进行了改革，如撤销南府、景山，大量裁减内廷伶人，缩减宫廷演剧的规模。道光帝的节俭作风必然会影响到内廷女眷的戏曲消费，在赏赐伶人方面显得较为节制。咸丰帝则和道光帝不同，咸丰十年（1860）英法联军攻陷大沽占领天津，战火烧到了北京城下，咸丰帝不顾国家利益和百姓安危，携后妃仓皇逃往热河，致使英法联军攻占北京，火烧圆明园。面对层出不穷的社会矛盾和政治危机，咸丰帝未能力挽狂澜，反而更加醉心于看戏，在戏曲中麻痹自己，不仅放开了从民间挑选伶人政策，且扩大了演出规模，甚至在热河行宫时还多次调遣伶人前往承应。有资料表明，在逝世前的最后半个月里，咸丰帝还在频繁看戏。他沉溺声色、纵欲作乐的态度，必然也会影响到内眷，特别是慈禧太后（初进宫时封为兰贵人，咸丰四年封为懿嫔），尤其光绪

1 朱家溍、丁汝芹《清代内廷演剧始末考》，故宫出版社 2014 年 12 月版，第 174 页。

2 朱家溍、丁汝芹《清代内廷演剧始末考》，故宫出版社 2014 年 12 月版，第 270—271 页。

朝，慈禧太后擅权，随着演戏次数的频繁，赏银数额也在不断增加。“演毕，内务府照例犒赏，其尤负盛名诸优，则由孝钦另赐以内帑，多寡不定。”[1]可见，给伶人的赏银极具随意性。正如丁汝芹先生所言：“光绪朝时局每况愈下，国家财政开支捉襟见肘，而演戏后给予艺人的赏银却是水涨船高。重新召入民间艺人之初，演出后最高赏银在八两左右，以后节节攀升，光绪二十年（1894）后达到二三十至四五十两。光绪三十四年，赏单上的数额更增长到了空前的高度。谭鑫培、侯俊山等主演一场戏后曾多次拿到六十两银子的赏银，这笔钱在当时相当可观。”[2]国家财政短缺，慈禧太后给伶人的赏银却节节攀升，甚至达到了“滥赏”的程度。

除宫廷女性的赏赐，清代世情小说也多次写到了仕宦大家女性对伶人的赏赐。如《红楼梦》第七十一回，贾母八秩大庆，南安太妃、北静王妃等贵宾点了戏后，“跟来各家的放了赏”[3]。可见，放赏已经与点戏、看戏一样成为观演戏曲时所必行的礼节和习俗，风靡于中上层女性中。当然，赏赐伶人与女性的经济能力密切相关，丰厚的经济基础是娱乐生活的前提。

据相关研究表明，清代的士绅阶层拥有很多有别于庶民百姓的特权。比如在经济方面，生员享有各种津贴[4]，底层生员亦可“免于编氓之役”[5]，绅衿阶层赋役制度上的豁免权，是其获取财富的敲门砖。上层官僚等通过买卖私有土地、地租收入、放高利贷等多种途径，聚集了大量财富。相比

1 小横香室主人《清朝野史大观》（卷一），上海书店出版社 1981 年版，第 107 页。

2 丁汝芹《清代内廷演戏史话》，紫禁城出版社 1999 年版，第 255 页。

3（清）曹雪芹《红楼梦》（百家汇评本），陈文新、王炜辑评，长江文艺出版社 2005 年版，第 498 页。

4 张仲礼《中国绅士——关于其在 19 世纪中国社会中作用的研究》，李荣昌译，上海社会科学院出版社 1991 年版，第 32—44 页。

5 雒启坤、王德明主编《中国历代禁书》，九州图书出版社 1998 年版，第 1152 页。

劳苦大众，文人士大夫阶层因为拥有更多的社会资源，在财力方面具有一定的优势，中上层女性也无须从事物质性的生产劳动，优渥的生活条件、闲适悠裕的时间，使她们成为享受消费戏曲艺术的重要群体[1]。

另外，给伶人封赏的时间并不固定。有时可打断演出而给赏，如“彩云和五妞儿，还有几个内城里有体面的堂客，……看到得意时，和爷儿们一般，在怀里掏出红封，叫丫鬟们向戏台上抛掷”[2]。有时是在演出告一段落后发放，如车王府子弟书中阔大奶奶在听完《必正偷诗》《拾镯记》《十二红》等折子戏后，因为听得高兴“这佳人香腮带笑忙吩咐：‘赏他们打彩封儿乐性情’”[3]，即是表演结束后给伶人打赏。

（二）赏赐过程的繁缛

关于女性观众赏赐过程的描写，《红楼梦》第五十三回，上元之夜贾

---

1 本书着重就中上层女性赏赐习俗进行探讨，似乎不具备完整性。下层女性观剧后是否放赏，如何赏，赏什么，目前还没有发现相关记载。这和学界对下层民众生活史研究的匮乏有很大关系。同时下层社会庙戏组织的主要负责人多是男性社首，赏戏也主要是由男性社首来执行。如原双喜《上党戏剧史摭谈》载：“村社演戏，唱到半中间时，暂停戏，由社首领头，八音会吹吹打打抬着面或猪肉上台，犒赏戏班。遇到唱对台戏时，则把犒赏物放在两戏台中央，哪个戏台下的观众多，哪个戏班就得封赏。”这是鼓励戏班努力把戏唱好的表示。（原双喜《上党戏剧史摭谈》，山西人民出版社 2012 年版，第 151 页）

笔者认为，不能排除那些由女性担任社首，负责酬神演戏时赏赐伶人的情况。万银红《清代妇女社会活动研究》认为，河南部分地区有妇女建立的香火会，女性会首从身份上“一般为绅衿阶层或出富裕之家，而化手（捐资者）也有平民妇女。如在集资上，一般情况下，会首等香会首领会多出资，同时也会说服男性亲属参与捐助。……香会的很大部分权力由会首所掌控，若会首皆为女性，男性只是捐助者，香会权力仍为妇女所掌控。……女性只是参与捐资，香会的管理全为男性，……这可以被看作是个男性香会”。（万银红《清代妇女社会活动研究》，南开大学 2014 届博士学位论文，第 51—52 页）所以依据捐钱多寡和女性在整个团队捐助活动中的参与度来定女社首的权力，捐款越多，参与度越大，越有话语权。民间演戏中，女性社首是否也放赏，鉴于资料匮乏，暂且存疑。

2（清）曾朴《孽海花》，昆仑出版社 2001 年版，第 280—281 页。

3《清车王府钞藏曲本 · 子弟书集》，江苏古籍出版社 1993 年版，第 260—261 页。

母在大花厅摆下家宴，定了一班小戏，对戏子发放赏钱的整个过程，做了详细的描绘，体现出繁缛复杂的特点。从赏戏的具体过程看，有以下几个步骤。

首先，准备赏钱。“当下又有林之孝的媳妇，带了六个媳妇，抬了三张炕桌。每一张上搭着一条红毡，放着选净一般大新出局的铜钱，用大红绳串穿着，每二人搭一张，共三张。林之孝家的叫将那两张摆至薛姨妈、李婶娘的席下，将一张送至贾母榻下。贾母便说：‘放在当地罢。’这媳妇素知规矩，放下桌子，一并将钱都打开，将红绳抽去堆在桌上。”[1]这个过程又称“搭钱”，“从前堂会戏，每一好戏出台，台下必喊搭钱。此钱或出自主人，或出自欢迎该脚之客人，皆不一定。搭钱时用半八仙桌，由台下搭至台上，放在台脸，即有后台人来谢赏”[2]。

其次，在丑角等“抓哏”[3]时放赏。“此时唱的《西楼会》，正是这出将完，于叔夜赌气去了，那文豹便发科诨道：‘你赌气去了。恰好今日正月十五日，荣国府里老祖宗家宴，待我骑了这马，赶进去讨些果子吃，是要紧的。’说毕，引得贾母等都笑了。……贾母笑说：‘难为他说得巧。’说了一个‘赏’字。”[4]对于贵族大家女眷的赏赐环节，曹雪芹做了细致入微的描写。此处扮演文豹的演员临时抓哏，说了几句讨俏的道白，巧妙穿插进去可笑的内容，引起了贾母等人的发笑，在一阵赞美声中放赏。

1（清）曹雪芹《红楼梦》（百家汇评本），陈文新、王炜辑评，长江文艺出版社 2005 年版，第 365—367 页。

2 梁燕主编《齐如山文集》（第 2 卷），河北教育出版社 2010 年版，第 239 页。

3 抓哏，戏曲中的丑角或相声、评书等演出时，节目中穿插进去的玩笑内容，用以引起观众发笑。

4（清）曹雪芹《红楼梦》（百家汇评本），陈文新、王炜辑评，长江文艺出版社 2005 年版，第 365—367 页。

再次，如何赏钱。“三个媳妇已经手下预备下小笸箩，听见一个‘赏’字，走上去，将桌上散堆钱，每人撮了一笸箩，走出来，向戏台说：‘老祖宗、姨太太、亲家太太赏文豹买果子吃的。’说毕，向台一撒，只听豁啷啷，满台的钱响。”[1] 一撮一撒，如闻其声，生动之至。值得注意的是，曹雪芹具体还写了男女观众分别赏钱之情节，“却说贾珍贾琏暗暗预备下大笸箩的钱，听见贾母说赏，忙命小厮们快撒钱，只听满台钱响，贾母大悦”[2]。可见，男女观众赏钱分为两摊，老太太和太太们的一摊是由三个媳妇拿着小笸箩撮的，贾珍、贾琏等老爷们的赏钱，是由小厮们抬着用大笸箩装的，男女有别，一点也不含糊。

同时，也可看出仕宦大家的女性对伶人的赏赐是颇高的，有时光封赏一项，就足以顶得上一夜的戏价。如《王文韶日记》曾写道：“戏价每夜九千六百，老太太另赏八千。”[3]

（三）赏赐者的心态

从女性观众观剧后对伶人们的赏赐，也能够看出赏赐者的不同心态。如清宫每年的岁时节令或日常的承应戏，帝后等人都会给予内廷及外学伶人一定的赏赐。赏赐的情况，《恩赏档》和《恩赏日记档》均有专门记录，这种仪典性、喜庆性的赏赐，往往体现出皇家的恩泽，是内廷女性对伶人表演技艺的欣赏和认可，对于戏曲艺术的精进大有裨益。同时，丰厚的奖赏不仅可以增加伶人的收入，也是一种无上的荣耀。光绪朝后期，慈禧太

1（清）曹雪芹《红楼梦》（百家汇评本），陈文新、王炜辑评，长江文艺出版社 2005 年版，第 365—367 页。

2（清）曹雪芹《红楼梦》（百家汇评本），陈文新、王炜辑评，长江文艺出版社 2005 年版，第 365—367 页。

3 傅谨主编《京剧历史文献汇编 · 清代卷》（七），凤凰出版社 2011 年版，第 146 页。

后每每观剧后“一掷千金”的豪奢，无非是为了显示自己的阔绰、排场、奢靡和随心所欲挥金如土的某种特权。

另外，《红楼梦》第五十四回，也写了大家富户的女性观剧心动之时，向台上撒钱，听响取乐之事。贾母“命小戏子打了一回‘莲花落’，撒了满台钱，命那孩子们满台抢钱取乐”[1]。荣国府元宵夜宴演剧，贾母令下人们准备好新出局的铜钱，戏唱到高兴处，贾母一声“赏”，只听豁啷啷，满台的钱响。无论是“满台钱响，贾母大悦”的生动描写，还是抢钱取乐的举动，这种特殊的“打赏”方式，体现出女性观剧摆阔取乐的心态。又如《孽海花》中写到傅彩云等人看到高兴处，也和爷儿们一样打赏名伶，“心里暗想：我在京堂会戏虽然看的多，看旗人堂会戏却还是第一遭，不想有这般兴趣，比起巴黎、柏林的跳舞会和茶会自由快乐，也不相上下了”[2]。此处，“她扮演着男性看客，而伶人则是建构的女性”[3]。在这个私人堂会中，她和男人一样可以真正参与戏曲鉴赏，顿觉心情舒畅。

二、从受赏者看

有资料表明，女性观众对于戏子的封赏有多种形式，既有单独赏赐某位名伶，也有赏赐整个戏班，还有赏赐伶人扮演的某个角色或参演的某出戏。戏曲艺人受到封赏后，作为一种礼节，还要“谢赏”。受到封赏的艺人，大致呈现出恃宠而骄和战战兢兢两种不同心态。

1（清）曹雪芹《红楼梦》（百家汇评本），陈文新、王炜辑译，长江文艺出版社 2005 年版，第 374 页。

2（清）曾朴《孽海花》，昆仑出版社 2001 年版，第 280—281 页。

3［美］郭安瑞《文化中的政治：戏曲表演与清都社会》，郭安瑞、朱星威译，社会科学文献出版社 2018 年版，第 126 页。

（一）受赏者类型

1. 名伶受赏

有清一代，由于皇族和上层人士对于戏曲艺术的痴迷和追捧，许多名角凭借一技之长往往能够获得丰厚的赏赐，得到较高的俸禄。特别是慈禧太后掌权后，在国家财政捉襟见肘的情况下，仍不惜挥霍重金，饱享耳目之福。光绪朝从宫外挑进昇平署的教习和民籍学生越来越多，称为“内廷供奉”，而随着演戏次数的频繁，慈禧对他们的赏赐也大幅提升。宫廷档案对于这一时期给伶人赏银的记录颇为详尽，不仅明确记录受赏时间、受赏场合，还就受赏人名单、受赏金额等一一实录，对于研究伶人的收入和生活状况具有重要的史料价值。

值得关注的是，伶人受赏等级化的问题。据王芷章先生研究：“昇平署于每次演戏之后，例有赏赐，……其多寡之数，出于清帝后之意，盖演戏之际，档案房即备有名单一份，俟演毕呈交，由帝后在各名下指写银两数目，隔日向广储司领出后，由档案房分发众人。”[1] 中国第一历史档案馆现存大量光绪年间用黄纸黑字书写整齐的所有内外伶人名单，其上以朱笔注明每人所领的银两数目，朱笔题写本应是皇帝的旨意，但光绪朝档案所题应为慈禧太后亲授的赏格[2]。根据个人技艺的高低，慈禧太后对于给她带来欢愉的伶人赏银是有明显差别的。如光绪二十二年（1896）正月初一新年承应戏后，赏四喜班杨贵云等 151 人共计 430 两银子。以下是部分名伶所得封赏明细（见表 2）。

1 王芷章《清代昇平署志略》，商务印书馆 2006 年版，第 295 页。

2 徐慕云《中国戏剧史》，上海古籍出版社 2001 年版，第 73 页。

表 2 光绪二十二年（1896）正月初一日赏四喜班部分演员金额

序号	名字	银钱	序号	名字	银钱
1	杨贵云	14 两	14	王槐卿	8 两
2	高德	12 两	15	张永卿	6 两
3	杨荫堂	11 两	16	庞福保	8 两
4	冯金寿	12 两	17	刘景云	3 两
5	德珺如	10 两	18	赵永福	2 两
6	吴顺林	10 两	19	阎金福等	1 两
7	诸桂枝	10 两	20	孙菊仙	22 两
8	熊起山	9 两	21	龙长胜	11 两
9	宋万泰	10 两	22	金秀山	10 两
10	贯增儿	10 两	23	李子山	10 两
11	陈崇山	10 两	24	孙怡云	9 两
12	胡得众	9 两	25	王福寿	2 两
13	柯秀山	8 两			

资料来源：朱家溍、丁汝芹《清代内廷演剧始末考》，故宫出版社 2014 年版，第 425—426 页。

从表 2 中可以看出，四喜班被挑进昇平署的在编人员，如孙菊仙、龙长胜、金秀山、李子山、孙怡云、德珺如等所得封赏颇高。其中，孙菊仙 22 两，为最高赏赐。龙长胜 11 两，金秀山、李子山、德珺如各 10 两，孙怡云 9 两，王福寿、赵永福各 2 两，阎金福所得赏赐最少，为 1 两，呈递减趋势。可见，内廷女眷看戏后对伶人的赏银有严格的等级划分。以上是针对外学民籍伶人的赏赐，对于内学太监伶人亦“赏赉有等，以次递加”[1]。

一般按照总管首领、有官职太监、普通伶人的顺序依次排列给赏，俱各有份。如光绪十九年（1892）春节和元宵节演剧后，例行赏赐，“赏总管银五两；首领每名银四两；狄盛宝（人名略）六名，每名银二两七钱；安进禄（人名略）十二名，每名银二两二钱；丁进寿（人名略）十一名，每名银一两七钱。中和乐首领、太监二十六名，银六两”[2]。其中，总管最多，为 5 两，首领 4 两。狄盛宝等六人每人二两七钱，安进禄等十二人每人二两二钱，丁进寿等十一人，每人一两七钱，余下的二十六人共 6 两。

对比当年外面戏班挑进的名伶的赏银：“孙菊仙、杨永元、谭鑫培、相九箫[3]、侯俊山五名，每名银十两；梁长保、李燕云、王桂花、于庄儿（人名略）十名，每名银八两；李顺亭、龙长胜二名，各银七两；鲍福山、联凯二名，各银六两；阿寿、许福雄二名，每名银五两；陈寿峰、徐生儿九名，每名银四两。”[4]孙菊仙、杨永元、谭鑫培、相九箫、侯俊山等五人，每人赏银为 10 两；梁长保等十人次之，银 8 两，其后其他人 7 两、6 两、5 两、4 两各不等。可见，内学太监的赏银几乎为外面挑选进宫的伶人赏银的一半。

光绪末年，给了外学伶人的赏银更高丁此时的数额，内外学伶人的收入差距进一步拉大。从京城各戏班选拔进宫的这些名伶，既有擅长昆弋诸腔的，也有梆子腔或皮黄艺人，行当齐全，技艺超群，他们的加入，

---

1 傅谨主编《京剧历史文献汇编 · 清代卷》（八），凤凰出版社 2011 年版，第 248—249 页。

2 朱家溍、丁汝芹《清代内廷演剧始末考》，故宫出版社 2014 年版，第 407 页。

3 相九箫，即响九霄。

4 朱家溍、丁汝芹《清代内廷演剧始末考》，故宫出版社 2014 年版，第 408 页。

为单调严肃的内廷戏曲演出增添了不少活力。“盖孝钦好观剧，嫌南苑伶工无歌喉，南苑戏班皆由太监为之，故无嗓音也。遍传外班，如谭鑫培、孙菊仙、汪桂芬、杨小楼等，皆入宫演剧。”[1] 由此也可看出慈禧太后观剧的倾向和喜好，正是她的追捧和推动，促进了宫廷与民间戏曲艺术的互动交流。

这种兼职内廷演出的外班名伶，除了承应宫廷演剧，亦多与王公大臣等富贵大族来往。如光绪三十年（1904）七月，“二十五日为鹿芝轩尚书眷属寿辰，由宝聚源特传宝胜和全班在宅内演戏，带灯并外串。诸等名角戏价二百五十金，各名角均有加赏云”[2]。鹿芝轩尚书请宝胜和班寿诞演戏，对名角的赏赐具体多少不太清楚，但各有加赏，且一般堂会戏的赏钱往往高出商业性戏园很多。除雇用名班名伶演堂会戏外，一些蓄养家班的富贵人家，技艺出众的伶人也会受到宫廷女性的青睐。如《红楼梦》第十八回，元妃在听了龄官所演的戏之后，即时赏赐龄官一盘糕点，待到演出完毕，除赏了整个戏班外，还额外赏了龄官“两匹宫绸，两个荷包，并金银锞子之类”。可见，名伶凭借精湛出色的技艺，往往能得到更高的酬劳。

2. 戏班受赏

从受赏者角度看，女性观众赏赐整个戏班的情况，也时常有之。如光绪十九年内务府档案明确记载了中秋节、重阳节和除夕期间，慈禧太后对进宫演戏的四喜班、同春班、小丹桂班、玉成班整个班社的赏银数目（见表3）。

---

1 傅谨主编《京剧历史文献汇编 · 清代卷》（八），凤凰出版社2011年版，第179页。

2 傅谨主编《京剧历史文献汇编 · 清代卷》（六 · 下），凤凰出版社2011年版，第24页。

表3 光绪十九年（1893）中秋、重阳、除夕期间慈禧对进宫各戏班的赏赐一览

日期	班社	赏银
八月十五日	四喜班	共赏银430两
八月十六日	同春班	共赏银360两
八月十七日	玉成班	共赏银432两
九月初一日	小丹桂班	共赏银340两
九月初九日	四喜班	共赏银430两
十二月三十日	同春班	共赏银410两

资料来源：朱家溍、丁汝芹著《清代内廷演剧始末考》，故宫出版社2014年版，第409页。

以上四个班社，均代表了当时京城的最高演艺水准，不仅有名伶挑班，且服饰精良，舞台布景新巧。慈禧太后在选进最为杰出的艺人入宫献艺后，仍不满足，还渴望看到各个著名班社的演出和更多的角色和新戏。所以，四喜、同春、玉成、小丹桂等半年之内不断轮流进宫唱戏，每承应一次，收入三四百两银子，对于整个戏班来说，是一笔丰厚的收益。慈禧太后也开启了清廷前所未有的纵欲享乐之风。

3. 角色受赏

扮演某个角色的伶人受赏，也是一种常见现象。如咸同年间，每届新年皇帝在乾清宫接受群臣朝贺，依清廷定例承应宴戏《膺受多福》和《万福攸同》。同治八年（1869）正月初一日，“午正，乾清宫午宴承应宴戏《膺受多福》《万福攸同》。午正二刻，宴毕，内殿交下，赏都福星乔荣寿小卷蓝吉绸一件。钟馗四十名，每名一两重银锞一个”[1]。《膺受多福》《万福攸同》都是意在为皇家祈福纳祥、歌功颂德的宫廷承应戏。《膺受多福》写元旦良辰，福德星君率福星献福，唱颂当今圣主盛德如天、包含无外，汇集诸福神丹墀献寿的情节。《万福攸同》写钟馗来到丹墀献福，说自己虽貌古形奇，却忠心一片，并扬尘舞蹈，倾欢忭之诚。福德星君又命钟馗、福星、金童等献迎福舞，再献赐福舞。清昇平署抄本《九九大庆》第五十二卷载有此剧。

宫廷演剧中，扮演都福星和钟馗的，多至百人。同治年间，扮演钟馗的有四十名伶人，在殿前载歌载舞为皇家拜年庆祝，场面恢宏，声势浩大。清宫对都福星和钟馗的赏赐亦有定例，如光绪十五年（1889）“正月初一日内殿交下，赏都福星马得安小卷蓝线绸一件；钟馗四十名，每名银一两。长春宫承应《福寿延年》（六出）”[2]。除了蓝吉绸一件换作蓝线绸一件，同治光绪年间对钟馗这一角色的赏赐无甚差别。

另外，值得一提的是，宫廷女性观剧后，还有赏赐某出戏的。如光绪三十四年谭鑫培、杨小楼新编演的《连营寨》上演后，慈禧太后单独赏赐剧目《连营寨》，“六月十九日永喜交下赏《连营寨》银二百六十四两”“二十日永喜交下赏《连营寨》三百四两”[3]。类似特意赏给某一剧目赏银的，以往未见，足见慈禧太后特别之喜好，不仅要求连续上演，且赏银不菲。

1 朱家溍、丁汝芹《清代内廷演剧始末考》，故宫出版社 2014 年版，第 345 页。

2 朱家溍、丁汝芹《清代内廷演剧始末考》，故宫出版社 2014 年版，第 396 页。

3 朱家溍、丁汝芹《清代内廷演剧始末考》，故宫出版社 2014 年版，第 475 页。

（二）谢赏礼节

得到女性观众赏赐后的演员，还要谢赏行礼，最常见的是戏曲艺人当场给主家叩头谢赏。如《红楼梦》中，龄官得到元春赐赏之物，贾蔷“忙命龄官叩头”。《续红楼梦》第二十六回：“须臾，女档子唱毕……八个女档子磕头谢过了赏。”[1]

还有演出结束后，特地谢赏的。如《儒林外史》第二十五回，杜府老太太七十整寿，她每人另外赏一班小戏子，一件棉袄、一双鞋袜，“各家父母知道，也着实感恩，又来谢了鲍文卿”[2]。戏子们因为年龄小，由父母代为答谢，不仅谢了主家，还谢了领班。另外，还有打千谢赏的。如《孽海花》中记载：“彩云和五妞儿，还有几个内城里有体面的堂客，……看到得意时，和爷儿们一般，在怀里掏出红封，叫丫鬟们向戏台上抛掷。台上就有人打千谢赏，嘴里还喊着谢某太太或某姑娘的赏！有些得窍一点的优伶，竟亲自上楼来叩谢。这班堂客，居然言来语去的搭讪。”[3]打千乃清代男子向人请安时所通行的礼节，流行于全国各地。行礼时，施礼者左膝前屈，右腿后弯，上体稍向前俯，右手下垂，这是一种介乎作揖和下跪之间的礼节，嘴里喊着“谢某太太或某姑娘的赏”，更有优伶亲自叩谢的，可见谢赏的形式还是比较多的。

宫内伶人得到赏赐后要专门进内谢恩，一般有得赏之人直接谢恩或由总管领着谢恩两种。“自慈禧柄政……演毕，内务府照例犒赏。其尤负盛名各伶，则慈禧另赏以内帑，多寡无定额。各伶皆至台前谢恩讫，始由

1（清）秦子忱《续红楼梦》，华世瑞点校，北京大学出版社 1988 年版，第 355 页。

2（清）吴敬梓《儒林外史》，人民文学出版社 1977 年版，第 302 页。

3（清）曾朴《孽海花》，昆仑出版社 2001 版，第 280—281 页。

内务府人员领之出宫。”[1] 又如，咸丰二年（1852）四月二十六日，“此日得端阳赏之人今日随总台谢恩”。谢恩后一般也会得到银两或小物件的赏赐，如“于初七日，首领随总管谢恩，赏当铺钱”；“十二月十二日，进内谢恩，赏大制钱”；“十二月十八日，此日谢恩，赏黄米糖”；“十二月二十七日辰初，首领随总台进内谢恩，赏大荷包”。可见，皇家内廷森严的等级制度，伶人谢赏也是一种尤为讲究的礼节，处处表现出皇恩浩荡之意。

（三）受赏伶人心态

伶人常年在舞台上演出，一举一动、一颦一笑皆在观众的注视之中，看戏人高高在上的姿态和赏罚并重的严苛要求，决定了伶人们两种矛盾心态的交织。一者艺高而酬丰，得到上层女性观众的赏识和认可后，颇为扬扬自得，深感荣光，更加努力研磨技艺。二者无论得到多丰厚的俸禄，拥有多充足的赏赐，仍觉伴君如伴虎，从而战战兢兢如履薄冰。

如二黄班著名须生“谭鑫培，即小叫天，北京二黄班须生中第一名优也。其剧艺之佳，久已驰名京外，如宫内传班演剧之时，则鑫培应差者居多。本月在颐和园庆贺太后万寿节期，昇平署太监呈演头场《庆寿》，乃昆弋两腔，不远应典而已，终日皆传外班，二簧、秦腔演唱最为时尚。叫天奉旨演《探母回令》《定军山》《阳平关》《五人义》四出，演《五人义》时，叫天扮演赤臂相击之状，唱舞并妙，太后慈颜甚喜，赏赉有加云。”[2] 慈禧太后因为小叫天表演精妙而对他赏赉有加，无论是从精神方面还是物质方面，都给谭鑫培向艺术精研迈进提供了充足的保障，可谓名利双收，颇有荣光。

1 周贻白《中国戏剧史长编》，上海书店 2004 年版，第 545 页。

2 傅谨主编《京剧历史文献汇编 · 清代卷 · 续编》（四），凤凰出版社 2013 年版，第 50 页。

又如，“王瑶卿少时姿首不过中人……与谭鑫培同供奉内廷，有青衣叫天之号。孝钦后甚眷之，每颁赏，必与谭埒，故颇饶私蓄。”[1]如此一来，“戏班和伶人都以进宫演戏为荣”[2]。更有因为宫廷当权者对民间艺人的厚赏和赞许，社会上层人士多主动攀援结交的。“京函云：近来京师优伶声价之隆，为从前所未有，而尤以谭鑫培为首屈一指，每演一剧，须资数百元，尤不多演，王公贵人率多折节下交。”[3]王公贵人的折节下交，从另一个角度来看，也是民间艺人身份抬高和荣耀的象征。但也有恃宠而骄，猖狂过度，结局凄凉的。如“谢宝琨唱老旦，喉调尚佳，入内廷供奉，孝钦后闻而赏之，遂膺每剧二金之赐。……谢以初唱即获慈赉，荣而自骄，放意怠工，唱日以退，甚至有走板失调之弊。再入内廷，遂被逐。”[4]他把封赏视为一种荣宠和炫耀的资本，终因“荣而自骄”被驱逐。

实际上，慈禧无论给伶人多少赏银，在她心目中，伶人只是供她随时享乐的玩物，卑微的社会地位并不能改变。

同时，因慈禧太后性格喜怒无常、捉摸不定，艺人往往会受到牵连。如“小叫天昔年供奉内廷时，演唱《花果园》一出，忽触孝钦皇后意，欲杖之。叫天大惧，乞哀命，唱《双摇会》得免。然叫天终身引为大耻，居恒戚戚不乐，殆以此也。”[5]红得发紫的谭鑫培因为一次小的失误而触动慈禧太后的心事，差点受到杖责的惩罚，虽然通过临时演唱《双摇会》将功补过，但终是“戚戚不乐”引为大耻。可见，他们在伺候帝后时战战

1 傅谨主编《京剧历史文献汇编 · 清代卷》（八），凤凰出版社 2011 年版，第 246—247 页。

2 朱家溍、丁汝芹《清代内廷演剧始末考》，故宫出版社 2014 年版，第 409 页。

3 傅谨主编《京剧历史文献汇编 · 清代卷 · 续编》（四），凤凰出版社 2013 年版，第 499 页。

4 傅谨主编《京剧历史文献汇编 · 清代卷》（八），凤凰出版社 2011 年版，第 248—249 页。

5 傅谨主编《京剧历史文献汇编 · 清代卷》（四），凤凰出版社 2011 年版，第 610 页。

兢兢、如履薄冰的心态。

据史料记载，慈禧太后随时都要听戏，名伶们就得随传随到，完全被统摄于皇权的威严之下，丝毫不敢违逆。如光绪二十八年（1902）十月，慈禧太后“万寿在迩，故内廷供奉一流人物异常忙迫，演习新剧以便慈意点戏。该内廷供奉，为诸伶以此为最苦之事，一经点戏，虽平素不能唱者亦须勉强为之”[1]。慈禧太后任意随心的点戏要求，常使得伶人焦头烂额、苦烦异常。虽然戏曲艺人在台上为王为相，但生活中却没有人把他们当成真正的艺术家。如慈禧五十万寿，“十月初一日、初二日、初三日，长春宫承应。初三日，王得祥传旨，见天伺候戏”[2]。从十月初一到二十，天天有戏。

整天伺候戏得不到片刻停歇的伶人，必然会发生一些纰漏和瑕疵。但凡出一点差错，或念错词，或荒腔走板，或表演少了，或添加了不必要的动作，都会受到慈禧的指责或严厉惩罚。若是在万寿庆典等重大喜庆节日出现错误，惩罚会更加严厉。如“十月初十日奉旨，将本署蓝翎六品总管马得安、中和乐食五两八品首领王殿奎、食三两副首领赵盛吉因错差务，着各罚银三个月。钦此。”[3] 光绪十七年正月十二日是皇后千秋，“总管何庆喜、首领马得安因错差务，各罚月银三个月，各责二十板。首领郭福喜罚月银三个月，首领孔得福、陆得喜各罚月银六个月”[4]。像慈禧太后这样还在皇后千秋正日，就将总管、首领各打二十大板扣光月银的，以往演剧档案中从未见过，可见慈禧太后的严苛冷酷。

除此之外，剥夺伶人的姓名权也是常有的事。我们知道，人名是一

1 傅谨主编《京剧历史文献汇编·清代卷》（六·下），凤凰出版社 2011 年版，第 4 页。

2 朱家溍、丁汝芹《清代内廷演剧始末考》，故宫出版社 2014 年版，第 387 页。

3 朱家溍、丁汝芹《清代内廷演剧始末考》，故宫出版社 2014 年版，第 437 页。

4 朱家溍、丁汝芹《清代内廷演剧始末考》，故宫出版社 2014 年版，第 404 页。

种供呼唤和书写的符号，“有时名字和本人的生命息息相关，需要倍加呵护”[1]。但由于戏曲艺人的身份地位卑贱，名字被改动司空见惯。如慈禧太后将谭鑫培改为谭金培，“五月初十日续挑民籍教习谭金培、孙秀华、陈得林、罗寿山、李奎林、李双寿”[2]。据王瑶卿说，慈禧太后见花名册上谭鑫培的“鑫”字，就说要那么多金子干嘛，有一个就够他花了，于是昇平署总管就把“鑫”字改成“金”字。现今所见清宫戏曲档案上一律写作“谭金培”，但他在民间演戏从未用过这一名字。可见，戏曲伶人得不到应有的尊重，只是一个任人摆布和笑谑娱乐的玩物。宫廷女性特殊的身份地位，必然导致戏曲艺人忽而颇感荣光，忽而如临深渊的矛盾心理。

三、从赏赐品类看

女性观剧后给伶人的赏赐，可谓五花八门，其中赏钱、赏物、钱物同赏、赏饭食，是比较常见的几种类型。宫廷演剧中，慈禧太后还赏过伶人官爵、名字等。

（一）赏钱

宫内年节演剧、帝后万寿等承应戏，或王府、官署衙门传差演出的堂会戏，戏价之外，均会给伶人赏钱。如同治十二年（1873）中秋节，“东佛爷赏总管银五两；内学首领姚长泰、白兴泰、陆得喜、边得奎银十二两；钱粮处首领刘进祥银三两；副首领刘得禄银二两；管箱人银二十两；内外随手银十两。（按：筋斗人等后略）西佛爷赏总管韩福禄银四两；内学

1 万建中《中国民间禁忌风俗》，中央编译出版社 2010 年版，第 159 页。

2 朱家溍、丁汝芹《清代内廷演剧始末考》，故宫出版社 2014 年版，第 401 页。

首领白兴泰、陆得喜、边得奎三名，每名银三两；太监二两”[1]。中秋节承应戏后慈安太后与慈禧太后都给了内学伶人赏赐，但明显慈安太后赏赐多一些。堂会演戏，也会给赏银。如《红楼梦影》第二十三回，“平儿见有女档子，早就叫人回去取了三份赏来，……共赏二十四两银。”[2]

除了赏银，有时会赏给制钱等。如《续红楼梦》第二十六回，“须臾，女档子唱毕，元妃命赏制钱八十千文。”[3]《补红楼梦》第四十七回，四个女档子唱了一天，得了赏钱八十串。清初张宸《平圃杂记》云：“无席不梨园鼓吹，无招不全柬矣。梨园封赏，初只青蚨一二百，今则千文以为常矣。大老至有纹银一两者。”[4]可见，当时堂会戏封赏，呈上升趋势。清末的天津，“皮匠、织花毯工、弹花匠等每天收入约为三百文……一个月也不过九千文，约合银七两；上海的三轮车夫每天所得只有一百三四十文，一个月平均工作二十五天，共可得六千文，约合银约五两”[5]。戏班伶人仅赏钱一项，就比这些工人的收入高出很多，尤其仕宦阶层的堂会演出。齐如山在《戏班》中指出：“演堂会戏，为戏班中一笔极大收入。……本班堂会已有余利，倘别约他班脚色，亦可从中得利。在光绪中叶以前，每本堂会至少可赚纹银几十两，多至一二百两。中叶以后，则多至数百两不等。”[6]

（二）赏物

女性观众看完戏，还会赏赐伶人各种生活用品和各式杂物，无论是

1 朱家溍、丁汝芹《清代内廷演剧始末考》，故宫出版社 2014 年版，第 365 页。

2 古本小说集成编委会编《古本小说集成》，上海古籍出版社 1994 年版，第 418 页。

3（清）秦子忱《续红楼梦》，华世瑞点校，北京大学出版社 1988 年版，第 355 页。

4（清）张宸《平圃杂记》，王大隆《庚辰丛编》1940 年排印本。

5 彭信威《中国货币史》，上海人民出版社 2007 年版，第 847 页。

6 转引自刘庆《明清职业戏班财务管理的初步考察》，《戏曲研究》2006 年第 70 辑。

宫廷演戏还是堂会演戏皆然。如道光十四年（1834）十月十八日行皇后接册礼，重华宫伺候戏，“吴三喜交下，皇后赏禄喜大卷八丝袍料一匹，大荷包一对、小荷包一对；内学首领曹进喜、雨儿、王麟祥、小刘德四名，每名小卷五丝袍料二件、大荷包一对、小荷包一对”[1]。内廷女性赏赐物品以名贵袍料为主，且数量众多，民间演戏后的赏赐自然无法比拟。如《儒林外史》第二十五回，杜府老太太寿诞后，给每位小戏子的赏赐是“一件棉袄，一双鞋袜”[2]，多是普通的衣物。

另外，根据伶人的性别，有的女性观众还赏赐一些随身的首饰、配饰等。如《红楼梦影》第二十三回，芝儿与苓儿定了两门亲事，怡红院摆酒，“平儿见有女档子，早就叫人回去取了三份赏来，每人一对翠花、一对荷包、一条绣帕、一把宫扇”。[3]《镜花缘》第七十七回，青钿向紫芝道：“我那镯子通身尽翠，百十副还挑不出一副，最是难得的，姐姐如留自戴就罢了，设或赏给女档子，我可不依的。紫芝道：‘妹妹何不早说！’”[4]

看戏的女性观众赏赐头饰、香囊、玩物、镯子等给女档子是常有的事，但女性观剧时赏赐给男伶首饰，经常会招致指责和非议。因为在他人看来，女性的贴身首饰较普通的物品更具某种象征性意味。如朱素珍“常莅某舞台观剧。某日某花旦方登台演剧，朱忽大声喝彩，并脱其钻石手钏，掷诸某伶之身，观者无不发指。呜呼！如朱素珍者，其下贱已达极点矣”[5]。紧接着《海上梨园杂志》，也有一篇类似的报道：“黄太太近日忽移其爱

1 朱家溍、丁汝芹《清代内廷演剧始末考》，故宫出版社 2014 年版，第 210 页。

2（清）吴敬梓《儒林外史》，人民文学出版社 1977 年版，第 302 页。

3 古本小说集成编委会编《古本小说集成》，上海古籍出版社 1994 年版，第 418 页。

4（清）李汝珍《镜花缘》，华夏出版社 1997 年版，第 313 页。

5 傅谨主编《京剧历史文献汇编 · 清代卷》（二 · 下），凤凰出版社 2011 年版，第 572 页。

情于某花旦，将钻戒掷之台上，为夏月珊看见，即登台宣言，曰：‘此钻石戒指虽不知何人所掷，以理想度之，或为某人颜面攸关，姑不必道其名姓。然当众人之前，竟明目张胆，公然行此无耻之事，可谓廉耻丧尽矣。彼虽无耻，本舞台绝不令该艺员领受此不义之财。如系洋圆，鄙人决不拦阻。今系首饰，我梨园向无此例，况方今时局艰难，民多失业，饥民遍野。照鄙人之意见，不如将此钻戒变换银洋，以充善举’。”[1]

从对朱素珍的“观者无不发指……如朱素珍者，其下贱已达极点矣”和夏月珊“然当众人之前，竟明目张胆，公然行此无耻之事，可谓廉耻丧尽矣”等言论，可以看出女性赏赐男伶首饰，在公共空间内掀起了一阵狂风巨浪。为何夏月珊云：“彼虽无耻，本舞台绝不令该艺员领受此不义之财。如系洋圆，鄙人决不拦阻。今系首饰，我梨园向无此例？”以戒指来说，秦汉时我国妇女已普遍佩戴。在民间，戒指的作用不单单是装饰品，且是男女互相爱慕、彼此确定婚约山盟海誓的信物。如三国时繁钦有“何以道殷勤，约指一双银”的《定情诗》，《南史·梁武帝纪》云：“武帝镇樊城，尝登楼以望，见汉滨五彩如龙，下有女子擘絖，则贵嫔也。又丁氏因人以相者言闻之于帝，帝赠以金环，纳之，时年十四。”[2] 所以女性用首饰营造的生活世界，既是她日常生活风格化的一种体现，也是一种自我表达。戒指或手镯不仅仅是装饰品，更是人们情感传递的物质载体和情感表达的思想载体，具有特殊的象征意义。

（三）钱物同赏

女性观众对伶人的赏赐也可钱物同赏。如光绪三十二年（1906）十二

1 傅谨主编《京剧历史文献汇编·清代卷》（二·下），凤凰出版社 2011 年版，第 572 页。

2（唐）李延寿《南史》（卷十二），中华书局 1975 年版，第 339 页。

月初三日，“内廷演戏，太后点派名优汪桂芬会同南府太监演唱《洪洋洞》，派谭鑫培唱《当锏卖马》。唱毕，赏宁绸袍料各件，赏银各八两，均在驾前谢赏”[1]。戏毕，慈禧太后不仅赏了汪桂芬、谭鑫培衣料“宁绸袍料各件”，另各赏银8两。可见，内廷演戏的赏赐是比较丰厚的。如《醒世姻缘传》第七回，晁奶奶询问晁大舍新娶的姨娘是谁，晁凤回话：“那人奶奶见过了，就是那女戏班里妆正旦的小珍哥。……那日吉奶奶与奶奶送行，他没妆红娘？后来点杂戏，他又没妆陈妙常么？奶奶还说他唱得好，偏赏他两个汗巾，三钱银子，他没另谢奶奶的赏？”[2]妆正旦的演员扮演陈妙常和红娘两个角色，因为唱得好，晁奶奶赏了他两个汗巾并三钱银子。可见，仕宦绅眷看完戏后，也会赏钱与赏物，但一般没有宫廷赏赐那么多。又如《轰天雷》第五回，“有一个小旦叫赛叫天……三太太最喜欢他。做一出戏，就赏他衣缎金银，不计其数。”[3]小旦赛叫天因仗着女主人恩宠衣食无忧。

（四）赏饭食

赏赐食物也是比较常见的一种类型，宫廷伶人在承应戏后，会获得饽饽与肉等。如道光三年（1823）五月十七日皇后千秋，“皇后主子赏内外总管饽饽一桌。内外众人饽饽、肉三桌”[4]。可见，总管、首领太监较普通的演戏人监会得到一些特殊赏赐。再如，同治八年（1869）正月初八日“赏总管、首领、官职太监红黄柚一桶”。正月初九日“赏总管、首领、官职太监等得辛供蜜食一品、素菜一品、米面炉食一品、米面点心一品、蒸

1 傅谨主编《京剧历史文献汇编·清代卷》（四），凤凰出版社2011年版，第563页。

2（清）西周生《醒世姻缘传》，中华书局2005年版，第84页。

3（清）孙景贤《轰天雷》，大众文艺出版社1999年版，第2395页。

4 傅谨主编《京剧历史文献汇编·清代卷·续编》（三），凤凰出版社2013年版，第148页。

食……"[1]。赏赐的食物中包括时令蔬菜、点心小吃等，但有时候只赏一顿饭。如同治十一年十二月初一日慧妃娘娘富察氏千秋，"漱芳斋承应，巳正二刻五分开，亥初三刻五分毕，《福禄寿》、《瑶台》（马德安、李福贵）、《鑫斯衍庆》，西佛爷赏总管、首领、太监、外边人等饭吃"[2]。具体是什么饭食，不得而知。对于内外学伶人和挑进的民籍伶人，赏饭吃已经是恩赐了。

民间演戏中，由于伶人贱民的身份和卑微的地位，主家给他们的赏食也不会太好。如《歧路灯》第十八回，盛希侨云："我们要看戏时，叫上一班子戏，不过费上十几千钱，赏与他们三四个下色席面，点上几十枝油烛，不但我们看，连家里丫头养娘，都看个不耐烦。"[3]盛希侨赏给戏班子的，是几个下色席面。又如《梼杌闲评》中，"做戏要费得多哩，……那班蛮奴才好不轻薄，还不肯吃残肴"[4]。可见，技艺一般的戏班和伶人承应堂会戏都是吃主家剩下的残羹冷饭。若再犯了错，可能什么赏赐都得不到。如《醋葫芦》中都院君因为两名伶人演《疗妒羹》触及她的心事盛怒，"快与我把那扮老颜和那扮韩太斗的，速赶赶他出去，不可与他一些汤水吃！"[5]辛苦的演出没有得到应有的酬劳。

（五）赏官爵、名字等

清代，戏曲行业是"四民"外之贱业，戏曲艺人地位低下。清律规定，伶人不得与"良人"通婚，必须穿本行业的服饰，不准参加科举，更不可能做官。大权在握的慈禧太后在看戏之后，还会赏赐给她激赏的名伶品级

1 朱家溍、丁汝芹《清代内廷演剧始末考》，故宫出版社 2014 年版，第 345 页。

2 朱家溍、丁汝芹《清代内廷演剧始末考》，故宫出版社 2014 年版，第 360 页。

3（清）李绿园《歧路灯》，李颖点校，中华书局 2004 年版，第 187 页。

4（明）佚名《梼杌闲评》，刘文忠校点，时代文艺出版社 2003 年版，第 33 页。

5 励东主编《古书秘藏》（第十二卷），延边人民出版社 2001 年版，第 208 页。

不等的官爵，如“老伶谭鑫培，绰号‘小叫天’，老生中称巨擘者。供奉内廷有年，赏四品顶戴，时蒙厚赐”[1]。同治十一年（1872），“九月二十一日长春宫承应，巳正一刻开戏，戌正二刻毕。奉旨，昇平署六品总管韩得禄赏放五品顶戴，拿七两钱粮”[2]。慈禧太后赏赐昇平署总管五品顶戴，有意识地提高了伶人的政治地位。但慈禧太后喜怒不定的性格，也会在万寿节之际惩处出差错的昇平署总管、首领等。如同治十一年，“十月初七日因错礼节差务。十月初七日总管苏得奉旨，将昇平署五品官职总管韩得禄摘去顶戴，罚月银一年，仍当总管差使”。但“十月十四日总管苏得奉旨，昇平署五品官职总管韩得禄仍赏还五品官职总管”[3]。惩罚过后一段时间，慈禧又给韩得禄恢复官职，可见慈禧太后观剧过程中赏罚的随意性。

另外，慈禧太后还赏赐过伶人名字。如同治十七年，“七月十三日西佛爷赏郭福喜僧名宽海”[4]。有时也赏赐伶人亲手所书墨宝，此不赘述。

第五节 禁忌习俗

一、女性禁忌与戏曲禁忌的结合

“禁忌”一词在西方人类学、民族学、民俗学那里被称为“塔布”（taboo，为波利尼西亚汤加岛人的土语），意思是“神圣的”和“不可接触的”。弗洛伊德说，“塔布（禁忌）就我们看来它代表了两种不同方面

1 转引自杨米人等，路工编选《清代北京竹枝词》（十三种），北京古籍出版社 1982 年版，第 137 页。

2 朱家溍、丁汝芹《清代内廷演剧始末考》，故宫出版社 2014 年版，第 359 页。

3 朱家溍、丁汝芹《清代内廷演剧始末考》，故宫出版社 2014 年版，第 359 页。

4 朱家溍、丁汝芹《清代内廷演剧始末考》，故宫出版社 2014 年版，第 354 页。

的意义，首先是‘崇高的’、‘神圣的’，另一方面则是‘神秘的’、‘危险的’、‘禁止的’、‘不洁的’”[1]。所以，禁忌是人们对神圣的、不洁的、危险的事物形成的某种规避，也是人们出于趋利避害的目的，从言语、行动、心理上采取的某种自卫措施。

各民族对女性的禁忌由来已久，体现在生活的方方面面。如任聘在《中国民间禁忌》中讲道：“鄂伦春族、汉族等许多民族都忌讳女人从男人使用的工具如扁担、锄头、犁、耙、刀、枪、马鞍子、马鞭、套马杆等器物上跨过，更不能用脚踏在上边；男人的衣、帽、行李等，女人也不能踏踩或跨过，更不能坐在上边，否则对男子不利。”[2]汉族地区“禁忌妇女在堂屋门槛上坐，以为妇女坐了堂屋门槛要辱没家神……还禁忌妇女到打麦场上去，禁忌妇女坐在打麦场上的石磙上，恐怕冲犯了财神，少打了粮食；禁忌妇女到打新井的地方去，说女人晦气，女人一看打井，就打不出水井来了；禁忌妇女跨坐建房用的梁檩，怕冲了宅神，将来房子盖得不结实，会有灾祸发生”[3]。以上种种女性行为禁忌，主要源于传统社会人们认为女性是不洁的或污秽的观念，之所以认为女性是不洁的、肮脏的，源于女性特殊的生理结构，因为“女性特有的月经、生育等生理表现，在民俗社会中被视为是不净、晦气、危险的发生源”[4]。“不仅认为经血是污秽不洁之物……还由此延伸至与之相关的人与物，认为经期妇女及其相关物品也是具有污染性和危险性的，从而都被列为禁忌对象”[5]，而必须予以隔离

1 ［奥］弗洛伊德《图腾与禁忌》，杨庸一译，中国民间文艺出版社 1986 年版，第 78 页。

2 任聘《中国民间禁忌》，作家出版社 1991 年版，第 68 页。

3 任聘《中国民间禁忌》，作家出版社 1991 年版，第 70 页。

4 郭海红《男性在场与日本女性禁忌》，《民俗研究》2014 年第 4 期。

5 李金莲《女性、污秽与象征：宗教人类学视野中的月经禁忌》，《宗教学研究》2006 年第 3 期。

和排除。

认为经血“不洁”的月经禁忌，由来已久。其中一个重要的原因是源于先民对“血”的看法。先民认为，“血”具有两种对立的神秘力量。一是代表着生命，是生命所必需的，是生命的本质所在。二是流血又总是与疾病和不祥伴生，但只有女人有（通常是年轻和中年妇女才有）而男人和孩子都没有的经血，并不会带来女性死亡，也不会使其变得衰弱，而是持续几天后就会停止。由于先民认识水平不足，对女性流失的经血大惑不解，他们只知道经血（包括产血）也是一种血，与生育有关，但它又和已知的血的规律如此不同，种种神秘及困惑，使人们对经血既敬畏又恐惧，所以对经期的妇女格外小心，回避和排斥是最好的选择，月经禁忌就自然而然产生了。“随着私有制的出现，妇女的社会地位不断跌落，经血也逐渐被视为不祥的异物。”它之所以被贬作污秽，是因为它流自一个下等性别的人的身体。女人的经血是脏的，和女人月经有关的一切都是不能示人的，其中隐藏的性别内涵是：“女人是低贱卑微的，与女人的身体紧密相关而与男人的身体无关的事物也是低贱卑微的，它们不能享有公共空间（因为公共空间是男性化的）”[1]。

所以，以上种种对于女性的禁忌，根本原因是月经禁忌。随着对女性的禁忌范围不断扩大，凡涉及女性的言语、行为以及与女性有关的事物都有禁忌，甚至包括女性月经禁忌、生育禁忌和女性性禁忌等，同样也包括本书谈及的女性观剧禁忌。女性观剧禁忌本身，既涵盖戏曲行业本身的禁忌，也包括针对女性的特殊禁忌，是女性禁忌与戏曲禁忌双重

1 李金莲《女性、污秽与象征：宗教人类学视野中的月经禁忌》，《宗教学研究》2006 年第 3 期。

禁忌的结合。

戏曲行业对女性禁忌颇多，正如齐如山先生所言："中国旧日风水禁忌学说，对女人之限制，多于男子，戏界亦然。"既涉及戏曲演员，也涉及女性观众。如"开戏前旦角不许上台""因旦脚近似女人，故不许上台"[1]。对女性观众的观剧禁忌，张勇风在《中国戏曲文化中的"禁忌"现象研究》一文中，就杨月楼诱拐案和女性观剧禁忌、女性的社会地位及观剧禁忌、女性观剧禁忌对戏曲的影响三个方面进行了探讨。该文似乎混淆了"禁限"（或者禁止）与"禁忌"本身的概念。禁限是法律制度性的规定，而禁忌是带有宗教性的回避。如"有些地方的风俗为女子可以看戏，但不许在厢楼上看，因为跨了男子的头，男子会晦气缠身"[2]，就是典型的女性月经禁忌与戏曲禁忌的结合。因为女性多被视为危险的、不洁的，所以这种女上男下的观剧方式，会给男性带来霉运，是不被允许的。所以，从女性观剧禁忌所要达到的目的看，"在于要避免不希望得到的结果"[3]。

下文将针对女性观剧的诸多禁忌进行考述，主要包括两个方面：一是对部分特殊女性（如权势女性、孕妇群体、新婚妇女、特殊职业养蚕娘）的观剧禁忌进行探讨；二是对一些特殊剧目如鬼神戏、骚戏与女性观众禁忌进行探讨。

1 梁燕主编《齐如山文集》（第二卷），河北教育出版社 2010 年版，第 229 页。

2 宋希芝《戏曲行业民俗研究》，山东人民出版社 2015 年版，第 132 页。

3 ［英］詹·乔·弗雷泽《金枝》（上），徐育新等译，中国民间文艺出版社 1987 年版，第 31 页。

二、对女性观剧的诸多禁忌

（一）特殊女性与戏曲禁忌

1. 权势女性的观剧禁忌

张勇风在《中国戏曲文化中的“禁忌”现象研究》中指出：“当施禁者地位、权力高，受禁者地位、权力低时，对受禁者来说，施禁者的禁忌就是强势禁忌，即如果受禁者没有遵从这种禁忌，施禁者就会以一些强硬性方法和措施逼迫受禁者遵从。”[1]因此，嗜戏如命的慈禧太后等皇家女眷，相对于入宫承应的民籍艺人和昇平署内学伶人来说，拥有至高无上的地位和权力，她们对戏曲艺人的禁忌就属于强势禁忌。任何人都要牢记太后、皇后、皇妃等人的生日、名讳、属相、性别等禁忌，谨言慎行，若不小心犯了皇家女眷的忌讳，就会受到惩罚。轻则杖责、挨骂，重则可能因此丢掉性命。现存史料当中对于慈禧太后的观剧禁忌最丰富，涵盖的范围也最广。

（1）“圣讳”禁忌。避讳，是在数千年的封建时代里，对人物姓名的避讳习俗，“春秋为尊者讳，为亲者讳，为贤者讳”。后世习惯主要针对帝王和尊长的名字，遇到应避讳的字，不能直接说或读本音，均要“改读”或“换说”；书写讳字时，也要采取“空字”、“缺笔”或“改字”等办法。这是中国封建社会中特有的一种历史文化现象。如《红楼梦》中林黛玉为了避母亲贾敏的讳，每碰到“敏”字，就读成“密”，写字遇到“敏”字，亦减一二笔。说到皇家忌讳，就更加严苛和宽泛了。比如慈禧太后徽号中带“禧”字，遂戏名中举凡有“禧”、“喜”（音同）的剧目皆要一律改名。

1 张勇风《中国戏曲文化中的“禁忌”现象研究》，文化艺术出版社 2016 年版，第 99 页。

如“将《红鸾禧》改为《秀才讨饭》,《喜崇台》改为《登台笑客》”[1]。可见，圣讳禁忌是一种皇家普遍禁忌，戏曲中也无一例外要严格遵守。

（2）属相禁忌。具体的例子，如慈禧太后属羊，关涉“羊”的各种情况都属于禁忌范围。如《变羊记》《牧羊圈》《苏武牧羊》等带“羊”字的剧目都被禁止演出。又如，著名武老生王福寿，于是因为和人合伙开了个羊肉床子，这个生意犯了慈禧太后的禁忌，她吩咐下边：“不许给王四赏钱，他天天剐我，我还赏他？”[2]王四因犯了属相禁忌，而不能得到赏银。但是一些演出经验丰富的名伶，对待一些突发情况，也能灵活应对。如著名艺人陈德霖有一次在宫内演唱时，《玉堂春》中有一句：“苏三此去好有一比，好比那羊入虎口有去无还。”为了避讳“羊”字，临时改成“好比那鱼儿落网，有去无还”[3]，巧妙化解了一场禁忌危机。

（3）性别禁忌。慈禧太后还特别留意剧情中涉及女性性别的词句。相传王长林在《一匹布》中饰张古董，“曰妻借布，其妻靳不肯与，丑角乃发出一种‘阴七阳八’之论调，谓女子饿七日即死，男子饿八日方死……不料以此大触太后之忌，盖其时两宫水火，太后之年事已高，惟恐崩于德宗景皇帝之前，尽翻前案，而此言‘阴七阳八’适应本人先崩之谶，因此大为震怒，然又碍难宣布，遂半年之内不颁恩赏”。一句之微[4]，伶人无心触犯慈意，竟致全班减少若干收入，殊觉可畏。如斯禁忌，戏曲艺人一旦触犯，都会受到不同程度的惩罚。

1 万建中《中国民间禁忌风俗》，中国电影出版社 2005 年版，第 165 页。

2 李洪春《京剧长谈》，中国戏剧出版社 1982 年版，第 240 页。

3 任聘《中国风俗通志 · 禁忌志》，山东教育出版社 2005 年版，第 240 页。

4《民众丛书 · 中国戏剧》，武德报发行，第 86 页。

(4) 缺陷禁忌。所谓“缺陷禁忌”,即常言道:“矮子前莫说矬话”。如《醋葫芦》第十回，成珪家里设宴，邀请周智夫妻及邻里亲友来看戏。众人因为《疗妒羹》是新出戏文,“绝妙关接，况且极其闹热”，共力保举观看，不曾想触犯了女主人都院君的忌讳。原来这位娘子，平日里不仅悍妒成性，且无子嗣。《疗妒羹》《狮吼记》《玉合记》，“这三戏俱犯本色，岂不惹祸？”戏散之后，人人喝彩，唯有都氏大怒，因为她将戏剧角色等同于现实生活中的自己，所谓“归位”效应，也直接把演员当作所演角色本人。这种角色混淆的状况，激怒了她，不仅破口大骂：“这个什么老颜、老韩，真也忒不好，有子无子，干你甚事，也来多嘴多舌！”还将惹得她盛怒的两位伶人“那扮老颜和那扮韩太斗的，速赶赶他出去”[1]。可见，戏曲演出中伶人先期了解女性观剧禁忌的重要性。

范春义先生曾指出，伶人演戏时禁忌的内容可分为五类[2]：一是本姓氏人物在剧中做出违背当时社会主流价值观念的事情，使族人感到羞耻；二是本族姓氏主人公在历史上为反面角色，在戏剧中处于被批判的角色；三是戏剧角色的生成以本地姓氏为原型，又兼有上述问题，更在禁忌之列；四是本族主人公在历史上为正面形象，但在戏剧中受苦受难，经历悲惨；五是在历史上与本族姓氏存在过节的节目。但实际上，权势女性的观剧禁忌，显示出更加巨细无遗，更为广泛的内容。所以“禁忌的存在和实现与施禁者和受禁者地位、权力之间的等级有极为重要的联系”[3]。权势越大，禁忌越繁。另外，权势女性在一些情况下，亦可突破某些观剧禁忌，

1 励东主编《古书秘藏》(第十二卷)，延边人民出版社 2001 年版，第 208 页。

2 范春义《焦循戏剧学研究》，凤凰出版社 2012 年版，第 259—260 页。

3 张勇风《中国戏曲文化中的“禁忌”现象研究》，文化艺术出版社 2016 年版，第 99 页。

随心所欲地满足自己的观剧欲求，此不赘述。

2. **孕妇群体的观剧禁忌**

俗间多有禁忌孕妇看戏听曲的说法，认为孕妇看布袋戏“会生无肝肺内脏的孩子”，看傀儡戏“会生无骨或软骨病的孩子”，还有的说因剧中有花脸出现，看戏“会使胎儿面花”，等等[1]。以上种种皆源于民间影响深远的换胎观念和民众象征联想的交感心理，受中国古代生产技术不发达和人们认识水平有限的影响，民众对各种生育现象无法做出正确解释，包括对胎儿的六指、兔唇等畸形无法理解，所以生出许多生育禁忌，这是人类生育崇拜的一种特殊表现形式。

其中“孕妇禁忌在生育禁忌中是排在首位的，它主要是指孕妇饮食禁忌、行为禁忌和冲犯胎神星煞的禁忌”[2]。如一直流传至今的孕妇饮食禁忌有：孕妇忌食兔肉，犯之，主婴儿豁嘴；忌食软皮蛋，犯之，主生软胎；忌食杀鸡取出的蛋，犯之，主流产；忌食桑葚，犯之，主生子倒下。孕妇行为禁忌，如孕妇忌塞瓶口，以防胎儿口鼻、耳、肛门闭塞；忌烧烤东西，恐生下有痣的孩子；忌肩上搭放棉线，犯之，主产时脐绕脖子；忌隔着门槛递接东西，犯之，主产时婴儿先伸手；忌看出殡，犯之，主生鬼胎；忌看日月食，犯之，主生怪胎或残疾儿；忌有房事，犯之，主流产；等等。以上种种孕妇禁忌，是先民在缺乏科学认识的情况下产生的经验总结，是符合民众心理的产物。在小农经济的传统社会中，农业是支柱产业，充足的劳动力是一个家庭致富的决定性因素之一，因此古人对生育既期待又充满了畏惧，人们渴望着新生命的到来，同时又对产妇生育过程充满不安和

1 任聘《中国民间禁忌》，作家出版社 1991 年版，第 160—161 页。

2 尉迟从泰《中原传统社会中汉族的生育禁忌》，《商丘师范学院学报》2017 年第 1 期。

忧虑，为了调节自身和社会的压力，便逐步形成了一整套民众普遍遵守的文化心理机制，即生育禁忌。客观上对保护孕妇和胎儿起到了积极的作用，亦可见男权社会对传宗接代行为的重视。

对孕妇日常饮食和行为活动的规定，也是为子嗣承继着想的。孕妇“忌看戏曲”[1]，就是希望通过对怀孕者的闭锁式隔离，达到让“胎神”赐福的目的[2]。但实际情况是，一些腹大如瓠，即将临盆的孕妇，也彳亍观剧。如《申报》同治十二年（1873）登载：“某姓新科举人得宴鹿鸣，大开菊部以娱亲友。……赴场阅剧之某姓妇也。……随众往观，忽觉腹疼隐作，犹不欲辍观而返。盖一则距家略遥，一则声色入妙，故恋恋耳目之娱，不遽惜其身体之疾也。不期此妇履石梦月业已数月，一旦临盆，不能遽返，竟以子棚为闺房临蓐之所”[3]。一怀孕女子因贪恋声色，不顾身体不便，于戏场产子。又如，天津举行天后圣母会，突然发生火灾，妇女们东躲西蹿，躲避不及，其中“有一孕妇已腹裂胎堕”[4]，甚为悲惨。孕妇把看戏的禁忌抛于脑后，置若罔闻，周围的关系群体只有通过对其施加道德和舆论压力，来劝诫看戏的妇女。

如上述戏场产子者，“知其事者无不失笑却走焉。夫闺阁阅剧本属招

1 任聘《中国民间禁忌》，作家出版社 1991 年版，第 160—161 页。

2 在民间信仰中，胎神又被称作“胎煞”，它按一定的时间或规律出现于孕妇周围及其家庭之中，附着在固定的物体上。胎神具有保护或损伤胎儿的双重功能。据记载，胎神“立春在房床，惊蛰在户，清明在门，立夏在灶，芒种在母身，小暑在灶，立秋在碓，白露在厨、厕，寒露在门，立冬在户及厨，大雪在炉及灶，小寒在房母身”。这就告诫孕妇及家人，在某一时节不能移动或损及具体的物体，否则将触怒胎神，使胎儿受到不同程度的伤损。这种胎神禁忌，也化作各种具体的孕妇行为禁忌。见（宋）陈自明《妇人大全良方》，天津科学技术出版社 2003 年版，第 226—227 页。

3 傅谨主编《京剧历史文献汇编 · 清代卷》（四），凤凰出版社 2011 年版，第 55 页。

4 张天星编著《晚清报载小说戏曲禁毁史料汇编》，北京大学出版社 2015 年版，第 627 页。

摇，况已验兰征，岂容漫漫为此，一旦竟占瓜熟，能无赧赧羞尔耶？此可为妇女嗜阅戏者戒”[1]。从另一角度看，禁忌孕妇看戏具有经验性、实用性、防范性等客观实际意义：一者戏中大起大落的故事情节，或使孕妇感伤落泪，或使孕妇捧腹大笑，均不利于胎儿发育；二者拥挤嘈杂的观剧场合，并不利于孕妇安心养胎。为防止孕妇被挤撞，确保胎儿安全，相应地减少孕妇室外活动，并非全无道理。民众之所以希望孕妇恪守传统生育禁忌，归根结底，是对胎神崇拜的趋吉避凶心理使然。

3. 新婚妇女的观剧禁忌

对新妇的观剧禁忌，中国古代各地皆有。如光绪二十六年（1900）《台湾日日新报》记载：“本岛女若男喜于观剧者，十中约有八九。父不能禁其子，夫不能阻其妻。独至新婚未满四阅月，则新郎新妇皆不步至戏场，此俗洵有足嘉云。”[2]又如，清人陈确记录道：“新妇切不可入庙游山，及街上一切走马、走索、赛会等戏，俱不可出看。”[3]潮汕地区新婚妇女结婚四个月内，也忌看歌仔戏。如文献说：“把婚后四个月内都认为是新婚，这期间对新妇有一套禁忌，其中有忌看歌仔戏、布袋戏和傀儡戏等，以避免新婚夫妻中邪而生下有残疾的孩子。”[4]可见，此风俗非一地独有之现象。分析其原因，笔者认为有以下几个方面。

一是对新婚女性行为的一种约束。女性通过婚姻的缔结，嫁入婆家后，婆家自然希望家庭和睦，子孙兴旺发达，遂寄希望于刚过门的新妇，

1 傅谨主编《京剧历史文献汇编 · 清代卷》（四），凤凰出版社 2011 年版，第 55 页。

2 傅谨主编《京剧历史文献汇编 · 清代卷》（六），凤凰出版社 2011 年版，第 261—262 页。

3（清）陈确《陈确集》，中华书局 1979 年版，第 519 页。

4 万建中《中国民间禁忌风俗》，中国电影出版社 2005 年版，第 159—160 页。

但同时又担心她们带来不吉，故形成了一套风俗禁忌来约束新娘的行动，以讨吉利。如“新妇禁坐床沿……坐床沿会使她心神不宁”；“新妇禁睡午觉”，以防“使她变得懒惰”。民间还有禁止新娘子出门走动的习俗[1]，且各地均有如《新妇谱》中规定的禁忌新妇出游观看台戏等记载，缘由实本于新娘身上有邪煞之气的观念。同时，婆家给新妇立下这样或那样的规矩，是出于过门后操持家务等考虑，以防其偷懒逾闲，渐而形成对新妇的禁忌习俗。

二是出于孕育子孙的考虑。新婚四个月内，若新妇怀孕，看戏等行为极易触怒胎神，出于对孕早期胎儿的保护和健康发育的考虑，所以禁忌新妇观剧。

三是出于家庭和睦、夫妻感情稳定方面的考虑。歌仔戏或其他戏曲剧种中时有男女悲欢离合的剧情，恐致夫妻不睦。因为新婚夫妻，双方感情不稳定，尚处于磨合阶段。

总之，新妇观剧禁忌并非全是荒诞无稽之谈，其中不乏人们对婚姻家庭经验的总结。

4. 养蚕娘的观剧禁忌

还有对一些行业女性的观剧禁忌。如山西省泽州地区“忌蚕娘养蚕期看戏，以防蚕儿翘着‘看戏’，不食叶”[2]，这一习俗至今仍有保留。蚕禁，是蚕乡养蚕业中的主要禁忌习俗。传统农耕社会，人们非常重视农业与桑蚕业的发展，出于对衣食问题的忧虑而产生了许多避忌。如养蚕业中的语言禁忌，蚕爬不能说“爬”，要说“行”；喂蚕不能说“喂”，要说“撒叶子”；

1 任聘《中国民间禁忌》，作家出版社 1999 年版，第 133 页。

2 周亚《沁河蚕事》，山西人民出版社 2016 年版，第 96 页。

蚕长了不能说“长”，要说“高”；蚕不能数数，否则会遭到减少的灾祸；忌讳说“跑了”“没了”“死了”等不吉语[1]。

另外，民间为了祈祷蚕桑丰收，对蚕神的祭祀更是虔诚不敢稍有怠慢，多设蚕神庙会，供马头娘演剧酬神。如沈云《盛湖竹枝词》云：“先蚕庙里剧登场，男释耕耘女罢桑。只为今朝逢小满，万人空巷斗新妆。”[2]先蚕庙在柏家桥东丝业公所内，俗呼“蚕王殿”，每岁小满前后演剧三日，观者热闹异常。山西泽州一地，禁忌蚕妇看戏，或许具有地域性的特点，但也可看作桑蚕禁忌对妇女禁忌的延伸。如有些地方规定：“在养蚕季节里，……女人们停止串门，孩子们不敢高声爆闹，男人们再热也不赤膊。”[3]还有的地区“蚕娘少妇治其事者，往往独宿”，为的是让蚕这种娇贵的动物能够多吃桑叶多吐丝。禁忌养蚕娘看戏，本书认为原因如下。

一是养蚕需要付出大量的心血和精力，特别是男耕女织的社会，女性从事丝棉业具有普遍性。担负重任的蚕娘需要心思静默，勤打扫，除蚕粪便，定时喂食，然而蚕妇看戏极易耽误这些事情。

二是蚕妇不宜去热闹的观剧场所和人员密集的地方，恐怕传染上疾病而使蚕宝宝生病。

三是蚕娘看戏是仰头看，顺势巫术的相似率也怕蚕儿翘首“看戏”而不食叶，影响蚕宝宝生长。

（二）特殊剧目与女性禁忌

清代女性观众看戏，对于剧情中有世俗民众广泛崇祀的神祇及鬼神，

1 万建中《中国民间禁忌风俗》，中国电影出版社 2005 年版，第 119 页。

2 雷梦水等编《中华竹枝词》，北京古籍出版社 1997 年版，第 2079 页。

3 万建中《中国民间禁忌风俗》，中国电影出版社 2005 年版，第 120 页。

均有许多观剧禁忌，这与民众的鬼神崇拜和驱邪纳吉的思想观念密切相关。

1．鬼神戏与女性观剧禁忌

首先，鬼戏与女性禁忌。如浙江省绍兴县向有五六月凶月间，在土地庙做平安戏之风俗："该戏日夜都有，日间所做之戏与平常之戏相同，唯一到天色傍晚，便有许多伶人，扮着魔王及小鬼种种可怕的装式，排着队伍，更附以锣鼓旗帜在村中送游，俗谓'召丧'。据云系召集一般小鬼去看戏之意。此时更有妇人和小孩去看，头上插遍桃树枝，或桃树叶，云可避鬼云。召丧完毕，伶人始上戏台演戏，戏目多演目连救母故事。唯戏剧之外，还要扮许多恶鬼之形状，在戏台之下舞跑。迨至明天，将恶鬼赶到台下，云是将乡村中恶鬼一律赶去之意。近村妇女，呼朋唤友，前来看戏，非常热闹。唯必须看至天明，始可回去。盖若不终局而散，必有真恶鬼随之而去也。"[1]不准早退并遍插桃枝以避鬼，就是对于女性观剧特殊的禁忌。为何女性和小孩在观看以演恶鬼、厉鬼形象著称的目连戏等鬼戏时，头上要插遍桃树枝、桃树叶以"避鬼"，且还规定"必须看至天明，始可回去。盖若不终局而散，必有真恶鬼随之而去也"。

据张勇风女士研究表明，这主要和舞台上"演鬼是鬼"的演出要求有关[2]。鬼戏的产生源于民众根深蒂固的鬼神观念，饰演鬼戏的艺人，要逼真地再现剧情和剧中人物，只有"演鬼是鬼"，才能给人一种震慑力并达到戏曲教化的目的。清代女性于各地中元节期间，观看目连戏的记载甚多。如江西"中元焚纸钱赈鬼，无赖僧侣为盂兰大会，演目连戏网利，男女杂观，

1 胡朴安《中华全国风俗志》（下），河北人民出版社 1986 年版，第 247—248 页。

2 张勇风《中国戏曲文化中的"禁忌"现象研究》，文化艺术出版社 2016 年版，第 80 页。

大为地方害”[1]。丰城地区“西来山下水清清，香火因缘仗佛灵。善女善男浮艇过，目连演剧血盆经”[2]。又如，“戏索缘橦事偶然，近来处处目犍连。却因忏罪翻添罪，坠履遗钿亦可怜。演大目连戏，必三日夜，有盘彩竿木等技，妇女往观，放拾生事者，往往有之。”[3]那么，目连戏究竟是如何演出的呢？张岱在《陶庵梦忆》中做过详细描述：“搬演目连，凡三日三夜。四周女台百什座，戏子献技台上，如度索舞絙、翻桌翻梯、筋斗蜻蜓、蹬坛蹬臼、跳索跳圈、窜火窜剑之类，大非情理。凡天神地祇，牛头马面、鬼母丧门、夜叉罗刹、锯磨鼎镬、刀山寒冰、剑树森罗、铁城血澥，一似吴道子《地域变相》，为之费纸扎者万钱，人心惴惴，灯下面皆鬼色。戏中套数，如《招五方恶鬼》《刘氏逃棚》等剧，万余人齐声呐喊。”[4]可想而知，牛头马面、锯磨鼎镬、剑树森罗等种种阴森场面，对女性的视觉冲击力是非常大的。

古代生产力水平低下，当人们对各种现象不能做出科学解释时，就将其归结为“神秘力量”。人们对死亡的恐惧尤其是非正常死亡避之唯恐不及，充满了厌恶和畏惧，已成为民众集体无意识的组成部分。戏曲作品中大量的鬼怪妖魔，其狰狞可怕的形象对没有文化、信鬼好巫的女性必然产生强烈的视觉冲击力，遂成为女性禁忌的对象。鲁迅先生在《女吊》中，就写到绍兴的女性观众观看目连戏后，刮锅煤忌成一黑圈，“一定是

1 中国戏曲志编辑委员会等编《中国戏曲志·江西卷》，文化艺术出版社 1998 年版，第 25 页。

2 傅谨主编《京剧历史文献汇编 · 清代卷》（八），凤凰出版社 2011 年版，第 623 页。

3 王利器辑录《元明清三代禁毁小说戏曲史料》（增订本），上海古籍出版社 1981 年版，第 276 页。

4 （明）张岱《陶庵梦忆》（增订本），夏咸淳、程维荣校注，上海古籍出版社 2001 年版，第 94 页。

散乱的，凡村姑乡妇，谁也绝不肯省些力，把锅子伏在地面上，团团一刮，使烟煤落成一个黑圈子。这是因为吊神诱人的圈套，就是煤圈炼成的缘故。散掉烟煤，正是消极的抵制，不过为的是反对‘讨替代’”[1]。可见，绍兴人喜看女吊是有其历史和现实的文化依据的。

其次，女性观众对神戏的禁忌。如各地戏班中有“禁止妇女上台或入后台”的禁忌，主要源于传统观念认为女性经血的不洁污秽，会亵渎台上神灵，给戏班带来灾祸。特别是后台，常被视作神圣之地，因为这里供奉有“戏神”（即祖师爷）的神龛。[2]另外，舞台是演员做戏的场所，也是扮演“神佛仙道”的演员来回出入之地，“演神像神”的装扮原则[3]，即是为了维护神灵尊严。所以戏曲行业对装扮神灵的演员有很多禁忌，如“凡演关羽的演员，演出前须沐浴，……步入化妆室，要正襟危坐，不苟言笑。……为使关羽的舞台形象庄重威严、凛然若神，演员在演出时不轻易睁眼、捋髯，不随便举手投足（即‘叫唱’时不‘投袖’，‘叫头’时不翻水袖），以使观众望而生畏，肃然起敬。”[4]“种种禁忌的神秘力量，是为了保证演员的表演充满神圣之气，更贴近神职形象，从而达到‘演神像神’的效果，以满足民间祀神的要求。同时赋予演员一种神圣的身份和使命感，

1 鲁迅《朝花夕拾》，新华出版社 2016 年版，第 32—33 页。

2 戏神，旧时戏班中所奉祀的祖师神，借以维系团体的运作，也是戏曲艺人的精神寄托。各个地区流行的戏曲声腔因其渊源有别，所奉祀的祖师爷也各不相同。喜神原系吉神，虽个别地区曾有用喜神指代戏神的说法，但就戏曲而言，一般认为喜神多指戏曲演出中人物怀抱婴儿时的道具，所受到的崇奉亦在戏神之下。

3 张勇风《中国戏曲文化中的“禁忌”现象研究》，文化艺术出版社 2016 年版，第 73 页。

4 中国戏曲志编辑委员会等编《中国戏曲志 · 黑龙江卷》，中国 ISBN 中心 1994 年版，第 355 页。

使演员进入角色，体验角色，表演时栩栩如生。”[1]

因为舞台容不得半点污秽，遂设立了禁止女性观众上台入后台的规矩。清内廷咸同年间，也常常上演关公戏。如同治十一年（1872）六月，“十四日长春宫伺候《华容道》”[2]。显然，这与清初统治者不准上演亵渎圣贤的戏曲禁令有悖。清初官府曾多次颁布禁令：“优人演剧，每多亵渎圣贤。康熙初，圣祖颁诏，禁止装孔子及诸贤。至雍正丁未，世宗则并禁演关羽。”[3]但观众在长期的舞台实践中，逐渐形成了一套变通的处理方法，既可继续演出，又不亵渎圣贤。据记载：“每逢关羽上场，皇上与西太后，均要离座，佯为散行几步，方再坐下。”[4]可见，帝王、后妃等对戏中的人格神关羽也不敢怠慢。宫廷演戏，常有戏中如来佛等神仙率众向帝后叩拜祝寿的事，众神行列，独无关帝，足见关帝之神威。皇上和西太后虽然不必给关帝行跪拜礼，但仍要离座“散行几步”，算是给关帝行礼了。清统治者尊崇关羽，实与满族统治者的礼俗信仰、民族心理之深刻影响有关。清王朝入主中原，他们充分利用汉文化以加强对中原的统治，曾将《三国演义》译为满文在民众之间广泛流传，其启蒙之力不可低估。同时，关羽的忠烈骁勇、大义凛然深入人心，成为满族崇奉的神祇之一，至累封为“忠义神武灵佑仁勇威显护国保民精诚绥靖翊赞宣德关圣大帝”，以示尊崇。“禁忌的目的皆是为了尊崇神灵，将神灵的神圣地位凸显出来”[5]，此种规定进一步显示出关帝的崇高性和神圣性。

1 张勇风《中国戏曲文化中的“禁忌”现象研究》，文化艺术出版社 2016 年版，第 79 页。

2 朱家溍、丁汝芹《清代内廷演剧始末考》，故宫出版社 2014 年版，第 362 页。

3 傅谨主编《京剧历史文献汇编 · 清代卷》（八），凤凰出版社 2011 年版，第 179 页。

4 齐如山《齐如山文存》，辽宁教育出版社 2010 年版，第 196 页。

5 张勇风《中国戏曲文化中的“禁忌”现象研究》，文化艺术出版社 2016 年版，第 68 页。

值得注意的是，以上针对旦角或女性不准上台和入后台的禁忌，随着社会风气的变化，慢慢失去了约束力。清末民初大量女观众涌入戏园，改变了戏班对女性观众的态度。同时，“髦儿戏”的流行、坤班坤角的出现，使很多与女性相关的禁忌也就自然而然地失去了存在的价值。到了民国年间，甚至出现了许多女性提前绘购剧人照片，挤入后台恳请签字的事[1]，且买站票扒台沿的尽是些时髦的女性。重庆地区还有新闻提到，女观众专门到后台看演员石羽[2]。不准女性上台或入后台的禁忌消失了，社会风气改变，逐渐突破惯有习俗。

2. 捎戏或骚戏与女性观剧禁忌[3]

孔美艳女士在《山西影戏研究》一文中指出：“稍戏又称捎戏、垫戏，指每晚约定的本戏结束，妇女、儿童散去后，应部分男性观众之请演出的幽默风趣的折戏或戏剧片段。”[4] 张勇风女士在《院本、捎戏与民间禁忌》一文中指出：“捎戏是随着地方戏的兴盛，各地普遍存在的，在正本戏演完，妇女、儿童散场之后演出的一些内容。……其中也多有色情演出。……民间的演出中，女性观众都受到不同程度的禁忌。”[5] 并就捎戏（或骚戏）与女性禁忌做了详细介绍，此不赘述。

研究表明，各地方戏中都有捎戏的剧目。如《蒲州梆子剧目辞典》辑录蒲剧传统捎戏四十三出，晋东南潞城县发现的明万历二年手抄本《迎

1 秀芬《三六九画报》，1942 年第 1 期第 18 卷，第 26 页。

2 南子《东南风》，1946 年第 33 期，第 5 页。

3 民间，捎戏、稍戏、骚戏三种称谓并行，在各地各剧种中普遍存在，但侧重点略有差别：捎戏，为捎带演出，主要就其在演出中的地位而言；稍戏，为最后演出，主要就其演出时间而言；骚戏，多带色情成分，就其演出的主要内容而言。

4 孔美艳《山西影戏研究》，山西师范大学 2002 届硕士学位论文，第 29 页。

5 张勇风《中国戏曲文化中的“禁忌”现象研究》，文化艺术出版社 2016 年版，第 278 页。

神赛社礼节传簿四十曲宫调》中，现存《闹五更》《土地堂》两个院本，“滑稽、调笑、讽刺、台词粗俗淫秽，说男女性生活居多。所以在演出时，台下就有一种专门职司——巡更的。他们把剧场中的妇女小孩赶走，不准他们看”[1]。这些剧目的存在，正体现出民众的普遍需求，有需求才有演出。

民间戏班用荤戏来讨好观众，赖此以谋求生存。民间的荤戏演出，“赤裸地将人性中所渴求的情色与性传达了出来。甚至男性会借为神演出之名而为自己寻找‘合理’的观看借口”[2]。对女性骚戏的禁忌，可视为一种男权社会对女性观众的性禁忌。

（三）女性观剧禁忌的性别内涵

从女性观剧禁忌习俗所涉及的内容来看，无论是针对孕妇、新妇等群体的禁忌，还是民间鬼神戏、骚戏的女性禁忌，都包含着深刻的性别内涵。为什么与妇女相关的而与男性不相关的生理特征被认为是“不洁的”“危险的”“秽亵的”呢？其深层的原因存在于社会文化当中。实际上，女性本身“并不等同于不净、污秽，视之为不净是男性专有的看法”[3]，“并不是以生理期中的女性为禁忌，而是因为‘其他人尤其是男性看到了月经’而视为污秽”[4]。因为男性对女性特殊生理现象会产生畏惧感，所以他们通过不断制造各种说辞或有意设置规制迫使女性远离神庙及相关祭祀仪式，包括禁忌女性进入神庙剧场观剧，“戏曲也就首当其冲成为男权社会强加

1 原双喜、栗守田《上党地区发现院本剧目》，寒声等《上党傩文化与祭祀戏剧》，中国戏剧出版社 1999 年版，第 653 页。

2 段金龙《官方管控下的戏剧禁毁及其效果衡估——以清代民国山西方志与碑刻、题记为中心》，《中华戏曲》2017 年第 54 辑。

3 郭海红《男性在场与日本女性禁忌》，《民俗研究》，2014 年第 4 期。

4 ［日］波平惠美子《污秽（晦气）》，东京堂出版 1985 年版，第 133 页。

于女性的禁忌对象”。[1] 所以女性观剧禁忌得以确立，是“作为两性中另外一性的男性在场使然”，男性社会的立场[2] 客观上对于女性观剧禁忌的传播起到了推波助澜的作用，甚至为其传播提供了土壤。

第六节 个案研究：河南新安芦院村女性观剧年龄禁忌碑的文化阐释

一、碑刻遗存概况

清代演剧活动频繁，促使女性外出观剧的现象屡见不鲜。出于维持风化和稳定社会秩序的考虑，从中央到地方，一再禁限女性外出观剧，神庙演剧中含禁止女性观剧内容的碑刻时常可见。如河南新安县芦院村内一通由士绅阶层刊立的《女性观剧年龄禁忌碑》的发现，就蕴含着丰富的社会文化内涵。

此石刻无碑额题名，因其内容主要是芦院一村的乡规民约，遂《裴氏广记》录为《河南新安县芦院村乡规碑》，《清代河南碑刻资料》中则补题为《乡规民约碑》。该碑现存于河南省新安县芦院村文化活动中心院内，壁碑全文 700 余字，涉及禁忌女性观剧年龄的内容，虽不足 30 字，却为我们了解神庙演剧禁忌女性的深层原因，提供了重要的史料证据。同时，为我们了解乡村社会中国家法律在禁止女性观剧方面的实践大有裨益。民间法作为国家法律的补充，更具有人性化、弹性化的特点。士绅阶层对女性观剧的矛盾心理，可看出他们深受男权社会“女性不洁”

1 张勇风《中国戏曲文化中的“禁忌”现象研究》，文化艺术出版社 2016 年版，第 169 页。

2 郭海红《男性在场与日本女性禁忌》，《民俗研究》2014 年第 4 期。

观念影响的痕迹，月经禁忌、生育禁忌是禁忌女性观剧年龄的根本因素。现将碑刻原文摘录如下：

乡规民约碑

自来王道之行，先见于乡，乡规不立，则父兄之教不先，何怪子弟之率弗谨。余村前辈父老，素有乡规，如赌博讹诈等项，俱严戒饬，刊刻在碑，但今人往风微，碑记漫灭，加以年荒岁歉，遗规尽坏，非聚党肆横，即凭空讹诈，甚至引诱无知子弟，哄骗财物，且多方谋人产业，于是，棍徒愈炽，攘窃遂起。有穿窬入室者，有盗伐树木及田园菽麦者，种种恶俗，难以枚举。余等恐转相效尤，因于本年三月间，以复整乡规等词呈请仁天刘主案下，蒙批存卷，照议遵行。犹恐其久而或忘也，因勒诸贞珉，敬录金批如左：

批查赌博之例禁甚严，赌博之为害最烈，盖赌则穷，赌则为盗，理势相因，事所必至，乃游惰之民，不务正业，设局聚党，盘赌窝娼，引诱良家子弟，一经堕其术中，日就吞剥，初则破产倾家，旋至寡廉鲜耻，或藉端讹诈，欺压善良，甚而鼠窃狗偷，长盗滋奸，莫此为甚。节经出示晓谕在案，兹据该绅耆等具呈，洵为敦厚风俗之要务，惟在绅耆等为之矜式劝导，维持风化，是所厚望焉。除密访查拿究办外，饬即照议遵行可也。

一、凡犯赌者，罚砖五百。窝赌、首赌者，罚砖一千。捉赌者，得所罚一半。输赢俱消灭。如有盘赌等项，情节较重者，随时议处。

一、凡偷窃五谷及南瓜、豆角、柿子、棉花、树木之类，无论男妇，每人罚钱五百，夜间加倍。拿获者得所罚之钱一半。

一、凡聚党肆横，凭空讹诈及引诱无知子弟，哄骗财物，谋人产业者，共同议处。

一、凡演戏酬神，妇女非五十以上者、十二以下，白昼不许观戏，违者议处。

首事人佾生裴运升，监生裴凤台，监生裴中强、柴凤阁
生员吕庆云、吕东汉，监生裴□科，贡生裴玉年，
监生裴方升，耆老裴鸿升
大清道光二十八年中秋上浣之吉，芦院村仝立。[1]

首先，从碑刻遗存的地理文化环境看，新安县位于河南省洛阳市西部，北临黄河，与山西省垣曲县隔河相望，南与宜阳县接壤，西与渑池县及义马市为邻，东与孟津县及洛阳市毗连。地扼函关古道，历为九朝古都洛阳畿地和西方门户。秦时置新安县，取“新治安宁”意。汉代因之，东晋末分置东垣县，北周保定年间置中州，建德年间废，改置新安郡。隋开皇改郡为谷州，后谷州与新安郡交相代替。大业初东垣入新安，唐贞观年间移治于今新安，后不复变。唐宋以来长期属河南府，直至清末。民国初，属河洛道，以后道撤，直属省辖。1936 年复新安县名。中华人民共和国成立后属洛阳专区，现为洛阳市辖县。境内民间艺术繁盛，清代以来，每逢重大节日或庆典，戏剧、社火表演、高跷、秧歌、竹马、旱船等汇集县城，观者如潮。民国《新安县志》载：“土剧中之最有情趣者，大演国事，小演家庭。调用本腔，而易排奏；词多土语，而能通俗；音节激昂，足动听闻；

1 碑刻现嵌于河南省新安县芦院村文化活动中心院内墙壁上。见王兴亚《清代河南碑刻资料》（第三册），商务印书馆 2016 年版，第 132—133 页。

举止慷慨，便于观感；模仿贤奸毕肖，又为愚夫愚妇所能识别。虽不如京调之雅正，然喜怒哀乐之声容，诚有可爱、可恶、可喜、可泣之态，惟其壮而失于放，俚而近于粗，识者讥其少大雅雍容之度，信然。”[1]此处之土剧当指河南豫剧，因其调用土语，俚俗易懂而受到男女老幼的喜爱和追捧。芦院村地处铁门镇政府东部，全村人口1000余人，村中主要姓氏为杜姓、裴姓和张姓。

其次，从芦院村刊立此碑的原因分析，是有感于当时村内遗规尽坏，或聚党专横、入室盗伐，或讹诈哄骗、“棍徒愈炽，攘窃遂起”等种种恶俗。芦院村自古以来，“王道之行，先见于乡，乡规不立，则父兄之教不先，何怪子弟之率弗谨”，旨在通过重新刊刻碑文，敦厚风俗，维持风化，显父兄之教。于是在清道光二十八年（1848）三月间，在官方获准批示存卷的情况下，遵照所列之条款分别针对赌博、偷窃、讹诈、妇女观剧四项内容，查拿究办，照例惩处。

再次，从刊立碑文的首事人看，佾生裴运升，监生裴凤台，监生裴中强、柴凤阁，生员吕庆云、吕东汉，监生裴□科，贡生裴玉年，监生裴方升，耆老裴鸿升10人，分属裴、吕、柴三家。从身份来看，皆属于本地士绅阶层。查阅《新安县志》及三家族谱，因他们均未担任过官职，又历时久远，谱系庞杂，其生平暂不可考。但裴、吕二姓是明末清初新安县芦院村的两大主要姓氏，是有迹可循的。裴运升、吕庆云等分别为裴、吕两姓的后裔无疑。据清道光二十六年（1846）《裴氏（河南）宜阳罗村祖坟墓碑》载：

1《中国地方志集成·河南府县志辑》(第70册)，上海书店出版社2013年版，第459—460页。

立茔

始祖讳尚坤，唐晋公度之后，元潞州知事再兴公之裔也。自公九世祖成于明初洪武四年（1371）由闻喜迁居新邑芦院村，迨七世祖又迁往北山圪塔村，相传三门人，一西门，一东门，一南门，长幼无可征，名讳失所传。斯祖以上知几世，非敢臆断，便叙次耳。公系西一门，由顺治六年（1649）迁居宜邑北二里罗村，葬此茔域奉祀。[1]

可见，新安芦院村裴氏一族的先祖裴尚坤乃顺治六年迁居于此。另外，民国《新安县志·民族》记载："新安率为汉族，其氏族之由来，咸云迁自山西洪洞，有谱牒足证者，如横山吕：洪武初由洪洞迁入新安；芦院裴：山西闻喜迁新安芦院。"[2]另据庙头村裴氏宗谱《裴芦院先生年谱录》载："（崇祯）四年（1631）先生裴衮十一岁。先生就读小学……先生与邓林选，字尔举，为髫年同学，同读于韩王庙塾馆，从师于邓学古先生门下。"庙头村韩王庙塾馆最迟于崇祯四年前已有，裴衮曾就读于此，"芦院"应该是裴衮的号。庙头村地处铁门镇，边上就是芦院村。可见，裴衮其人与芦院村的亲密渊源，裴衮为芦院村裴氏家族的先人无疑。

另一人姓吕氏家族，清代近二百年间，人才辈出。《新安县志》所载吕氏先祖的嘉言懿行颇多，较为出名的如吕维祺、吕复恒、吕宪曾、吕法曾、吕衍高等。其中，吕维祺一生致力于理学，尤重研习《孝经》，著述如《孝经本义》《孝经大全》《孝经或问》《孝经衍义列传》等，倡导以孝悌为核心的理学精神。吕复恒"性至孝，问寝视膳，无少失，父殁，事无细大，

1 西江编著《裴氏广记》（第一册），山西古籍出版社 2008 年版，第 2012 页。

2 张青主编《洪洞大槐树移民志》，山西古籍出版社 2000 年版，第 57 页。

必白于诸兄而后行”[1]。吕维祺曾孙吕宪曾为人仁义，“事继母，称孝子”[2]。吕法曾“喜治农圃，家居筑力园，凡春秋佳日，迎母烹鲜剥枣，竟日夕欢”，“康熙癸巳科举于乡，将选县令，以母老不欲远仕，请改选，得祥符教谕，遂迎太夫人于开封”。吕法曾建造农圃，以时新蔬菜、瓜果奉养母亲，是当地有名的孝子[3]。吕衍高“家言至孝，里居，终身未尝一日离母侧”[4]。由此可见，推崇孝道是吕氏家族的优良传统，忠孝节义也是吕氏家族传统美德的基本精神。理学修身养性、济世安民的精神孕育了家族“忠孝”群体，而吕氏后人的“忠孝”言行又为理学精神提供了实践的空间。

清中后期，裴、吕二族，居于中下层，有着功名的举人和生员一级的士绅阶层，“自寇乱以来，地方公事，官不能离绅士而有为”[5]。“士绅文化在绝大多数情况下参与构筑朝廷意识形态，并成为官方与民间意识形态的中介性枢纽。乡民宗法传统的习俗与信仰，很大程度上是对正统或主流意识形态的模仿或转喻，从基层支持了主流或官方意识形态。”[6]由于深受理学思想影响，士绅们恪守儒家知识分子“修身、齐家、治国、平天下”的道德修养规范，匡时济世。在乡村社会结构里，成为地方自治社会中的实际责任人，担负公共设施建设、乡村秩序、公共事务处理、地方教育等行政职责，他们既是国家利益的保障者，也是儒家伦理规范的卫道士。

1 邱峨修《新安县志》（卷八），民国三年（1914）石印本。

2 张钫修，李希白纂《新安县志》（卷十一），成文出版社有限公司 1975 年影印本。

3 张钫修，李希白纂《新安县志》（卷十一），成文出版社有限公司 1975 年影印本。

4 张钫修，李希白纂《新安县志》（卷十一），成文出版社有限公司 1975 年影印本。

5（清）胡林翼撰《胡文忠公遗集》（卷八十六），上海著易堂光绪十四年（1888）铅印本，第 33 页。

6 段金龙《山西民间的戏资筹措以及乡村治理——以山西方志、碑刻为中心》，《史志学刊》2016 年第 6 期。

所以，新安芦院村行父兄之教的责任便落实在裴氏、吕氏、柴氏三姓士绅肩上。

二、碑刻透露出的信息

此通《乡规民约碑》中云："凡演戏酬神，妇女非五十以上者、十二以下，白昼不许观戏，违者议处。"虽然仅27字，却透露出丰富的信息。

首先，对演剧缘由——酬神演剧的限定，就同时对演出场所芦院村神庙剧场演剧也作了顺势规定。

其次，允许12岁以下、50岁以上的女性观众在酬神演剧中观看演出，同时意味着禁止大于（大于或等于）12岁、小于（小于或等于）50岁的女性入庙观剧。对观剧女性的特殊年龄禁忌，是该乡约女性观剧内容的主体。那么这部分女性有何特殊之处？缘何做出这样的规定？不许白昼观戏，表明或可看夜戏。这又是为什么？笔者接下来就这些问题试做探讨。

（一）受年龄禁忌的女性的生理特点

碑中强调"妇女非五十以上者、十二以下，白昼不许观戏"，那么12岁与50岁这两个年龄节点，对于女性有何特殊意义呢？

一般来讲，12岁随着女童月经初潮的出现，被多数女性共同记为青春期的重要里程碑[1]。而到50岁，是大多数女性绝经的年龄，开始步入老

1 在中国，从女孩过渡到成年女性要经历一定的仪式。汉民族中，月经初潮后，女子笄礼的象征意义和男子冠礼一样重大，同样是对人生责任、社会角色的提醒。山西、陕西、河北等地至今仍保留着给年满12岁的孩子"圆锁"的习俗。民国《阳原县志》卷十《礼俗"冠义"》："至富贵之家，子至十二岁之生辰，广延宗戚，飨以酒宴，贺者来临并赠礼物，特种富室或系独子，酒席之外往往佐以戏剧，一以娱宾，一以酬神。一三两日，演于神庙。（即俗名之奶奶庙，谓子女之生，乃奶奶送来者。）中间一日则在宅院中，下迄贫家，虽曰不能如斯，但亦未废冠礼。"民国《阳原县志》，《中国地方志集成·河北府县志辑》（第15册），上海书店出版社2006年版，第71页。

年。中国最早的医学典籍《黄帝内经》中关于女性发育的记载有："女子七岁肾气盛，齿更发长。二七而天癸至，任脉通，太冲脉盛，月事以时下，故有子。……七七任脉虚，太动脉衰少，天癸竭，地道不通，故形坏而无子也。"[1] 此"子"为"卵子"，指生育能力。所谓"天癸"，即指妇女月经，这一称呼延至清末仍有使用。如清同治十三年（1874）《申报》所载，医生询问女患者："然则天癸来否？"[2] 另外，还有月信、月事、经水等称呼。二七十四岁女子天癸至，七七四十九岁天癸竭。可见，女子以7岁为周期，约在14岁性成熟，而在49岁生殖能力衰退。具体到每个人，又存在个体差异，"经至迟早，视乎国土寒热，寒则迟至，热则早至"[3]，所以不排除一些温热体质的女孩12岁就来月经的可能。另外，12—50岁中间这个阶段，妇女们承受着特殊的生理体验，行经期间即为女性能生育年龄阶段。如《妇婴新说》中所云："月经者，子宫所生之液，以备胎孕之需者也。自经至讫经绝，……经未至不能生子，经绝不能生子，有病经停不能生子。"[4] 这个过程30余年，约占女性整个生命的1/3，历来备受关注。在有些民族中，对女性的禁忌就是从青春期开始的，"从月经初潮到绝经以前这一年龄段的女性都属于忌讳的对象，但禁忌到绝经以后便予以解除"[5]。所有这

1（唐）王冰注释《黄帝内经·素问译解·上古天真论篇第一》，台联国风出版社1984年版，第5—6页。

2《乞医心疾》，大清同治甲戌八月初九日，1874年9月19日，第735号，见大成故纸堆《申报》影印版，第3版。

3［英］合信氏著，（清）管茂材撰《妇婴新说》，咸丰八年（1858）江苏上海仁济医馆藏版，海南出版社2000年影印，第334页。

4［英］合信氏著，（清）管茂材撰《妇婴新说》，咸丰八年（1858）江苏上海仁济医院藏版，海南出版社2000年影印，第334页。

5 李金莲《女性、污秽与象征 ：宗教人类学视野中的月经禁忌》，《宗教学研究》2006年版3期。

些都与妇女不洁、污秽的观念有关。正如日本学者指出的“从一个阶段到另一个阶段的过渡带来不稳定性、危险性，有时也会被视为不净状态”[1]。英国著名人类学家、新结构主义的代表玛丽·道格拉斯在《洁净与危险》一书中对禁忌提出了一种二元对立的观点，她将“洁净与肮脏”和“安全与危险”联系起来，“她将宇宙中的事物进行了两种划分，一是清晰的种类，一是模糊的种类，清晰的即是洁净的、安全的，模糊的即是肮脏的、危险的。而连结清晰与模糊这两类事物的便是禁忌”[2]。并指出“禁忌作为一个自发的手段，为的是保护宇宙中的清晰种类。”“含糊的事物看上去很有威胁感。”[3]“而处于过渡状态中（因为不能明确分类）的人和事物不仅具有某种危险的能量并且是不洁的，具有污染力的。”[4]属于12—50岁禁忌观剧范围的女性，由于长期处于从童年到老年的过渡状态，是带有两义性无法明确归类的人，即“模糊性身份的人或物是危险的、有污染力的”[5]。“自己处于危险之中同时也向别人散发危险。”[6]这样的身份使其成为禁忌的对象。

（二）禁忌12—50岁女性观剧的实质

1. 外在原因

中国古代“春祈秋报”之俗相沿已久。乡村神庙剧场，作为重要的演剧场所，举凡神诞和庙会节庆期间都要举行报功答庥的演剧活动，敬

1 ［日］波平惠美子《污秽（晦气）》，东京堂出版1985年版，第96页。

2 蒋潞杨《评玛丽·道格拉斯的〈洁净与危险〉》，《边疆经济与文化》2014年第5期。

3 ［英］玛丽·道格拉斯《洁净与危险》，黄剑波、柳博赟等译，民族出版社2008年版，第5页。

4 张小红《污染力与女性：人类学视角下的月经禁忌——基于闽南山河村的考察》，《昌吉学院学报》2014年第2期。

5 张小红《污染力与女性 ：人类学视角下的月经禁忌——基于闽南山河村的考察》，《昌吉学院学报》2014年第2期。

6 ［法］阿诺尔德·范热内普《过渡礼仪》，张举文译，商务印书馆2010年版，第22页。

神娱神、沟通人神是酬神演剧的核心。

河南新安芦院村酬神演剧时对女性观剧年龄的禁忌，从表面来看，首要原因就是为了防范年轻女性以色招愆，而引发社会治安混乱、男女混杂等问题。这样的担心并非无中生有。如浙江东南部某地神庙演剧，“金鼓喧阗演戏文，庙廊游女正如云。一班年少真轻薄，炯炯双眸盼翠裙”[1]。美人艳处如花之绽放，引来了一班轻薄少年的凝眸注视。又如，光绪十九年（1893）金陵聚宝门外，东岳庙演戏三日借答神庥，“四月廿八日午后，金鼓喧天，笙歌沸地，游人来往，络绎如梭。……一妇年约二十许，莲钩贴地，疾走如飞，适机匠三四人在旁行，见其风姿绰约，弱不胜衣，遂故意嬉戏”。机匠三四人，见一年轻少妇绰约多姿，遂故意调戏“互相推扑，用力过猛，直撞妇肩，立足不牢，惊鸿堕地”[2]，致一缠足女性仆地。

另外，还有女性在观剧中因貌美而遭到歹人侵犯的。如“某姓小家女，苞含豆蔻，袅袅婷婷，插身人丛中，以冀一见颜色，蓦有无赖子探手摸其乳，用力过猛，致受重伤，随即玉殒香销，归家而毙。又有某姓女自乡间至镇，行至荒僻处，忽有人负之而去。……遍寻不得，至翌晨始得诸旷野，则已被诸恶少轮奸数次，只余一息奄奄矣”[3]。中国古代对于年轻女性，多有金钗、豆蔻、破瓜、桃李、花信之说，女性的芳菲妩媚全在此际。所以不同程度地禁忌女性看戏，应是出于对女性的“性诱惑禁忌”和“性压迫禁忌”的延伸。

此外，12—50岁女性所承担的家事职责也应被列入禁忌原因范畴。

1（清）郭钟岳《瓯江竹枝词》，同治十一年（1872）和天倪斋写刻本。

2 傅谨主编《京剧历史文献汇编·清代卷》（四），凤凰出版社2011年版，第395页。

3 傅谨主编《京剧历史文献汇编·清代卷》（四），凤凰出版社2011年版，第316—318页。

12 岁以下未成人，家长多溺爱不务家事，而 12 岁以上由联姻方式进入夫家后，就需要承担抚育子女和大部分家务，“主妇职在中馈，躬督纺织，至老勿逾中门。……游山游湖，看戏烧香，出露体面，即非士族家法”[1]。类似论调还有很多，如“妇人之职，中馈丝布尽之矣”[2]。作为家庭主妇理应纺纱织布，熟悉中馈各事，过门之后，于父母脸上也有光彩。而“乡间善男信女……迨至中年以后，儿女成立，米盐琐计不甚关心，乃邀集伴侣，醵金结社，朝山烧香，以为娱乐”[3]。正如赵永翔在《明清关中的寺庙与地方社会》中说：无论是儒学家还是地方行政官员“对有入庙祈神行为的妇女抨击，主要是为防范这一群体中的年轻妇女，而非老年妇人的”。[4]这是因为“年轻妇女在家中的地位低，又要承担主要家务，无论是维护男尊女卑的家道秩序上，还是保证家庭事务的正常运转上，都不允许年轻妇女随意外出。但对于经历‘朝如青丝暮成雪’的漫长过程而步入老年的妇女来说，上述曾经约束她们出门入庙的因素都消失殆尽。她们的社会地位由于其成年子女的维护，和社会对尊老敬老风气的倡导而升高，不仅不再被家务缠绕，而且有了足够资历反对一切不从己愿的人”[5]。

2. 内在原因

河南新安芦院村酬神演剧时对观剧女性的年龄禁忌，本质上根源在于女性的月经现象普遍地被认为具有不洁的特质，而使妇女的身体成了不洁的代名词和污秽的象征。女性身份具有污染力的文化意象，随着月经

1（清）李仲麟《愿体集》（第二册），光绪乙卯年（1879）刻本，第 4—5 页。

2 白雪华、湛庐《莫友芝所撰莫氏〈甲辰家规〉及其史料价值》，《文献》2006 年第 4 期

3 民国《获嘉县志》（卷九），上海书店出版社 2013 年版，第 20—21 页。

4 赵永翔《明清关中的寺庙与地方社会》，南开大学 2012 届博士学位论文，第 183 页。

5 赵永翔《明清关中的寺庙与地方社会》，南开大学 2012 届博士学位论文，第 183 页。

禁忌的加强，而扩展到了与女性特有的生理特征紧密相关的生育习俗中。汉族民间多有对孕产妇参与祭祀、庙会等公共事务的禁忌，如“孕妇禁忌接触祭祀、祭祖、庙会，禁忌参与要事和公益事业，以及禁忌参与巫事等事项，皆基于孕妇不洁的同一原则”[1]。产妇也是神庙演剧禁忌的主体，因为“产血是女性潜在能力的标志，它又是婴儿骨血的根源，所以这种血既肮脏又强大。说它肮脏认为是和污秽联系在一起。说它强大认为它可以带来生命，又预示着死亡”[2]。妇女产后恶露未净，人们认为“生育时流的血和经血同样危险”[3]。在此期间，她们被认为是处于危险境况的不洁之人，“她们可能污染她们接触的任何人和任何东西；因此她们被隔绝起来，直到健康和体力恢复，想象的危险期度过为止”[4]。“产妇不洁”观念的外延，导致诸多禁忌事项围绕着女人，如“不能到庙里祭拜，否则会亵渎神明”。凡有圣洁性质的活动不得参加，神圣的物体不得触碰。传统观念中，男性认为女性身体“肮脏”的破坏力，不仅能危害身体、家庭，甚至会破坏社会秩序。玛丽·道格拉斯曾指出：“‘肮脏’并不意味着卫生学或者病理学意义上的不卫生，而是意味着失序。即不洁不是因为事物本身不洁净，而是因为他们错位（out of place）了。错位则暗示着对于秩序的挑战，而挑战中总蕴藏着危险。”[5] 总之，已有秩序若处于一种失序的状态，

1 陈华文《生育禁忌研究——生育文化研究之一》，《浙江师大学报》（社会科学版）1993年第3期。

2 [美] D.L. 卡莫迪《妇女与世界宗教》，徐钧尧、宋立道译，四川人民出版社1989年版，第80页。

3 [美] 玛格丽特·米德《三个原始部落的性别与气质》，宋践等译，浙江人民出版社1988年版，第39页。

4 [英] 詹·乔·弗雷泽《金枝》，徐育新等译，中国民间文艺出版社1987年版，第208页。

5 张小红《污染力与女性：人类学视角下的月经禁忌——基于闽南山河村的考察》，《昌吉学院学报》2014年第2期。

就容易引起不适和恐慌。

长久以来，在公共场所看戏被视为男性的权力，女性入庙看戏，会使男性化的这一公共空间受到“污染”，因“污染”而导致的不洁，其实是对社会秩序的一种破坏，“从身体政治的角度来看，不洁其实意味着未知的权力力量给现行体制带来的危险，意味着超越分界所带来的危险”[1]。12—50 岁女性的中介或过渡身份，威胁着父系制度中的权力界限。女性入庙观剧，是处于性别劣势的女性对“男女有别”“男女授受不亲”等观念和秩序的破坏和扰乱，极易引起男性的不安和恐慌，从而遭到男权社会的集体厌恶和排斥。男性出于对社会结构中具有模糊性的女性力量的畏惧，产生了针对观剧女性的年龄禁忌，而为了避免和防止社会结构中具有污染力的女性力量，威胁和扰乱已有的父系宗族秩序及其团结，避免男权力量被破坏而危及整个共同体，于是确立起一套禁忌秩序，让女性遵守。

其实，对于女性观剧年龄的禁忌，还有相似的例子。如《歧路灯》第四回，山陕庙演剧，“俺曲米街东头巫家有个好闺女……有十岁了……你不胡说罢，山陕庙里，岂是闺女们看戏的地方？王氏说：‘他是个小孩子，有何妨？若十七八时，自然不去了’”[2]。10 岁小女孩可以进入神庙剧场看戏，但到十七八岁就不被允许了，应该与此通碑刻禁忌 12—50 岁女性观剧有着相同的文化含义。禁忌像一张巨大而又严密的网，它所包含的洁净与污秽两方面，“体现为对洁净、神圣的敬畏，和对污秽、不洁的忌讳，在这两方面具有共通感受”[3]。通过约束人们的思想和言行，最终达到“人赖

1 张小红《污染力与女性：人类学视角下的月经禁忌——基于闽南山河村的考察》，《昌吉学院学报》2014 年第 2 期。

2（清）李绿园《歧路灯》，李颖点校，中华书局 2004 年版，第 14 页。

3［日］大冢民俗学会《日本民俗事典》，弘文堂 1972 年版，第 212 页。

神以护佑，神藉神以成功”的目的。

（三）不许白昼观剧是月经禁忌的延续

碑刻中“白昼不许观戏”这样的禁忌，是女性月经禁忌的延续。有学者曾对闽南地区山河村部分妇女做过访谈与调查，“经期妇女总要‘偷偷摸摸’，如马布……女人一般选择晚上去河边洗，洗净的马布亦不能晾在屋外晒太阳，只能挂在床尾下方的横木上任其阴干。……妇女行经时必须每晚清洗下身……家中人要外出回避，并将大门紧闭”[1]。即使这些女性已为人妻、人母，但对待月经现象仍是一种遮掩和回避的态度，说明妇女自身也认为月经是污秽的，需要被掩盖遮蔽，因为具有污染性和危险性。任聘《中国民间禁忌》中也曾指出：“禁忌妇女们在白天洗涤处理这些秽物……此类衣物不能见太阳，一定要隐藏起来。经血最忌让男人看见。”上面的几个例子都在强调不能白天、不能见太阳，而要等到“晚上”，一切与之相关的人或物的清洗也必须在晚上避开男人。

世界许多不同民族对经期妇女都有类似的限制。如“非洲南部的女孩如在路上遇到月经初潮，须即时躲避于树林内或河边的水草中，以免见太阳生出种种的不祥。她们要一直躲到夜间才敢回家”[2]。“南非的祖鲁人和他们同族各部落的姑娘，无论是走路、捡柴火或是在田地里干活时，只要出现月经来潮的迹象，就马上跑到河边藏到芦苇里，不让男人看见，还用身上披的大氅把头部严实地盖好，不让太阳光照到头上。……等天黑

1 张小红《污染力与女性：人类学视角下的月经禁忌——基于闽南山河村的考察》，《昌吉学院学报》2014 年第 2 期。

2 黄石《关于性的迷信与风俗》，高洪兴编《民俗学论集》，上海文艺出版社 1999 年版，第 24 页。

以后才回家去，躲进一间小屋里住一些时候。”[1]经期女性“不准同男性说话……不准触摸婴儿或小孩……不骑马或其他牲畜，不坐交通工具旅行，不横穿公共马路，须面向墙蜷伏而坐，只能在晚上外出。走路时须在脚上缚一石块，不碰儿童的玩具等等”[2]。不能见太阳、天黑行动这些关键词，与“白昼不许观戏”的禁忌何其相似。

女性夜晚观剧，在夜色的遮蔽掩盖下，一切才显得合理和有序，不算亵渎神灵。

三、其他

“在明清时期的地方权力体系中，地方官和士绅密切合作，分享了传统官僚体制中的正式权力和非正式权力。”[3]“士绅是地方社会治理中的关键所在，他们凭借着对地方社会的熟悉和自身的权威处于乡村治理的中心位置，并且通过制定乡规民约以惩罚偏离国法乡约村规的日常行为，从而成为辅助地方官员推行乡约进行地方治理的重要力量。”[4]对于士绅阶层的研究，不仅能深化清代地方政治的认识，还有助于揭示国家与社会的内在历史联系。碑刻刊立首事包括生员 2 人、贡生 1 人、监生 5 人、佾生 1 人、耆老 1 人。立碑的目的在于正人心、端风俗，依据传统儒家道德伦理标准

1 ［英］詹·弗雷泽《金枝精要——巫术与宗教之研究》，刘魁立编，上海文艺出版社 2001 年版，第 533 页。

2 李金莲《女性、污秽与象征 ：宗教人类学视野中的月经禁忌》，《宗教学研究》2006 年第 3 期。

3 廖华生《官府、士绅与庙学的修建——明清时期婺源庙学的个案考察》，《中国社会经济史研究》2008 年第 2 期。

4 段金龙《山西民间的戏资筹措以及乡村治理——以山西方志、碑刻为中心》，《史志学刊》2016 年第 6 期。

来规范乡民的行为。其中，对于女性观剧的态度并非完全禁绝。士绅阶层的这种态度，与清代国家法律禁忌女性入庙观剧的主流意识是相互矛盾和背离的。从中亦可看出，清代地方乡规民约较之中央立法，一定程度上更具人性化，作为国法的补充，多兼顾“人情”。士绅的这种复杂心态，可能还受到其他因素的影响。

首先，士绅阶层自身喜欢看戏。杜培响在《明清之际新安吕氏家族及文学研究》[1]中，就曾对清代河南著名的戏曲家吕氏先祖吕履恒做过详细研究。吕履恒著有传奇四种，今存《洛神庙》传奇一种，二卷。据《洛神庙·自序》末题“康熙己卯七月既望青要山樵”判断，此传奇剧本创作于康熙三十八年（1699）前，《古本戏曲丛刊》（第五集）据之影印。全剧四十四出，内容以明清易代为背景，叙书生何仲虎与巫有娘、贾绿华悲欢离合之情缘，其间穿插李自成起义的历史。该剧借历史现实演绎兴亡离合之情，抒发了作者个人对现实的生存体验和生命感悟，“有感则有言”。作者吕履恒创作这部传奇，仍希冀能有益风化。另外，剧中的何期晏、冯仕英等人物，不乏忠君、孝亲、友信之理念，正是古代士人普遍追求和构建的人格价值和行为原则。受到先祖的影响而热衷于看戏，也是极有可能的。

其次，士绅耆老作为酬神演剧活动的负责人和点戏的社首，受清代演剧繁盛风气濡染，或许他们自身对妻女家眷等约束较松，经常参与戏曲活动也极有可能。如山西高平良户村田逢吉家族的田宅剧场，是为女眷们建立的专门观剧场所。另有祁彪佳等著名戏曲家专为其母“献戏”的例子，皆可说明此现象。另外，民间乡规民约的具体实施，主要是通过乡村士绅、

1 杜培响《明清之际新安吕氏家族及文学研究》，福建师范大学2012届博士学位论文。

社首等来完成，与邻里间关系融洽更便于管理，而大家一同看戏便是一种很好的社交手段。

小 结

本章通过对清代女性观剧习俗——定戏、点戏、看戏、赏赐和禁忌的考察，发现女性观剧既有与男性观剧相同之处，又具有显著的差异性。女性观剧习俗深受社会礼俗与性别制度之影响，尤其以女性观剧禁忌习俗为要。女性观剧禁忌的根源，在于女性特殊的生理特征而产生的普遍“厌女情结”和“女性不洁”之传统观念。河南新安芦院村大庙对 12—50 岁女性禁忌入庙看戏的记载，可以看出受月经禁忌与生育禁忌影响的影子。

第四章
清代女性观剧内容

清代女性观剧内容，作为清代女性观剧研究中一个不可或缺的专题，是解决女性“看什么”的问题，具有十分重要的学术意义和研究价值。由于观剧环境、文化程度、身份阶层、所处地域、生活理想、审美情趣等个体差异，女性群体之间在观剧内容的选择上存在很大的差异性，呈现出种种复杂的样貌。但是作为同一性别的观众，相同的情感和心理以及大体一致的生活轨迹,女性观剧内容又存在一些普适性的规律和特点。此外，文献中对于清代女性观剧内容的载录，基于阶层与性别因素，又存在很大的不均衡性。

第一节 女性个体差异与观剧内容

女性作为一个庞大的群体，“她们生活在不同的地域，这使她们具有了地域性差别；她们又生活于不同的阶层，这使她们的生活方式、思想状态丰富多彩；她们又秉承了上天赐予的不同气质、容貌、才情、个性，这使她们的人生遭际变幻多姿”[1]。正因如此，不同阶层、不同地域、不同受教育程度、不同性情身世、不同生活理想等都制约和影响了女性对戏曲内容的选择和认识，使清代女性群体的观剧偏好和观剧内容，存在很大的差异。下文试做论述。

一、女性剧场环境差异与观剧内容的雅俗

关于剧场环境与演出内容之关系，其实早在明代就有人关注。明人王骥德《曲律·论曲亨屯第四十》中的论述[2]，就充分考虑到了观剧环境的差异对戏曲演出的通达与困厄之间的匹配关系。他认为观众若置身于陈设雅致的华堂名园、水阁亭台、画舫楼船、美酒佳茗，有审音律、懂得鉴赏品评的伙伴，有版本精良的曲本，有美人在绣幕中垂帘静听，观看优伶演剧于红氍毹之上，优哉游哉地欣赏着檀板新声、浅吟低唱，或击节赞赏，或依剧本而校正。

此种环境，当然就对于戏曲内容和曲词的雅致有更高的要求，也非常符合文人雅士及其家眷的审美趣味。如清代《红楼梦》系列的续书中，

1 吴秀华《明末清初小说戏曲中的女性形象研究》，江苏古籍出版社 2002 年版，第 1 页。

2 曲之亨：华堂、青楼、名园、水亭、雪阁、画舫、花下、柳边、佳风日、清宵、皎月、娇喉、佳拍、美人歌、娈童唱、名优、娇旦、伶人解文义、艳衣装、名士集、座有丽人、佳公子、知音客、鉴赏家、诗人赋赠篇、座客能走笔度新声、闺人绣幕中听、玉卮、美酿、佳茗、好香、明烛、珠箔障、绣履点拍、倚箫、合笙、主妇不惜缠头、厮仆勤给事、精刻本、新翻艳词出。曲之屯：赛社、醵钱、酬愿、和争、公府会、家宴、酒楼、村落、炎日、凄风、苦雨、老丑伶人、弋阳调、穷行头、演恶剧、唱猥词、沙喉、讹字、错拍、删落、闹锣鼓、伧父与席、下妓侑尊、新䓤酒败喉、恶客骂座、客至大嚎、酗酒人、骂座、席上行酒政、将军作调笑人、三脚猫人妄讥谈、村人喝彩、邻家哭声、僧道观场、村妇列座、小儿啼、场下人厮（撕）打、主人惜烛、家僮告酒竭、田父舟人作劳、沿街觅钱。王骥德《曲律》，俞为民、孙蓉蓉编《历代曲话汇编·新编中国古典戏曲论著集成·明代编》（第二集），黄山书社 2009 年版，第 143—144 页。

多有对女性观剧环境的描述。《红闺春梦》第八十回“演梨园绣闼庆生辰，开家宴留春献祥瑞”中，就写到一品诰命方夫人寿辰，“园子里到处张灯结彩，仍将留春馆前搭了戏台，预备女客们起坐。正宅内由大门直至后进，均用五色彩篷遮盖，下面全用一色大红猩猩毡铺地”[1]。又如《红楼梦影》第五回，荣宁两府除夕家宴演戏，“尤氏因无外客，叫了一班小戏，就在上房院里搭了个行台，挂了堂帘。堂屋中间给王夫人设了个罗甸榻，铺着锦褥，上面又是狼皮罩褥。两边是罗甸高几，设着花瓶，插着玉堂富贵鲜花。古铜小炉里焚着百合香饼，又有盖碗、唾盂等类。西间大炕上铺了大红洋呢绣花座褥，请探春坐了。旁边一张洋漆小炕案，上面摆着茶杯、槟榔盒”[2]。这些陈设充分考虑到女性观剧的舒适性，女性听戏坐处的典雅高贵。

剧场的装饰既是为了美化观剧环境，同时也为了适应女性的审美趣味。与此相适应的，必然是符合上层女性“以雅为美”的雅部昆曲等内容。通过对《红楼梦》第十八、二十三和三十五回贾府上层女性常听的戏曲剧目考述，得知贾府家班十二官演的主要有《西厢记》《长生殿》《邯郸记》《牡丹亭》等流行的昆曲剧目，多偏向于“雅部”。且贾府的家班女乐是从苏州采买的十二个女孩子，专门就是演习昆曲的，虽然也请过一些弋阳腔、梆子腔外班进行表演，但当时贾府女性们更多体现出“雅”的品位。

现存清代闺阁诗集中，保留了部分女性观剧诗词。如清代女诗人吴绡的一首观剧词曰：“筵前檀板试新声，娇喉啭处听春莺。短发齐肩，似束腰肢小，更喜双眸片月清。杨花本是无情物，等闲化作浮萍。当季费

1（清）西泠野樵《红闺春梦》，百花文艺出版社 2002 年版，第 1114 页。

2 古本小说集成编委会编《古本小说集成》，上海古籍出版社 1994 年版，第 80—81 页。

尽黄金，辛苦缘歌舞，教初成。雨散云飞一梦醒。”[1]可见，女性关注的是檀板新歌，歌喉婉转。还有的女性，如孟淑卿《席上赠妓》云：“石榴裙子称纤腰，唱歇新声换玉箫。背倚东风偷拭泪，为谁肠断为谁娇。”[2]仕宦女性因其自身的文化素养，而多重视曲词的雅正、歌喉的婉转或词曲之深层内涵等，这一点与下层女性对戏曲内容的关注点不尽相同。赵山林先生将戏曲艺术的传播接受，分为一般性接受、欣赏性接受、批评性接受、分歧性接受、背离性接受等[3]，就女性观众而言，大部分平民女性属于一般性接受兼欣赏性接受，少部分识文断字的仕宦绅衿女性，属于具有较高批评意识的批评性接受。上下层女性之间的审美趣味及内容差异是非常明显的，因为“观众与演出场所又是相互适应的关系”[4]。

下层女性的观剧环境是怎样的，明人王骥德提到，村落、醵钱、赛社、炎日、凄风、苦雨、老丑伶人、弋阳调、穷行头、演恶剧、唱猥词、沙喉、讹字、错拍、删落、闹锣鼓、伧父与席、下妓侑尊、恶客骂座、客至大嚎、酗酒人、骂座、村人喝彩、邻家哭声、僧道观场、村妇列座、小儿啼、场下人厮（撕）打等状况[5]。可见，广大的乡村女性在观剧时，往往是拥挤嘈杂的环境。晚清诗人贝青乔在《演春台》一诗中，写到某村演春台戏时的情景：“红男绿女杂沓来，万头攒动环当台。台上伶人妙歌舞，台下欢

1（清）吴绡《啸雪庵诗余·瑞鹧鸪》，曾乃敦《中国女词人》，文化艺术出版社 2018 年版，第 142 页。

2（明）蒋一葵《尧山堂外纪》（卷九十三），《续修四库全书》第 1195 册，第 144 页。

3 赵山林《戏曲艺术与传播接受论集》，国家出版社 2017 年版，第 661 页。

4 施旭升《中国戏曲审美文化论》，北京广播学院出版社 2002 年版，第 331 页。

5 俞为民、孙蓉蓉《历代曲话汇编·新编中国古典戏曲论著集成·明代编》（第二集），黄山书社 2009 年版，第 143—144 页。

声潮压浦。脚底不知谁氏田，踩踏作畲禾作土。”[1]表现出临时搭台，人潮涌动的真实情况。或如《歧路灯》第四十九回写到山陕庙演戏，“进的庙院，更比瘟神庙演戏热闹，院落也宽敞，戏台也高耸。不说男人看戏的多，只甬路东边女人，也敌住瘟神庙一院子人了”[2]。妇女在甬路东边或站着或坐着看庙戏，这样的观剧环境，反映出下层民众的娱乐需求来得更强烈、更直接，因此场面热闹、节奏鲜明的大锣大鼓戏更适合，豪侠征战、仙佛神话等戏曲内容更受欢迎。

我们还可以从女性看戏后，她们互相谈论的内容中，推断她们喜欢看的戏曲题材有哪些。如乾隆年间文人沈赤然在《途次观村落演剧》中写道：“一声钲响集如云，鼓钹喧轰曲不同。鬼神荒唐惊变相，兜鍪零落笑行军。……望断守闾翁媪眼，归来儿女话纷纷。”[3]从“鬼神荒唐惊变相，兜鍪零落笑行军”一句推测，可能正表演的是有关历史战争或神仙道化题材的大型剧目。又如，清嘉庆十年（1805）成都一地演出春台戏：“戏演春台总喜欢，沿街妇女两旁看……子龙塘佩关张庙，松柏惠陵丞相祠。妇女亦谈分鼎事，多从部曲与传奇。”[4]从这首竹枝词的描述中，可知妇女们看了三国题材的戏曲，谈论三家分鼎之事，说戏的背后，是她们对戏曲内容及三国人物的喜爱、咀嚼和回味，也是对人生的意义和生存价值的再思考。又如，山西沁水县端氏镇潘坪村出生于1900年的农民女性李锦萍[5]，她没有读过多少书，识字也不多，但许多古装戏都能看懂，并能讲解

1 丁力选注，乔斯补注《清诗选》，湖南人民出版社1985年版，第556页。

2（清）李绿园《歧路灯》，李颖校点，齐鲁书社2008年版，第455页。

3 沈赤然《五研斋诗文钞·诗钞卷》（七），《瘁臞集》，清嘉庆刻增修本。

4 林孔翼辑《成都竹枝词》，四川人民出版社1982年版，第44—45页。

5 李锦萍，1900年出生于山西省沁水县端氏镇潘坪村，1958年正月二十二卒，享年58岁。

许多古人的故事，“她还常常用甘罗十二为宰相、罗成七岁领雄兵和杀狗劝妻、原小拖笆等英雄、孝子故事来教育激励子女，让他们懂得上进成才，懂得尊老爱幼”[1]。可见，这位女性比较热衷于朝代戏，戏曲中忠孝节义等朴素的伦理思想，成为她教育激励子女的绝佳题材。

值得注意的是，清代下层女性的观剧内容丰富得很。如《花部农谭》作者焦循就特别喜欢花部乱弹，他写道：“余特喜之，每携老妇、幼孙，乘驾小舟，沿湖观阅。天既炎暑，田事余闲，群坐柳荫豆棚之下，侈谭故事，多不出花部所演。余因略为解说，莫不鼓掌解颐。”[2]不仅经常携老妇、幼孙往观之，归来后还要为乡民解说。实际上，花部包含的地方声腔很多，“京腔、弋阳腔、皮黄腔、秦腔、罗罗腔为其时梨园所称之花部也”[3]，皆为广大下层女性可接触到的声腔。花部所演内容，亦可通过其他相关材料做一些补充。如《重庆商会公报》在1909年的报道中，解释了乱弹的内容范围：“今所谓乱弹高调者，其所演之剧，……天堂地狱而已，仙神鬼怪而已，势利骄侈而已，乞儿措大而已，奸夫淫妇而已，村妪伧父而已。尤其奇者，宰相也，必以净演，演相之子，则必以丑，……而闺秀之举止，则与婢子无择焉。命妇之口吻，则与村妇无择焉。而其行演之事实，则又为顽固之事实，所演之历史，则又为腐败之历史。情形状态，大类于未开化以前，去今殊太远也。”[4]可见，民间流行之乱弹、花部等戏，内容多涉及神仙鬼怪，以及乞丐、贩夫走卒、村妇婢女等下层人物的生活场景。

1 陈飞龙主编《陈氏家谱》，2014年内部印制，第14、55页。

2 中国戏曲研究院编《中国古典戏曲论著集成》(八)，中国戏剧出版社1959年版，第225页。

3（清）徐珂编撰《清稗类钞》(第三十七册)，商务印书馆1918年印行，第6页。

4 张天星编著《晚清报载小说戏曲禁毁史料汇编》，北京大学出版社2015年版，第676—677页。

即使有高官命妇等，有时也表演得比较粗鄙，而出现闺秀作“婢女”口吻，“命妇”与“村妇”声口无异的情况。正如杨恩寿《坦园日记》所记录的“缚草为台，环以破布……莲面皆斑，柳腰如铁”[1]；“村笛呕哑”“土音啁杂”等[2]，粗劣通俗是村社演剧的常态。

一般来看，演出的环境、演出的班社、观剧的群体都是互相匹配的——演出场所与观众身份相匹配，同时与所演内容相符合。总之，“场所—观众—内容”三者是相互适应的关系。蒋小平女士在《明清女性观戏述论》一文中指出，中国戏曲大致沿着雅观与俗观两条道路发展。王室贵族、官僚富商，在宫廷、官府、厅堂宴会上的演出，声腔之雅、剧目之雅、场面之雅、审美心理之雅，属于雅观。然而在民间，以神庙剧场、寺庙广场为活动天地，主要服务于民间百姓的演出，声腔、剧目、场面、审美心理之俗等构成了俗观内涵。这样的划分具有一定的道理，但是因为戏曲之间有互相交流和吸收的特点，故下层民众也可欣赏昆曲等雅部，上层女性也可听听弋阳腔、乱弹等。如《西厢记》就是各阶层女性均喜欢的剧目，不过在民间演出时会有所改动，以期更贴近下层女性的审美趣味，这样更接近清代女性观剧内容之真实面貌。

二、女性阶层差异与所观内容的差别

戏曲作为一种场上之曲，要符合每个阶层观众的需求和喜好，才能赢得舞台。清代戏曲剧作家和演员在长期的实践过程中，通过不断地积累经验，努力在表演上有意识地迎合不同阶层的女性观众需求。本书通过

1 傅谨主编《京剧历史文献汇编 · 清代卷》（七），凤凰出版社 2011 年版，第 108—109 页。

2 傅谨主编《京剧历史文献汇编 · 清代卷》（七），凤凰出版社 2011 年版，第 126 页。

援引寿诞、婚礼、丧礼这三个女性一生中均要经历的重要时刻的演剧情况，来说明不同阶层女性观剧内容之差别。因为不管是内廷女性还是中下层仕宦平民女性，在这三个重要的人生节点，都要进行一些庆贺仪式。

（一）各阶层女眷寿诞剧目之差别

中国古代一直以来，就对长寿非常重视，甚至将其置于五福之首。庆寿、祝寿、贺寿等演剧活动，充分表现了人们对长寿的强烈渴望。内廷女性中，皇太后的寿诞被称为“万寿节”，皇后的寿诞称为“千秋节”。其他地位较低的妃嫔，生日当天则并非一定演剧。就宫廷女性寿诞的当天演出内容，清宫档案中有明确记载，多为御用的宫廷剧作家编撰的宫廷大戏。如清道光二十五年（1845）十月初十日皇太后七旬万寿，“同乐园承应戏，《福禄寿》《讨油扫地》《千金闸》《三醉》《灵山称庆》。……午宴承应《慈容衍庆》、麻克新蜜[1]。转宴承应《蝠献瓶开》。正三刻宴毕，未正叫走，申正二刻，敷春堂酒宴承应《喜洽祥和》（放牲）、《福寿双喜》，申正一刻戏毕”[2]。又如，道光二十六年十月初九日皇太后万寿，敷春堂承应戏为《百子呈祥》《雪拥蓝关》《琴挑》《芝眉介寿》，初十日承应《福禄寿》《北醉》《鱼篮记》《议剑》《奇双会》《羞父》《灵山称庆》。[3] 由上可见，皇太后万寿演戏，每年演的内容不太相同。但是如《福禄寿》《慈容衍庆》《百子呈祥》等仪典戏几乎是每次都演的，剩下的应该就是按照太后本人的意愿临时点演的剧目。同时，不同时代万寿戏的内容也不完全相同。

同是特权阶层，皇后千秋所演，又与太后万寿的承应内容有别，有

1 麻克新蜜：满语音译蒙古乐。

2 朱家溍、丁汝芹《清代内廷演剧始末考》，故宫出版社 2014 年版，第 241 页。

3 朱家溍、丁汝芹《清代内廷演剧始末考》，故宫出版社 2014 年版，第 248 页。

着严格的等级和礼仪规范。如光绪十六年（1890）正月初十日，桂祥之女、皇后叶赫那拉氏千秋，“长春宫承应，开场《螽斯衍庆》”[1]。“螽斯”本为一种繁殖力极强的昆虫，《诗经》中有“螽斯羽，诜诜兮。宜尔子孙，振振兮”之句，寓意多子多孙，常用于内廷女眷寿诞当天的开场戏中。但总体来讲，场面宏大，为显示皇家的威严和崇高是皇家特权女性寿诞演剧的目的。这一点与权势女性希望长生千岁，享受永世的荣华富贵的心理有关。另外，纵观宋代至清代近七百年的演剧史，“将戏剧演出活动纳入宫廷仪典也只有清朝一家”[2]。乾隆初年，内廷演戏已成定制，内廷女性寿诞戏的仪典性与政治性，也不例外。

清代皇族视寿诞演戏为重要的朝廷仪典。如《慈容衍庆》《百子呈祥》《蝠献瓶开》等，随着这些具有特殊含义的剧目不断重复、强化，终至形成一定的形式，并趋于仪式化。这些剧目除喜庆娱乐外，更多是从形式到内容都有严格的定例规范，是体现宫廷礼仪文化的符号，艺术性上相对较为枯燥乏味，变化不大。

清宫女性寿诞剧目仪式性的表现，还在于内容不变，只根据女寿星的不同而改动其中的念白部分，这一点在清宫档案中也有明确记录。如道光二十六年（1846）九月初十日禄喜奉旨：“皇太后万寿敷春堂行台伺候两天戏，内用《百子呈祥》，排场把子可以减点。逢有当今圣主万寿之字样俱念皇太后万寿圣诞。钦此。”[3]可见，演出《百子呈祥》，把“当今圣主”几字改作“皇太后万寿圣诞”即可。此种情况并非个例。如咸丰二年（1852）

1 朱家溍、丁汝芹《清代内廷演剧始末考》，故宫出版社 2014 年版，第 401 页。

2 杨连启《清代宫廷演剧史》，文化艺术出版社 2017 年版，第 223 页。

3 朱家溍、丁汝芹《清代内廷演剧始末考》，故宫出版社 2014 年版，第 243 页。

皇贵太妃寿辰，五月初七日在“奉三无私”殿搭行台伺候。敬事房传旨，皇贵太妃千秋，“初八日，禄喜奏请，万岁爷给皇贵太妃行礼，颐寿轩中和乐伺候丹陛乐。寿戏之话白念皇贵太妃慈寿。同乐园承应戏。万岁爷在后月台接皇贵太妃，迎请开戏”[1]。咸丰六年（1856），“四月初十日，承应戏《福禄寿》《芝眉介寿》，话白改念今日乃如皇贵太妃七旬寿诞之期”[2]。

另外，还有一些特殊情况，比如并非皇宫女性每次寿诞都要演戏，或者并非没有演戏资格的位份等级低的妃嫔，其诞辰就一定没有戏曲演出，但这些都视具体情况做出相应调整。如咸丰八年皇后千秋，“七月十二日，卯初，万岁爷慎德堂受礼，中和乐伺候丹陛乐。卯初二刻，皇后基福堂受礼，中和乐伺候丹陛乐”[3]，其中未见任何演戏内容与皇后观剧的记载。此时，咸丰帝的皇后为后来的慈安太后，这么重要的喜庆时刻都没有当日演剧的记载，可能与国事烦扰有关，也可能与慈安太后素性简朴、不事奢华的作风有关，还有可能与清后期宫廷档案书写换人、管理不严，造成了清宫演剧档案格式与之前的不同，史官未明确标注有关。也有时因为受到特殊的偏爱等，临时给本无演戏仪典资格的妃嫔加演庆寿戏。如同治十一年（1872）十二月初一日，漱芳斋承应，“巳正二刻五分开，亥初三刻五分毕。《福禄寿》、《瑶台》（马得安、李福贵）、《螽斯衍庆》”[4]。本意要立慧妃为皇后的，奈何慈安太后与光绪帝不同意才作罢，她是慈禧太后一直都偏爱的妃嫔，而演出的《福禄寿》《瑶台》皆为专门祝寿的吉庆之戏。为慧妃演出《螽斯衍庆》，符合慈禧太后对慧妃绵延子孙的殷殷期盼。

1 朱家溍、丁汝芹《清代内廷演剧始末考》，故宫出版社 2014 年版，第 266 页。

2 朱家溍、丁汝芹《清代内廷演剧始末考》，故宫出版社 2014 年版，第 291 页。

3 傅谨主编《京剧历史文献汇编》（三），凤凰出版社 2011 年版，第 231 页。

4 朱家溍、丁汝芹《清代内廷演剧始末考》，故宫出版社 2014 年版，第 360 页。

相比宫廷，民间中下层女性过寿演戏的内容就比较庞杂了。其中，有一种专门为女性演出的寿诞主题的戏。如有的地方“男寿和女寿演的戏又不同，男寿演《佛主寿》，女寿演《蟠桃会》……男孩满月演《麒麟送子》，女孩满月演《观音赐女》《打金枝》等”[1]。清人余怀在《板桥杂记》中记载了龚尚书家宅设宴演戏，庆贺夫人生辰之事。“值夫人生辰，张灯开宴，请召宾客数十百辈，命老梨园郭长春等演剧，酒客丁继之、张燕筑及二王郎（中翰王式之、水部王恒之）串《王母瑶池宴》。”[2]因为是女性主人寿诞，所以寿戏中串演《王母瑶池宴》，也有用麻姑、月娥、何仙姑、谢自然等女性戏扮人物来为女主庆寿的。如清初李绿园小说《歧路灯》第七十八回中，谭绍闻母亲寿诞时唱新打的庆寿戏，“演的《王母阆苑大会》，内中带了四出《麻姑进玉液》《月娥舞霓裳》《零陵何仙姑献灵芝》《长安谢自然奉寿桃》”[3]，极大地照顾到了女性性别因素。

除去用女性神仙祝寿，还有历史上流传下来的一些巾帼英雄的故事，也可作为女性庆寿的内容。如《杜凤治日记》中，写到同治十年（1871）杜凤治初署南海，同僚胡衡斋母亲寿辰演戏，杜凤治“点《藜花斩子》，班中男女皆有，即档子班女孩子为多。有女妓安仔者年长矣，向有微名，唱老生戏……《琴挑》《山门》毕，即演《辕门斩子》。果然，名不虚传。此剧毕，《女斩子》方开场，时已三点半钟”[4]。其中《藜花斩子》即《女斩子》，紧接《辕门斩子》的故事。《辕门斩子》事发北宋，演杨延昭欲斩违犯军规临阵招亲的杨宗保，孟良、佘太君、八贤王等说情不允，穆桂英

1 黄天骥、康保成《中国古代戏剧形态研究》，河南人民出版社 2009 年版，第 270 页。

2（清）余怀《板桥杂技》（外一种），李金堂校注，上海古籍出版社 2000 年版，第 30 页。

3（清）李绿园《歧路灯》，李颖校点，齐鲁书社 2008 年版，第 753 页。

4 桑兵主编《清代稿钞本》（第 13 册），广东人民出版社 2007 年版，第 194 页。

至宋营献降龙木，且以破天门阵担保，宗保被宽免。《女斩子》事发唐朝，讲樊梨花挂帅征西，将义子薛应龙以临阵招亲犯令为由，推出辕门问斩，薛丁山求情，后二人共破金门阵。可见，穆桂英、樊梨花等巾帼英雄的事迹常被搬演作女性的寿戏场景[1]。这一点明人已经注意到，如万历三十年（1602）十月二十八日，“沈二官为内人生日设席款客，余亦与焉。吕三班作戏，演《麒麟记》”[2]。为女主人祝寿，演出梁红玉的戏，也是非常得体的。

除去专门为女性打造的庆寿戏，庆寿时还可以根据女性的个人喜好决定戏曲演出的内容。如薛宝钗生辰当日给贾母点的戏《鲁智深醉闹山门》，薛虽为主角，但她的喜好被隐藏起来，以尊贵之长辈的喜好为准。经济条件允许的人家，也喜欢看女档子“髦儿戏”等，此不赘述。

（二）各阶层女性婚礼演剧之差别

再如婚礼演剧，各阶层女性也有所不同。《礼记·昏义》中阐述婚礼的仪式和意义，认为“昏礼者，将合二姓之好，上以事宗庙，而下继后世也，故君子重之”[3]。中国古代婚俗由纳采、问名、纳吉、纳征、请期、亲迎六礼组成，无论是宫廷还是民间，基本保持着“六礼”的程序模式。对于古代女性而言，结婚作为人生历程中的一大转折，围绕婚姻缔结展开的一系列仪式，标志着女性进入了建立个体家庭、发展家族组织的新阶段。演剧活动在婚礼中承担的仪式作用，往往受到重视。

但是有一点，宫廷内皇后、公主等大婚演剧内容与民间婚礼演剧内容有很大区别。如嘉庆七年（1802）十月十七日四公主行定礼，大差处

1 曾白融主编《京剧剧目辞典》，中国戏剧出版社 1989 年版，第 562—563、412 页。

2（明）冯梦祯《快雪堂集》（卷五十九），《四库全书存目丛书·集部》（第 165 册），齐鲁书社 1997 年版，第 61 页。

3（汉）郑玄注，（唐）孔颖达疏《礼记正义》（卷 61），北京大学出版社 2000 年版，第 1888 页。

传旨演出的内容如下："四公主初行定礼，内头学、内二学储秀宫承应《皇女许字》一分，《星君遥贺》《月老良缘》。弦索学：掇拉多蜜。"[1] 十月二十六日长寿传旨："十一月初三日承应的戏移在初二日，复旨奏明初三日储秀宫内头学承应《仙姬嫔从》一分，初四日着内二学公主府承应差事。"同月二十七日长寿又传旨："皇后到公主府开戏，进宫着荣德、于德麟问公主，爱唱什么只管承应，不用单。"[2] 可见，公主结婚每行六礼中的任何一个环节，都要演戏。演出的剧目有《皇女许字》《星君遥贺》《月老良缘》《仙姬嫔从》等，既符合公主的女性特点，又符合婚礼仪式喜庆吉祥的寓意。参考同治十一年（1872）载淳大婚演剧："五月十六日，恒英传旨，问大婚伺候什么戏？写黄纸片回奏，《升平雅奏》。恒英又交下，《瑶林香世界》《慈容衍庆》《螽斯衍庆》《喜溢寰区》四本。"[3] 可见，公主成婚是以公主为主角来定承应内容的，还可以由公主随自己的爱好随便点演。皇子成婚，演出的内容除了依据皇帝定，同样还要考虑皇后、皇太后、妃嫔等女性观众的在场，要照顾到所有的人。另外，同等级的皇女、皇子之间，明显皇子成婚演出的剧目要丰富很多，且多在重华宫等清宫大戏台上承应，而皇女成婚剧目由内学伶人承应，在公主府上演出。

仕宦阶层婚礼演剧也是很普遍的，《儒林外史》就多次提到婚礼演剧的情况。如第十回"鲁翰林怜才择婿，蘧公孙富室招亲"，写到浙江湖州的蘧公孙与鲁编修之女结婚的事[4]。第二十三回"发阴私诗人被打，叹老景

1 弦索学：清宫演剧机构南府下辖部门；掇拉多蜜：满语音译蒙古乐。

2 朱家溍、丁汝芹《清代内廷演剧始末考》，故宫出版社 2014 年版，第 103、104 页。

3 朱家溍、丁汝芹《清代内廷演剧始末考》，故宫出版社 2014 年版，第 356 页。

4（清）吴敬梓《儒林外史》，人民文学出版社 1977 年版，第 87 页。

寡妇寻夫”中，“万家娶媳妇，他媳妇也是个翰林的女儿，万家费了几千两银子娶进来。那日大吹大打，执事灯笼就摆了半街，好不热闹！到第三日，亲家要上门做朝，家里就唱戏，摆酒”[1]。又如，长篇世情小说《野叟曝言》第八十四回，赤瑛与红瑶的婚礼，从行聘到礼成，日日有戏。

但从规模和内容上看，又与宫廷女性观赏的内容有很大区别。如婚礼正日当天，“到十八这一日，诸亲百眷齐集，内边女眷陪侍红瑶，外边男眷陪侍赤瑛，不约而同，点的戏都是《百顺》。……次日三朝，谒祠见礼后，外边男亲陪侍新婿，点的戏本，是《安天会》；里边女亲陪侍新娘，点的戏本，是《紫琼瑶》。……二十日，……因定素臣南面专席，玉麟夫妇分东西朝下佥坐，亦是专席，四妾东西列坐，两人合席，赤瑛、红瑶朝上合席。中间令小女优拍手清歌侑酒”[2]，完整地描写了戏曲演出活动在婚礼仪式中的重要地位。其中，女眷亲属也一直参与戏曲活动，男宾和女客里外除去正日都点了《百顺》外，其余所点之戏并不一样，与宫廷内皇女婚礼所演之剧完全不能等同。宫廷女眷婚礼演剧重视排场、礼节、仪式、场面，而仕宦家庭婚礼演剧突出喜庆、热闹和轻松的氛围。

（三）各阶层女性丧礼演剧之区别

关于清代各阶层丧葬演剧，孔美艳女士从民俗文化的角度研究认为，丧葬演戏“既是发自人之本性的自然情感的表露，又是一定的宗教信仰尤其是万物有灵、灵魂不灭的观念在丧葬习俗中的表现”[3]。因此，它的留存更是由其本身所具有的“悼念死者，教育生者；驱赶邪祟，安抚死者；

1（清）吴敬梓《儒林外史》，人民文学出版社 1977 年版，第 192 页。

2（清）夏敬渠《野叟曝言》，中华书局 2004 年版，第 764—766 页。

3 孔美艳《试论丧葬歌、舞、戏及其民俗文化功能》，《中华戏曲》2008 年第 38 辑。

驱逐鬼魂，护佑生者；聚众喜乐，娱鬼娱人”等民俗文化功能所决定的。

宫廷内每遇国丧，即停止演戏 27 个月，民间丧葬演剧则很盛行。有清一代，民间丧葬演戏一直处于被钳制、打压和禁止的状态。官方认为，民间丧葬中鼙鼓演剧、戏文闹丧的习俗，往往男女盈门将哀作乐，有伤风化。如清末光绪朝重臣陈宏谋曰：“丧中宴饮已属非礼，兼之演戏，实干例禁。……男女聚厅，悖理伤化，莫此为甚。风化攸关，不可不严为训导俾知例禁。”[1] 那么，有女性参与的丧葬仪式人们看什么内容的戏呢？《金瓶梅》第六十三回云：李瓶儿亡故，晚夕亲朋祭奠开筵，西门庆“叫了一起海盐子弟搬演戏文。……西门庆在大棚内放十五张桌席，……点起十数枝大烛来，堂客便在灵前围着围屏，垂帘放桌席，往外观戏。……下边戏子打动锣鼓，搬演的是韦皋、玉箫女两世姻缘《玉环记》。不一时吊场，生扮韦皋，唱了一回下去。贴旦扮玉箫，又唱了一回下去”[2]。正厅内左右两边皆有吊帘子看戏的女眷，左边为吴大妗子、二妗子、杨姑娘、潘姥姥、吴大姨、孟大姨等，右边为春梅、玉箫、兰香、迎春、小玉等，都挤着观看。

西门庆点演的《玉环记》是明代传奇剧本，全名为《韦皋玉箫女两世姻缘玉环记》，表达了西门庆睹戏思人，希望与李瓶儿有两世姻缘。可见，民间丧葬习俗中女性观剧的内容很丰富，既可以包含祭奠死者的一些情景戏，也可以有其他内容。据朝鲜使者介绍，“清人高官者之丧”，有演《西厢记》《四声猿》的，“屋中白衣女子二三，及盛服珠翠女子六七”，皆是

1（清）陈宏谋《培远堂偶存稿》（卷一九），华东师范大学图书馆藏家刻本，第 21 页。

2（明）兰陵笑笑生《金瓶梅词话》，戴鸿森校点，人民文学出版社 1985 年版，第 367 页。

邻里之女人，亦在旁观看[1]。经过笔者多方调查，可知山西运城夏县等地，至今在女性丧葬演剧时还会演出《秦雪梅吊孝》等剧目，或可视为丧葬演剧之延续。

三、女性个体因素与审美趣味的差异

对于同一部戏曲作品，不同的女性观众由于自身文化程度、性情、生活经验、审美趣味等的差异，也会影响她们对于戏曲内容的理解，从而呈现出各自不同的面貌。

（一）受教育程度对剧情理解的差异

《荆钗记》是清代戏曲舞台上经常上演的一出戏，与《白兔记》《拜月亭记》《杀狗记》并称“南戏四大传奇”。剧叙王十朋、钱玉莲悲欢离合的爱情故事。钱玉莲拒绝巨富孙汝权的求婚，宁肯嫁给以“荆钗”为聘的温州穷书生王十朋。后来王十朋状元及第，因拒绝丞相万俟的逼婚，被遣往荒僻的地方任职。孙汝权暗中将王十朋给钱玉莲的家书更改为“休书”，哄骗玉莲，同时玉莲后母也逼她改嫁，玉莲不从，投河自尽，后幸遇救。经过种种波折，王、钱二人终得团圆。

《荆钗记》是清代女性经常观看的一出剧目，其中《男祭》《投江》等精彩片段最受人瞩目。如《红楼梦》第四十四回提到，凤姐九月初二生日当天演的就是《荆钗记》中的《男祭》一折，“贾母薛姨妈等都看得心酸落泪，也有叹的，也有骂的”。黛玉看到《男祭》时，和宝钗说：“这王十朋也不通的很，不管在哪里祭一祭罢了，必定跑到江边上来做什么！

1 傅谨主编《京剧历史文献汇编 · 清代卷 · 续编》（四），凤凰出版社 2013 年版，第 589—590 页。

俗语说，睹物思人，天下的水总归一源，不拘哪里的水舀一碗，看着哭去，也就尽情了。"[1]可见，贾府中的女性虽然生活在同一阶层，但由于个人脾性、文化修养、审美趣味的差异，对于同一剧目呈现出不同的态度。

另外，上层女性谈及《荆钗记》的故事时，讨论最多的莫过于钱玉莲投江一事。如乾隆年间的小说《金石缘》第十九回爱珠被父母逼嫁，啼哭道："奴家决意不从，受了许多打骂，奈系生身父母，拗他不过，只得效钱玉莲故事，到半塘桥投河自尽。"[2]又如，嘉庆年间的小说《红楼复梦》第七十五回，"金凤已换完衣服，正忙着梳头。汝湘笑道：'刚才是钱姑娘投江，这会儿是舟中相会，唱了一本绝好的《荆钗记》'。"[3]这些女性不仅能完全理解《荆钗记》剧情，还爱用《荆钗记》中的故事情节与自己的身世相结合，进行生活上的模仿和比照，可见对上层女性影响之深远。她们对戏曲艺术的接受程度远远超出了一般性的知识普及层面，而更关注作品的内涵和传达出的情感。

下层民众当中，也有《荆钗记》故事的普遍演出。如浙江温州地区，"乡评难免口雌黄，演出《荆钗》话短长"[4]。小说《醒世姻缘传》第六十九回，众女性在泰山奶奶庙进完香后，男女各席摆酒唱戏，"点了一本《荆钗》，找了一出《月下斩貂蝉》，一出《独行千里》"，没曾想给薛素姐的理解和认识造成了很大的困扰。"素姐问道：'侯师傅，刚才唱的是什么故事？怎么钱玉莲刚从江里捞得出来，又被关老爷杀了？关老爷杀了他

1（清）曹雪芹《红楼梦》（百家汇评本），陈文新、王炜辑评，长江文艺出版社 2005 年版，第 292 页。

2 古本小说集成编委会编《古本小说集成》，上海古籍出版社 1994 年版，第 490 页。

3 古本小说集成编委会编《古本小说集成》，上海古籍出版社 1994 年版，第 2649 页。

4 傅谨主编《京剧历史文献汇编 · 清代卷》（八）凤凰出版社 2011 年版，第 620 页。

罢，怎么领了两个媳妇逃走？想是怕他叫偿命么？’众人都道：‘正是呢。这么个好人，关老爷不保护他，倒把他来杀了，可见事不公道哩！’”[1]此处无意中通过独特的女性视角，记录了乡村民妇对戏曲认识的真实程度。中国古代女性大多数没有接受过良好的教育，特别是清代许多家训中明确表示“妇女概不令其读书”[2]“妇女只许粗识柴米鱼肉数百字，多识字，无益而有损也”[3]。在这样的教育背景下，女性对戏曲故事和历史背景一知半解，并不能完全理解和领会戏曲的内容。她们没有任何历史知识的积淀，看戏也只是抱着看热闹的心态，浑浑噩噩，愚昧无知，并不能理解戏曲作品中的深意。可见，不同阶层、不同文化程度的女性观众的审美趣味和接受重点截然不同。

（二）审美趣味的差异与女性观剧内容

即使是同一阶层的女性，受教育程度差不多，对于同一剧目的理解和对剧中人物的评价也因为性情等差异各有不同，如女性观众对《西厢记》中莺莺品格的不同论调。《珍珠舶》第二回中说，一日冯、王二妇偶然谈起《西厢记》故事，“冯氏道：‘崔莺是个失节之女，说他甚的。’王氏变色道：‘男女之间，大欲存焉，你看世上妇人，那不失节者能得几个。只要择人相处，不致淫滥，也就够了。那个马儿不吃草，这样满话，是说不尽的’”[4]。关于剧中女主人公崔莺莺自荐枕席一事，冯、王二妇展开了激烈争论。冯氏认为崔莺莺不守贞洁，品行有差，不说也罢，王氏则不赞同她的观点，

1（清）西周生《醒世姻缘传》，岳麓书社 2014 年版，第 625 页。

2 王利器辑录《元明清三代禁毁小说戏曲史料》（增订本），上海古籍出版社 1981 年版，第 179 页。

3（清）陈宏谋《五种遗规》，线装书局 2015 年版，第 138 页。

4（清）徐震《珍珠舶》，江苏古籍出版社 1993 年版，第 10 页。

并大胆为莺莺追求爱情的合理性厉色声辩，进而提出“男女之间，大欲存焉”的观点，认为世上的妇人，有几个能不失节者？只要不是滥淫就够了，不可把话说得太满，颇具现代性意味。

又如汤显祖的《牡丹亭还魂记》，也是上层女性的焦点。如《海上尘天影》第十一回中说，某女“看《还魂记》，见杜丽娘如此多情，别有赏识，因而叹道：‘男女之爱，本是天生成的。只要情意相感，便是精灵固结之处，任你怎么，总要会合在一处，就是我赏识的情天仙侍’”[1]。可见，她认同作者“情不知所起，一往而深”的男女之间炙热的爱情。而《女仙外史》第三十一回中，刹魔却对《牡丹亭》的情节持怀疑态度：“月君命演《牡丹亭》。刹魔看了一回，笑道：‘是哄蠢孩儿的。’看到《寻梦》一折，刹魔主道：‘有个梦里弄悬虚，就害成相思的？这样不长进女人，要他何用？’向着扮杜丽娘的旦脚一喝，倏而两三班梨园都寂无影响。”[2]她认为所谓的“至情”是哄人的，并且批评杜丽娘是“不长进女人”，女性的自主意识跃然纸上。

（三）个人出身与演剧内容的接受

德国美学家立普斯指出：“共鸣或移情是由于欣赏者在对象中发现了‘自我’，或者说看到了一个‘对象化’、‘客观化’的自我，‘自己就在对象里面’，实质上‘它是对于自我的欣赏’。”[3]戏曲艺术的审美亦如此。林黛玉对《西厢记》的喜欢，其中一个重要的原因就是双文[4]的经历与自己

1 古本小说集成编委会编《古本小说集成》，上海古籍出版社 1994 年版，第 106—107 页。

2 古本小说集成编委会编《古本小说集成》，上海古籍出版社 1994 年版，第 106—107 页。

3 ［德］立普斯《论移情作用》，朱光潜译，《古典文艺理论译丛》(8)，人民文学出版社 1964 年版，第 44—45 页。

4 双文，即崔莺莺。

有相吻合之处。如《红楼梦》第三十五回，林黛玉触景生情，感慨自己的命运，“不觉又想起《西厢记》中所云：‘幽僻处可有人行？点苍苔白露泠泠’二句来，因而暗暗地叹道：‘双文虽然命薄，尚有孀母弱弟；今日我黛玉之薄命，一并连孀母弱弟俱无。’想到这里，又欲滴下泪来。”从《西厢记》中，黛玉联想到自己无母无兄孤苦伶仃，又寄人篱下，不禁落下泪来，戏文切合了林黛玉当时的情况，为她找到了“知音”。又如，光绪某年慈禧在颐和园观剧，“某伶献《让成都》一戏，孝钦后聆其词句，谓左右曰：‘我前年出京时，大有此光景也。’言时不胜唏嘘”[1]。慈禧被戏曲作品中表达的思想情感、人物命运深深打动，因为符合她当时的处境和情感需求，遂心理上产生了一种强烈的情感共鸣。

但也有因为自己的经历与戏中人物过度吻合而引发震怒，特别不喜欢某个戏曲内容的女性。如小说《醋葫芦》中，成珪的妻子都院君，无子而善妒，平时就凶悍无比，生活中制定各种清规戒律限制丈夫的行动。一日堂会演剧，首座客人点了一出《疗妒羹》，席中男女“人人喝彩，个个称赞”，觉得“风趣”“绝妙关接”“极其热闹”，而“惟有都氏一发合机，最相契的是《苗大娘拿奸》、《制律》等出，惟《颜公杖妒》、《苗大娘见鬼》、《韩泰斗伏刃》、《吓奸》等出，微觉不然”[2]。《苗大娘拿奸》出自《疗妒羹》本戏之《妒态》，《制律》出自本戏之《错嫁》，《颜公杖妒》出自第二十五出《杖妒》，写才女乔小青被卖与褚大郎为妾，为褚妻苗氏所妒等事。对于这出《疗妒羹》，唯有都院君因为触犯自己的痛处，剧情内容与自己太契合有影射之嫌，而微觉不然，甚至大怒，并大闹戏场。

1 傅谨主编《京剧历史文献汇编·清代卷》（八），凤凰出版社 2011 年版，第 210—211 页。

2 励东主编《古书秘藏》（第十二卷），延边人民出版社 2001 年版，第 208 页。

总之，戏曲审美活动的产生，既不能脱离戏曲演出活动本身的制约和规范，也不能忽略审美主体——女性观众在戏曲审美活动中表现出来的审美趣味的差异性，因为女性观众作为社会成员的一部分，个体之间大不一样。

（四）生活地域及生活理想差异与女性观剧内容

值得一提的是，中国的疆域幅员辽阔，地域广大，女性受到所在地域文化、集体深层心理分野的限制，也会造成各地女性欣赏戏曲内容存在南北东西的差异。如乾隆五十九年（1794），“北之鼓儿词、档子曲，南之弹词、滩簧调。妇人每喜听。……有妇女看者听者，罚跪以惩之”[1]。可见，北之鼓儿词、档子曲，南之弹词、滩簧调，妇女皆喜听，但因为地域之差异，所演不同。又如，“琼郡以土音演剧，谓之土戏。淫词既肆，丑态毕呈，妇女悦观，达旦不倦，因之荡检逾闲，弊端百出，最为恶习。”[2]苏浙一带流行滩簧，尤以杭城妇女最喜欢。“演唱安康（俗呼‘滩簧’），动人最易，苏浙一带，随地皆有，而尤以杭城为最盛。贫富人家，凡有喜事聚会，以及消闲，大概用之。妇女喜听者，向占多数。”[3]最能代表某区域女性热衷于某曲种的，莫过于清末发源于浙江嵊州，繁荣于民国初年的“绍兴文戏”（还称呼过“嵊剧”或“绍剧”，1938年后称为“越剧”），最受上海江浙籍女性市民的喜爱。正如《上海都市民俗》中谈道：“越剧的听众主要是中下层市民，其中又以女性观众为多。……每有沪剧、越剧演出，上海城中的富商家眷、工厂女工、学校女学生便纷纷踊跃前去看戏，一些有钱

1 楼含松《中国历代家训集成·清代编》，浙江古籍出版社2017年版，第5757页。
2 傅谨主编《京剧历史文献汇编·清代卷》（八），凤凰出版社2011年版，第630页。
3 傅谨主编《京剧历史文献汇编·清代卷》（六·下），凤凰出版社2011年版，第76页。

有势的阔太太们，还经常要到剧场中为那些自己喜爱的演员捧场、送花。”[1]它的艺术特点是长于抒情，以唱为主，声音优美动听，唯美典雅，多以“才子佳人”题材为主，极具江南灵秀之气，受到女性观众的热烈追捧和喜爱，是至今仍活跃在舞台上的一个地方剧种。

可见，女性观众戏曲审美趣味的差异，在很大程度上还与音乐的地方声腔有关，与本地乡音、土语和当地风俗等接近的戏，更容易受到女性观众的喜欢。虽然不同地域的观众审美趣味不同，但这种差异也不是绝对的，清代各地戏曲艺人流动演出，相互影响、相互渗透的情况也是存在的。如李渔在《乔复生王再来二姬合传》中，写到他曾在范正家宴上偶遇颇解昆声的二位奇女子乔复生与王再来，公宴上二人在帘后窃听，“予以聋瞽目之”，而至次日一一诘之，“曰：‘昨夜之观乐乎？’曰：‘乐’。予谓能解其中情事乎？对曰：‘解’”。李渔异之，“试以剧中情事，一一为我道之。渠即自颠至末，详述一过，纤毫不遗”。李渔本人认为，所演内容不仅“词曲莫解，亦且宾白难辨”，是“以吴越男子之言，投秦晋妇人之耳”[2]，二姬不仅能听懂，还解读得丝毫不差。李渔奇之，遂将二人买了回来，充实自己的戏班队伍。

另外，女性生活理想和家庭责任之差异也会造成观剧内容的不同。如皇家女性的生活理想不外乎江山永固，绵延子嗣，所以观看内容与政治现实、皇权意识等紧密关联。为巩固皇权与教化臣民，戏曲内容大多具有政治性和仪典性。然而仕宦家族的女性往往担负着协助丈夫获得家族声誉或科举成功以提高家族社会地位的责任，同时还要督管家庭内部事务，

1 蔡丰明《上海都市民俗》，学林出版社 2001 年版，第 277 页。

2《李渔全集》（第一卷），浙江古籍出版社 2010 年版，第 95 页。

所以往往更重视对家中子女言行品德的教育和影响，礼仪与道德教化题材，是更多考虑的内容。所以仕宦家庭每每举行堂会时，经常上演一些忠孝节义题材的戏，如金埴《巾箱说》中提及，“凡筵会使乐，人多乐观忠孝节义之剧”。[1] 又有陶奭龄在《小柴桑喃喃录》中云：“如《四喜》《百顺》之类，颂也。有庆喜之事，则演之。《五伦》《四德》《香囊》《还带》等，大雅也。《八义》《葛衣》，小雅也。寻常家庭宴会，则演之。《拜月》《绣襦》等，风也，闲庭别馆，朋友小集，或可演之。”[2] 家族繁荣昌盛、子孙功成名就，是仕宦女性最大的愿望，如《红闺春梦》第八十回，方夫人“回想少年时候即受丈夫封诰，直至一品夫人。如今儿婿皆已出仕，连两个幼子总非白衣，又有长孙沪生。自己不过才四十岁的人，眼见富贵一门，儿孙成立。将来曾元（玄）绕膝，可以预卜，不觉喜形于色”[3]。所以，封建礼教森严的大族仕宦家庭，女性要想看一些带有“混账话”“酸耍味”的内容几乎是不可能的。正如贾母批评那些编书的人：

> 这些书都是一个套子，左不过是些才子佳人……编这样书的，有一等妒人家富贵，或有求不遂心，所以编出来污秽人家。……何尝他知道那仕宦读书家的道理！别说他那书上那些仕宦书礼大家，如今眼下真的，拿我们这中等人家说起，也没有这样的事，别说是那些大家子。可知是诌掉了下巴的话。所以我们从不许说这些书，

1《笔记小说大观》（第四十四编），新兴书局有限公司1987年版，第460页。

2（明）陶奭龄《小柴桑喃喃录》（卷上），崇祯八年（1635）序刻本，第66页上。

3（清）西泠野樵《红闺春梦》，百花文艺出版社2002年版，第862页。

丫头们也不懂这些话。[1]

仕宦女眷不可能有完全的自由，她们所能接触到的戏曲演出多是经过节选或洁选的净本内容，因为大家世族对于女德方面的影响和教育是非常注重的。如《歧路灯》第七十一回“济宁州财心亲师范，补过处正言训门徒”中，就提到盛希侨得知大奶奶在堂屋帘内吃茶看戏，专门点了一出《杀狗劝夫》以教化那搅家不贤的内人，还声言要“到戏上再叫他加上些做作”，好“化的太太们明白”。另外，仕宦女性也经常看一些名班名伶的戏，他们所擅长的戏也成为她们观看的内容。

乡村平民女性自然也有理想，但她们祈求的不是什么功名利禄，而是人丁兴旺、五谷丰登，能解决生活中的实际困惑，与士大夫家族女性的生活内容、生活节奏是完全不同的，因此决定了她们的文化素养、艺术爱好也有明显的差异。同时，下层女性在神庙剧场中与男性同观时，男性社首、耆老等点什么戏，她们就看什么戏，对于观剧内容并不挑剔。但也有资料显示，女性并非完全没有主动权。她们对于走街串巷在城乡演出的滩簧、串客等积极往观的情形，就可以看出女性对某一类剧种、剧目还是有所偏好的。另外，诸如影戏、傀儡戏、京昆、梆子、皮黄腔、傩戏、目连戏等，也积极参与观看。总之，各阶层女性生活理想的差异决定了不同的观看内容。

1（清）曹雪芹《红楼梦》（百家汇评本），陈文新、王炜辑评，长江文艺出版社 2005 年版，第 370 页。

第二节 女性观剧内容的普适性

尽管清代女性由于阶层身份差异、生活环境悬殊、文化程度不同，于戏曲内容的选择上存在很大的不同，但有一点，基于同一性别，女性观众有着相同的情感、相同的心理、相似的人生轨迹。由此，在观剧内容方面，仍可发现一些相对一致的规律和特点，即女性观剧内容具有一定的普适性。

一、婚恋爱情剧

研究表明，清代有一类戏曲，其剧情内容普遍受到女性观众的欢迎，这就是婚恋爱情剧。如京师戏园“平时坐池中者，多市井儇侩，楼上人谑之曰‘下井’。若衣冠之士，无不登楼……堂会则右楼为女座………楼上所赏者，率为目挑心招、钻穴逾墙诸剧，女座尤甚。池内所赏，则争夺战斗、攻伐劫杀之事。故常日所排诸剧，必使文武疏密相见，其所演故事，率依《水浒传》《金瓶梅》两书，《西游记》亦间有之”[1]。

女性观众喜欢的“目挑心招、钻穴逾墙诸剧”，大致可以概括为男女爱情、自由婚恋等剧目。相较而言，男性观众喜欢“争夺战斗、攻伐劫杀”之历史剧。所以，戏园主不得不根据不同观众的喜好和各自的观剧需求来安排剧目。山西地方小戏襄武秧歌中，也有女性观众因痴迷于庆荣班会孩演的《白蛇传》，而产生“看了旭昌唱许仙，老婆们回家见不得汉”之情况[2]。《白蛇传》描摹的是白蛇与许仙忠贞不渝的爱情，这就戳中了女性

1 傅谨主编《京剧历史文献汇编 · 清代卷》（八），凤凰出版社 2011 年版，第 212 页。

2 中国戏曲志编辑委员会等编《中国戏曲志·山西卷》，中国 ISBN 中心 2000 年版，第 462 页。

观众最原始的心理感受。对于女性观众而言，她们之所以喜欢这类剧目，正是对现实生活中“求而不得”之温柔体贴郎君之代偿。

另外，部分被官方明令禁毁之滩簧、花鼓戏等，也恰恰是民间女性最喜闻乐道的戏曲样式。如“串客之花鼓淫戏……专喜淫荡，把一种小本唱片买来，你唱我和，及至上台，一花面，一旦角，扮作男女，备极丑态……妇女小儿们听了，句句记得，做的既扬扬得意，唱的自恋恋不舍，所以大班演戏，妇女看的还少，若打听得某处有串客做，则约妯娌、会姊妹、带儿女、邀邻舍，成群结队，你拉我扯，都去看到。做一日看一日，做一夜看一夜，全然不厌。”[1] 大班演戏，妇女看的人很少，而闻知串客演花鼓小戏，就约朋携友、拖儿带女成群地去看，“做一日看一日，做一夜看一夜，全然不厌”，极其喜欢。苏浙一带，妇女们则喜听滩簧戏，“贫富人家，凡有喜事聚会，以及消闲，大概用之。妇女喜听者，向占多数。……大都以淫亵之语，摹轻薄之状，年轻妇女每为所惑”[2]。所以极有可能就是因为大半妇女皆喜欢滩簧，而将其纳入家庭喜事、休闲娱乐等活动中。通过“向占多数”这样的字眼，足见这类戏曲在女性观众中的流行程度。更难能可贵的是，一些文人笔记中保留了部分滩簧剧目，本书移录如下，试图借以管窥全豹。

各种小本淫亵摊头唱片名目单：

《新满江红》《倭袍唐诗》《门依栏杆》《王文赏月》

《三戏白牡丹》《堂名摊头》《姑嫂开心》《姑苏摊头》

1（清）余治《得一录》（卷一一），苏州得见斋刻，同治己巳年（1869）刊本，第 18 页。

2 傅谨主编《京剧历史文献汇编 · 清代卷》（六 · 下），凤凰出版社 2011 年版，第 76 页。

《四季相思》《公偷媳妇》《情女望郎》《五更十送》

《送花楼会》《小板捎》《十八摸》《闹五更》

《湘江浪》《十弗攀》《哈哈调》《杨柳青》

《小郎儿》《姨娘叹》《九连环》《长生歌》

《男风化》《女风化》《雌赶雄》《武鲜花》

《绣荷包》《红绣鞋》《十不许》《白洋洋》

《新码头》《买草囤》《暗偷情》《琴挑》

《偷诗》《荡河船前本》《荡河船山歌》《荡河船叫船》

《荡河船卖布》《荡河船小板捎》《落庵哈哈调》

《十二月花名》《搭脚娘姨摊头》《唱说拔兰花》

《来福唱山歌》《男女哭沉香》《情女哭沉香》

《绣花绷算命》《好一朵鲜花》《王大娘补缸》

《文必正楼会》《赵圣关山歌全传》《王小姐卖胭脂》

《小尼姑下山》《文必正送花》[1]

这类戏曲内容“闺门秀媛，亦乐闻之”，是不争的事实[2]。乡间因为有妇女看了滩簧戏，容易引发荡检逾闲的情况，可能会危及整个男权系统的稳固。因此为了维护地方秩序的稳定，官方屡屡下令查禁滩簧，然而这种查禁行为违背了民众的观剧意愿，甚至激发了民间演剧的狂热，使戏曲艺术呈现出越禁越演的态势，这样由官方主导、士绅参与的禁毁演剧活动，实际走向了目的和效果的反方面。除去滩簧、花鼓戏，描写男女婚恋爱情

1（清）余治《得一录》（卷一一），苏州得见斋刻，同治己巳年（1869）刊本。

2（清）余治《得一录》（卷一一），苏州得见斋刻，同治己巳年（1869）刊本。

的戏各地皆有，如天津之蹦蹦戏、台湾之乞丐歌戏。“蹦蹦戏……淫亵之状，浪荡之语，实不堪入人耳目，乃无知之妇女反乐听之，大有不能禁阻之势。”[1]“乞丐歌戏，无论其调情猥亵，诚不堪目，即其歌唱互答，亦秽不可闻，而寡廉鲜耻之妇女，乃趋之若狂。昨南门外许火阵之家，扮演《魔镜传》一节，是时观者数百余人，或母挈其女，或姊携其妹，在此淫丑恶剧之下，皆恬不知羞。”[2]最是被定义为伤风败俗的，莫此为甚。这类戏曲内容之所以受到女性观众的追捧和喜爱，是因为它满足了人的需要层次[3]中对归属和爱的需要。费孝通先生在《乡土中国》中，谈及中国人的夫妻关系和情感时说道：“男女有着阃内阃外的隔离，就是在乡村里，夫妇之间感情的淡漠也是日常可见的现象。……乡下夫妇大多是‘用不着多说话的’，‘实在没有什么话可说的’。一早起各人忙着各人的事，没有工夫说闲话。……乡下，有说有笑，有情有义的是在同性和同年龄组的集团中，男的和男的在一起，女的和女的在一起，孩子又在一起，除了工作和生育事务上，性别和年龄间保持着很大的距离。”[4]对于女性而言，男女之间有性别区隔，父母之命、媒妁之言这样的婚姻缔结，使她们几乎很少与丈夫在精神上进行沟通交流，而是各忙各的。乡村生活的清苦、家庭婚姻的矛盾、精神上的忧虑和情感上的缺失，等等，致使女性的心灵是孤寂的，故借戏曲中的情节，实现心理补偿。爱情婚姻、亲人聚散、悲欢离合，是各阶层女性共同关切的话题，纵然她们关切的重点和深度会有种种差异，但

---

1 张天星编著《晚清报载小说戏曲禁毁史料汇编》，北京大学出版社 2015 年版，第 802 页。

2 张天星编著《晚清报载小说戏曲禁毁史料汇编》，北京大学出版社 2015 年版，第 802 页。

3 美国著名心理学家马斯洛提出了“人类需要五层次论”，这五个层次分别是：生理需求、安全需求、归属和爱的需求、尊重的需求、自我实现的需求。

4 费孝通《乡土中国》，生活 · 读书 · 新知三联书店 1985 年版，第 41 页。

爱情婚姻这一现实问题却是一致的。

二、全本情节戏

清代女性观众还钟情于一种全本情节戏，“全本戏专讲情节，不贵唱功，惟能手亦必有以见长。就其新排者言之，如《雁门关》，如《五彩舆》，皆累日而不能尽，最为女界所欢迎，在剧中亦必不可少。”[1]全本戏，指整本大戏，不以唱功取胜，而以敷衍长篇完整的故事情节见长。清同光年间已有全本大戏出现，每日演一本，属“连台本戏”的一种形式。《雁门关》全本戏共八本，在《京剧剧目辞典》中有剧目简介。同治年间，刻本《群芳谱》中载录有擅演《雁门关》的部分名伶的名字：“倚树堂玉芳善演剧目《雁门关》，景龢堂梅巧玲善演剧目《探母》《雁门关》（萧太后），余紫云善演《雁门关》，北春馥堂郑秀兰善演《探母回令》《雁门关》（柳金定），绮春堂时小福善演《探母》（四夫人）《雁门关》（柳金定）。保春堂张梅五，名福官，善演《雁门关》（柳金定）。”[2]该剧主要演萧太后与杨六郎于雁门关交战，佘太君奉旨助战，杨八郎思母，由青莲公主为其盗令，促成八郎回乡探母的故事。着力渲染宋辽对峙、两军交战的情况下，母子、夫妻、婆媳、母女、兄弟之间的人伦之爱。其中，萧太后、佘太君、碧莲青莲二位公主、杨延顺（杨八郎）原配蔡秀英等女性角色极容易与观剧的女性产生一一对应的镜像关系。从女性观众的心理特点来看，往往沉浸其中不能自拔，和当今社会女性追看某部影视剧类似，不间断的情节、连续的情感更能引起女性的共鸣，所以全本情节戏受到女界的热烈欢迎。

1 傅谨主编《京剧历史文献汇编 · 清代卷》（八），凤凰出版社 2011 年版，第 196 页。

2 傅谨主编《京剧历史文献汇编 · 清代卷》（二），凤凰出版社 2011 年版，第 25—54 页。

另外，相对于全本戏，折子戏是取全本戏中情节相对完整并可以独立演出的某折或某个精彩的部分进行表演。如《牡丹亭》是全本戏，而《春香闹学》《游园惊梦》就是一本中的折子戏。女性观众对于全本戏与折子戏的接受程度不尽相同，所以折子戏在形成之初，在下层女性观众中不见得受欢迎。

三、家庭伦理戏

古代社会“男主外、女主内”的家庭模式，为女性提供了较完整的家内空间，不管是结婚、育儿、娶媳还是交友、出行、远游，女性的生活日程无不紧紧围绕家庭展开[1]，于是议论“家长里短”便成为女性的专长。由此，在日常的戏曲欣赏活动中，女性亦更爱看以家庭生活为题材的情节剧。民国之前，当注重情节而不讲唱功的全本戏出现时，立刻受到妇女的欢迎。如徐半梅记录道：“确有研究者，喜看大段唱做之戏；初出后进之爱看戏者，喜看穿插热闹之戏，妇女喜看长本家庭戏，儿童喜看滑稽布景戏。”[2]

新剧运动的参与者徐半梅在总结郑正秋和新民社成功的原因时认为，郑正秋一上手“便把家庭戏来做资料，都是描写家庭琐事，演出来不但浅显而妇孺皆知且颇多兴味。……于是男女老幼个个欢迎”[3]。正是抓住了女性观众的爱好和审美需求，所以之前的人只能演三五天，而郑正秋却

1 [美] 高彦颐《闺塾师：清末明初江南的才女文化》，李志生译，江苏人民出版社 2005 年版，第 191 页。

2 张燕侨《廿年来戏剧杂谈》，《戏剧月刊》1928 年第 3 期第 1 卷，见《中国早期戏剧画刊》（第 1 册），第 425 页。

3 徐半梅《话剧创始期回忆录》，中国戏剧出版社 1957 年版，第 52—53 页。

能够长期演下去，使无锣鼓、无唱词的戏，也能得到许多观众。

另外，各地小剧种也多以普通民众所关注的家长里短、小人物的故事为主要题材内容。冯俊杰、王潞伟主编的《中国民间小剧种抢救与研究》中收录了22篇小剧种调查研究报告，就有大量的相关记载。如流行于山陕地区的眉户戏，就保留了不少抒写家庭伦常，反映下层日常生活题材的剧目。详列如下：

《送京娘》《打樱桃》《离恨情》《观花灯》
《二姐娃害病》《双凤钗哭楼》《琴房送灯》《花亭会》
《探情》《梁祝》《二姐娃做梦》《槐荫树》
《蓝桥会》《寡妇验田》《男寡妇上坟》《放风筝》
《游春景》《三懒汉挖银子》《冯尚积德》《华公打子》
《王婆买鸡》《送女》《泰山图》《隔门贤》
《亲家母打架》《古董借妻》《三进士》《小姑贤》
《全家福》《清风亭认子》《老少换》《二度梅》
《放饭》《双官诰》《白衫》《小打架》
《探亲》《白玉钿》《卖花线》《白玉兔》
《卖苗郎》《抱琵琶》《朱买臣休妻》《杀狗》
《王祥卧冰》《少华山》《雪梅教子》《四岔捎书》
《秃子尿床》《打面缸》《蝴蝶杯》《梅降雪》
《如意壶》《金琬钗》《安安送米》《赵五娘描容》
《孟姜女》《陈兴打母》《芦花》《张连卖布》
《克财鬼变驴》《砸烟灯》《刺目劝学》《陈姑赶船》

《尼姑思凡》《百宝箱》《烟花告状》[1]

其中《安安送米》叙安安之母被逐出家门，寄身白云庵，安安思念母亲,偷偷将自己积蓄的粟米背往庵中孝敬母亲的事，场面十分感人。《歧路灯》中巫翠姐说道：“那《安安送米》这些戏，唱到痛处，满戏台下都是哭的。”[2]为人子女者，见安安孝敬母亲，必然会生发出一种同理心。又有，康熙年间一民家节妇赵氏，“夫亡，以无依受某聘，行有日矣。偶随里母观剧，演《烂柯山·覆水》，所谓买臣妇者，极尽赧悔欲殉之态，节妇即变色起，不俟终剧而归。呼里母亟以某聘返之，且谓之曰：‘我今为买臣妇唤醒矣！’遂苦节四十载而终”[3]。余秋雨在《观众心理学》中认为：“观众情感与作品情感互相趋近的必然结果,是不同程度的情感共鸣。”[4]赵氏本来因为夫亡无所依凭，已受聘某人，看戏后与朱买臣妻子产生共情，毅然退了聘礼，苦苦守节四十年而终。可见，这类包含传统伦理道德的家庭生活戏，对于女性观众潜移默化的作用。另外，《芦花记》《双官诰》等专门教人为妻、为妾、为姑的戏曲，对于女性观众来说，是最适合自身脾胃的，可谓是帮助她们成长的教科书。《歧路灯》中，巫翠姐对于自己作为继母抚养兴相公的行为，就明确承认是受戏曲的影响，文曰：“那戏上《芦花记》,唱那‘母在一子单,母去三子寒’……我不看《芦花记》,

1 冯俊杰、王潞伟主编《中国民间小剧种抢救与研究》（第4卷），西安交通大学出版社2019年版，第177页。

2（清）李绿园《歧路灯》，李颖校点，齐鲁书社2008年版，第364页。

3（清）金埴《巾箱说》，《笔记小说大观》（第四十四编），新兴书局有限公司1987年版，第459页。

4 余秋雨《观众心理学》，上海教育出版社2005年版，第174页。

咱这兴相公就是不能活的。……从来后娘折割前儿，是最毒的，丈夫再不得知道，你没见黄桂香吊死在母亲坟头上么？”[1]巫翠姐“嗜戏如命”，不管庙会戏还是堂会戏，都非常痴迷，她一路纲鉴史学，不仅习得为人处世的行为准则，而且能将其运用到实际的生活中。又如，《双官诰》对妇孺的道德教化作用，也不容忽视。文曰：“妇人孺子毫无所知，常有观剧而兴起者。故昔人有因观《双官诰》一出而能誓志抚孤者。”[2]《双官诰》为清初剧作家陈二白所作传奇，《今乐考证》有著录，共二十七出。剧演冯瑞为仇家所害，弃家行医。传闻冯瑞之死讯，妻妾俱信以为真，先后改嫁。冯瑞之子冯雄，为侧室所生，被扔下不顾，被冯瑞通房婢女冯碧莲抚养成人。后冯瑞得于谦重用，累官至兵部尚书，回乡寻亲方知详情，立碧莲为夫人，冯雄也赶考高中，其养母冯氏被皇上封赠诰命。冯碧莲苦尽甘来，荣获双份官诰，名曰《双官诰》。由于此剧涉及升官高中，又教人忠贞贤良，遂颇受仕宦家庭女性的欢迎，因为这与她们希望家族繁荣、子孙高中、得到封荫的理想非常相似，所以堂会戏中经常点演。再如《红楼梦》第十一回，凤姐点了一出《还魂》一出《弹词》，递过戏单来说：“现在唱的这《双官诰》完了，再唱这两出，也就是时候了。”[3]

四、喜庆戏

追求快乐是人的天性，面对生活的逆境或天灾人祸，在冗杂的事务

1（清）李绿园《歧路灯》，李颖校点，齐鲁书社 2008 年版，第 364 页。

2 傅谨主编《京剧历史文献汇编·清代卷》（四），凤凰出版社 2011 年版，第 73—75 页。

3（清）曹雪芹《红楼梦》（百家汇评本），陈文新、王炜辑评，长江文艺出版社 2005 年版，第 71 页。

之余，放飞心灵，获得精神上的狂欢，是每个人的愿望。比之男性，清代女性身体上的缠足之痛、生理期之痛以及性与生育、堕胎与宗教等问题，都是妇女必须独自面对的，其中的焦虑与痛苦，思想和精神上所受到的压迫和束缚，必然是需要慰藉和释放的。追求快乐和娱乐放松是每位女性的终极目标，所以不论是宫廷女眷，还是仕宦平民女性，她们看戏的首要目的就是“乐”。

在山西一些古戏台的墙壁上，至今还能见到“到此一乐”的题记。如山西泽州铺头乡南桑坪清光绪六年（1880）的舞台题记：“凤邑贺洼村义和会在此一乐。大清光绪六年二月十八日立，头一天：《巧连珠》《回头案》《此云庵》《青云庵》《红灯记》《闹厨房》《青逢山》《讨束脩》《三义□》《游地狱》《赶脚》《焚香》《探监》《生子》《会计巧》。”[1]《光绪增修登州府志》亦云：“至于赛神演剧，亦年丰人乐，醵钱为一日之娱，不为害也。”[2]

戏曲对现实生活的再现，恰好能让女性观众借助戏中情节或人物渲泄掉多余的负面情绪，从而努力寻求改变困境的途径，回归平静与活力。老年的慈禧太后面对大清国的内忧外患、与光绪帝政见的不和、后妃之间的矛盾等，常常借连日不绝的声色之娱排忧解闷。如光绪二十七年（1901）庚子事变后，圣驾还宫，公主、福晋、命妇等日进请安，“见皇太后面带忧容，公拟设法排解……俟新正，公同进戏以慰慈怀。嘱内监代问掌仪司，打听各班名角。故谭鑫培、孙菊仙、余紫云等闻信，借由上海星夜奔回”[3]。除去看谭鑫培、孙菊仙、余紫云三位名伶的戏，慈禧也特别喜欢京丑刘赶

1 李近义《泽州戏曲史稿》，山西人民出版社 1989 年版，第 345 页。

2《中国地方志集成 · 山东府县志辑》，凤凰出版社 2004 年版，第 72 页。

3 傅谨主编《京剧历史文献汇编 · 清代卷 · 续编》（四），凤凰出版社 2013 年版，第 196 页。

三。“赶三演剧以善诙谐得孝钦后欢，谑浪笑傲，无所不至。一日，演《秦淮河》一剧……即孝钦亦乐闻之。”[1]刘赶三，保身堂主人，隶四喜部，丑兼须生，擅长演出的剧目有很多，如“《群英会》蒋干；《绒花记》崔八；《虹霓关》孝子；《赶考》店家；《审头》；《刺汤》；《入府》李瓶儿；《玉玲珑》鸨儿；《探亲》乡下妈妈；《金玉坠》店妈妈；《思志诚》老妈；《贪欢报》；《拾玉镯》刘媒婆；《八扯》；《观灯》；《双铃记》；《浣花溪》；《龙凤配》；《断机教子》老家人”[2]。这些戏应是经常被太后点演的。另外，观剧女性在喜庆场合，不愿意看杀戏等寓意不吉利的戏。如光绪十年（1884），“三月初七日，刘得印传旨，十月万寿，初九日、初十日、十一日此三日不要杀砍戏，多开寿轴子”[3]。距离十月慈禧五旬万寿，还有七个月的时间，慈禧太后早早地就开始绸缪传旨着伶人注意，唯恐在万寿期间上演砍杀等不吉利的戏。民间也有类似的讲究和避讳，如戏曲艺人遇到曲词有煞者，要能够随机应变，即兴修改唱词来避免杀、死亡等字眼。金埴《不下带编》载：“兴化李相君春芳为母太夫人张寿宴，奏《琵琶记》。曲有‘母死王陵归汉朝’语，而伶人易为：‘母在高堂子在朝。’阖座庆赏。相君大悦，以百金为缠头劳（去）之。”[4]

喜欢吉利、喜庆，希望通过演戏祈福禳灾是人们普遍的心理，不惟老年人喜欢喜庆剧，年轻妇女也不例外。沈复在《浮生六记》中，就记载了其母寿诞当天请了戏班来表演，“吾父素无忌讳，点演《惨别》等剧，

1 傅谨主编《京剧历史文献汇编·清代卷》（八），凤凰出版社2011年版，第182页。

2 傅谨主编《京剧历史文献汇编·清代卷》（二），凤凰出版社2011年版，第32—33页。

3 朱家溍、丁汝芹《清代内廷演剧始末考》，故宫出版社2014年版，第386页。

4《笔记小说大观》（第四十四编），新兴书局有限公司1987年版，第442页。

老伶刻画，见者情动。余窥帘见芸忽起去，良久不出……余曰：‘何不快乃尔？’芸曰：‘观剧原以陶情，今日之戏徒令人断肠耳。’……王闻言先出，请吾母点《刺梁》《后索》等剧，劝芸出观，始称快”[1]。可见，一般情况下在喜庆场合演什么戏是有忌讳的。芸娘对自己不喜欢的《惨别》诸戏，可以不接受，就看戏内容上，有主动的选择权。

第三节 女性观剧内容文献载录的不均衡性

一、文献载录女性观剧内容的阶层因素

清代女性观剧内容的文献载录呈现出明显的不均衡性，即中上层女性观剧内容多被记录，下层女性观剧内容缺失。中上层女性作为整个女性群体的主要代表，她们的存在与男性掌权者有关，作为精英男性的妻子、母亲、女媳往往被文献记录的较多。此为父权社会在历史记录中留给女性的仅存空间，特别是内廷女性的观剧内容在清宫档案中有明确记载。如道光六年（1826）十二月二十八日，“皇后等位在漱芳斋台上承应《吟诗脱靴》”[2]。道光二十六年，“九月初四日禄喜传旨，皇太后万寿敷春堂行台伺候两天戏，内用《百子呈祥》，排场把子可以减点。逢有当今圣主万寿之字样俱念皇太后万寿圣诞”[3]。同治十一年（1872）三月十三至十八日，慈禧太后在长春宫内连续演戏五日，所演内容每日均不重复：“十三日，长春宫伺候《拾镯》《斩子》；十五日，长春宫伺候《吉祥道场》，未正开；《空

1（清）沈复《浮生六记》，中国画报出版社 2016 年版，第 42 页。

2 朱家溍、丁汝芹《清代内廷演剧始末考》，故宫出版社 2014 年版，第 183 页。

3 朱家溍、丁汝芹《清代内廷演剧始末考》，故宫出版社 2014 年版，第 243 页。

城计》《独占》《醉写》；十六日，长春宫伺候《寄柬》《游园惊梦》、十二本《赐祭还阳》；十七日，长春宫伺候《神谕》《烈火旗》；十八日，长春宫伺候《复旨斩判》。”以上共计演戏12出，其中既有昆腔折子戏，亦有梆子腔。

上述清宫档案，不仅明确记载了观剧缘由以及与之对应的观剧内容，还可以通过剧目、剧情、剧种、性质等分析并反观宫廷女性的观剧心态与内容偏好，如此详尽的记载俯拾即是。皇室女性身份尊贵，作为女性观众中的特殊群体，在某些特殊场合，如年节宴会、帝后万寿等，与掌握政权和社交权的男性，可同时列席观剧。中国古代历史为精英书写的历史，内廷女性作为精英历史的参与者，由于身份的特殊性，多被载入史册。

有关仕宦绅衿女性的观剧情况，在嗜好观剧且留有文字的丈夫、子孙或他人日记、笔记、文集中，也多有记录，但详略不一，这可能是受著录者的书写习惯、选择性、偏好等影响。如《翁同龢日记》同治八年九月十一日（1869年10月15日）记载：“未初三行，申正抵休宁馆观剧，薄暮归。慈亲甚怡悦，竟日兀坐不倦也。”[1]同治九年三月廿六日（1870年4月26日），“藉安徽会馆演剧，为慈亲称祝，……慈颜怡愉，二鼓始归”[2]。以上只录入女性观剧事实而缺少观剧内容。

同为日记体，《王文韶日记》则保留下许多珍贵的女性观剧史料。如同治七年五月初七日，“家人公祝老太太，演戏一日，是日演《二度梅》，自骂相至相会全本，颇有可观，子初散，给赏有差”[3]。同治八年四月

1 傅谨主编《京剧历史文献汇编 · 清代卷》（七），凤凰出版社2011年版，第62页。

2 傅谨主编《京剧历史文献汇编 · 清代卷》（七），凤凰出版社2011年版，第62页。

3 傅谨主编《京剧历史文献汇编 · 清代卷》（七），凤凰出版社2011年版，第146页。

二十一日（1869 年 6 月 1 日），“晚试普庆昆班演《游园》《看状》《刺虎》等剧，尚有可观，慈颜甚喜，近日精神亦好，至子刻尚不倦焉”[1]。同时，由于书写者本人的原因，也会导致戏曲史料载录体例的变化和内容上的前后不一致。仍以《王文韶日记》为例，同治十年元月十九日（1871 年 3 月 9 日），“午后慈闱请女客，演普庆、五云两部，老人酬应竟日，毫无倦容，至可喜也”[2]。同年，“二月初四日（3 月 24 日）午前见客。萱慈前晚听人和班甚乐，复传演一日。云史来晤。”[3]时隔两年，王文韶在日记中关于元月十九日与二月初四日母亲观剧的内容并没有详细记录，与上述同治八年的书写体例有明显的差别。普庆、五云、人和班是当时艺术水平很高的班社，广受观众追捧，因此经常被邀至家里唱堂会，日记作者可能是认为人们已习以为常，遂不屑重复记录其演剧内容。但二月初二日“灯后内署传演《三进士》《错姻缘》等剧，颇有可观，是日人和班。萱慈自酉正入座，至子正始散，兴致甚好”[4]。人和班所演内容，因为“颇有可观”又被写入日记中。

除此之外，那些通文墨、受教育程度颇高的仕宦女性还可以通过自己的文字来记录观剧内容，甚至抒发自己的观剧感受。如《清代闺阁诗集萃编》中有一首诗《秋胡行》：

> 丈夫远游妾侍姑，五年一去消息无。自将蚕织供甘旨，不妨松菊俱荒芜。（贞心如皎日。）春风吹花桑柘短，簇簇叶生枝干满。清

1 傅谨主编《京剧历史文献汇编 · 清代卷》（七），凤凰出版社 2011 年版，第 170 页。
2 傅谨主编《京剧历史文献汇编 · 清代卷》（七），凤凰出版社 2011 年版，第 175 页。
3 傅谨主编《京剧历史文献汇编 · 清代卷》（七），凤凰出版社 2011 年版，第 175 页。
4 傅谨主编《京剧历史文献汇编 · 清代卷》（七），凤凰出版社 2011 年版，第 175 页。

晓提筐午未回，攀条采摘呼同伴。道傍车马何轩昂，峨峨冠盖来东方。资装豪雄貌轻忽，（猖狂可知。）似是得意初还乡。相逢陌路何相迫，错把黄金误投掷。拂袖而行操凛然，欲向尊姑诉狂客。入房喂叶手未停，（健妇持家。）粉容红晕心不宁。忽闻远归夫婿到，随姑出堂开画屏。一睹仪容艴然起，即是桑间浮薄子："妾身清白付清流，碌碌男儿合羞死。"（千古卓识。）[1]

这位闺阁女性观看《秋胡戏妻》后，不仅用诗歌完整地记录了秋胡戏妻一剧的故事梗概，并借秋胡之妻罗梅英之口，表达了作者"妾身清白付清流，碌碌男儿合羞死"的高洁操守。可见，她对戏曲人物罗梅英的激赏和认可。但历史上留存下来的女诗人的文学作品毕竟占少数，大部分仕宦女性即使有观剧的经历，关注点却不在演出内容，而在红氍毹上的伶人或者是传达出的某种情感。如清代女诗人吴绡《啸雪庵诗余·瑞鹧鸪》词云："筵前檀板试新声，娇喉啭处听春莺。短发齐肩，似束腰肢小，更喜双眸片月清。杨花本是无情物，等闲化作浮萍。当季费尽黄金，辛苦缘歌舞，教初成。雨散云飞一梦醒。"[2] 吴绡的这首词，描写了女伶色艺双绝，但从中并不能判断演的为什么类型的剧目。另外，许多女性并没有提笔记录戏曲史料的意识，或者没有条件和外力的支持，使其文字留传下来。所以从女性书写者的角度看，也存在诸多不均衡。

与中上层女性相较而言，下层女性则没有那样幸运，她们往往被掌握话语权的男性史学家所忽视、践踏甚至丢弃。探讨下层女性的观剧内容，

1 李雷主编《清代闺阁诗集萃编》（第二册），中华书局 2014 年版，第 997 页。

2 曾乃敦《中国女词人》，文化艺术出版社 2018 年版，第 142 页。

存在更大的困难，但也并非完全无迹可寻，大量的地方志、报刊、民间碑刻文献和口述史料中，都记载了民间女性观剧的事实。通过综合运用这些零星的记载，同样可以将下层女性观剧的内容重新拉回人们的视野，考察她们在当时的社会环境下，有怎样的思想、行为和心理，以及如何通过努力对自己的观剧权益进行维护。如《坦园日记》载清同治元年（1862）四月朔娘娘庙演剧，“闻演《检柴》《狗家滩》等剧。饭罢乃《四门》《吃醋》《扇坟》也。《四门》不足观，《扇坟》差可，《吃醋》乃喜红得意之作也。始则貌为恭敬，继则醉态逼真；迨返家时，恶语、怒语、忿语、浪语、亵语、骂妾语、咒夫语、讽叔语，千态万状，一时并作，而台下笑声不绝，即旁观之村姑闺秀，红女白婆，亦喝彩焉”[1]。《坦园日记》的作者杨恩寿酷嗜戏曲，自称有“戏癖”，其日记中多述及演出场所、戏班、戏目、艺人等方面的信息，同时也为研究下层女性的观剧情况提供了珍贵的戏曲史料。

二、文献载录女性观剧内容的性别因素

从性别角度看，文献中对男性观众观剧内容的记录丰富、翔实，而对女性观众观剧内容的记录则较为简略、匮乏。男性观众作为历史的书写者，对本人观剧的内容多有详细载录，如孙宝瑄《忘山庐日记》[2]载：“是

1 傅谨主编《京剧历史文献汇编·清代卷》（七），凤凰出版社 2011 年版，第 112 页。

2 赵山林《〈忘山庐日记〉蕴藏的戏曲文化信息》，《文化遗产》2009 年第 2 期。文中介绍，孙宝瑄（1874—1924），一名渐，字仲玙，浙江钱塘人。其父诒经，光绪朝任户部左侍郎。兄宝琦，曾任清廷驻法、德公使和顺天府尹，民国后一度担任北洋政府内阁总理。妻父李瀚章，李鸿章之兄，曾任两广总督。宝瑄以荫生得分部主事，继得保补员外郎，在工部、邮传部及大理院等担任要职。民国初年，任宁波海关监督。孙宝瑄交友广泛，与戏曲界人士李伯元、谭鑫培、梅雨田、汪笑侬、刘永春、金月梅、张冠霞等都有交集。看戏评戏作为孙宝瑄重要的精神文化活动，在其撰写的《忘山庐日记》中多有记载。

日（1903 年 6 月 23 日），浙省同乡在越中先贤祠团拜，演剧设宴。余亦往观剧。到者约五六百人，皆浙人……《战宛城》一出，写得曹孟德军容之盛，如火如荼，虽在狭小剧台上，而有千人万骑之势。及其战张绣也，戈矛飞舞，金鼓动地，忽然夹出张绣婶母一段，龙争虎斗，变为莺歌燕语，使人耳目一新。其后醉典韦，盗双戟，写曹操自卧闼中奔窜，狼狈情状，真堪发笑。”[1] 作者不仅详细记录了观剧地点、观剧缘由、观众人数，并从整体上对这出戏的舞台气势、演员表演、角色塑造等进行品评和鉴赏，生动地描绘了选自三国故事的《战宛城》一剧，演员精湛的表演艺术。读者虽未在场，却有身临其境如在目前之感。

如此对于本人及其他男性观众观剧情况的详尽记录比比皆是。如 1901 年四月十二日（5 月 29 日），“偕彦复至天仙观孙菊仙《鱼藏剑》，音节苍凉壮厉”。同年十一月十九日（12 月 29 日），“夜，复至天仙观鑫培演《王佐断臂》，极有神采”。就观剧地点、观剧内容以及名伶孙菊仙和谭鑫培的音色、丰貌等做了说明。但就同一日记而言，孙宝瑄对于女性观剧的记载则显得较为简略，往往一笔带过。如光绪二十年（1894）二月十八日，“晡，至全浙馆，林莲孙寿其母，称觞演剧，宾友杂沓”。光绪二十年三月初七日，“万小湖为母寿，称觞。余午衣冠往贺，宾客甚夥，并招优伶奏清娱母”[2]。这两则日记，只简单提及同僚林莲孙和万小湖为母亲祝寿，称觞演剧，对母亲观剧的内容则干脆不著录。造成这种情况的原因，可能与仕宦大族男女观众分群观剧的习俗有关，作者并不清楚女寿星们观看的是什么类型、什么内容的戏，只能免于著录。抑或同僚间只是借口家眷祝

1 傅谨主编《京剧历史文献汇编 · 清代卷》（七），凤凰出版社 2011 年版，第 855 页。

2 傅谨主编《京剧历史文献汇编 · 清代卷》（七），凤凰出版社 2011 年版，第 820—821 页。

寿而达到社交目的，本意并不在观剧，所以对当天演剧的内容自然不著录，种种复杂的历史面貌，为我们研究女性观剧现象增加了难度。

小　结

综上所述，清代女性观剧内容受到阶层差异、受教育程度、女性出身、审美趣味等各种因素的影响，存在极大的差异。同时，也因为女性普遍的快乐追求、爱的需要等，观剧内容又具有某些通适性。文献中对于女性观剧内容的载录，呈现出上层女性多，下层女性少的特点。同时，男性观剧内容丰富，女性观剧内容则常常被忽略。

第五章
社会各界对待女性观剧的态度

心理学中的态度是指个体对某特定对象（如某人、某种观念、某事件、某现象等）所持有的稳定的心理倾向，涉及认知、情感、行为意向三个方面。这种心理蕴含着个体的主观评价以及由此产生的行为倾向。有清一代，自上而下，从南到北，不论二八少女还是鹤发老妪，不论都市女郎还是山野村姑，她们的身影遍布各类剧场。女性观众以实际行动来对抗文人士大夫的族规家训和官府禁令，这一举动，引起了社会各界的重视和关注。妇女群相观剧的行为，本质上挣脱了男权社会对其空间权力的圈限。有的人对女性观剧表现出反对与排斥的态度，有的人则表示支持和赞成，有的人顾虑重重、徘徊犹豫，有的人则比较中立客观。由此可知，社会各界对待女性观剧的态度呈现出多种面相，造成这种复杂面貌的影响因素有哪些，正是本章讨论的重点。

第一节 反对与排斥

一、反对的方式

在男权社会，妇女观剧历来被视为洪水猛兽而招致不同程度的禁限。有清一代，官方在沿袭历代禁戏策略和手段的基础上，进一步强化了制度性禁戏的网络，形成了一个由官方、士绅、民间、家族四位一体的强势禁限女性观剧的外在力量和舆论导向。具体表现为历朝历代统治者均不同程度地、多方面地颁布过禁止女性观剧之法令，主要包括禁限女性观剧场所、禁限女性观剧时间、禁限女性观剧内容、禁限女性观剧措施等。总体来说，清代对女性观剧的管理逐渐制度化和规范化。那么禁止、反对、排斥女性观剧的原因主要有哪些，最终禁限效果如何呢？

（一）禁限女性观剧场所

1. 禁止女性入庙观剧

清代以来，妇女入庙观剧遭到各级政府三令五申的严禁。

一是官方法律的明文禁止。如康熙十二年（1673）《清会典事例》规定："若军民人等纵令妇女于寺观神庙游犯者，杖七十，枷号一月发落。"[1]又有雍正九年（1731），"朱文端公轼以醇儒巡抚浙江，……又禁灯棚水嬉、妇女入寺烧香、游山听戏诸事"[2]。乾隆七年（1742）陈宏谋颁布《禁赛会敛钱檄》："止许在于庵观祈禳，不得沿街扎扮；止许男子入庙烧香，不许妇女抛头礼拜。"[3]"咸丰时，张观准夙以道学自名，尝官河南知府，甫下车，

1（清）托津等纂《清会典事例》（第九册 · 卷七六六），中华书局 1991 年版，第 433 页。

2（清）钱泳《履园丛话》（卷一），中华书局 1979 年版，第 25 页。

3（清）陈宏谋《培远堂偶存稿》（卷一九），华东师范大学藏家刻本，第 1 页。

即禁止妇女入庙观剧。”[1] 同治八年（1869），御史锡光奏禁妇女出游入庙观戏，“寺院庵观，不准妇女进内烧香，例禁极严”[2]。

二是地方上民间神庙碑刻中的禁约。如山西省阳泉市盂县西小坪村诸龙庙清光绪二十四年(1898)刊《诸龙泉禁山碑记》，其中有一条合村公议关于女性私自入庙看戏的规定：“如妇女私入庙院，犯者罚戏三期，决不容情。”[3] 湖南省平江县元侯祠清光绪三十四年《永禁条规碑记》中规定：“妇女看戏不得男女混杂，并不得入庙看夜戏。”[4]

三是家训族规的劝诫。如顺治七至八年（1650—1651 年）《陈确集》中道：“新妇切不可入庙游山，及街上一切走马走索赛会等戏，俱不可出看。”[5] 祝邦基《裕后格言》：“自归宁，不入庙烧香，不游春观剧，不亲近三姑六婆。”[6] 禁止女性入庙的原因之一，是女性抛头露面与男性一起看戏，男女混杂，不成事体。另外，在男权社会，女性的身体被认为是不洁的、污秽的，入庙烧香会亵渎供奉的诸位神灵，所以禁止女性参与一切公共事务，包括宗教祭祀及相关娱乐活动。

2. 禁止女性入戏园、戏馆

从社会控制的角度来说，女性进入公共戏园、戏馆看戏，有违儒家传统文化中提倡的男女有别、男外女内的社会秩序。如“观戏者男女各占自乘之数，挨肩接座，礼节难禁，递茶递水，不便孰甚。试问当时蚩蚩男女，

1（清）徐珂编撰《清稗类钞》（第三十七册），商务印书馆 1918 年印行，第 73 页。

2《清实录 · 穆宗实录》（第五十册），中华书局 1987 年版，第 757 页。

3 清光绪二十四年 (1898) 刊《诸龙泉禁山碑记》，现存阳泉市盂县西小坪村诸龙庙内，碑高 128 厘米，宽 58 厘米，厚 23 厘米，圭首方趺，额题“神人以和”。

4 谢惠钧、谢雨《湖湘古戏台》，中国文史出版社 2008 年版，第 224—225 页。

5（清）陈确《陈确集 · 别集》（卷十），中华书局 1979 年版，第 519 页。

6 陆林《知非集 · 元明清文学与文献论稿》，黄山书社 2006 年版，第 191 页。

面面相觑，一副痴心，两双活眼，能保其无他顾乎？无他意乎？孔子曰：男女授受不亲，竟弁髦于何地耶？”[1]这种有碍社会风化的行为，需要进行有效的管控和规范管理，以期利于社会的安定和谐。如道光四年（1824）御史郎葆辰上奏：“外城戏园戏庄，不下十余处，嗣后毋许再行开设，又请禁优伶出贴敛分，及妇女戏庄宴会四款……著步军统领衙门一体严禁，毋得视为具文。”[2]同治十二年（1873），上海地区“据合邑绅董江、承桂、郁熙绳等禀称，……近因洋泾浜一带尤为华靡，戏馆优觞，男女杂沓。……示谕各家长约束，不准妇女入馆看戏，以端风化等情”[3]。光绪末年顺天府府尹陈京兆道：“访知境内戏园饭馆设立女座，殊于风化攸关，因会同五城察院示禁。……除饬五城各局饬传戏园饭庄取具不卖女座甘结外，为此示谕各戏园饭庄知悉，倘再有希图渔利，私卖女座，及招接娼妓各情事，一经发觉，定将该戏园饭庄掌柜收押枷示，决不宽贷。”[4]茶店口西陆河茶园内，“前晚演唱《和尚打茶围》之淫戏，百般丑态，满口淫词。妇女观剧，毫无避忌，实于风化攸关，优伶无知，固不足责，而观剧之妇不知回避，更属无知矣。示禁以后，尚复如此，敝俗莫挽，良可喟叹”[5]。

山东烟台市也有类似禁示，如庆丰戏园“盖近有官府示禁，不准妇女入园听戏，免肇事端，以故不能如前之车马盈门，簪裾荟萃也”[6]。北京地区光绪三十年（1904），“五城练勇局出示晓谕事，照得京城各地面演唱，

1 傅谨主编《京剧历史文献汇编·清代卷》（六·下），凤凰出版社 2011 年版，第 46—47 页。

2 王利器辑录《元明清三代禁毁小说戏曲史料》（增订本），上海古籍出版社 1981 年版，第 70 页。

3 傅谨主编《京剧历史文献汇编 · 清代卷》（四），凤凰出版社 2011 年版，第 36 页。

4 傅谨主编《京剧历史文献汇编 · 清代卷》（四），凤凰出版社 2011 年版，第 539 页。

5 傅谨主编《京剧历史文献汇编 · 清代卷》（六 · 下），凤凰出版社 2011 年版，第 43 页。

6 张天星编著《晚清报载小说戏曲禁毁史料汇编》，北京大学出版社 2015 年，第 275 页。

戏园及各饭庄等，一律不准各卖女座，严行禁止在案，已志报端”[1]。“巡警第五局所管地面茶园□奉正巡官传谕，不准妇女赴园观戏，违则惩罚园掌云云。”[2]各地皆有层出不穷的禁止女性入园观剧的公告，由此可见女性观剧的活跃状态。女性抛头露面，走进家庭之外的公共空间，与男性一起在公共场合看戏，被认为是伤风败俗的，导致政府及民间不断地提出相关的限制。但实际上，“近来剧馆之创设，鳞次栉比，妇女之观戏，如蚁附膻”[3]。禁止女性进入男性为主的公共观剧场所，从来都不可能禁绝。

（二）禁限女性观剧时间——禁观夜戏

夜戏，“既指夜晚搬演的戏剧，也指此类活动本身”[4]。禁观夜戏，本身就有对女性观剧时间上的规定。有清一代，政府从维护治安和社会风化的角度考虑，对夜戏的禁令不断。如下两则实例：

为严禁夜戏以正风俗事：照得出作入息，明动晦休，人生之常理也。作无益，害有益，废时失事，莫甚于戏。乃朔、宁风俗，夜以继日，惟戏是耽。淫词艳曲，丑态万状。正人君子所厌见恶闻，而愚夫愚妇方且杂沓于稠人广众之中，倾耳注目，喜谈乐道，僧俗不分，男女混淆，风俗不正，端由于此。……为此通行示谕：此后敢有藐玩，仍蹈故辙（养夜之间，风清人静，箫板之声，无远不闻），定即锁拿管箱人，究出主使首犯，枷号戏场，满日责放。呜呼！一夕管弦声，

1 傅谨主编《京剧历史文献汇编·清代卷·续编》（四），凤凰出版社 2013 年版，第 217 页。

2 傅谨主编《京剧历史文献汇编 · 清代卷》（六 · 下），凤凰出版社 2011 年版，第 35 页。

3 傅谨主编《京剧历史文献汇编·清代卷》（六·下），凤凰出版社 2011 年版，第 46—47 页。

4 姚春敏《控制与反控制：清代乡村社会的夜戏》，《文艺研究》2017 年第 7 期。

换得一部肉鼓吹。到此地步，莫谓本州之杀风景也。慎之！特示。[1]

为严禁夜戏，以靖地方事。照得祈报原有常期，酬神亦宜白日，岂容无故敛钱，高台演戏，无分昼夜，杂沓喧阗。近闻关厢内外，有种好事之徒，沿门苛派，勒索钱文，黑夜招摇，扮演影戏，此街彼巷，彻夜不休，无赖棍徒，酗酒生事，不分男女，不辨嫌疑，宵小逞奸，窥伺窃扰，种种滋事，为害实深。合行出示严禁。为此示仰关厢内外捕保、士民人等知悉，不许唱演夜戏，哄集滋事，倘敢故违，除拿捕保敛头究处外，听从出钱附和之人，一并查拿责惩，断不姑宽，凛之慎之。特示。[2]

上述材料一为雍正年间，朔州正堂汪嗣圣发布的《禁夜戏示》，主要强调的是“淫词艳曲，丑态万状。正人君子所厌见恶闻，而愚夫愚妇方且杂沓于稠人广众之中，倾耳注目，喜谈乐道，僧俗不分，男女混淆，风俗不正，端由于此”。材料二为《示谕集录》记载的光绪年间浙江发布的禁夜戏告示，指出夜间扮演影戏，“不分男女，不辨嫌疑，宵小逞奸，窥伺窃扰，种种滋事，为害实深”。从地方官教化的角度考虑，男女混淆同看夜戏，淫词艳曲，移人心术，伤风败俗，与风化攸关，必须出示严禁。

与此同时，女性夜晚观剧较之白天观剧，更容易滋生事端。比如有妇女看夜戏，炉火失慎，乘乱遭抢劫财物的。如粤东地区光绪二十三年

1《中国地方志集成·山西府县志辑》（第10册），凤凰出版社2005年版，第443页。

2 王利器辑录《元明清三代禁毁小说戏曲史料》（增订本），上海古籍出版社1981年版，第160页。

(1897)，“七月初九，从化县高塘坊小塘乡酬神演戏，是夜忽然失慎，由子炉起火，延烧戏台，不一时之久，即已同归灰烬。当起火时，匪徒肆行抢掠，妇女之被攫钗珥者不知凡几”[1]。还有少妇看夜戏，被匪人拐带掳走的。如光绪二十九年，“九月二十四日，粤东德庆州城有好事者广征菊部，大开剧场。至夜三鼓时，突被匪人纵火，熊熊之焰将戏台悉化劫灰……忙乱中被匪人掳去少妇幼女二十余口，真非常之灾也”[2]。又如发生盗窃、强奸等事件的，“夜间演戏，人多杂沓，奸良莫辨。各家男女俱在戏场，门户不谨，鼠窃易于生心。或男人在外，妇女独处，奸淫拐带，往往由此。故例禁夜戏”[3]。乾隆十年（1745）陈宏谋在陕西巡抚任上颁布《巡历乡村兴除事宜檄》:“夜戏恶习，于广阔之地，搭台演唱，日唱不足，继以彻夜，聚集人众，男女杂沓，奸良莫辨，一切奸盗匪赌，每由夜戏……果能禁止夜戏，地方可省无数事端也。”[4]观剧男女不分，盗窃、抢掠、拥挤、奸淫拐带等安全事故频发，基于以上一些问题，清政府遂屡屡颁发禁止夜戏的告示和公文。

但就民间演剧情况来看，夜戏演出屡禁不止，各地神庙演剧，多有妇女观夜戏的记载。如粤东高要县光绪二十年十月初五晚，“有事于神，雇优演剧……是时男女之聚观者累百盈千”[5]。特别是借助夜晚演出的影戏等，更不易禁。如广东潮州，“夜尚影戏，男妇通宵聚观”[6]。可见，对女性

1 傅谨主编《京剧历史文献汇编·清代卷》（四），凤凰出版社 2011 年版，第 474 页。

2 傅谨主编《京剧历史文献汇编·清代卷》（四），凤凰出版社 2011 年版，第 542—543 页。

3 ［日］田仲一成编《清代地方剧资料集》，东京大学东洋文化研究所附属东洋学文献センター 1968 年版，第 26 页。

4（清）陈宏谋《培远堂偶存稿》（卷一九），华东师范大学藏家刻本，第 21 页。

5 傅谨主编《京剧历史文献汇编·清代卷》（四），凤凰出版社 2011 年版，第 421 页。

6 丁淑梅《中国古代禁毁戏剧编年史》，重庆大学出版社 2014 年版，第 401 页。

观看夜戏的禁管效果并不佳。

（三）禁限女性观剧内容

清代官方曾设立专门的机构，大规模查缴、禁毁违禁戏曲剧目和各类演剧活动，举凡有违伦理纲常、诲淫诲盗、鬼神戏、侮辱圣贤、讥损满族先世等危及清朝统治之剧目，皆在禁毁之列。这和官方注重地方演剧对民众的社会教育功能，希冀通过演剧以稳定社会秩序，有意识地强化程朱理学密切相关。戏剧内容之于女性，主要是禁止妇女观看淫戏、粉戏。如光绪十六年（1890）《申报》所载“示禁淫戏”条："如《卖胭脂》、《打斋饭》、《唱山歌》、《巧姻缘》、《珍珠衫》、《小上坟》、《打樱桃》、《看佛手》、《挑帘裁衣》、《下山》、《倭袍》、《瞎子捉奸》、《送灰面》（即《二不知》）、《杀子报》（即《天齐庙》）、《秦淮河》（即《大嫖院》）、《关王庙》等戏。……凡若此者，均宜永禁。”[1] 以上关涉色情的不宜于女性观看的剧目多达十余种。另外，田仲一成先生在《清代地方剧资料集》及张天星在《晚清报载小说戏曲禁毁史料汇编》中收录诸种禁淫戏条令，内容涉及花鼓戏、滩簧、秧歌戏、啰戏等：

> 各州县当严行禁止以靖地方。至啰戏中，奸淫邪盗之剧，最易坏人心术，况愚夫愚妇，不知是非利害，倘因此而动其邪念，贻害非细，亦应严禁。[2]
>
> 花鼓淫戏，邪词野曲。形容丑态，伤人心目。妇女观之，丧贞败节。

1 傅谨主编《京剧历史文献汇编 · 清代卷》（四），凤凰出版社 2011 年版，第 351 页。

2 ［日］田仲一成编《清代地方剧资料集》，东京大学东洋文化研究所附属东洋学文献センター 1968 年版，第 26 页。

极宜严禁，以端风俗。委员督保，认真查诘。提案重办，毋稍玩泄。[1]

示禁串客。鄞县侯杨秩虹大令励精图治，思挽颓风，兹由宁波访事友寄来六言告示，禁止扮演串客，因即备录于后："妇女最重名节，人心端赖防闲。演唱淫词艳曲，其害不堪尽言。尔等扮演串客，无非意在图钱。百般奸淫丑态，哄动众人观看。乡里寡妇处女，心中本是安然。一旦目睹心荡，名节不能保全。淫为万恶魁首，律法何等森然。嗣后永宜禁绝，如违定干重惩。"[2]

综观以上滩簧、串客等戏剧演出形态，多"一丑一旦，非勾诱通奸，即私奔苟合，丑态万状，淫曲千般"的情景[3]，封建士大夫担心这些描写男女悲欢离合、绸缪私合的爱情剧开启无知妇女之邪思，酿淫奔之祸。实际上，这种担心亦非无中生有，如宁郡串客戏，"乡村中每演一次，辄有寡妇失节，闺女逾闲"[4]。另外，妇女观花鼓戏后，丧贞败节的情况时有发生。这对传统封建礼教要求妇女"从一而终"，形成巨大的挑战和冲击，遂官方屡示严禁。但要真正禁绝女性观看此类剧目是不可能的，如小说《后官场现形记》第五回云："此时台上演的《翠屏山》，杨雄方才出场，听见隔坐那女子说道：'这戏也唱厌了，我不高兴看。'"[5]可见，女性不仅大大方方地观看列为淫戏的剧目，且因观看的频次较高，产生了审美疲劳。

1 张天星编著《晚清报载小说戏曲禁毁史料汇编》，北京大学出版社 2015 年版，第 53 页。

2 张天星编著《晚清报载小说戏曲禁毁史料汇编》，北京大学出版社 2015 年版，第 56 页。

3（清）余治《得一录》（卷十一），苏州得见斋刻，同治己巳年（1869）刊本，第 20 页。

4 傅谨主编《京剧历史文献汇编 · 清代卷》（四），凤凰出版社 2011 年版，第 361 页。

5（清）白眼《后官场现形记》，百花洲文艺出版社 1991 年版，第 177 页。

（四）禁限女性观剧措施

为了阻止女性到公共剧场观剧，清代实施了一系列具体的禁限措施和手段，包括经济惩罚、当众羞辱、惩罚家属或连带责任人等。

1. 经济惩罚

如索米禁戏，“康熙间，孙一士说令武进，尝禁妇女观剧，丁酉季春演剧皇亭，妇女杂沓，无以禁之，时岁饥，因令里甲持簿一本，向诸妇云‘县主欲每人化饥民米一石，请登名于右’，众愕然潜散”[1]。按清代的衡制，一石合 120 斤，康熙至乾隆年间一石大米合 600—1500 文制钱，而一两白银合制钱 700—1200 文[2]，所以一石米大约相当于一两银子的价格。灾荒之年，妇女仍观剧如堵，武进县令孙一士只好采取按簿向每位妇女索米一石的方式，以禁观剧。

2. 当众羞辱

中国古代出于对妇女颜面的重视，一再强调“妇女颜面最宜顾惜”。封建伦理道德观念紧紧地束缚着妇女，如说：“盖悠娴之女，全其颜面，即以保其贞操。”[3]将妇女颜面与贞操观念联系起来。所以，部分官吏通过当众造成妇女本人身体或心理的痛苦，侵害和损伤妇女的体面与尊严，以达到使女性禁止观剧的目的，也是迫不得已的一种特殊措施。具体有如下种种。

僧负妇人。如“张观准知河南某府，俗妇女好看庙戏，禁之不革。张伺某庙演戏时，出不意往坐其大门，使役堵其后门，命男子尽出，因令

1（清）王祖肃修，虞鸣球等纂《（乾隆）武进县志》（卷一四），乾隆三十年（1765）刻本。

2 刘庆《明清职业戏班财务管理的初步考察》，《戏曲研究》2006 年第 2 期。

3（清）汪祖辉《佐治要言》，清乾隆五十四年（1789）双节堂刻本，第 11—12 页。

役谓诸妇女曰：‘汝辈来此，定是喜僧人耳，命一僧负一妇女而出’，于是众乃相持而泣。郡绅闻之，急诣张，为之缓颊，自是穷乡小市，妇女且不敢入庙矣”[1]。中国传统社会强调“妇女职司中馈，幼女学习女红，皆宜静处闺帷，别嫌明微，即异性亲戚，不得相见”[2]。张观准知府命一僧背一妇出，显然是一桩丑闻。

点妓禁观。“奏禁妇女至戏园看戏，而大官豪家，犯禁如故。某乃探是日妇女最多之处，携马杌入座楼梯下，令胥吏列两旁，使胥登楼，谓诸妇女曰：‘大家宅眷，必知禁令，断不再来，汝辈必是妓女。今本官来此，速下楼听点。’诸家从人咸斥之。某仍使人上言：‘如果是宅眷，须一一书明何家，以便参奏。’妇女始惧，各遣人到家设法。乃使各具不再听戏切结，始许其出。”[3]

罚跪。乾隆五十九年（1794），“北之鼓儿词、档子曲，南之弹词、滩簧调。妇人每喜听。有子弟唱者，立棰之；有妇女看者听者，罚跪以惩之”[4]。古代犯错罚跪一般是双膝着地，严厉一点的还会要求头顶茶盘等物件，有使看戏妇女臣服之意。

掌掴其颊。如“荡妇邹阿金侨……前晚又偕各女棍至某茶肆听滩簧，不知缘何，与王张氏口角互殴，旋各投捕房声诉。昨日捕头令包探将一干人等解案请讯，大令谓妇女入茶肆听淫词，绝非善类，着押候各掌颊五十下”[5]。当众以手掌击打面颊是很不体面的事，自然是使看戏妇女大受侮辱。

1（清）徐珂编撰《清稗类钞》（第三十七册），商务印书馆1918年印行，第73页。

2（清）汤斌《汤子遗书》（卷九），清文渊阁四库全书本。

3（清）徐珂编撰《清稗类钞》（第三十七册），商务印书馆1918年印行，第73页。

4 陆林《知非集：元明清文学与文献论稿》，黄山书社2006年版，第193页。

5 张天星编著《晚清报载小说戏曲禁毁史料汇编》，北京大学出版社2015年版，第306页。

以上这些特殊的禁观惩罚措施，与那些空洞无物的禁谕、条文相比，具有很强的可行性。更重要的是，各地方官员事必躬亲的态度，或减少观剧妇女的经济利益，或损伤名节，或人格受污，是非常严厉的，惩戒也是逼不得已的办法。具体这样的禁观措施是否能彻底并持久地执行下去，由于史料匮乏，不可得知。

3. 罪坐夫男

在中国封建社会，女性在法律上往往只被视为男性家长私有财产的特殊部分,并不具有独立的民事主体资格[1]。即妇女为限制民事行为能力的人，并没有独立的法律地位。不仅在诉讼方面“生监、妇女、老幼、废疾，无抱告者不准”施行抱告制度[2],而且妇女犯罪或犯错一般都要由作为“家长”的男性负责，要父兄等代坐。

同样，官方将禁限女性观剧的责任推脱于民，通过惩罚与女性相关的男性家属（如父兄、子弟、丈夫、伯叔等）达到禁观目的，史料中多有记载。如汉中嘉庆年间颁布的《禁止妇女游会烧香示》中云：“为严

1 纪庆芳《近代中国女性法律地位的嬗变》，河南大学 2003 届硕士学位论文，第 5 页。

2 据艾晶《清末民初女性犯罪研究（1901—1919 年）》（四川大学 2007 届博士学位论文）研究表明，关涉到女性的诉讼，只能由夫、父、子之类的男性“抱告”代诉，即代为出庭。她们没有独立的法律地位，主要有两方面的原因。一是出于对女性颜面的重视。受封建思想的影响，男性认为妇女抛头露面有损家族颜面，与风化攸关，而众目睽睽下到庭受审，对女性来说更是奇耻大辱。所以实际执法中除了奸盗、命案外，“妇女不可轻唤”“妇女名节，重逾生命，对簿公堂，身系囹圄，为礼教所不容”。见王戎笙《台港清史研究文摘》，辽宁人民出版社 1988 年版，第 463 页。又“女子出人公堂，与礼教不容，非所以养廉耻之道”，甚至认为“青年妇女涉足公庭，亦非所以保全体面”。见李启成《各级审判厅判牍》，北京语言文化大学出版社 2004 年版，第 139 页。二是认为妇女愚钝无知，无知识、无能力、胆小怕事，且妇女身体孱弱不能应付，“须以诉讼代理人为之，亦即抱告，妇女自身不得为代表投案。抱告的人选不限于近亲，只要是熟悉家中事情者即可充当”。所以妇女基本上没有在公堂上露面的机会。

禁妇女游会烧香，以端风化事……为此示仰阖属各庙会首及乡地人等知悉：嗣后每逢会期，即先抄本通告示张贴。凡尔乡地、居民人等务须遵奉示谕，夫教其妻，父教其女，兄弟教其姊妹，共守闺训，毋再游会烧香。如有不遵者，一经本道查出，定将该妇女本夫究处；如无本夫者，即惟族亲属、父兄、子弟、伯叔人等是问。"[1] 各地皆有类似的对男性家属的处罚条例。如上海县同治十二年（1873）十一月，"合行出示谕禁。为此示仰军民人等知悉。尔等为家长者，务各约束妇女，不准入馆看戏，免伤风化、各宜凛遵，毋违特示"[2]。又如同治十二年十一月十八日《申报·禁止妇女看戏论》载："若于戏罢台空，归家燕语之时，为父母兄姊者果能为之一一开导，又何尝不为劝诫之一道欤？"[3] 再如，江苏地区"花园及戏馆厢座与春台庙楼并市上花鼓小戏，一切妇女仍不准游看，该园馆主亦不准擅放妇女径入，违者园馆发封，妇女责令供出家长，按名问究。务望为父兄与夫主者各劝家人勿再轻犯，否则诸妇女有关颜面，若经责问，恐后悔莫追矣"[4]。清光绪十七年（1891）宁波府正堂胡元洁发布示谕，严禁"串演淫戏，尤为风俗之害……为父兄者尤须时时儆诫，毋任子弟妇女流荡犯法，致玷家声。自示之后，倘敢故违，一经拿办不贷。其各凛遵毋违，切切特示"[5]。又如，光绪十九年上海县正堂黄承暄发布《上海县严禁花鼓戏示》："凡为家长者，更宜各诫妇女，勤习女工，切勿任

1（清）严如熤主修《陕西汉中府志》（卷二七），嘉庆十八年（1813）刻本。

2 张天星编著《晚清报载小说戏曲禁毁史料汇编》，北京大学出版社 2015 年版，第 36 页。

3 傅谨主编《京剧历史文献汇编·清代卷》（四），凤凰出版社 2011 年版，第 33—34 页。

4 张天星编著《晚清报载小说戏曲禁毁史料汇编》，北京大学出版社 2015 年版，第 41 页。

5 张天星编著《晚清报载小说戏曲禁毁史料汇编》，北京大学出版社 2015 年版，第 44 页。

意闲游。”[1] 宣统二年（1910），“（天津）城内大水沟戏园，女座颇多，闻近日有一种花鞋、大辫之流，每日在内，明为听戏，暗有伤风败俗情事，为家督者，宜戒妇女勿往观剧，以免出丑”[2]。

可见，清代妇女并不具备独立的权利主体地位，更多是从属于男子。法律注重家长对女性行为的监督作用，强调夫权和父权的绝对性。

二、反对的人群

（一）官员

在反对女性观剧的人群中，有一部分人是地方官员（见表 4）。

表 4 清代官员反对女性观剧史料一览

序号	职官履历	禁戏事宜	区域	备注
1	汤斌，字孔伯，号荆岘，晚号潜庵。河南睢州（今河南睢县）人，官至工部尚书，卒谥文正。	吴下风俗……如遇迎神赛会，搭台演戏……轰动远近男妇，群聚往观，举国若狂，废时失业，田畴菜麦，蹂躏无遗。……攘窃荒淫，迷失子女，每每祸端，难以悉数……本院已屡次谆谆告诫，城市之间，稍稍敛迹，而乡村僻处，曾未之改，深为民病，合行出示严禁。	江苏	王利器辑录《元明清三代禁毁小说戏曲史料》(增订本)，上海古籍出版社 1981 年版，第 99 页。

1 张天星编著《晚清报载小说戏曲禁毁史料汇编》，北京大学出版社 2015 年版，第 47 页。

2 傅谨主编《京剧历史文献汇编·清代卷·续编》（四），凤凰出版社 2013 年版，第 339 页。

（续表）

序号	职官履历	禁戏事宜	区域	备注
2	宗源翰，字湘文，上元人。早年累佐戎幕，荐保知府，历官浙江衢州、严州、嘉兴、湖州、温州等地知府。	宁波府正堂宗为严禁串客淫戏事。当本府前经访闻宁属各县地方有花鼓戏，名曰“串客”，男女合演，丑词淫态，极其不堪。村镇中每演一次，辄有寡妇失节闺女败检诸事，伤天害理，莫此为甚。曾经由府出示严禁，并札各县饬令各地保出具遵禁切结在案。诚恐日久玩生，除饬各县认真访拿惩办外，合亟出示严禁。	宁波	张天星编著《晚清报载小说戏曲禁毁史料汇编》，北京大学出版社2015年版，第12—13页。
3	程云俶，字稻村，江西铅山人。同治元年壬戌科举人，曾任慈溪、仙居、钱塘、鄞县等知县，后任宁波知府。	钦加同知衔调署宁波府鄞县正堂加十级纪录十二次程为出示严禁事。……本城各庙酬神演戏，日夜开台演唱，不特男女拥挤混杂，难保无奸盗偷窃情事，况复显违例禁，情殊可恶，除饬差密访严拿外，合行出示晓谕。	宁波府鄞县	张天星编著《晚清报载小说戏曲禁毁史料汇编》，北京大学出版社2015年版，第23页。

（续表）

序号	职官履历	禁戏事宜	区域	备注
4	丁鹤年，字仙谱，海城小码头人。清咸丰十一年科举中拔贡，授七品京官，于工部任职。后补章机主事。光绪元年提升工部员外郎。后历任江南道监察御史、重庆知府。	为内城茶园违禁演戏请饬严行禁止，恭折仰祈圣鉴事。……乃近闻附近禁城之丁字街、十刹海等处有奸商匪棍首先开设茶棚，演戏卖座，……更有专卖女座之戏园男女混淆，贵贱杂坐，尤伤风化。	北京	张天星编著《晚清报载小说戏曲禁毁史料汇编》，北京大学出版社2015年版，第185页。
5	邹隽之（一名邹全俊），字俊之，江苏无锡人。1884年至1885年任芜湖县知县。	邹隽之明府传谕，园主班头，不许演唱淫戏，违者当提案重惩，并出示严禁妇女观剧，违则罪坐夫男。贤令尹禁革浇风，造福靡有涯涘矣。	芜湖	张天星编著《晚清报载小说戏曲禁毁史料汇编》，北京大学出版社2015年版，第203页。
6	郭元昌，候补同知。1887—1888年署常熟知县。	常熟南门外好事者乘……倾城士女，盍往观乎，遗扇堕簪，不一而足。经郭邑尊风闻，会同昭文县出示严禁。大约谓赛会迎灯，费时伤财，大为民害，自示之后，如有不遵，定即严究不贷云。	常熟	张天星编著《晚清报载小说戏曲禁毁史料汇编》，北京大学出版社2015年版，第218页。

（续表）

序号	职官履历	禁戏事宜	区域	备注
7	吴成周，字瀍西，一字涣洛，号堇村，浙江缙云人。光绪九年进士，先后任崇明、华亭等县知县。	影戏，贻害地方，殆较花鼓戏而又过之。松郡东门外盐铁、吕荡等庄，近有诸无赖凑集资财，搭台演唱，始则仅以花鼓戏迷人耳目，继则作终夜之徘徊，炫异矜奇，扮演影戏。附近村庄男的女的，老的少的，蠢的俏的，群聚观看，几如堵墙。棍徒藉以作奸，偷儿因之肆窃，晨昏颠倒，疾病丛生。……华亭县吴邑尊访闻确实，即饬干役严拿某甲等到案，从重笞责，并谕该地董事随时究察，慎毋以怨府所归，故从缄默，此真得除暴安良之道者矣。	松江	张天星编著《晚清报载小说戏曲禁毁史料汇编》，北京大学出版社2015年版，第229—230页。
8	袁祖安，字敦斋，江苏如皋人。同治元年进士，历任广东琼山、南海、番禺等县知县，钦州知州。	番禺县袁为再行示禁事。照得春秋报赛，鼓吹休明，俗久相沿，例原不禁，惟县属城乡各处时有不法棍徒每藉酬神为名，搭棚卖戏，男女溷集，昼夜喧哗，火烛奸盗，在在堪虞。当经出示禁止，并札各巡司一体查禁各在案。	广东番禺县	张天星编著《晚清报载小说戏曲禁毁史料汇编》，北京大学出版社2015年版，第9—10页。

（续表）

序号	职官履历	禁戏事宜	区域	备注
9	丁日昌，字持静，广东丰顺县人。历任广东琼州府儒学训导，江西万安、庐陵县令，苏松太道，两淮盐运使，江苏布政使，江苏巡抚，福州船政大臣，福建巡抚，总督衔会办海防、节制沿海水师兼理各国事务大臣。	吴中陋习，通衢僻壤，茗肆纷开，杂沓喧阗，士女混坐，入门者既非邮妇，在坐者岂尽鲁男，即使瓜李无嫌，而履舄交错，亦复成何事体，伤风败俗，莫此为甚……嗣后凡省城内外所有茶馆，均不准召集妇女入内饮茶，有违禁者，即拿该茶保杖责，枷号两月，游街示众。	江苏	丁日昌《抚吴公牍》卷八，光绪三年（1877）林氏铅印本，第6页。
10	陈宏谋，字汝咨，临桂（今广西桂林）人。雍正进士，历官布政使、巡抚、总督，至东阁大学士兼工部尚书。	江省陋习，每届中元令节……省城内外店铺……昼则搬演目连戏文，……以致男女杂沓，观者如堵，奸盗诈骗，弊端百出。……为此，示仰阖属军民人等知悉，尔等庆祝中元令节，只许在庵观祈禳，不得沿街扎扮，止许男子入庙烧香，不许妇女抛头礼拜。	江西	［日］田仲一成编《清代地方剧资料集》，东京大学东洋文化研究所附属东洋学文献センター1968年版，第31—32页。

（续表）

序号	职官履历	禁戏事宜	区域	备注
11	徐士銮，字苑卿，号沅青，天津人，咸丰八年戊午科顺天举人，先后任内阁中书、内阁典籍、文渊阁检阅、内阁侍读等职，并记名御史。同治十二年选授浙江台州知府。	近日津郡戏馆日多一日，男女合演淫戏亦日甚一日。丑态百出，肆无忌惮。妇女入座听戏，亦毫不知羞，伤风败俗，莫此为甚。……窃拟以后妇女听戏，必须包厢，不准入散座……违则从重惩办，庶津郡一方之人心，从此日趋于正而淫风靡俗亦可挽救于万一矣。	天津	[[日] 田仲一成编《清代地方剧资料集》，东京大学东洋文化研究所附属东洋学文献センター1968年版，第13页。

通过对以上制定和颁布禁戏法律官员的生平分析，笔者发现：

一、自上而下的官员，无论是官至极品的工部尚书，还是地方巡抚、知府、各县知县，均颁布过针对女性观众的禁戏法令，其内容涉及女性观剧场合、观剧内容、观剧时间等各个方面，细致而复杂。可见，以官方力量为主导的禁戏生态，因具备法律强制力而显得强硬和言之凿凿。但层出不穷的各类禁戏公告，并没能在民间现实生活中，阻止女性观剧的活跃状态，可能“在官方来说，禁戏在很大程度上只是表明一种态度，以示对地方教化的重视，意在强调民间演剧须无碍于地方政治”[1]。

二、他们中的不少人是程朱理学的倡导者，有些官员甚至以著述的形式推动理学的发展。如汤斌就是其中一位，被尊为“理学名臣”，一

1 韩晓莉《被改造的民间戏曲：以20世纪山西秧歌小戏为中心的社会史考察》，北京大学出版社2012年版。

生清正廉明，所到之处体恤民艰，弊绝风清，政绩斐然。《清史稿》卷二百六十五“列传”五十二载：“既逢奇师，习宋儒诸书，尝言：‘滞事务以穷理，沉溺迹象，既支离而无本；离事物而致知，隳聪黜明，亦虚空而鲜实。’……斌笃程、朱，亦不薄王守仁。身体力行，不尚讲论，所诣深粹。著有《洛学编》《潜庵语录》。”又如陈宏谋在《清史稿》卷三百七十有传，亦是理学名臣：“早岁刻苦自励，治宋五子之学，宗薛瑄、高攀龙。内行修饬。……莅政必计久远，规模宏大，措置审详。……为《五种遗规》，尚名教，厚风俗，亲切而详备。奏疏文檄，亦多为世所诵”，强调明体达用，知行合一。陈宏谋著述有《培远堂全集》《五种遗规》等，其中《教女遗规》三卷，强调女德女智教育。以上理学家多关注道心与人心的关系，所谓“人心惟危，道心惟微，惟精惟一，允执厥中”。又有，咸丰年间张观准“夙以道学自名，尝官河南知府，甫下车，即禁止妇女入庙观剧”[1]。汤斌、陈宏谋等人推崇程朱理学，重视戏曲的道德教化作用，禁戏法令中屡次提及“正人心，端风俗”，其法理学依据在于，人心处于危殆状态，需要加强教化与自我修养。所以禁止女性观剧与他们的个人经历不无关系。

（二）儒学家

有清一代，非官员出身的儒学家对女性观剧现象的抨击声不绝于耳。如正统人士认为，妇女“入庙烧香、观灯戏，为夫子者尤宜禁绝”。宗族势力强大、家风较严之家对于闺阁女子看戏，“妇女游观习为故常，惟书香世家内教严肃则不使往”[2]。“儒士家闺门严肃，妇人不冶游、不烧香、不

1 傅谨主编《京剧历史文献汇编·清代卷》（八），凤凰出版社2011年版，第222页。

2 徐家璘、宋景平等修，杨凌阁纂《商水县志》（第三十四册），成文出版有限公司1975年据民国七年（1918）刻本影印，第140—141页。

看戏。”珠里镇亦提倡，“诗礼之家不观戏”。另外，江南许多族谱中规定：“妇道毋看唱书，毋看戏剧、灯会。”可见，中上层妇女进入庙宇、茶馆等公共空间，经历了许多障碍，这些障碍不仅来自传统观念——妇女不能随便抛头露面，还在于社会精英阶层在妇女问题上的保守态度。这些限制多出自中上层书香世家以及儒家文化对戏曲的排斥，应该也是儒学家禁止女性观剧的一大因由。但也并非家教森严的家庭，女性绝对没有外出的机会，如“夫妇女入庙看戏，本为例禁所不容，稍有家教者，必不纵令其去。然而习俗相沿，以为偶然行乐，初不妨事。或父母溺爱，或亲族招邀，……虽大宅绅眷，亦所时有”[1]。可见，在法律所监管不到的家庭内部，父母对子女的溺爱与怜惜，父母子女之间的亲情与温暖，往往能打破法律族规对女性的束缚和规定，给女性观剧行为找到一个合理的理由，这也是女性观剧现象禁而不止的原因。

（三）报业人士

晚清以前，禁毁戏剧的载体主要是书籍，由于刻版印刷费时费力，难以短时间内形成新闻舆论，此外张贴于街衢巷尾的禁毁戏剧的公告、示谕等，因受众有限，也不可能形成广泛的社会舆论。19 世纪随着石印、铅印等先进的出版技术在中国新闻出版界的广泛使用，报刊业兴起，使得“朝登一纸，夕布万邦”[2]“朝甫脱稿，夕即排印，十日之内，遍天下矣”渐成事实，新闻传播更广泛、更迅速[3]。报刊成为制造和发起新闻舆论的主要媒介，一批置身于弊窦丛生、危如累卵之时势的晚清报人应运而生。他

1 傅谨主编《京剧历史文献汇编 · 清代卷》（四），凤凰出版社 2011 年版，第 164—166 页。

2 梁启超《论报馆有益于国事》，《时务报》1896 年 8 月 9 日。

3 解弢《小说话》，中华书局 1919 年版，第 116 页。

们把正人心、端风俗、启民智作为办报宗旨。如《申报》办刊宗旨为“寓劝惩以动人心，分良莠以厚风俗”。李伯元创办《游戏报》亦称：“寓意劝惩”“无非欲唤醒痴愚”，加上戏剧改良与女性问题在清末发展为时代潮流，报刊参与女性禁毁戏曲活动遂变得理所当然。张天星编著的《晚清报载小说戏曲禁毁史料汇编》通过对近代中文报刊的普查，辑录出载有小说戏曲禁毁史料的报刊 74 种，按照内容性质分为上、中、下三编，其中上编“禁毁令章”、中编“查禁报道”、下编“禁毁舆论”。就该书的目录来看，明确禁止妇女观剧的禁令、新闻和舆论共计 35 条（见表 5）。

表 5 张天星《晚清报载小说戏曲禁毁史料汇编》目录所见禁止女性观剧条目

序号	内容	页码	序号	内容	页码
1	邑尊据禀严禁妇女入馆看戏告示	P5	19	劝妇女勿轻看戏说	P496
2	禁卖女座示	P86	20	书《劝妇女勿轻看戏说》后	P496
3	禁止妇女入庙烧香	P110	21	论妇女决不宜入戏园	P599
4	演影戏男女混杂	P128	22	论妇女不宜看淫戏	P632
5	督宪批绅士徐炯等呈请禁止戏园女座札饬巡警劝业道会商详夺一案文	P137	23	妇女不可听戏	P677
6	总督堂札据巡警劝业道会详举人徐炯等呈请禁止戏园女座文	P138	24	禁止青年男女观剧	P684
7	护督宪批在籍侍讲学士翰林院编修伍肇龄等为呈恳严饬取销戏园女座以正风俗一案文并原呈	P145	25	妇女观剧受辱	P689
8	禁妇女观剧	P195	26	女棍宜惩	P718

（续表）

序号	内容	页码	序号	内容	页码
9	严禁淫戏及妇女观剧	P203	27	男女混杂	P724
10	京师禁止妇女听书观剧	P204	28	少妇看戏之多	P798
11	禁妇女入园听戏	P275	29	男女混杂	P800
12	谕禁妇女观戏	P351	30	妇女听蹦蹦戏者宜鉴	P802
13	不卖女座的原故	P374	31	携妓观剧宜禁	P802
14	不准卖女座	P375	32	妇女听戏之受惊	P807
15	奏禁戏园男女混杂	P384	33	男女路线宜分	P815
16	禁止幼妓出入酒馆戏园	P424	34	少奶奶提倡秧歌戏	P817
17	女界公愤	P469	35	孀妇可疑	P818
18	禁止妇女看戏论	P489			

由表5可见，晚清报人在禁限女性观剧方面不遗余力。实际上，这些新闻、律令只不过九牛一毛，除却以上内容，在很多禁毁淫戏，禁毁花鼓戏、串客、滩簧等报道中，亦包含反对和禁止女性观剧的内容，此外不一一罗列。晚清报人主要通过以下三条途径参与社会舆论，给女性观众施加压力。

1. 新闻曝光，呼吁究办

如光绪年间对花鼓淫戏三番五次的曝光，引起官方和社会各界的重视，呼吁查拿禁止：

光绪六年（1880）花鼓戏久干例禁，今闻四明公所后之荒地上又有男女在彼演唱如《双望郎》《拔兰花》等出，种种淫亵，声口不堪入耳，虽听者半系肩挑负贩之流及乡村妇女，然伤风败俗，莫此为甚，愿地方官及早禁止也。[1]

1 张天星编著《晚清报载小说戏曲禁毁史料汇编》，北京大学出版社2015年版，第701页。

光绪二十四年（1898）离汉口数十里滠口、水口两处，每届新正之时，演唱花鼓戏，至三月则尤甚，通宵达旦，男女杂沓，大为风俗之害，不肖之徒遂亦混迹其间，为诱拐地步，官斯土者何竟置若罔闻耶？[1]

光绪二十七年（1901）花鼓淫戏，久干例禁，封篆期内，禁令稍宽，若辈遂复萌故态，每于乡僻之所，开场演唱，云情雨态，极意描摹，绿女红男，争先快睹，伤风败俗，莫此为尤，所冀良有司严禁厉申，恶俗其庶稍改乎？[2]

报人通过《申报》等影响力较大的报纸，就违禁花鼓戏演出的地点、剧目内容、演出形态、负面影响予以反复详细的报道，这就是典型的新闻曝光，最后呼吁官府及时查禁演唱花鼓戏、有害风俗之男女杂沓行为。

2. 针砭时弊，参与禁戏

报人能够及时地指出一些时代和社会问题，通过对女性观剧过程中一些造成社会秩序混乱的时事丑闻的揭露，发出指责的声音。如对戏园诸伶用望远镜偷窥女眷一事的纪实评论，“第昨据友人来言，前晚有某宦因新正无事，偕同眷属赴戏园观剧，而戏房内诸伶竟敢手持千里镜窥探，评骘妍媸。夫缙绅家妇女，原系大家风范，无不可以见人，而戏有戏规，在诸伶究为越礼。且当共睹共闻之地，以名门淑质为优伶指视，是非看戏而为戏所看矣，亦奚取焉？其每夜戏园中除男客外，大抵女妓之出局者

1 张天星编著《晚清报载小说戏曲禁毁史料汇编》，北京大学出版社 2015 年版，第 761—762 页。

2 张天星编著《晚清报载小说戏曲禁毁史料汇编》，北京大学出版社 2015 年版，第 769 页。

居多，与若辈杂厕其间，犹之鹤立鸡群，更失身份。苟得齐心裹足，殆亦闺范之所宜然欤！”[1]《申报》认为，缙绅妇女入园观剧，一与闺范有碍，二与出局妓女杂处，有失身份。同时，被戏房内伶人任意窥探，评骘妍媸，实在不宜，表达出报人对女性观剧行为的反对、排斥态度。

3. 陆续登载，制造舆论

如杨月楼韦与阿宝案作为热点新闻，就曾引发报界的一场轩然大波，当时影响力较大的《申报》《大公报》等都有登载。仅《申报》一家，就以 50 余篇总计数万字的论说，就韦阿宝因观剧迷恋并下嫁名伶杨月楼，人们就“良贱不婚”与该案量刑等方面进行了细致详尽的报道，交代了人物、时间、地点、起因、经过、结果，并做了跟踪报道。通过连续登载此事，不断制造舆论，间接表明报人对女观众迷恋下嫁名伶的态度。“晚清报人已逐渐认识到报载舆论在参与社会事务中可发挥不一般的作用，晚清报载论说对禁毁小说戏曲问题关注始终，也是晚清报人欲借舆论参与社会治理的一种重要方式。”[2]

（四）家人

有资料表明，女子出嫁后，新的核心家庭成员中尤以婆母和丈夫反对女性观剧的态度最为强烈。但也有娘家父亲出丁和睦家庭倡导女德教育，反对女儿外出观剧的情况，同时也存在女性自身主动排斥观剧的情况。下文逐一分析。

1. 婆母反对

如《驳案新编》中就有因为婆母反对儿媳观剧，双方发生冲突，直

1 傅谨主编《京剧历史文献汇编 · 清代卷》（四），凤凰出版社 2011 年版，第 96 页。

2 张天星编著《晚清报载小说戏曲禁毁史料汇编》，北京大学出版社 2015 年版，第 5 页。

接或间接导致命案的记载。乾隆四十五年（1780）二月十五日，河北隆平县“张氏欲归宁观剧，伊姑杨氏阻止，张氏推跌倒地而去，邻人王智瞥见，扶送杨氏回家，比伊子王大陇、王瑞等自外回归，杨氏告知前情，……二十日张氏从母家来，王瑞即将张氏训骂”，其夫“王瑞纠同伊兄王大陇将张氏勒死”[1]。又如，《秋审实缓比较成案》清道光二十八年（1848）记载：“王氏，赴庙观剧，被伊姑李氏斥骂，当经认过改悔，虽无触忤重情，实属违犯教令，旋因伊母回护，致伊姑投缸，并伊翁自缢，各身死，自应照例从一科断。”[2]此处儿媳王氏赴庙观剧遭到婆母李氏斥骂，后因娘家母亲回护，致翁姑双双身死。从以上二例可见，同为观剧引发的命案，前者是儿媳殒命，后者是身为尊长的公婆身亡。而以尊长为首的婆母谋害卑幼的儿媳，与身处卑幼的儿媳害死尊长，二者相比所受处罚差别之大。官府在判决的过程中一轻一重，显示出母亲在父权家长制社会中特殊的家长身份和法律地位。林语堂在《中国人》中说道：“所谓对妇女压迫是西方人的看法，似乎并不是仔细观察研究中国人生活之后得出的结论。这个批评肯定不适用于中国的母亲这个家庭的最高主宰。”[3]

古代社会，针对女性的“三从”有“夫死从子”一条，但由于儒家文化所营造的讲血缘、主人伦、重宗嗣、倡仁孝、长幼有序、尊尊亲亲的宗法礼制观念，根据伦理纲常中“孝”的原则，子女被要求唯父母之命为尊，父亲不在时，转而以母亲的教令为尊。此处婆母是尊，子媳为卑，

1 ［日］田仲一成编《清代地方剧资料集》，东京大学东洋文化研究所附属东洋学文献センター 1968 年版，第 5 页。

2 ［日］田仲一成编《清代地方剧资料集》，东京大学东洋文化研究所附属东洋学文献センター 1968 年版，第 22 页。

3 林语堂《中国人》，学林出版社 1994 年版，第 151 页。

确保了婆母（母亲）在伦理生活中的重要地位。

研究表明，清代女性家长权包含诸多内容，如主婚权、教令权、财产权等。在第二则案例中，官府在裁决过程中认为，王氏“虽无触忤重情，实属违犯教令”[1]。清律“十恶”条中，对妇女的恶逆、不孝、不睦等做出了相关解释：“殴及谋杀祖父母、父母，夫之祖父母、父母”，谓之“恶逆”；所谓“不孝”，“谓告言，咒骂祖父母、父母、夫之祖父母、父母；……居父母丧，身自嫁娶，若作乐，释服从吉”；等等[2]。王氏“违反教令”，外出观剧后因为娘家母亲的回护，致公婆一个自缢、一个投缸，针对不孝的子女侵犯翁姑的刑事责任是相对较重的。如清律规定：“妻妾殴夫之祖父母父母者，皆斩；杀者，皆凌迟处死；过失杀者，杖一百流三千里；伤者，杖一百徒三年（俱不在收赎之例）。”[3]清代法律对服制命案的裁决，体现了礼教要求的“亲亲尊尊”原则，服制越近，即血缘关系越亲，以尊犯卑者，处罚越轻；相反，若是卑微者对长尊者犯罪，则处罚会比常人之间的处罚更重。此处王氏“自应照例从一科断”[4]，可见对她的处罚不轻。相反，“子孙违犯教令，而祖父母父母非理殴杀者，杖一百；故杀者（无违犯教令之罪为故杀），杖六十徒一年。嫡、继、慈、养母杀者（与亲母有别），各加一等；致令绝嗣者，绞监候”[5]。父母对子女有教养扑责的权力，当子女不孝或违犯教令时，父母既可以到官府控告，也可以直接教训痛打，

1 ［日］田仲一成编《清代地方剧资料集》，东京大学东洋文化研究所附属东洋学文献センター 1968 年版，第 22 页。

2（清）托津《清会典事例》（第九册 · 卷七二五），中华书局 1991 年影印，第 21 页。

3（清）托津《清会典事例》（第九册·卷八〇三），中华书局 1991 年影印，第 871—882 页。

4 ［日］田仲一成编《清代地方剧资料集》，东京大学东洋文化研究所附属东洋学文献センター 1968 年版，第 22 页。

5（清）托津《清会典事例》（第九册·卷八〇三），中华书局 1991 年影印，第 871—882 页。

即使将子女打死，法律对此也处分较轻，甚至无罪。过失杀死则不论罪，第一个例子即如此。所以，表面上是女性观剧现象引发的家庭矛盾，实则牵扯到封建女性家长权的问题，是中国古代颇具特色而极其复杂的一个历史现象。

2. 男性"家长"反对

古代社会认为妇女无知愚钝，男性家长对女性具有绝对的教令权。如浙江杭州杭垣庙社观剧妇女，"蜂拥而来、鹭立而望者，贤愚百出，毂击肩摩，至少亦有千余人，妇女等涂脂抹粉，艳服明妆，任闲人之平视，供游客之笑谈，虽妇女无知，而其父兄翁婿独不一思及此时情景乎？况妇女观剧每多滋事，一遭凶暴，夫复何言！……为之父兄翁婿者，更将何以为情哉？吾愿人之自禁其妇女，尤望官长之出示严禁妇女看戏也"[1]。此处对于观剧妇女艳服明妆，任人平视笑谈的情况，向父兄翁婿等男性家长发出了诘问，可见在"父权"与"夫权"博弈中的观剧女性，一直属于从属地位，一直隐身于男性的背后。清代因违反男性教令权外出观剧而引发命案的例子，不在少数。如清乾隆朝《刑科题本》中记载，乾隆三十一年（1766）直隶阎正荣殴踢伊妻任氏身死案：

> 乾隆二十九年七月二十日，任氏之兄任明德因村内演戏，将伊妹接回观看。阎正荣嘱令任氏早归。任氏至八月初三日回家，阎正荣斥其归迟之非。任氏出言顶撞，阎正荣踢伤其右后胁，任氏向前扑跌，以致碰伤左眼眶。任氏遂即坐起辱骂，并用煤铲向后击打，

1 傅谨主编《京剧历史文献汇编·清代卷》（四），凤凰出版社 2011 年版，第 77—78 页。

阎正荣气忿，上前将铲夺获，随用铲柄向任氏头上殴打，致伤其额角，倒地殒命。……应如该抚所题：阎正荣合依夫殴妻至死律、拟绞监候，秋后处决。臣等未敢擅便。谨题请旨。

乾隆三十一年六月二十四日

（批红）阎正荣依拟应绞，着监候，秋后处决，余依议。[1]

以上是丈夫因妻子回娘家看戏晚归而引发的命案。查阅清律中有关夫妻相犯的裁决，可见《大清律例》卷二八《刑律》规定："凡妻殴夫者，但殴即坐，杖一百。夫愿离者，听；须夫自告乃坐。至折伤以上，各验其伤之轻重，加凡斗伤三等；至笃疾者，绞；死者，斩；故杀者，凌迟处死。其夫殴妻，非折伤，勿论；至折伤以上，减凡人二等。须妻自告乃坐。先行审问，夫妇如愿意离异者，断罪离异；不愿离异者，验所伤应坐之罪收赎，仍听完聚；至死者，绞监候；故杀亦绞。若夫诬告妻及妻诬告妾，亦减诬罪三等。"[2] 钱泳宏就夫妻相犯的法律研究表明，"清律赋予夫最大限度内享有对妻的权利"。

"夫为妻纲"造就了在刑法量刑方面夫妻双方的不平等地位："妻犯夫，较妻犯一般人处罚为重；夫犯妻，却较夫犯一般人处罚轻，采取减刑主义。"[3] 民国初年也有类似的事情，如妇女潘罗氏不顾病重的丈夫，执意外出看戏而引发命案。民国二十七年（1938）八月六日下午七时许，"上诉人抱病

1 郑秦、赵雄主编《清代"服制"命案——刑科题本档案选编》，中国政法大学出版社 1999 年版。

2（清）徐本、三泰等《大清律例》，田涛、郑秦点校，法律出版社 1999 年版，第 460 页。

3 钱泳宏《清代"家庭暴力"研究——夫妻相犯的法律》，商务印书馆 2014 年版，第 1 页。

在家，潘罗氏欲往戏院看戏，不听劝告。上诉人忿甚，持刀追至贵阳市三民路后街河坎上一号门前，将潘罗氏小腹及背部连戳两刀，当场毙命……唯因潘罗氏浪漫成性，不守妇道，于上诉人患病甚剧之际，犹迷恋于看戏，以致上诉人顿萌杀机，衡情实堪悯恕。第一审判决虽予减刑，而量刑尚嫌稍重，将其判决撤销，依刑法第 271 条、第 59 条处有期徒刑 3 年”[1]。以潘罗氏浪漫成性、不守妇道为由，判处其夫有期徒刑 3 年，处罚较轻，可视作对清代夫犯妻刑法裁决中施行减刑的延续。

父亲或族长等男性反对女性观剧，多出于维护家族声誉的目的。陈确《新妇谱补》中论述了新娘嫁入婆家后，应怎样遵礼仪、守规矩、和妯娌、待婢妾下人以及育儿、持家等事，其中“不看剧”是重点强调的内容：“新妇切不可入庙游山，及街上一切走马、走索、赛会等戏，俱不可出看。”[2] 他劝妇女不可入庙游山、不可抛头露面观看街上的赛会等戏，并以其女“年近三十，终不知世所谓戏文”而深感欣慰，感慨自己教女有方，为世人所不及。又如申涵光《荆园小语》：“优人科诨，无所不至，可令闺中女儿闻见耶。”[3] 徽州《潭渡孝里黄氏族谱》对女性的观剧行为，也进行了限制：“风化肇自闺门，各堂子姓当以四德三从之道训妇，使之安详恭敬，俭约操持，奉舅姑以孝，事丈夫以礼……内职宜勤，女工勿怠……并不得出村游戏（如观剧玩灯、朝山看花之类），倘不率教，罚及其夫。”[4]

1 贵州省地方志编纂委员会编《贵州省志·审判志》，贵州人民出版社 1999 年版，第 60 页。

2（清）陈确《陈确集 · 别集》（卷一〇），中华书局 1979 年版，第 517、519 页。

3《四库全书存目丛书 · 集部》（第 207 册），齐鲁书社 1997 年版，第 540 页。

4（清）黄景琯《潭渡孝里黄氏族谱》（卷四），清雍正九年（1731）刻本。

3. 女性自身主动排斥

就女性个人而言，有资料显示，亦有不看戏者或作为一家之女主约束家中女性看戏的记载。如明末温璜将母亲陆氏平日对子女的教诲编订成册，曰《温氏母训》，其内容涉及女德训言、家道维系、祖业守成等各个方面，从中可见温母贞良的节操和深厚的人生阅历，富含修身齐家的深远智慧。如“妇人屡出烧香看戏，无故得谤”[1]，委婉地表达了她对于女性外出观剧之态度。又如，清人敦诚为其已故祖母写的《先祖妣瓜尔佳氏太夫人行述》中云：“定庵公雅有谢公之癖，中年哀乐，晚岁陶情。家有梨园，日征歌舞，母独不喜声乐，然无奈公何，强为唱随而已。公憩即入，不为稍留。”[2]定庵公雅好戏曲，蓄有家乐，日征歌舞，定庵公夫人只能勉强夫唱妇随，但“公憩即入，不为稍留”，字里行间透露出一位虽然日日处于演剧的环境下，但不喜观剧的女性。又如，道光年间《海宁州志》记录一位朱姓妇人，“事迈姑孝，抚前妻子，基如己出”“里中每演剧，邻妇相邀往观，氏以未亡人从不与也”[3]。又有《郁母蔡孺人墓志铭》云：“居常与宴会，不观剧戏，曰未亡人无为贵燕乐，翻用悲伤耳。”[4]咸丰年间《紫堤村志》载：“殷氏，徐家老宅，严万成妻，年三十寡，食贫茹苦，抚二岁孤成立，凡村中演剧赛会从未一观，卒年七十余。”[5]清末广县人赵继声，其母一生勤俭，慈慎端淑，教子有方，“村里赛戏未尝偶一莅观。……生平未读书，而所

1（清）陈宏谋《五种遗规》，线装书局 2015 年版，第 140 页。

2（清）爱新觉罗 · 敦诚《四松堂集》，文学古籍刊印社 1955 年影印本，第 233 页。

3（清）战效曾《海宁州志》（卷十四），道光重刊本。

4（明）刘元卿撰《刘元卿集》（上），彭树欣编校，钱明主编，上海古籍出版社 2014 年版，第 356—357 页。

5《中国地方志集成 · 乡镇志专辑》（第 1 册），江苏古籍出版社，上海书店、巴蜀书社 1992 年版，第 317 页。

行与《女诫》、《列女传》多暗合。晚岁长斋绣佛，所养益粹”[1]。根据以上史料分析，本书认为这些女性不观剧的原因可能有以下几种。

（1）性不喜观剧

人们是否去参与一项活动，可能与个人的喜好有很大关系。如《紫堤村志》卷七《列女》载：“观剧一事，其素性不喜者，虽戏在其侧，亦不欲观；其素性若喜者，固不论富贵贫贱，知愚贤否，老幼男女，一问有戏，不拘何地，皆趋之若鹜，赴之恐后，一律往观也。”[2]可见，对于观剧一事，有性喜观剧者，就有不喜观剧者，上文提到的严万成之妻、户县人赵继声之母，可能都是素性不喜观剧的人，即使戏在其侧，亦不为所动。然而更深层的原因，从“殷氏，徐家老宅，严万成妻，年三十寡，食贫茹苦，抚二岁孤成立”“生平未读书，而所行与《女诫》《列女传》多暗合”等描述中可以判断出，当是朝廷庙堂塑造的又一个“列女”典型而已。

（2）以未亡人自居

上文所提及的朱姓妇人和郁母蔡孺人，一个“以未亡人从不与也”，村中演剧从未往观，一个“曰未亡人无为贵燕乐，翻用悲伤耳”，主动排斥看戏。“未亡人”是旧时寡妇的自称，现泛指夫妇一方离世而存世的另一方。未亡人的阴暗、颓废令她觉得自己就应该这样生活。

（3）与家庭影响有关

如敦诚已故祖母瓜尔佳氏，“每征歌时，即戒群下曰：‘内言不出于阃，礼也，况咫尺间皆优伶耶？’重下青丝帐，虽侍妾数十，寂若无人，其严

---

1 吴敏霞《户县碑刻》，三秦出版社 2005 年版，第 564 页。

2 傅谨主编《京剧历史文献汇编 · 清代卷》（四），凤凰出版社 2011 年版，第 108—109 页。

肃类是。洎公殁后，终身不闻乐”[1]。瓜尔佳氏恪守“内言不出于阃”之礼法，每征歌演剧，垂帐以观，认为优伶在侧，更应遵守古礼。“侍妾数十，寂若无人”，可见家教严肃。家庭环境的严格与她“终生不闻乐”有很大的关系。另有，陈确一向反对妇女观剧，“有女既嫁，一日归宁，笑谓父曰：‘吾年近三十，终不知世所谓戏文。’确曰：‘尔父素不能教女，唯此一节差足免俗。复何用求知之？’女笑而退，敢以劝凡为妇女者”[2]。陈确之女笑称自己年近三十，不知戏文，便是父亲陈确家庭教育的结果。又如，清代盩厔县关中名士路德，他的一位门生的母亲谭氏“乐善好施而又好信神明，村中药王祠每岁赛神，必出香资无缺”。然而因其夫影响，“终生未尝结香火社、偕村妪远历台观，举醮修斋，盖所以肃女义、严闺范也”。她的丈夫是户邑书院的教职人员，几个儿子也都是读书人，属于士绅家庭，因而其家人的言行举止在乡里社会有很高的引领作用。谭氏终生未“偕村妪远历台观”，77岁高龄去世，乡民对她的评价是“性一而静，心惠而仁；周饥赈乏，涸辙生春；约以自奉，严以束身……善人有报，信之安人”[3]。可见，谭氏受家庭环境的影响，严以束身，谨遵闺范。

三、禁限女性观剧效果评估

（一）效果评估

清代女性面临严苛的观剧生态，源于官府层面的政治考量、对于社会现实问题的耽虑，以及伦理教化的强调等综合因素支配下的警戒意识，

1（清）爱新觉罗·敦诚《四松堂集》，文学古籍刊印社1955年影印本，第233页。

2 张福清《女诫：妇女的规范》，中央民族大学出版社1996年版，第110页。

3 吴敏霞《户县碑刻》，三秦出版社2005年版，第535页。

形成以官方为主导、以民间士绅为辅助力量的女性观剧禁限行为。但是从整体来看，禁管成效不佳，存在禁而不止、“禁者自禁，观者自观”、愈禁愈观等特点。主要表现在被禁限女性灵活多变的抗争与诸多积极的应对措施，女性观众对各项禁令的突破和漠视等方面，使得双方在“禁与反禁”这场博弈中形成了一种潜在性调停。

（二）原因探析

清代是我国古代禁毁戏曲最频繁的朝代，清统治者有意识地将观念性禁戏与制度性禁戏相结合，形成一个从中央到地方再到民间、家庭，自上而下全方位的禁毁戏曲网络，其中对女性观看戏曲艺术的钳制和禁限，无论从广度还是力度上，都达到了巅峰。但是关于女性禁戏为何屡禁不止，笔者认为主要有以下几个原因。

1. 民间多种变通手段

女性观众作为被禁观的对象，对禁观法律的执行采取积极的应对措施，且运用了多种变通手段。

首先，易装观剧。不少女性通过“女扮男装”的易装行为混进公共剧场，从而达到观剧的目的。如著名革命家秋瑾就曾因为“闷得无趣，便身着男装，偕小厮前往戏园看戏”[1]。小说《孽海花》中描写了一位超级女戏迷，女扮男装看戏的事。她是内务府官庆的女儿，“叫作五妞儿，虽然容貌平常，确是风流放诞，常常假扮了男装上馆子、逛戏园，京师里出名的女戏迷”[2]。另外，如吴门山塘人朱素珍“幼时性嗜剧，且喜作男子装，……

1 王开林《民国女性之生命如歌》，岳麓书社 2004 年版，第 11 页。

2（清）曾朴《孽海花》，昆仑出版社 2001 出版，第 280—281 页。

大观、庆乐两剧场，盖无日不有其母若女之踪迹焉”[1]。朱姓少女经常作西装模样游戏于饭馆戏园之间。另外，伶人管海峰“在大舞台串《拾黄金》时，向一西装之荡妇自称系路三宝”[2]，借名伶之名姘识一位西装妇人。可见，戏园里女扮男装的女性不在少数。“易装，作为一种特别的服装行为，直接指涉着性别关系的错位，或者颠覆。”[3]女性只有乔装改扮，才能打破性别禁忌，随意出入剧场，成为被男权社会认可的模样。对于易装观剧现象，清代社会对于男女两性观众的容忍度不尽相同。如郭汾阳《女界旧踪》记载，一对新婚夫妇在北京城南游艺园听戏，因不得并坐，乃夫扮为女并坐，结果以伤风败俗被游街示众[4]。清律规定："查男子女装大干禁例，女子男装律无明文。"可见，男子易装成为女性，和戏曲中的男旦一样是被人鄙视的。

其次，转换身份——扮作女堂倌。如“荆钗裙布越风流，独步城隅秉烛游。扮作女堂倌样子，好听花鼓上茶楼”。一个普通人家的女子，夜晚为了去茶楼听花鼓淫戏，刻意装扮成女堂倌的样子。女堂倌，“上海烟馆中多有用妇女走堂者，名女堂倌”[5]，乃19世纪70年代出现在上海租界服务行业中的新群体，多是下层贫穷女性。这类职业女性在《烟馆异事》中有详细报道："上海之洋泾浜开张烟馆者，所用走堂皆系少年妇女，容色仅中人，而装饰妖丽，勾引游人往来如织，托业虽非倚门，然行为较之

1 傅谨主编《京剧历史文献汇编·清代卷》（二·下），凤凰出版社2011年版，第572—573页。

2 傅谨主编《京剧历史文献汇编·清代卷》（二·下），凤凰出版社2011年版，第574页。

3 陈晓云《身体：规训的力量——研究当代中国电影的一个视角》，《当代电影》2008年第10期。

4 郭汾阳《女界旧踪》，江西教育出版社2000年版，第29页。

5 张天星编著《晚清报载小说戏曲禁毁史料汇编》，北京大学出版社2015年版，第188页。

倚门尤甚。”女堂倌的出现，是近代女性率先脱离家庭走向社会独立谋生的滥觞，是对传统社会女主内、男主外性别秩序的突破，因为多供职于大烟馆、茶楼、酒肆等处，甚至有的还兼具色情服务，所以常为人所不齿。时人批评女堂倌："其妇女贪人厚赏，不顾廉耻，调谑无状。或坐其膝上，或一榻横陈，其秽亵有不堪言者。”清末著名的“周小大案”中，女主角周小大就是一位女堂倌，因为女堂倌拥有自主择业、出入社会的合法身份，所以良家女子不惜打扮成女堂倌的样子，也要看花鼓戏。

再次，诸种灵活多变的策略。女性观众喜欢看戏，面对条条禁令，在多方力量的配合下，采取了诸种应对策略。

第一，移至偏僻处。如咸丰年间河南知府张观准下令严禁妇女入庙观剧，诸戏班“虽畏法暂戢，而皆移至城外四郭之祠庙，每演剧，妇女则空巷往观”[1]。城内管控严格，则另换到监管不便之城郭外继续开演。

第二，为不违背“夜戏”禁令，则改夜戏为晨戏。如光绪八年（1882）永嘉县九月二十日城隍寿诞，“禁止夜间演戏，司事者通融办法，将夜戏改为晨戏。……故妇女游玩如云”[2]。

第三，不准女性入园观剧，则另辟单间，立女官座。如清代张垣地区，“老十三旦”侯俊山的一位阿姓的姨太太“性喜观戏”，但戏园内不准卖女座，侯老板也不敢破例，于是就在“旧园西楼底下靠台单隔出一间，作为这位姨太太看戏的座位”，单设女性看戏处。这位太太怕招致非议，“便竭力拉拢各文武衙门的内眷，请去看戏，美其名曰叫女官座”[3]，大力拉拢

1（清）徐珂编撰《清稗类钞》（第三十七册），商务印书馆1918年印行，第73页。

2 张天星编著《晚清报载小说戏曲禁毁史料汇编》，北京大学出版社2015年版，第224页。

3 中国戏剧家协会河北分会编《河北戏曲资料汇编》第10辑，1985年9月出版，第314—315页。

官府内眷，以获得更多的来自特权阶层的支持。

以上诸如此类的反禁观对策，不单单是对禁毁政策的回避和破坏，而是直接构成了禁毁政策的另一面："所谓下有对策，我们不能简单地认为，这些从下面来的对策是对政策的侵蚀和破坏。这些对策其实是非常复杂的，它们构成了历史的另外一面。恰恰是这些下面来的对策，决定了政策实行的可能性。"[1]

2. 女性身份地位对禁令的漠视

在传统社会，女性没有独立的人格，她们的身份优势，很大程度上有赖于丈夫或儿子在社会上的地位和成功程度，所谓"夫贵则荣其妻，子贵则荣其母"[2]。上层女性由于地位尊贵，往往可以任意突破禁观法令的限制，或者直接采取知禁而犯禁的漠视态度。

（1）任意破例

首先，演剧时长和频率的突破。如道光七年（1827），"三月十五日祥庆传旨，皇太后正圣寿原系承应五天戏，今改承应三天戏，常年圣寿原承应三天戏，今改承应两天戏。嗣后初一日、十五日听记载再承应戏"[3]。道光帝不仅缩小了内廷演剧的规模裁退了伶人，亦重新制定了规制，皇太后整寿，原来承应五天，现改为三天；常年圣寿，原承应三天，今承应两天。且初一、十五也不固定看戏了。道光帝素以黜华崇简闻名。

但到了光绪年间，超级戏迷慈禧太后，经常任意打破旧例，以满足自己的声色之娱。随心所欲地延长演剧日期和时长，已成为常态。如光

1《从下往上看历史：宋怡明教授访谈录》，被访谈者：宋怡明；访谈者：应磊；《联合早报》2014年3月9日。

2《续修四库全书·集部·别集类》（第1509册），上海古籍出版社2002年版，第409页。

3 朱家溍、丁汝芹《清代内廷演剧始末考》，故宫出版社2014年版，第194页。

绪十六年（1890年）慈禧万寿，演剧时间从十月初七延续至十五。[1]光绪十九年昇平署档案记载，本年慈禧圣寿，承应日期为十月初七日、初八日、初九日、初十日、十一日、十二日、十三日、十四日、十五日、十六日，连演10天。另据王芷章《清昇平署志略·九九大庆》中云，光绪年间慈禧万寿“除十一二年为自初七日至二十日外，余多为初七日至十五日”。[2]不仅远远超过了道光七年，而且僭越了光绪皇帝万寿演戏三天的规制。慈禧太后在延长看戏天数的同时，也经常延长一天内观剧的时间。本书就光绪十九年慈禧万寿期间（十月初七至十六日）每天的演剧时长做了一个简表（见表6）。

表6 光绪十九年（1893）慈禧万寿演剧时长

日期	开戏	戏毕	演出时长
十月初七日	辰正二刻	戌正五分	8:30—20:05
十月初八日	辰正三刻十分	戌正二刻十分	8:55—20:40
十月初九日	辰正二刻十分	亥初	8:40—21:00
十月初十日	辰正三刻	亥初三刻五分	8:45—21:50
十月十一日	辰正三刻	戌初三刻十分	8:45—20:55
十月十二日	辰正一刻五分	亥初三刻五分	8:20—21:50
十月十三日	辰正二刻	戌正一刻	8:30—20:15
十月十四日	巳初一刻五分	戌正十分	9:20—20:10
十月十五日	巳正五分	未正一刻五分毕	9:05—14:20
十月十六日	巳正五分	未正一刻五分	9:05—14:20

由表6可知，慈禧太后每天的观剧时长均在十一二小时，她自己有随时坐卧之舒适观剧处，而对于终日跪坐陪观赏听戏的大臣们，如翁同龢

1 朱家溍、丁汝芹《清代内廷演剧始末考》，故宫出版社2014年版，第405—406页。

2 王芷章《清昇平署志略》，商务印书馆1937年版，第116页。

之流，经常有“乏极”“乏不可支”的无奈慨叹。观剧时间之长由此可见。

另外，慈禧太后看戏频率非常高，在同治十一年日记档中也有体现。如“十二月初二日奉总台谕，从今以后，随手、筋斗、写字人、听事等不许远离，以备上传差事，莫误”[1]。因为她随时都要看戏，所以总管告知随手、筋斗等人不许远走，以便临时传差。

其次，挑选入内承应伶人的随意性。主要表现在慈禧掌政后，召集外籍伶人入宫的数量和次数不再受限制。光绪七年以前，身跻东宫的慈安太后与慈禧太后共同垂帘听政，相较于慈禧，慈安习性简朴，不喜声色之娱。今所见同治朝档案中，除去重要的节日慈安与慈禧共同观剧外[2]，未见有伶人专门到钟粹宫为慈安太后单独唱戏的记录。另外，同治朝有几次要求引进民籍伶人的奏请，均被慈安太后驳回，分别是同治十年（1871）“九月十三日，奴才韩谨奏，为求恩事。恭为大婚典礼，差务甚重，奴才与首领姚长泰筹核承差之人实不敷用，临时承应《八佾舞虞庭》等典礼差事，恐其贻误，奴才等担待不起，叩请佛爷天恩，赏给民籍学生三四十名，学习官差，以备大婚典礼承差所用，如蒙俞元着交内务府大臣办理。谨此奏请。佛爷旨意不准”[3]。总管韩福禄以皇上大婚为由，要求引进民籍学生三四十名，以承应《八佾舞虞庭》的差事，当即遭到慈安太后拒绝。一年后，同治十一年（1872）六月十二日，韩福禄再次以同治帝大婚将近为由，提

1 朱家溍、丁汝芹《清代内廷演剧始末考》，故宫出版社 2014 年版，第 363 页。

2 同治五年（1866）正月初一日，“两宫皇太后慈宁宫受贺，伺候中和韶乐。……未初一刻十分西佛爷万岁爷同至漱芳斋。百子门迎请，台上迎请。不开戏，等东佛爷来再开戏。未初三刻东佛爷至漱芳斋。百子门迎请，台上迎请。开戏”。见朱家溍、丁汝芹《清代内廷演剧始末考》，故宫出版社 2014 年版，第 338 页。

3 朱家溍、丁汝芹《清代内廷演剧始末考》，故宫出版社 2014 年版，第 354 页。

出增加民籍学生的请求，再次遭到东佛爷慈安的拒绝。可见，以皇后身份当上太后的慈安，地位排在慈禧之上，在内廷演戏问题上，能够行使权力，坚持己见。因而整个同治朝和光绪朝初年演戏规模适度，很可能是来自慈安太后的干预。当慈安去世后，清廷的实际掌权者成了慈禧，一人独大，没有了东宫的束缚，慈禧太后立即召入民间戏班进宫唱戏："自慈禧柄政，乃大度其例。一月之中，传演至数次之多。"[1] 据朱家溍、丁汝芹两位先生研究表明，特别是"光绪九年以后，挑选进宫的伶人似乎已不再受到名额的限制，新出现的名角想何时挑进就可以何时挑进"。光绪十二年花名档记载，"连同总管，太监七十四名，民籍教习、随手等共有五十八名"[2]。

(2) 知而犯禁

一些大官豪族的女眷，知禁而故意犯禁。如杭城吉祥戏园，"夏间曾奉大宪封禁之令，……妇女仍不许为壁上之观，此亦杜渐防微之至意也。乃前日忽有御七香车而来者，双鬟明丽，似作内家妆束，婢媪如云，簇拥而至。吉祥园中柜上不知来历，以奉宪禁为辞，即有随来狼仆大肆咆哮，园主出视，始知为堂堂宪眷也。随即挂脚请安，延之进内，赶忙让出包厢两间，为之铺椅垫，挂珠帘，献果盘，上茶碗，一时鹊乱鸦飞，案目咸不所措"[3]。堂堂宪眷在明知禁止女性赴园观剧的法令下，公然犯禁，在众多仆婢的簇拥下，大张旗鼓地来观剧。戏园"以奉宪禁为辞"，却招致仆人的怒斥，张狂如是。又如，"奏禁妇女至戏园看戏，而大官豪家，犯禁

1 周贻白《中国戏剧史长编》，上海书店 2004 年版，第 545 页。

2 朱家溍、丁汝芹《清代内廷演剧始末考》，故宫出版社 2014 年版，第 392 页。

3 傅谨主编《京剧历史文献汇编 · 清代卷》（四），凤凰出版社 2011 年版，第 69 页。

如故”[1]。同治八年（1869）御史锡光奏禁妇女出游入庙观戏，而“京城地面，竟有寺院开场演戏，借端敛钱，职官眷属，亦多前往”[2]。

可见，仕宦家眷凭借尊贵的身份地位可以随意打破禁令，不仅知禁犯禁，还常常迫使戏园伶人唱平日不轻易演出的戏。如宣统二年（1910）某福晋屈尊到大栅栏广德楼听戏，谭鑫培（即小叫天）这位身价颇高的名伶“忽演唱素不轻演之拿手好戏《托兆碰碑》一出”，后询知缘故，“此戏即所谕交者也”。外警厅闻知消息，亦拣派警兵百余名，在园内外弹压保护。[3]子弟书《阔大奶奶听善会戏》，就描绘出一个随心所欲专门点演“淫戏”的满族女性形象。“阔大奶奶家中常唱戏，梨园子弟都识认芳容。有几个下场请安将单子递，请夫人示下演戏陶情。点的是《必正偷诗》把尼姑嘲笑，更兼着翠林作尽古今情。又派三林《拾镯记》，还有兰龄《十二红》。”美国学者郭安瑞认为，“这通常是富裕的男性看客的举动，……唯一一个女性模仿男性精英行为的文学再现。阔大奶奶相对于伶人的高贵身份使得她可以跨越性别的等级。……社会地位战胜了性别等级”[4]。此处阔大奶奶被视为上宾，地位高贵，不仅有资格点戏，而且点演的都是清政府禁止演出的淫戏。

3. 官方管控不力

在官方管控的背景下，女性观剧的势头不仅没有丝毫减弱，甚至蔚然成风，其中一个重要的原因在于官方禁令执行不力。对此，本书认为

1（清）徐珂编撰《清稗类钞》（第十一册），商务印书馆 1918 年印行，第 73 页。

2《清实录 · 穆宗实录》（卷二七一），中华书局 1987 年版，第 757 页。

3 傅谨主编《京剧历史文献汇编 · 清代卷 · 续编》（四），凤凰出版社 2013 年版，第 499 页。

4［美］郭安瑞《文化中的政治：戏曲表演与清都社会》，郭安瑞、朱星威译，社会科学文献出版社 2018 年版，第 124—125 页。

官方管控不力的主要原因如下。

首先，官方禁令前禁后弛，政令不一。如“湖属归安县俗例以中秋日为城隍神诞生之期，向届会期一般书吏纠集愚民赛会演戏，综计靡耗为数不资。前县朱大令鉴章以时艰民困，米珠物贵，饬令禁止，以省靡费，遂于光绪三十二年停止，迄今每届惟准进香而已。讵今岁该县吴令不知何故，竟雇名班于中秋节演剧酬神，以致赛会重兴，较往岁更为热闹，四乡男妇来者数千百人，途为之塞，人多嘈杂，几肇事端，而驻庙程安自治事务所及研究所、农务分会等亦因此旷停二礼拜之久，稍有智识者莫不浩叹云。”[1] 前县令朱鉴章以民生维艰，物价上涨，饬禁中秋和城隍诞辰的赛会演剧，而后任县令吴继飚则分发浙江归安后，“竟雇名班于中秋节演剧酬神……四乡男妇来者数千百人，途为之塞，人多嘈杂”，赛会重兴，较往常更加热闹，于是引发人们“县令亦提倡迷信耶”的质疑。正因官方对待戏曲演出的态度不一，才使禁限效果未能如期所愿。

其次，官府禁令严于前而弛于后，日久懈生，不能彻底执行。如“前月五城出示茶园戏馆不准卖女人座客一事，乃日久懈生，如各番菜馆、射影戏园仍所不免，竟有某大员挟妓宴宾，于日前醉卧某饭馆，丑态毕现，有玷官箴。”[2] 又如宁波一带串客戏，每演辄有寡妇失节，闺女逾闲之事，“屡经府县严拿重办，并令各地保出具遵禁切结在案。乃日久玩生，近闻各乡又有无耻之徒，藉灯祭为名，广演串客”[3]。日久懈怠加上某些权贵大官的知而犯禁“挟妓宴宾”，把禁令当游戏，女性观剧现象就不可能完全禁绝。

1 张天星编著《晚清报载小说戏曲禁毁史料汇编》，北京大学出版社 2015 年版，第 813 页。

2 张天星编著《晚清报载小说戏曲禁毁史料汇编》，北京大学出版社 2015 年版，第 330 页。

3 傅谨主编《京剧历史文献汇编 · 清代卷》（四），凤凰出版社 2011 年版，第 361 页。

再次，一些地方官员收受贿赂，官方、戏班、艺人之间形成“利益共谋”[1]，故对查禁对象大开方便之门，睁一只眼闭一只眼，听之任之。如深受妇女喜爱之宁波串客戏难禁，其原因在于“地保人等因得贿不报而纠者，士庶亦不禁阻，是以若辈更无忌惮”[2]。地保人等受贿而不报不纠，士庶人等作为民间组织和个人，对戏曲演出的批评本就不具备强制力。相对温和的约束，甚至是对自家妻女儿媳等参与观剧活动的庇护，使得乡间演剧肆无忌惮。又有，光绪十九年（1893）“浦东严家桥地方，于前晚建设高台，演唱影戏。通宵达旦，彻夜不休。乡间男妇，混杂往观……塘桥驻防局近在咫尺，竟任其明目张胆，不往驱逐。大抵局差从中分肥，故意装聋作哑，一任横行无忌耳，否则恐无此胆大也”[3]。官员捞到好处费后，把禁令当游戏，一味装聋作哑，知而不禁，此种情况屡见不鲜。宣统元年（1909）常州滩簧屡禁无效，“故由差役得贿包庇，始则犹在乡间，近则公然在城中演唱。不肖男女，竞往观看，伤风败俗，莫此为甚”[4]。滩簧势力并没有因监管而被压制，反而从乡村向城市传播，男女争相观看，可以想象其背后的利益关系网也随之延伸。可见，在对戏曲禁毁的具体施行过程中，戏班班主通过对执行禁毁任务的官员与衙役的极力公关，是很容易就化险为夷的。

从次，官员玩忽职守，消极怠政。如雍正年间朔州正堂汪肆正，对于“愚夫愚妇方且杂沓于稠人广众之中，……男女混淆，风俗不正”这种看夜戏

1 [法] 米歇尔·福柯《规训与惩罚 ：监狱的诞生》，刘北成、杨远婴译，生活·读书·新知三联书店 1999 年版，第 93 页。

2 傅谨主编《京剧历史文献汇编·清代卷》（四），凤凰出版社 2011 年版，第 361 页。

3 傅谨主编《京剧历史文献汇编·清代卷》（五·上），凤凰出版社 2011 年版，第 12—13 页。

4 傅谨主编《京剧历史文献汇编·清代卷》（五·上），凤凰出版社 2011 年版，第 152 页。

的行为，认为“似此非为，本应立拿为首人枷示，但未严饬至此，遽行惩治，恐近于不教而诛”[1]。有些官员对禁毁戏曲的政令未能立时执行，存在迁延滞后等情况。还有的城市巡警玩忽职守，态度消极。如宣统二年（1910）某月二十四日，“西安市场内，图书局戏棚，有个小一盏灯，演唱《富春楼》，那种丑态，令人肉麻，招得无知的人，奇声异调的叫好起哄。棚内坐多一半堂客，实在难乎为情，弹压警士，看得目定神痴，也就顾不得管事了”[2]。名伶“小一盏灯”演唱淫戏，堂客在观者多半，但因弹压的警察也看戏入迷了，根本顾不得执行公务，他们的消极懒政，使得清政府社会监管力度减弱，未能达到预期效果。

最后，外籍势力庇护的租界戏园，肆意妄为。晚清中国，伴随五口通商，外国来华势力对社会各界的渗透无孔不入，无论是民众的观念意识还是日常生活，都受到西方文化的影响，戏曲观剧活动也不例外。当官方禁管的律令对戏园戏班构成某种威胁时，他们往往会设法寻求外国势力的支持，以抗衡来自官方的压力。如光绪三十四年（1908）《大公报》称，天津河东意大利租界有五福、同发戏园，俄租界有富春戏园，均演唱蹦蹦戏，“淫词妖妆，有伤风化……近关中□办理交涉，各官已照会该两国之领事，严禁演唱”。在该地绅商联名禀请禁演的情况下，意租界戏园遵令停演，但俄租界却依然如故，“大张旗鼓，日夜演唱，男女入园者拥挤异常”[3]。因此原在意租界开办的戏园遂迁往俄租界，可见由于外商及外国势力在华的

1《中国地方志集成·山西府县志辑》（第 10 册），凤凰出版社 2005 年版，第 443 页。

2 傅谨主编《京剧历史文献汇编·清代卷·续编》（四），凤凰出版社 2013 年版，第 397—398 页。

3 傅谨主编《京剧历史文献汇编·清代卷》（六·下），凤凰出版社 2011 年版，第 74 页。

巨大影响，租界成为违禁演戏的庇护所。同样的情况不止一例，如宣统元年（1909）天津地区，“日俄意奥各租界戏园，因中国界各园仍禁演戏，异常兴盛，观剧者殊形拥挤，其散座姑不具论，门前则马车列满，园中则包厢充盈，谅不尽富室之眷属，大约宦途居其大半，然不闻有禁止之者，何哉？是岂一入租界，即官场亦可肆行无忌耶？”[1] 治外法权凌驾于中国法律之上，外国势力在客观上充当了演剧活动的保护伞，促进了演剧的盛行，舆论界愤懑的背后也颇有无奈之举。

值得一提的是，清代戏曲演出繁荣，赖演剧生活者甚众，“一省之赖此以活命者不下数万人”[2]。若悉数禁止，戏曲从业人员这一庞大的社会群体就会成为社会隐患，造成诸多社会问题，官方因此知而不禁，遂女性观剧现象也不可能被完全禁绝。

4. 宗教活动是女性观剧的合理借口

明清时期女性观剧现象禁而不止的另一个重要原因，是“妇女可以借口参加具有宗教色彩的种种活动，以满足她们外出参加娱乐活动的愿望”[3]。妇女借参加宗教活动的名义，行观剧之实，往往不会遭到家人的阻拦。一般认为，“男人可以反对自家女人参与其他社会活动，却往往不敢阻止她们参加宗教组织活动”[4]。赵世瑜认为，官府禁止女性户外闲暇生活的告谕，只是从“整顿风俗”而言，“而没有表现出对‘正当’宗教行为的不

1 傅谨主编《京剧历史文献汇编·清代卷·续编》（四），凤凰出版社 2013 年版，第 327 页。

2 傅谨主编《京剧历史文献汇编 · 清代卷》（四），凤凰出版社 2011 年版，第 109 页。

3 赵世瑜《狂欢与日常：明清以来的庙会与民间社会》，生活·读书·新知三联书店 2002 年版，第 259—288 页。

4 万晴川、曹丽娜《宣卷与进香 ：明清妇女生活剪影——以小说为考察对象》，《中国典籍与文化》2007 年第 3 期。

宽容态度”[1]。正如史料呈现出来的，清代山西蒲县东岳庙“三月廿八，乃圣诞辰也，蒲之士女，匍匐进香，竭诚享献，不独一岁为然”[2]。此外，雍正朝名臣蓝鼎元在《女学》中云：“从来妇女多信鬼神。”[3]

据研究表明，16至18世纪中国社会女性宗教活动十分活跃，主要分为参加朝山进香集体活动、参与民间秘密宗教活动、从事职业性宗教活动和分散性的个人宗教崇拜活动四种[4]。其中，尤以女性外出参加集体的朝山进香活动最为积极。如《醒世姻缘传》第六十八、六十九回写到张、侯两位女社首，号召动员包括薛素姐在内的80余位女性远程去泰山朝山进香的事，并且外出“有丈夫跟着的，有儿的，有女婿侄儿的，家人的，随人所便”[5]。在这种情况下，男性起着管家或保镖的作用，以保障妇女的安全，弥补妇女出门经验的不足。在这种宗教活动中，男性处于附属地位。那么，男性的宽容尊重态度源自何因？这可能与女性参加宗教活动的目的有密切关系。

首先，女性以家庭兴旺为中心的宗教祈福活动获得了男性的认可。从社会心理角度看，下层民众的宗教信仰反映出一种实用主义和世俗精神，在这方面，社会下层女性宗教活动表现尤为突出。女性由于其性别角色、家庭地位，故更多是立足于世俗生活来参与宗教活动，“女主内”的职责使得她们具有保家庭成员平安幸福的意识。宗教动机涉及求子、祈福、

---

1 赵世瑜《狂欢与日常：明清以来的庙会与民间社会》，生活·读书·新知三联书店2002年版，第265页。

2 清康熙七年（1668）刊《祝贺圣诞碑记》，碑现存山西蒲县柏山东岳庙内，碑高120厘米，宽56厘米，笏头，额题“献戏碑记”。

3《四库全书存目丛书·子部·儒家类》（第二十八册），齐鲁书社1995年版，第534页。

4 李媛《16至18世纪中国社会下层女性宗教活动探析》，《求是学刊》2006年第2期。

5（清）西周生《醒世姻缘传》，上海古籍出版社1981年版，第975页。

还愿等各个方面。

（1）求子

深受“重男轻女”思想和“不孝有三，无后为大”等传统观念的制约，面对生育子嗣的压力和无力改变的现状，清代女性往往将一腔热情投入到能给予她们心理慰藉的宗教活动中。现存史料中有大量的关于女性为求嗣而活跃于各种宗教场所的记载，如金凤虞《浴佛会竹枝词》写道：“多少裙钗上石台，深深下拜晕红腮。料他怕被闲人听，暗祝观音送子来。”[1] 山西省翼城县“三月十六日，为城内后土圣母庙大会，四乡男女，多于是日进城谒庙，焚香求子，观剧往来拥挤，道为之塞”。会昌县“九日观音会，妇女连襟携榼以供大士；三月三日真武祖师会，至期演剧庆祝，男妇求示灵签”[2]。郑州“郊禖庙不知始于何时，而士农工商祷祀而求子者不可胜数。每逢三月初一日圣诞良辰，演戏庆贺，男女会集，自古皆然。现今头门，即昔日之乐楼”[3]。求子嗣保婴儿健康成长，亦是女性参与宗教活动的冠冕堂皇的借口，如“妇女祈嗣保胎，及子长成，祈赛以百数。”[4] 在中国民间信仰中，女性神灵很多，像女娲、西王母、观音、碧霞元君、临水夫人、紫姑、高禖神等数不胜数。之所以存在这样的状况，是由于妇女与男子有不同的精神需求，女神崇拜对妇女有特殊的意义。由于相同的性别，从而在功能上女性神灵能给女性提供特定的服务和心理慰藉，这种特殊性造成了众多女神及其信仰的产生和延续。

1 顾炳权《上海历代竹枝词》，上海书店出版社 2018 年版，第 574 页。

2（清）刘长景修，陈良栋纂《会昌县志》（卷一一），同治十一年（1872）刻本。

3 清乾隆四十五年（1780）刊郑州郊禖庙《建修乐楼碑记》，现存郑州城隍庙内，碑高 60 厘米，宽 195 厘米。

4（明）谢肇淛《五杂俎》（卷十五），上海古籍出版社 2012 年版，第 275 页。

（2）祈福

蓝鼎元《女学》中认为妇女信鬼神，“原其心，不过欲求福耳”[1]。如中国台湾诸罗县，“岁时佛诞，相邀入寺烧香，云以祈福，演戏不问昼夜，附近村庄妇女辄驾车往观”[2]。小说《醒世姻缘传》第六十八回、六十九回写到女社首时直接指出，“这烧香，一为积福，一为看景逍遥。”她们劝素姐道：“这个人积福是个人的，替白衣奶奶打醮，就指望生好儿好女的；替顶上奶奶打醮，就指望增福增寿的哩！”

（3）还愿

女性参加宗教活动的另一个动机，是为家人或自己还愿。如《金瓶梅》中吴月娘，“商议要往泰安州顶上的娘娘庙进香，西门庆病重之时许的愿心”。如山西蒲县民众，“廿八之日正值圣诞佳期，合邑演乐建醮，共祝无疆，四方善男信女，进香还愿……络绎不断”[3]。除此之外，女性拜神求偶也很常见，如“高高山上一庙堂，姑嫂二人去烧香。嫂子烧香求儿女，小姑子烧香求少郎”[4]。需要说明的是，以上种种宗教动机并不是女性个人的行为，而是一种普遍的社会心理。

女性超越家庭之外的宗教活动，“与其自身的社会角色和传统、社会、家庭赋予她们的职责紧密相连。一般情况下，女性承担较男性更多的家庭事务，多数女性的生活重心在家庭。这决定了她们信仰宗教的目的大多是为了求偶、求子、祈福、禳灾、驱病、长寿等，更具体者甚至是为

1《四库全书存目丛书·子部·儒家类》（第二十八册），齐鲁书社 1995 年版，第 534 页。

2（清）刘长景修，陈良栋纂《会昌县志》（卷八），同治十一年（1872）刻本。

3 清嘉庆二十一年（1816）刊《续修东神山太尉庙等处各工碑序》，碑现存山西蒲县柏山东岳庙内，碑高 118 厘米，宽 54 厘米，笏头，额篆“龙旋永垂”。

4（清）王廷绍点订《霓裳续谱》（卷七），章衣萍校订，中央书店 1935 年版。

了保障自己家庭的吃穿住行。从这种意义上说，女性宗教活动是其家庭职责的外在延伸”[1]。布赖恩·R·多特也认为，“妇女到泰山朝拜强化了社会和道德体系，因为她们是在为延续夫家的血脉而祈祷”[2]。由此可知，围绕家族和男性为中心的女性宗教活动，必然会得到男性的许可。

其次，女性观剧活动与女性宗教活动相伴相随。那么，文人士大夫对于妇女参与宗教活动的宽容、尊重态度和对女性看戏的宽松有何联系呢？赵世瑜认为，宗教活动与闲暇娱乐活动的联系在于：“一方面，妇女的闲暇娱乐生活往往都是一些宗教性的活动；另一方面，女性参加娱乐活动与投身宗教活动往往具有类似的动机和社会背景。”[3]传统社会中，妇女的言行受到各种各样的条条框框的规范和限制，她们不允许走出家门、不准大声言笑，“与男性相比，女性在人生道路上面临更多的无奈，社会为她们提供的选择出路比男性的远为狭窄”[4]。女性的心理长期处于某种压抑之下，而宗教活动游会焚香却给了她们一个合理合法的参与娱乐活动的机会。

史料中有关女性游庙观剧的记载很多，比如山西盂县《重修圣母庙碑记》云：“每逢初夏，特起会场，……士女焚香，尽历中□之顶。”此次重修，“且卜山前隙地，更为新建乐台，用佐佳陈，以便演剧。从兹庙貌

1 李媛《16至18世纪中国社会下层女性宗教活动探析》，《求是学刊》2006年第2期。

2 Brian R. Dott. *Identity Reflections: Pilgrimages to Mount Tai in Late Imperial China*. Harvard University Press, Cambridge(Massachusetts) and London, 2004.

3 赵世瑜《狂欢与日常：明清以来的庙会与民间社会》，生活·读书·新知三联书店2002年版，第259页—288页。

4 李媛《16至18世纪中国社会下层女性宗教活动探析》，《求是学刊》2006年第2期。

焕然改观”[1]。河北高邑县“信奉神佛，焚香设供，演剧征歌，费数十缗不惜也，谓之庙会。每乡村妇女联袂接踵，杂沓骈阗，闺阁为空，实为陋俗”[2]。总之，虽然清代对于女性宗教活动的限制明显多于男性，不过因为政府和部分士大夫“对女性宗教活动的批评仍具有一定弹性，并没有形成普遍针对女性宗教活动的持续性的严厉行为，也没有实际扭转女性宗教活动日趋活跃的倾向”[3]。所以女性可以宗教信仰为借口，突破伦理的樊篱，尽情游乐，享受观剧的快乐。

最后，值得一提的是，清代官方对“演戏酬神，例所不禁”，已充分考虑到迎神赛社习俗的悠久传统和习惯的难以破除，害怕逆民志而起争端，如此一来，禁绝女性观剧就不可能了。如雍正四年（1726）朝廷承认民间演戏酬神的合法性，“有力之家，祀神酬愿，欢庆之会，歌咏太平，在民间有必不容已之情，在国法无一概禁止之理。”[4] 又如，道光七年（1827）山西地区“村必有庙，醵钱岁课息以奉神，享赛必演剧，祭物以首承之而进，拜跪无常仪，飨献无常数，妇女老幼十百为群。虽禁之弗戢”[5]。光绪三年（1877）：“乡社赛神开台演剧，岁时常例，是农夫织妇居息宴乐之时，而城市戏园朝夕开演，又为市井生意人及时行乐之举，既不在例禁之中，何妨任人所为，而必欲夺人之所好乎？”[6] 可见，随着传统礼乐思想的下移与渗透，戏曲艺术亦以合理合法的身份参与到民间祭祀礼乐中。

1 康熙十四年(1675)刊《重修圣母庙碑记》，碑现存山西阳泉市盂县水神山列女祠内，碑高 160 厘米，宽 81 厘米，厚 19 厘米，额题“重修圣母庙碑记”。

2 陈元芳修，沈云尊纂《嘉庆高邑县志》（卷二），嘉庆十六年（1811）刻本。

3 李媛《16 至 18 世纪中国社会下层女性宗教活动探析》，《求是学刊》2006 年第 2 期。

4《清实录 · 大清世宗宪皇帝实录》（第七册），中华书局 1985 年影印，第 1026 页。

5《（山西）赵城县志》（卷一八），道光七年（1827）刻本。

6 张天星编著《晚清报载小说戏曲禁毁史料汇编》，北京大学出版社 2015 年版，第 500 页。

第二节 支持与赞成

一、家庭成员的赞同

首先，婆家人对女性观剧活动的支持。家教不甚严格的中下层女性，在迎神赛戏或神庙戏园演戏时，往往得到婆家人的许可，可以外出观剧，所以常会引起时人对女性观剧抛头露面的批评和不满。如“在室受双亲之庇，出嫁享夫家之安。”[1]“常见人家，溺爱妻妾，至纵其闹场看戏，荒寺烧香，露面抛头，饱人馋眼。”[2]又如《二十载繁华梦》中，丈夫周庸佑为了让夫人能够随时消遣，专门盖了一座戏台及马氏听戏座处，以讨太太的开心，“中央自是戏台，……对着戏台，又建一楼，是预备马氏听戏的座处。楼上中央，以紫檀木做成烟炕，炕上及四周，都雕刻花草，并点缀金彩。戏台两边大柱，用原身樟木雕花的，余外全用坤甸格木，点缀辉煌。所有砖瓦灰石，都用上等的，是不消说得。总计连工包料，共八万银子”[3]。戏台的修建所费靡多，不仅用的都是上等材料，装饰也颇为讲究，特别是马氏听戏的座位，因她素性好睡，不耐久坐，所以专门做成了烟炕，四周饰以花雕装饰，以便躺着听戏。又如《越缦堂日记》记载，丁鹤年着步军统领、八旗都统，查禁内城丁字街、什刹海等处茶园违禁演戏，原来是“恭邸子贝勒载澂为之，以媚其‘外妇’者。大丧甫过百日即设之，男女杂坐，内城效之者五六处，皆设女座。闻采饰爨演，一无顾忌，载澂与所眷日微

1（清）陈宏谋《五种遗规》，线装书局 2015 年版，第 141—142 页。

2（清）不题撰人《梧桐影》，延边出版社 1999 年版，第 235 页。

3（清）黄小配《二十载繁华梦》，天津古籍出版社 1986 年版，第 84—85 页。

服往观”[1]。还有一位叫蒋抑卮的金融家，“是浙江兴业银行的创办人，晚年有胃病，足不出户，但遇杨小楼到上海，他便天天包上一排座位，力疾赴场，不误不耽，在他周围坐着儿子媳妇、女儿女婿，有一个不到场他就不高兴”[2]。他因为是杨小楼的戏迷，不仅经济上不遗余力地付出，每天包一排座位，甚至不惜勉强自己的子女儿媳等都加入捧场的行列，这种支持力度可见一斑。另有在外偶遇演戏，立刻托人通知母妻的，如“皖垣有某甲者，年十九，家世业农，……日前渡江完粮，见东门内火神庙重建戏楼，雇班演剧，遂将所买物件托邻人带回，而通知母妻偕来观剧，两日始回”[3]。还有清代大荔县人陈功元，“世业农，父早卒，事母至孝，母以多病素食，功元以母故终生不预酒肉，贫无车马，每背着亲于十数里外观演剧”[4]。儿子为显孝心，竟然背负年老力衰的老母亲赶戏场观剧。

其次，娘家人对观剧女性的宠溺。嗜戏之娘家亲属，不仅自己喜欢观剧，同时对女儿们的观剧行为也持赞成态度，或者陪着一起观剧，或者每到演戏时节，主动邀请女儿们归宁观剧。《杜隐园日记》的主人张棡，就在日记中多次写到陪同素云、素锦两女同去看戏的情景。如光绪三十三年（1907）七月三十日，“晚同两女及三儿去本地看戏，班系‘竹马歌’”[5]。宣统元年（1909）八月初一日，“午后同诸客去看戏，是日正本演《钟情

1 傅谨主编《京剧历史文献汇编·清代卷》（八），凤凰出版社 2011 年版，第 210 页。

2 槛外人《京剧见闻录》，宝文堂书店 1987 年版，第 14 页。

3 傅谨主编《京剧历史文献汇编·清代卷》（四），凤凰出版社 2011 年版，第 221 页。

4《中国地方志集成·陕西府县志辑》（第 20 册），凤凰出版社 2007 年版，第 91 页。

5（清）张棡撰，俞雄选编《张棡日记·杜隐园日记》，上海社会科学院出版社 2003 年版，第 689 页。

记》，晚同女儿去，正本演《天喜柱》”[1]。除此外，张㭎还亲自送女儿去看夜戏。如光绪三十二年七月廿九日，“至显佑庙看戏片刻。晚送三女儿去看戏”[2]。清末出生的张允和，幼年在苏州生活时，每当全浙会馆有曲友演戏，父亲就会带着他们兄弟姐妹去看戏[3]。

家庭内部男主人对妻女等辈观剧行为的宠溺，是没办法用法律来监管的。未出嫁的年轻女孩儿，有时候由上了年纪的母亲陪着一起观剧，可见得到家长的首肯，是女性外出观剧的一个重要条件。如著名的“杨月楼与韦阿宝案”中，“月楼演《梵皇宫》出时，粤东韦王氏率女往观”。又有，光绪八年广东新会县城阜宁里，“邓某氏有女，芳龄二九……上月二十八日，潮连乡演剧，女之姨母家于潮连，氏携女往观”[4]。

主动邀观，即到演剧之时，娘家人主动邀请女儿、女婿、甥辈归宁观剧。如陈维崧、史惟圆等人创作的《满庭芳·清明前一日同云臣溪干观剧》这首词，就写到了清明时节“戏鼓赛神箫”，“多少归宁溪女，花枝飐、香粉轻飘”。此处为出嫁归宁的女儿妖娆艳丽的观剧风景。河北省无极县流传至民国年间的民谣：“拉锯扯锯，姥姥门上唱大戏，请闺女叫女婿，外甥女婿你也去。”[5]河北省保定市满城县流行的童谣：“槐树槐，槐树底下

1（清）张㭎撰，俞雄选编《张㭎日记·杜隐园日记》，上海社会科学院出版社2003年版，第692页。

2（清）张㭎撰，俞雄选编《张㭎日记·杜隐园日记》，上海社会科学院出版社2003年版，第687页。

3 张允和，安徽合肥人，著名的“张家四姐妹”中的二姐。父亲为近代教育家张武龄，母亲为昆曲研究家陆英，丈夫为中国语言文学家、“汉语拼音之父”周有光。张允和口述，叶稚珊编《张家旧事》，山东画报出版社1999年版，第24页。

4 傅谨主编《京剧历史文献汇编·清代卷》（四），凤凰出版社2011年版，第394页。

5《重修无极县志》（第八册），民国二十五年（1936）铅印本影印，第383页。

搭戏台。人家女人都看戏，我家女儿也不来。说着说着来咧，骑着个驴，打着个伞，穿着破衣顶着个纂。”[1]陇南地区流行的传统山歌：“娘家门上槐树槐，槐树底下搭戏台。四月初八庙会开，叫我妹子看戏来。”[2]也都写到了娘家哥哥或母亲主动邀请妹子或女儿归宁看戏的现象。值得注意的是，母亲享有的女性家长权，是必须以父亲的意愿为首的，只要父亲同意，女儿观剧的可能性就很大。

二、社会各界的支持

（一）开明人士的支持

清末民初西学东渐后，随着康有为、梁启超等维新派人士对男女平等思想的提出，越来越多的女性走出家门，走向社会。职业女性的出现、众多女校的开办、男女社交公开的呼声，以及清末坤班和女伶的崛起，使女性观众不能进入戏园等公共剧场的陈腐观念被迅速冲破。不少开明人士因接受了西方的新思想与新教育，站在同情妇女的立场，倡导男女平权，赞同和主张女性观剧。举例如下：

与众乐乐老人致本馆书

夫看戏一举，原属赏心乐事，本当男女同乐，良贱共观。今妇女仍无厉禁，惟良家独至向隅。故愚谓此论未昭平允，试思男子处世，有交游之乐，有登临之乐，有酒食征逐之乐，有狗马田猎之乐，甚至有秦楼楚馆之乐，博钱蹋球之乐。而在妇女皆无之，至于看戏

1《满城县志略》（第四十册），民国二十年（1931）满城县修志局铅印本影印，第 472 页。

2 杨克栋搜集整理《仇池风——陇南山歌》，作家出版社 2004 年版，第 425—426 页。

一事，可以消愁解闷，可以博古通今，可以劝善惩淫，似宜任其观阅无禁，不宜复分男女，复论良贱也。而且男子日专心于经理生业、应酬人事，踵事于繁华之地、财利之场，日有盈而岁有益，可以无从事于戏馆，或者亲朋初至，宾主相逢，不得不借戏馆以为酬酢之地，甚至有亏本倒账不幸诸事，为之友朋者更不能不借戏馆为解忧消遣之举矣。至若生在深闺，毫无乐趣，已属不幸之身，倘再遇不幸之事，或因夫妻反目、子女伤心，难觅排遣之方，闺中良友邀赴戏场，以释愤懑。此亦人情之至当，尚非国法所必禁者。今因偶尔妇女二人看戏被迷，遂累及上海一县妇女，禁止不准看戏，岂非波及无辜乎？若使向来妇女一入戏馆，尽行被迷，则此禁万不能停，万不可缓，是戏未无有不迷人，而人未有不为戏所迷者，有是理乎？倘为二人被迷竟禁一县妇女，是犹因一人出门赴市，而被车马碰伤，遂禁一县之人不准出门赴市乎？禁止何尝非理，然使人尽杜门市无行人，可乎？又如一人因醉伤人，遂禁一县之人不准饮酒。因严酒禁而废沽酒之肆，并废饮酒之礼，能乎？不能。夫世事之出人意表者，每因平常之偶变也。以偶变之端，何为废平常之事乎？就大事而论，尚且不可，何况区区看戏之小事耶？且妇女之贞淫，岂关看戏？其人果贞，虽看戏亦不改其常，其人果淫，不喜看戏之人而有苟且之行者亦多，要在乎家主平日之修齐刑于，不在于偶尔之看戏行乐也。故吾深不愿有此一禁也。他日者余将携家属同赴戏馆，不徒愿吾一共乐须眉男子独乐其乐，并将使吾众巾帼妇人共乐其乐，不徒携我家妇女与少乐乐，并欲邀同人妇女与众乐乐，断不因贵馆之论禁止，遂使之大杀风景也。

夫禁止不准往看戏者末也，禁止不准演淫戏者本也，淫戏不演，看戏何害？道宪此禁可谓知其本而得其中矣！贵馆以为当否？[1]

“与众乐乐老人”虽未注明姓名，但他从事理出发，认为妇女身在深闺，较男子而言毫无乐趣，理应与男子同乐。不能因为韦阿宝与杨月楼事件因噎废食，致禁全县妇女观剧。他还用了一个巧妙的比喻，认为这和出门被车马碰伤而禁止全城的人们出行一样极其不合理。在他看来，妇女之贞淫不在看戏与否，而在家主平日之家风家教如何，“故吾深不愿有此一禁也”，并表示不但不能禁止妇女入戏馆看戏，自己还要携眷观剧，达到与“众巾帼妇人共乐其乐，不徒携我家妇女与少乐乐，并欲邀同人妇女与众乐乐”的目的。“不徒愿吾一共乐须眉男子独乐乐，并将使吾众巾帼妇人共乐其乐”一句，明确点名赞同女性观剧的态度，极具典型性。

同时，在上海、北京等一些大都市，随着商人群体的崛起，这些人一旦囊有余资，往往捐资买官，相对于那些出身科举、固守传统伦理道德规范的士绅来说，他们对女眷参与娱乐活动往往少有限制。由此一来，妇女出头露面参与娱乐活动的机会增加了。如《官话京都日报》载：“庚子年前，凡园馆居楼，皆不准卖女客座，载有明文，虽十二三岁之幼女，亦不敢故违禁令。不转瞬十年光景，由上海而转至天津，由天津而转至北京，都市禁卖女座之禁令已除，于是园馆居楼，无一日不有女子之行径。”[2]北京、上海、天津等各大城市，“自光绪季年以至宣统，妇女之入园观剧，

1 傅谨主编《京剧历史文献汇编·清代卷》（四），凤凰出版社2011年版，第40—41页。

2 傅谨主编《京剧历史文献汇编·清代卷·续编》（四），凤凰出版社2013年版，第443页。

已相习成风矣"[1]。戏园中女性观众的激增，是为社会各界所普遍接受的结果，但尚有一小部分人就女座开禁的事痛心疾呼："因女子听戏之禁令开除，而妇女姘识戏子之事，遂层见迭出，始作俑者，岂可独责之于优伶耶。呜呼，女座不禁，京津风俗之坏，不知伊于胡底。"[2]但可惜大势已去，民国后，随着社会风气的进一步开放，女性观众群体进一步扩大，与男性并肩入园观剧蔚然成风矣。

（二）戏园主利益追求——国民捐

虽然没有朝廷颁行的任何允许女性进入公共剧场的条文律令，但戏园主对女座开禁，实为对妇女观剧态度的认可和默许，此前的禁令自然已形同虚设。戏园主准许开放女禁，其中一个重要原因，是为了偿还国民捐。

1900年义和团农民运动爆发，外国列强加紧了对中国的大举入侵，终以八国联军的胜利，清政府与十一国签订丧权辱国的《辛丑条约》结束。庚子事变使中国负债累累，为了偿还巨额赔款，光绪三十一年（1905）北京地区发起了一场轰轰烈烈的国民捐运动，随后戏剧界亦号召各大戏园纳捐，所得收入除留够运营成本外，其余大部分上交。各戏园"印刷女子国民捐简章……劝谕妇女，共尽义务云"[3]，并通过装潢女客看楼、增建女厕、改良戏园入门和楼梯、发放小礼品等手段吸引女性入园观剧。"在男性观众的购买力已经挖掘殆尽的情况下，朝廷为了戏园能多上座，国家能多敛财，也想到了女性这一巨大的观众群体，不得不允许她们走进剧场，贡献

1 （清）徐珂编撰《清稗类钞》（第三十七册），商务印书馆1918年印行，第72页。

2 傅谨主编《京剧历史文献汇编·清代卷·续编》（四），凤凰出版社2013年版，第443页。

3 傅谨主编《京剧历史文献汇编·清代卷》（六·下），凤凰出版社2011年版，第48页。

票房。"[1]比如，"玉成班又在广德楼演唱《惠兴女士》新戏两日，是日每座加钱五百文，均交户部银行，上国民捐。"[2]天津、北京地区，"酒楼戏园，妇女不分良恶，杂厕其间。不用说天津，就拿我们北京说，卖女座及夜戏之戏园，楼上的女座，好人与歹人，比肩而座，还分的出良恶来了吗？……官家准演夜戏卖女座，只图收几个捐款"[3]。又如，"北京卫生局传集各戏园园主谕以不日加捐，其章程尚未筹妥，而戏园□议请添演夜戏，并卖堂客座，且云虽卖堂客座，而亦遵照定章不伤风化。"[4]北京戏园请求添演夜戏并准卖堂客座，是因为卫生局传谕不日加捐。因为与戏园有了这样的利益牵连，官府对于女性观剧演出禁管的力度自然会受到影响。

三、女性个人的努力

在"男主外、女主内"传统婚姻家庭制度下，女子被禁锢在一室之中，相夫教子、劳作操持，无论是在身体上还是精神上，都受到沉重的束缚和压迫。近代以来，随着妇女解放运动的开展、西方"男女平等"思想的渗透，以及对传统婚姻制度的批判，女子开始走出家门，从事一些相关的职业。蚕桑学堂、手工传习所、女医学校、女子师范学堂等职业教育场所的出现，为女子从事各种职业提供了可能。女性观剧现象和近代女性解放运动与女性意识的觉醒也有很大关系，女子不单单是生儿育女的工具，也开始努力争取平等的娱乐消费权利。

---

1 赵丹荣《清末民初都市戏曲人文生态研究》，山西师范大学2018届博士学位论文，第146页。

2 傅谨主编《京剧历史文献汇编·清代卷》（六·下），凤凰出版社2011年版，第54页。

3 傅谨主编《京剧历史文献汇编·清代卷》（六·下），凤凰出版社2011年版，第183—184页。

4 傅谨主编《京剧历史文献汇编·清代卷》（六·下），凤凰出版社2011年版，第45页。

（一）激跃的心情

女性对待看戏的态度，大抵可以根据女性自身的行动倾向推测一二。资料表明，大部分女性一说看戏就非常的兴奋、激跃，这一点从《申报》所载的一则《妇女看戏竹枝词》可窥一斑：

> 演戏刚逢十月朝，家家妇女讲深宵。看台宜与戏台近，吩咐奚奴预作标。
>
> 邻家姊妹各商量，明日如何作晓妆。小婢点灯亲检钥，隔宵翻出好衣裳。
>
> 一夜芳衾睡不成，晓鸡齐唱报天明。先挑锦帐窗前望，果否何如昨日晴。
>
> 胭脂微点粉匀粘，蚤（早）起忽忙启镜奁。妆罢最无聊赖处，更将莲瓣捻尖尖。
>
> 天气轻寒尚着棉，菊花斜插鬓云边。晨餐未毕心先急，扶掖丫鬟已在前。[1]

这首女性观剧竹枝词，用细致、生动的笔法描绘了女性十月初十去看戏前后，积极筹备和无比激动的心情。得知明天要开戏，闺中女儿们前一晚便兴奋得睡不着觉，又是吩咐身边奴仆早早地去做个标记，好第二天挨近戏台去看戏，又是和邻家姐妹商量，明天早晨化什么妆，既使深夜了还让贴身婢女翻检出最好的衣裳准备第二天穿。一宵芳衾难眠，好不容易

1 傅谨主编《京剧历史文献汇编 · 清代卷》（四），凤凰出版社 2011 年版，第 52—55 页。

挨到公鸡报晓，先挑起窗帘向外望去，今日是否和昨天一样是个晴天呢？随后轻敷脂粉，梳妆打扮好，更是把“莲瓣”一样的小脚捻了捻，以便看上去更尖更小。鬓边斜斜地插了朵菊花，早膳还来不及用完，上前扶掖的丫鬟早已立在跟前催促奔赴戏场了。作者用白描式的手法，勾勒出女性对戏曲活动的热情和期盼。这一切准备活动似乎已经超越了观剧本身，更具展示自己的服装和吸引异性关注的深层意味。

另外，据文献资料记载，节日民俗中“红男绿女结队往观者，无不争先恐后也”[1]，“倾城士女争来观看”[2]。如上元灯会，“金陵省垣每届正月，……以致通城士女奔走如狂”[3]，“常州滩簧淫戏，屡禁无效。……不肖男女，竞往观看。”[4]此类“奔走如狂”“竞往观看”等女性争相看戏的描述俯拾即是。延至民国时期，依然如此，如萧红《呼兰河传》中讲到，每届乡下演戏时，当女儿们收到母亲来信的那一刻起，就开始激动起来了。她们会提前十天或半个月为回娘家看戏做准备。包括到时候给自己的父母和久未谋面的兄弟姐妹准备什么礼物，大姐姐是什么，三妹妹是什么，远方叔伯兄弟准备什么，都一一提前筹备，以显示自己的礼仪周全。同时，看戏当天，自己要穿什么衣服、戴什么首饰也要提前准备。可见，女性观剧实质是一个十分复杂的社会现象，“女性对戏剧投以极大热情……在一定程度上，显示其不断构建的主体意识”[5]，并非仅仅是为观剧而观剧。

1 傅谨主编《京剧历史文献汇编·清代卷》（四），凤凰出版社 2011 年版，第 527 页。
2 傅谨主编《京剧历史文献汇编·清代卷》（五·上），凤凰出版社 2011 年版，第 59 页。
3 傅谨主编《京剧历史文献汇编·清代卷》（五·上），凤凰出版社 2011 年版，第 84 页。
4 傅谨主编《京剧历史文献汇编·清代卷》（五·上），凤凰出版社 2011 年版，第 153 页。
5 陈仕国《清末民初禁戏与戏剧观演形态》，《中华戏曲》2017 年第 54 辑。

（二）典衣、借钱、赊账观剧

有些经济能力不允许甚至没钱去看戏的下层女性，对于看戏的兴致也丝毫不会收敛，会积极地通过典当、赊账、借贷等形式换取看戏的机会。如有诗云："傀儡由来自昔传，华光作福赛年年。可怜儿女痴呆甚，卖却新丝典却钿。"[1] 乾隆年间镇江府每年例演傀儡戏，痴迷观剧的女孩没钱看戏，宁愿典当了自己头上的花钿（钗钿）、卖掉当年新织的丝线来看戏。这种情况并非个别。如清末北平广德楼戏园，原打算请女客听白戏，一概不收戏价。不想临时改了主意，有个妇女说："我们当了一条裤子，才□车钱，又不叫白听啦。"[2] 这位女性为了凑看戏的车马钱，竟然当掉了一条裤子，却因为戏园主临时改变主意没看成戏，抱怨连连。可以想见，这种只图一时之快，完全不计后果的做法，是多么激进。

若没有什么可以典当的东西，有的女性还会通过赊账或借贷，来达成自己观剧的愿望。如嘉庆年间《都门竹枝词》"观剧"载："轴子刚开便套车，车中装得几枝花。前门一带都该账，恒德堂中尚可赊。典到无衣兴未衰，三分九扣借将来。可怜短票都花尽，暂向今宵漂一回。"[3] 这首竹枝词用近景镜头，叙写了压轴戏刚开始，便有几位花朵般的妇人乘着马车翩翩而来，考虑到前门一带店铺都已赊遍账了，不便再赊，便向尚未赊欠的恒德堂奔来。尽管身上的衣裳早已典当殆尽，典无可典，看戏的热情却丝毫未减。手头上三拜九叩借来的高利贷都已花完了，哪管那么多，暂且先将今晚应付过去再说。除了借钱赊账观剧，还有为了看戏，

1 （清）高龙光修，朱霖纂《乾隆镇江府志》（卷四六），乾隆十五年（1750）增刻本。

2 傅谨主编《京剧历史文献汇编·清代卷·续编》（四），凤凰出版社 2013 年版，第 402 页。

3 傅谨主编《京剧历史文献汇编·清代卷》（八），凤凰出版社 2011 年版，第 596—597 页。

向邻村姐妹借衣服穿的事情。如潘际云《花鼓戏》诗云："村落冬冬花鼓戏，千人万人杂沓至。台高八尺灯四围，胡琴一响心乍开。靴帽何所借，里中富户分高下。裙襦何所求，前村少妇多绫绸。"[1]花鼓声一响，胡琴一拉，女孩的心就被猛然撞开了，看戏的靴帽从哪借，自然是向里社中比较富裕的人借；罗裙从哪来，邻村认识的姐妹家绫罗多，不妨去求她一借。以上诸多例证形象地说明了女性为观剧而不惜一切的努力，显示出"女性身体正摆脱男权社会的政治权力空间的圈限"[2]，而获得某种意义上的自由和解放，是自我主体意识的强化。

第三节 犹豫与矛盾

我们不得不承认一个客观事实，有清一代，随着戏剧活动的繁荣，戏剧观演已经成为女性日常生活中一项不可回避的重要内容。但我们仍可从相关资料中，读出部分官员对于女性参与戏剧活动持模棱两可的态度。

一、汉人官员的审慎和节制

晚清重臣王文韶就十分典型，他在家眷观剧问题上，态度表现得相当审慎和节制。如同治七年三月二十三日（1868 年 4 月 15 日）同治帝万寿圣节，"向例恭逢万寿，各衙门均于大堂以前演戏庆贺，以示与民同乐之意，亦取普天同庆之义也。……爰于万寿圣节及前后各一日设台演戏，以咏升平，以申庆贺。内署旧有戏台，上灯后并演戏八出，以圣寿之无疆，

1 （清）张应昌《清诗铎》（卷二十六），中华书局 1960 年版，第 984 页。

2 陈仕国《清末民初禁戏与戏剧观演形态》，《中华戏曲》2017 年第 54 辑。

博慈颜之有喜，合署戚友同兹盛会，实出京后未有之乐也”[1]。又如，同治十年七月十三日（1871 年 8 月 28 日），“兹当地方无事，岁功告成，恭值皇太后万寿之期，为堂上延厘之祝，以国恩为家庆，非敢自安逸乐也”[2]。从以上“以圣寿之无疆，博慈颜之有喜”和“以国恩为家庆，非敢自安逸乐也。两日公事均当日清理，并无积压”[3]等文字的叙述和追加的解释中，可以看出王文韶参与戏曲活动时审慎的态度。

尽管《王文韶日记》中处处表明母亲嗜好观剧，如“中元节祀先，演人和一日，萱闱竟日危坐看《探母》《审头》诸剧，极有兴会”；同治十年二月初二日，“萱慈前晚听人和班甚乐，复传演一日”[4]。王文韶本人也有足够的能力安排堂会演出，但他对组织演剧还是心存顾忌的，往往借口帝后万寿来安排母亲观剧，尽可能地将尽人臣之忠与尽人子之孝结合起来，以满足母亲的观剧爱好。如同治十一年三月二十三日，“恭祝万寿，上房演人和班一日，颇有精采，慈颜甚喜，以臣子欢忭之忱为娱悦高堂之计，亦两得也”[5]。

之所以如此，本书认为主要原因有二：一是可能出于对朝廷禁令的忌惮，对自己的言行举止较为谨慎。因为自清前期起，朝廷就不断颁布“禁外官蓄养优伶”[6]“禁官员入戏园看戏及内城开设戏园”等各种针对官员的

1 傅谨主编《京剧历史文献汇编 · 清代卷》（七），凤凰出版社 2011 年版，第 169 页。

2 傅谨主编《京剧历史文献汇编 · 清代卷》（七），凤凰出版社 2011 年版，第 176 页。

3 傅谨主编《京剧历史文献汇编 · 清代卷》（七），凤凰出版社 2011 年版，第 176 页。

4 傅谨主编《京剧历史文献汇编 · 清代卷》（七），凤凰出版社 2011 年版，第 175 页。

5 傅谨主编《京剧历史文献汇编 · 清代卷》（七），凤凰出版社 2011 年版，第 178 页。

6 雍正末年（1735）十二月明令禁止外官蓄养优伶，“闻此谕旨，不敢存留，即行驱逐者，免其具奏。既奉旨之后，督抚不细心访查，所属府道以上官员，以及提镇家中尚有私自蓄养者，或因事发觉，或被揭参，定将本省督抚照循隐不报之例从重议处”。见王利器辑录《元明清三代禁毁小说戏曲史料》（增订本），上海古籍出版社 1981 年版，第 31 页。

禁令，并不时对违令者严加惩处。[1]因此，终清一世的汉人大臣，对戏剧观演大都比较谨慎。二是可能与母亲对他的影响有关，老太太本人对戏剧活动的态度也是非常节制和谨慎的。如同治八年（1869）四月二十三日，"慈亲七旬正寿，府厅以下及绅士称祝者一概辞谢，慈谕上年在鄂业已称觞，今年不再举动。惟请中丞及司道同寅三席，竟日尽欢，仍演普庆部"[2]。母亲以上年在鄂已称觞庆祝，今年不必大动鼓乐为由，缩减了观剧人员的规模和筵席。两年后的四月二十三日，"萱慈七旬晋二寿辰，……寅僚绅士来贺者均辞谢，晚酌在署戚友共三席，本拟演剧称觞，以益、龙有事奉慈谕停止也"[3]。慈母"以益、龙有事"为由，奉谕停止演剧。又如，同治九年十二月十三日（1870年2月2日），"两首邑将于立春日送玉联班新排灯戏为堂上欢，奉慈谕云现届年终，自候补官以及贫民无以卒岁者不知凡几，署中岂宜于此时演戏行乐，命辞却之"。下层官员欲假立春日送玉联班灯戏以"博堂上欢"，其母以岁届年终，"自候补官以及贫民无以卒岁者不知凡几"，署中不宜于此时演戏行乐为由，婉言拒绝。王文韶评论此事，"慈训严明处事，矜持大体，盖于此可见也"[4]。可见，王文韶的母亲虽然很喜欢看戏，但在很多情况下，能够克制自己的观剧欲望。

古代社会母凭子贵，而作为母亲自然也会顾及子孙的荣宠得失。王文韶的情况可能不过是当时汉人士大夫心理的一个缩影。浙江诸暨知县何荫柟在《鉏月馆日记》中，也有类似勉为其难的情况。如光绪五年（1879）

1 王利器辑录《元明清三代禁毁小说戏曲史料》（增订本），上海古籍出版社1981年版，第31、63页。

2 傅谨主编《京剧历史文献汇编·清代卷》（七），凤凰出版社2011年版，第171页。

3 傅谨主编《京剧历史文献汇编·清代卷》（七），凤凰出版社2011年版，第176页。

4 傅谨主编《京剧历史文献汇编·清代卷》（七），凤凰出版社2011年版，第173页。

七月廿七日，“母寿演剧，乃为内眷所请，遂不得不然也。向虽不以道学自居，然亦不屑作此无益之举。今则无可如何，盖信齐家之不易言矣”[1]。何荫柟碍于齐家之故，遂“不得不然也”，为了内眷和睦，也要勉力支持。可见，汉人官员有时面对戏剧活动是进退两难的，持躬谨慎的他们努力将自己及家眷的戏剧活动限定在社会各界都能接受的范围，既不逾越朝廷律令的界限，又不偏离社交礼仪的常轨，既不排斥戏曲带来的声色之美，又避免因为溺爱而身陷其中。

二、旗人官员的犹豫和矛盾

与汉人官员相比，旗人高官对于戏曲活动亦有类似的矛盾和犹豫。如荣庆生于咸丰九年，卒于民国六年（1859—1917），字华卿，号实夫，蒙古正黄旗人，“旗下三才子”之一。《清史稿》卷四百三十九有传，称其“持躬谨慎”，由科甲出身，为晚清重臣，官至刑部、礼部尚书等职。《荣庆日记》是历史上一部重要的日记，出于日记本身的连续性及其珍贵的史料价值，本书考察了日记的全部内容，并进行了对比分析。该日记作为旗人日记，在有清一代，只记载了荣庆自己在帝后万寿赏听戏的情况，对于自家女性的观剧史料则全然不见。然而民国鼎革之后，尤其是民国二年至五年，女眷外出观剧的记载频现，其中最早出现的一条是荣庆的妻子同婢母至四海升平园观剧的记载。民国二年（1913）四月初八日，“午后同内、侍婢至四海升平园观杂剧”[2]。之后，便出现了长、次两媳、两位小妾并孙子孙女一家三代外出观剧的记载。“八月初十日，午后侍婢同内率长、次两媳，

1 傅谨主编《京剧历史文献汇编 · 清代卷》（七），凤凰出版社 2011 年版，第 406 页。

2 傅谨主编《京剧历史文献汇编 · 清代卷》（七），凤凰出版社 2011 年版，第 496 页。

罗、张两妾，梁、楷两男，麒、麟两孙，延孙女观剧天仙"[1]。再者，内人生辰、三婶六旬祝寿，全家外出宴客观剧的日常生活，亦频频被记录下来。三月十六日，"率内以次祝三婶六旬正寿，中鲁遣侄到，少皋到，徐六到，式勤到，均同三叔以次饭第一楼，内边亦全往。明允到同饭久谈，亦赴天仙同男女主宾观剧"[2]。三月二十九日，"内人生辰，泉聚楼来备肴，艾亭午到，金格晚到，栋男请观金、刘、温诸伶，申亦往"[3]。金伶（即金月梅）擅《孝女藏儿》，刘伶（即刘喜奎）擅《藏舟》，温伶（即温小培）擅《义仆记》[4]。

那么《荣庆日记》中，民国前后对于女性观剧史实的载录，因何会出现如此大的偏差呢？显然不是荣庆及其家眷不喜欢观剧。本书认为：

（1）荣庆出于对自己官员身份的顾虑和对禁止旗人入园观剧禁令的遵守，从而自觉约束自家女眷观剧，是极有可能的。

清朝以游牧民族的身份入主中原，因担心官兵沉迷于戏曲演出懈怠堕落，清廷对旗人观演戏曲有诸多禁限，如"八旗当差人等，渐改恶习，不守本分，嬉游与前门外戏园酒馆。仍照旧例交八旗大臣步军统领衙门不时稽查，遇有违禁之人，一经查拿，官员参处，兵丁责革。并令都察院、五城、顺天府各衙门出示晓谕，实贴各戏园酒馆，禁止旗人出入"[5]。乾隆二十七年（1762）朝廷再次颁布谕令，禁止旗人出入戏园，同时禁止候补

1 傅谨主编《京剧历史文献汇编 · 清代卷》（七），凤凰出版社 2011 年版，第 497 页。

2 傅谨主编《京剧历史文献汇编 · 清代卷》（七），凤凰出版社 2011 年版，第 499 页。

3 傅谨主编《京剧历史文献汇编 · 清代卷》（七），凤凰出版社 2011 年版，第 500 页。

4 傅谨主编《京剧历史文献汇编 · 清代卷》（七），凤凰出版社 2011 年版，第 499 页。

5 王利器辑录《元明清三代禁毁小说戏曲史料》（增订本），上海古籍出版社 1981 年版，第 20 页。

官员入园观戏[1]。虽有禁令明示，但八旗官兵观戏之风并未因此浇灭，常有作奸犯科受到惩处之人[2]。荣庆出身旗籍，又是朝廷重臣，辛亥兵燹后，他有意回避昔日的身份，“常与朋友家人一道前往戏园观剧，鲜有与旧朝阁老交往的痕迹……荣庆的交际圈突然缩小显然是有意而为，他意在远离昔日的繁华而追求余生的安然”[3]。他曾自嘲道：“人生贵适意，万物皆浮沤。”[4]此念一开，则不再对家中女眷的观剧行为进行多余的约束，并主动陪同女眷外出观剧。

（2）该日记清代部分女性观剧史料的缺失，可能与作者本身书写日记的习惯和选择有关。荣庆本人是戏痴，家眷不可能不受影响。事实上，清室灭亡后，荣庆以遗老身份移居天津，戏曲是他日常消遣的重要方式，就其观剧频率和所观剧目之记录来看，更像是一位酷爱看戏的普通观众。那么，其日记中的零记录，必是有所选择的结果。

第四节 中立与客观

中立与客观的态度，是指能够按照事物的本来面目去考察，不掺杂个人感情、偏见或意见的一种不偏不倚的立场。就目前掌握的资料来看，对清代女性观剧现象持中立客观态度的，主要集中在来华外籍人士身上，

1 王利器辑录《元明清三代禁毁小说戏曲史料》（增订本），上海古籍出版社 1981 年版，第 45—46 页。

2 道光二年（1822），二品大员密云副都统阿隆阿于国服之内，在官署演唱影戏，被发往乌鲁木齐效力赎罪。佐领富升在戏园观看影戏，与兵丁发生冲突，被着即革职。见王利器辑录《元明清三代禁毁小说戏曲史料》（增订本），上海古籍出版社 1981 年版，第 68 页。

3 梁帅《晚清民国北京旗人戏曲活动研究》，南京师范大学 2017 届博士学位论文，第 78 页。

4 傅谨主编《京剧历史文献汇编 · 清代卷》（七），凤凰出版社 2011 年版，第 496 页。

尤以清代朝鲜来华使者撰写的系列著作《燕行录》最具典型意义，其“直言直笔的书写特点”，以及燕行使者把戏曲看作保存族群历史记忆的工具的观剧态度，影响到他们对女性日常生活的书写，值得引起重视和关注。

一、对女性观剧“直言直笔”的书写特点

直笔是忠于历史事实，直接真实地叙述历史本来面貌的一种编撰方法；直言，乃毫无忌讳地说。“直言直笔”，即秉笔直书。《燕行录》作为明清时期朝鲜使团留下的来华见闻记录，内容包罗万象，对中国当时的政治、经济、军事、社会风俗、文化礼乐、戏曲活动等方面均有涉及，“具有直言直笔的特点，其资料颇具真实性”[1]。其中，对女性观剧现象的直言直笔体现得非常明显。

（一）异域身份无须讳言

清代民间丧葬有鼙鼓歌舞、俚曲戏文的“闹丧”习俗。笔者就“丧葬演剧”条，将我国清代本土文献和《燕行录》中对同一现象的记载，进行了比读和并读。如下述这两则文献：

禁出殡演戏示

为严禁出殡演戏陋习，以速安葬，以全孝道事：照得停丧不葬，律有名条。入土为安，浪费无益。郧地僻处万山，俗尚淳朴，至出殡一节，独尚奢华。延僧诵经，遍请戚党，斋筵酒食，罗列堂前。具此者则为孝子，反此者群相诟厉。以此愚民相习成风……尤可骇者，

1 陈尚胜《明清时代的朝鲜使节与中国记闻：兼论〈朝天录〉与〈燕行录〉的资料价值》，《海交史研究》2001年第2期。

有力之家，修斋之外，扮演杂剧，宾朋满座，女眷盈门庭，其门如市，欢呼达旦。[1]

清人闹丧

傍置丧舆，其大如屋而围以锦绣，舆杠大如人腰，一舆非数百人不可担矣。门内方作戏子。余与郑、崔二人入门，设幕于庭。庭皆铺毡，四围以金屏彩屏。屋中置柩，前坐孝服人，庭四面列椅桌，坐数十人，桌上各置酒馔，皆其亲戚知旧云。当堂中设戏子，四边看者如堵墙。盖明日出靷，故为此戏送之。而亲戚共设宴，若饯远行者云。吾三人入去，有主待客者，即设三椅请坐。戏子三人，一作官员服色，一作莭伋服色，一作女服，而服色鲜明，非前日所见。或唱歌，或周行，或相语而勃然做怒，或大惊仆地。其言小说文字，多杂歌词曲调，如《西厢记》《四声猿》。郑泰贤亦不能解听。每到节拍处，诸人皆呵呵大笑，而吾三人不知其何语，但见被绝倒之状，亦相视而笑，亦可笑也。屋中有白衣女子二三，及盛服珠翠女子六七，初但露半面觑外，及至戏剧处便露全身，皆邻里亲戚女人云。丧人以白大布为衣，亦以为巾，高尺余，加首经、腰经而已。每到众人大笑之时，余留意察丧人，不但终不露齿，哀戚之容见面目，亦可悦也。乃清人官高者之丧云。想汉人仕官者，虽或不免为佛事，而不应至如是也。[2]

1 《郧西县志·艺文志》，同治五年（1866）刻本。转引自丁淑梅《中国古代禁毁戏剧编年史》，重庆大学出版社 2014 年版，第 329—330 页。

2 原文无标题，为行文方便作者自拟。转引自傅谨主编《京剧历史文献汇编 · 清代卷 · 续编》（四），凤凰出版社 2013 年版，第 589—590 页。

前者为清康熙三十三年（1694）时任湖北郧县令的郑晃发布的“禁出殡演戏示”。此处骇叹了丧葬扮演杂剧，宾朋满座、女眷盈门、延僧诵经、欢呼达旦的情形。后者为康熙年间燕行使李器之来华旅行之记载，“取异族之故书与吾国之旧籍互相补正”，国人或因“丧葬演剧”日常多见，文献载录语焉不详，只以“宾朋满座，女眷盈门”概括，而李器之的异域身份和不同视角，针对同样的对象，却放大其精微纤毫之处，呈现出别样的色彩。“屋中有白衣女子二三，及盛服珠翠女子六七，初但露半面觑外，及至戏剧处便露全身，皆邻里亲戚女人云。”女性丧葬场合的动态观剧场景在朝鲜使者的笔下得到详尽的描述。国人因某些禁忌少有记录的细节，朝鲜使臣却能根据自己的所见所闻直笔直言，因此更具真实性和参考价值。

（二）追朴求真的语言

清代来访的朝鲜使者往往都是细致的观察者，他们不厌其详地将自己在北京的观剧经历完整记录下来，对女子观剧场景亦用白描式的手法详尽实录。如清光绪己丑年（1889）五月初十日载：

> 至通远堡，即古之镇夷堡也，乃是大村也。街上搭了仓氏戏子之棚，戏子等在台上鸣锣击鼓，而聚集观光听戏之人喧闹挤挨，而最多者即女娘也。年可三五、二七或二八欤。二十里外之儿女辈，粉面油头，满插花朵，着了新鲜的衣裳，穿了绣花之鞋儿，坐在车上，或有相话者，或有买糕饼吃者，又有吃烟者，或上了戏台，踞坐于栏沿上，笑嘻嘻相与指点者，多般是丰盈婉娓如武陵之桃花，秀美

娇艳如阆苑之琼林，真个是玉门关外春色烂漫矣。[1]

至所谓五圣祠下。……箪楼对边□栅设栏杆，诸女人无虑数百，皆戴花鸣珰，靓妆冶服，充满其中，喧笑成群。为观丽人故，近栏栅而立，亦无回避之意。见其老少妍丑相杂，大抵多秀丽者。

清道光丁酉年（1837）正月十四日[2]

相较而言，中国本土文献的书写多平面化，如这样一笔一笔对女性神态的细致描绘极少。《燕行录》中的戏曲史料，有助于丰富我们对戏曲史“细节”和“原貌”的认知。描写观剧之女娘，既有对年龄、打扮、衣着的描写，又有对观剧女性坐具、神态和言行的描绘，丰富的内容，令读者有身临其境之感。正如黄彪所言：“朝鲜燕行使对女性的书写，并非简单的旅行记录，而是具有特殊的文化意义。……力图将内心跌宕起伏且错综复杂的精神世界以立体化和多元化的图像展现出来，女性既是题材，也是载体，其中交织着文化、历史、现实。”[3]

二、女性与戏曲作为保存族群历史记忆的工具

从明代的《朝天录》到清代的《燕行录》，名称上的改变，实反映出朝鲜来华使者崇明鄙清的态度。有研究表明，历史上朝鲜李氏王朝与明朝

1 傅谨主编《京剧历史文献汇编·清代卷·续编》(四),凤凰出版社 2013 年版,第 103—105 页。

2 傅谨主编《京剧历史文献汇编·清代卷·续编》（四），凤凰出版社 2013 年版，第 609 页。

3 黄彪《情感与书写：明清时期朝鲜燕行使笔下的女性形象》，东北师范大学 2018 届硕士学位论文，第 52 页。

建立了融洽而又密切的宗藩关系，明清易代后迫不得已成为清朝的藩属国，但朝鲜使者一直以中华礼乐文化的正统继承者自居，思想深处的“小中华思想”根深蒂固[1]。因而，朝鲜君臣的内心深处，或多或少都带有对明朝的赞叹与向往以及对清朝的“仇视心理和蛮夷情节”[2]。

看戏过程中，朝鲜使者也将这种态度表露无遗。如李德懋在北京看戏后赞叹：“礼失而求诸野，汉官威仪，尽在戏子，若有王者起，必取法于此。”[3]又如徐浩修所言：“今天下皆遵满洲衣冠，而独据演犹存华制。”[4]他们认为戏曲的价值在于保存华夏历史，是传承制度、仪礼的重要工具，尤其戏台上的汉族衣冠。清政府在全社会推行满俗，对民众身着前朝冠服多有忌讳，但并未严格禁止舞台上沿用以明代生活服饰为主体设计元素的戏服，戏曲舞台上“似乎是一个宋明汉族衣冠的展示场，……像《补天记》里刘备要穿包巾袍服，汉献帝更是穿戴了传统冕旒龙袍。《金莲记》里面黄鲁直要戴忠冠，程伊川要着深衣角巾等等”[5]，“衣箱”中占绝对多数的仍旧是明代戏服，可见其保存中华遗制之功。正如《路旁见戏子服色有感作三章》云：“历代衣冠在戏场，心悲伤矣莫悲伤。若无戏服传遗制，何处见明宋汉唐。”[6]可见，更多朝鲜使者相信“戏台上的衣冠是汉族人保

1 程芸《“燕行录”戏曲史料的学术价值初探》，《戏曲艺术》2013年第2期。

2 陈尚胜《明清时代的朝鲜使节与中国记闻：兼论〈朝天录〉与〈燕行录〉的资料价值》，《海交史研究》2001年第2期。

3 傅谨主编《京剧历史文献汇编·清代卷》（四），凤凰出版社2011年版，第607页。

4 傅谨主编《京剧历史文献汇编·清代卷》（八），凤凰出版社2011年版，第265页。

5《民国丛书》（第69册），北平国剧学会1935年影印本，第40—41页。

6 傅谨主编《京剧历史文献汇编·清代卷·续编》（四），凤凰出版社2013年版，第607页。

存族群记忆的迂曲方式”[1]。“作为异国观众，朝鲜使者将戏曲看作保存中华历史记忆的工具，表现出了独特的观剧态度。”[2]那么，从朝鲜使者这种独特的观剧态度出发对女性的书写，是否出于女性是汉文化的传承者这样的认识呢？笔者试做如下探讨。

有学者认为，清朝“统治者推行男顺女不顺的‘剃发易服’政策，使得汉族女子保留了中华旧制衣冠。……通过这些旧制衣冠建构了汉族女子可爱的正面形象：一方面是因为汉族女子旧制衣冠是‘华’文化的代表，是朝鲜使节‘思明’的寄托之物；另一方面是因为汉族女子服饰代表的是一种古典美、传统美，符合朝鲜儒教礼制”[3]。可见，“朝鲜燕行使对女性的书写，并非简单的旅行记录，而是具有特殊的文化意义”[4]。明人余象斗曾云：“化外四夷，独高丽为最，衙门、官制、诗、书、礼、乐、医卜、冠服、悉随中国制度。”[5]他们认为朝鲜文明礼仪之风与中国俱同，虽然在政治上转奉清朝，文化心理上仍存隔膜和鄙夷。朝鲜自诩箕子的后代，在朝鲜使节眼中，汉族女子是“华”文化的坚守者，那么《燕行录》中为数不少的

1 葛兆光《“不意于胡京复见汉威仪”——清代道光年间朝鲜使者对北京演戏的观察与想象》，《北京大学学报》（哲学社会科学版）2010 年第 1 期。

2 赵永恒《论“燕行录”所记载的清代北京民间戏曲活动》，《戏剧》2016 年第 4 期。

3 金明实《朝鲜使节通过服饰建构的汉族女子形象——以〈燕行录〉为中心》，《辽东学院学报》（社会科学版）2018 年第 5 期。

4 黄彪《情感与书写 ：明清时期朝鲜燕行使笔下的女性形象》，东北师范大学 2018 届硕士学位论文，第 52 页。

5 余象斗《三台万用正宗》，福建余氏双峰堂 1599 年版，第 5 页左。传说中的国王箕子将中国文明传入朝鲜，参阅 Martina Deuchler，*The Confucian Transformation of Korea ：4Study of Society and I deology*(Cambridge，Mass. ：Council on East Asian Studies，Harvard University，1992)，24、107—108。转引自张国刚、余新忠主编《海外中国社会史论文选译》，天津古籍出版社 2010 年版，第 161 页。

女性观剧现象的细致书写就不难理解了。这种客观真实的描述，显然是“尚袭华制”“犹存华制”之故，具体表现如下。

第一，朝鲜深受中国儒家传统伦理思想的影响，十分留意男女分群观剧的事实。如金昌业《燕行日记》载：“巷内有一簟屋，即设戏子处也。男女杂集如堵。……戏屋相对处人家门内，有一炕，群女满窗。善兴欲引余坐其中，群女不肯，避去，遂坐门外。”[1] 不惜笔墨描述了使者与善兴欲坐在看戏的一群女子当中，“群女不肯，避去”。又如，正月里乡间演剧，“将趁十五元宵设戏也。沿路村坊市镇，往往见设戏，观者如堵，男女毕集，各设床凳而坐，不相乱”[2]，突出强调了村坊市镇男女毕集，“各设床凳而坐，不相乱”的现实情况，认为这是对男女有别社会秩序的遵守，遂事无巨细的实录。

第二，对女性汉服神态的近观。朝鲜使节出使清朝期间，不放过任何与汉民交流接触的机会，尤其关注汉人的服饰。如护国寺“殿前台基上，有一队戏子设幔而唱歌调。众女子簇拥着戏子，各踞小凳而坐，或粉白黛绿、绮罗绫锦者，或淡扫蛾眉、不施脂粉者，或有头插七宝奇花者，或有插野花者，迨至五六十人，而无一字半句。聚首相与之语，但樱唇脉脉、星眼齐齐而已，毫无鄙野轻薄之态，俱有沉默优如之色，举皆丰盈粹美、眼彩滢滢，如秋水之映日，真个是一班花朵矣”。[3] 再如，“到草河口桥，见树林边设五六处架屋，皆覆以芦箪，男女数百群，扰扰来往，即是唱戏处也。……有女群之来观者，皆妆盛饰乘车而来，驻车于棚下，仍乘车观玩，

1 傅谨主编《京剧历史文献汇编 · 清代卷》（八），凤凰出版社 2011 年版，第 261 页。

2《燕行录》，转引自程芸《元明清戏曲考论》，中国社会科学出版社 2013 年版，第 75 页。

3 程芸《明清戏曲考论》，中国社会科学出版社 2013 年版，第 98—99 页。

容止极其都雅”[1]。“施粉”“簪花”“髻顶”“垂面”“缠足弓鞋”等特点，是朝鲜使者迅速分辨出满汉女子的标志。朝鲜使节赞赏“中国则男顺而女不顺”中女子的“不顺”，因此在看到穿着“上衣下裳”的汉族女子时，往往会注意集中描述汉族女子的服饰特点。清代朝鲜使者对不同女性观剧形象的书写，正是因为在异国使者的想象中“演剧竟然成为在满清王朝保存汉族历史记忆和衣冠文明的重要途径”[2]。

小 结

综上所述，清代社会各界对于女性观剧这一现象，受到诸如性别、家长权、同理心、血缘亲情、受教育程度、身份地位、权力大小、个人喜好、生活实际、国别、族别等各方面因素的影响，从而表现出反对与排斥、赞同与支持、犹豫与矛盾、中立与客观四种不同的态度。其中，地方官员、儒学家、报界人士等，或出于维护地方秩序风化，或出于扩大舆论以挽颓风，多持反对、排斥态度。反对女性观剧的方式，亦呈现出多样化的特点。有清一代，从中央到地方，从社会到家族，均形成了对女性观剧不同程度的禁限，但实际效果并不明显，女性总是利用各种变通手段，不断地突破观剧禁限。持赞成女性观剧的一方，既有家人的宠溺，也有社会各界开明人士、戏园主的支持，个中因素纷繁复杂。持犹豫与矛盾态度的，

1 朴齐寅《燕行日记》，转引自程芸《元明清戏曲考论》，中国社会科学出版社 2013 年版，第 76—77 页。

2 葛兆光《“不意于胡京复见汉威仪”——清代道光年间朝鲜使者对北京演戏的观察与想象》，《北京大学学报》（哲学社会科学版）2010 年第 1 期。

往往与自己的特殊身份有关。外籍来华人员对于女性观剧现象，则持客观中立态度，他们往往秉笔直书，把女性与戏曲看作保留传统汉文化因子的重要因素。深入挖掘四种完全不同的态度其背后的社会、文化原因，对于清代女性观剧研究具有重要的意义。

结　语

本书对清代女性观剧现象做了系统的梳理和研究。史料挖掘运用方面，注重文献史料、文物遗存和口述史料等的相互印证、补充，以确保言说者的立场相对客观，从而真实还原出清代女性观剧的整体面貌。研究方法方面，运用多学科交叉研究的方法，特别是引入女性研究、性别研究的方法，既是对戏曲接受的性别观照，也是性别研究中的戏曲维度，具有双重意义和价值。

通过对清代女性观众类型及观剧需求、女性观剧场所及观剧设施、女性观剧习俗、女性观剧内容、社会各界对待女性观剧态度等五个方面探讨，回答了谁在看、在哪看、怎么看、看什么，人们对待女性观剧是何种态度等问题。

本书认为，有清一代，对于女性观剧现象是部分禁限而非全部禁绝。过去人们认为的女性观剧在高压态势下，必然被完全禁绝的刻板印象，应该予以纠正。清代网格式的对于女性观剧的禁限手段，仅是针对下层女性外出观剧的约束，而对上层内廷女性观剧和私人府邸仕宦女性观剧，并没有实际的约束力。特别是随着社会风气的变迁，有权势的仕宦女性外出观剧，并不会因为相关禁令的阻挡而停止脚步。即使是下层女性观众，也会通过各种变通手法，突破重重禁令的限制。有清一代，自上而下，女性观剧现象非常普遍。

清代女性观剧现象所独具的承上继下的特点，主要表现在女性观众群体的壮大及其观剧方式、观剧行为、观剧心理等方面的变化。随着清末妇女解放思潮的发端，兴女学、废缠足、剪发运动的开展，大批都市女性观众受其影响最深。清末女性就业机会的增加、经济上的独立，使她们有能力自己购买戏票，大规模地随时出入商业性戏园等观剧场所。所以清末戏园女性观众的激增和女界本身的变化密切相关。乡村社会，平民女性的观剧状况，呈现出相对稳定的态势，尤其是清代各地方戏的勃兴，为平民女性观众增加了更多的观剧机会，这一点值得肯定。

另外，清代女性观剧研究无疑是一个宏大且新颖的课题，本书选取其中的几个专题进行讨论，难免挂一漏万。实际上，清代女性与戏曲的互动关系、女性观众与戏剧经济等，亦可作为探讨的话题。关于女性与戏曲的互动关系，既包括戏曲演出对于女性知识获得、情感培养、道德教化、参与戏事活动（诸如读、写、评、学、传）等各方面的影响，还包括戏曲艺术对于女性日常生活无孔不入的渗透。在这期间，清末女界大变革对于戏曲艺术的影响，可能具有更重要的意义。戏曲作为一门舞台艺术，源于生活又高于生活。它自诞生之日起，就深深地植根于社会生活之上。戏曲史上，举凡历朝历代的重大事件或重要习俗，无一不在戏曲舞台上有所表现。作为两性之一的女性，晚清至民国，受到维新派人士呼吁的女性解放思潮的影响，无论是在思想、心态上，还是服饰、化妆、身体、职业、教育等方面都发生了巨变，女界的变革，正好与清末戏剧改良运动一拍即合。当时的戏剧改良运动，其宗旨在于移风易俗，妇女解放便是其中的一项重要内容：一方面妇女界的新动向推动了新剧的改编，如《惠兴女士》《沭阳女士》《女子爱国》《娲皇魄》《六月霜》等时事新戏的改编，以及反对女子缠足、反对包办婚姻、反对旧式生育等问题的文明戏的编演；另一方面女性观众大规模进入戏园，对观众审美格局和审美倾向的转变亦不容忽视。舞台上艺人的表演也会为了适应女性观众的需求，而在服饰、化妆等方面，刻意迎合女性的审美。戏曲方面的变革亦可看作戏界对于女界时事的回应。妇女的解放在一定程度上推动了戏剧的革新，而清末民初戏剧的改良，也更加促进了妇女的解放。戏剧改良与妇女解放实为一个互动同一的过程。

关于女性观众消费与戏曲经济的关系，巫仁恕先生认为，女性的消费在历史上的重要性不容忽视。比较而言，往往具有超越男人消费的特殊意义。女性观剧过程中，戏里戏外的消费，如零食糕点、为缠足女性专门配备之车舆、钗环服饰等，都比男性观众要多得多。且清末戏园为了招徕女性观众，绞尽脑汁，包括装潢精良，配备收取费用的女性卫生间，积极改良戏园消防设施等，同时亦能招徕更多看女人的男人。乡镇神庙剧场，商贾云集，杂货辐辏，女性流连观剧的同时，采买一些私人用品和日常生活用品。可见，清代女性观剧无形中推动了社会经济的繁荣。

对于这两方面的探讨，非经过大量翻检原典和系统分析不可。由于笔者学养有限，加之这方面史料不充分，致使部分内容未及完善，有待将来更多相关史料的挖掘和整理，以补此缺憾。

参考文献

一、古籍类

[1]（汉）班固《白虎通》，崇文书局光绪元年（1875）刻本。

[2]（北魏）杨衒之《洛阳伽蓝记》，国立第一中山大学出版部1927年版。

[3]（唐）段成式《酉阳杂俎》，上海古籍出版社2012年版。

[4]（宋）庄绰《唐宋史料笔记丛刊：鸡肋编》，萧鲁阳点校，中华书局1983年版。

[5]（明）袁宏道著，钱伯城笺校《袁宏道集笺校》，上海古籍出版社1981年版。

[6]（明）无名氏《梼杌闲评》，人民文学出版社1983年版。

[7]（明）兰陵笑笑生《金瓶梅词话》，人民文学出版社1985年版。

[8]（明）郎瑛《七修类稿》，文化艺术出版社1998年版。

[9]（明）张岱《陶庵梦忆》，夏咸淳、程维荣校注，上海古籍出版社2001年版。

[10]（明）谢肇淛《五杂俎》，上海古籍出版社2012年版。

[11]（清）黄景琯《潭渡孝里黄氏族谱》，清雍正九年（1731）刻本。

[12]（清）黄可润纂修《乾隆无极县志》，乾隆二十二年（1757）刻本。

[13]（清）汪祖辉《佐治要言》，清乾隆五十四年（1789）双节堂刻本。

[14]（清）胡文铨修，周应业纂《乾隆广德直隶州志》，乾隆五十九年（1794）刻本。

[15]（清）周玺纂《道光彰化县志》，道光十六年（1836）刻本。

[16]（清）周凯《（福建）厦门志》，道光十九年（1839）刻本。

[17]（清）刘长景修，陈良栋纂《同治会昌县志》，同治十一年（1872）刻本。

[18]（清）姚念杨修，赵裴哲纂《同治益阳县志》，同治十三年（1874）刻本。

[19]（清）汪康年《庄谐选录》，中外日报馆大清光绪三十年（1904）版。

[20]（清）裕容龄著，江荧绘《清宫琐记》，北京出版社 1957 年版。

[21]（清）吴趼人《二十年目睹之怪现状》，人民文学出版社 1959 年版。

[22]（清）张应昌编《清诗铎》（上、下），中华书局 1960 年版。

[23]（清）李斗《扬州画舫录》，汪北平、涂雨公点校，中华书局 1960 年版。

[24]（清）吴敬梓《儒林外史》，人民文学出版社 1977 年版。

[25]（清）陈确《陈确集》，中华书局 1979 年版。

[26]（清）钱泳《履园丛话》，中华书局 1979 年版。

[27]（清）西周生《醒世姻缘传》，上海古籍出版社 1981 年版。

[28]（清）小横香室主人《清朝野史大观》，上海书店出版社 1981 年版。

[29]（清）陈瑞生《再生缘》，中州书画社 1982 年版。

[30]（清）金埴《不下带编 · 巾箱说》，新兴书局有限公司 1987 年版。

[31]（清）杨米人等著，路工编选《清代北京竹枝词》，北京古籍出版社 1982 年版。

[32]（清）黄小配《二十载繁华梦》，天津古籍出版社 1986 年版。

[33]（清）徐珂编撰《清稗类钞》，商务印书馆 1918 年印行。

[34]（清）归锄子《红楼梦补》，春风文艺出版社 1987 年版。

[35]（清）陈朗《雪月梅传》，上海古籍出版社 1987 年版。

[36]（清）秦子忱《续红楼梦》，北京大学出版社 1988 年版。

[37]（清）王韬《瀛壖杂志》，上海古籍出版社 1989 年版。

[38]（清）刘大鹏著，乔志强标注《退想斋日记》，山西人民出版社 1990 年版。

[39]（清）海圃主人《续红楼梦新编》，北京大学出版社 1990 年版。

[40]（清）李渔《李渔全集》，浙江古籍出版社 1991 年版。

[41]（清）白眼《后官场现形记》，百花洲文艺出版社 1991 年版。

[42]（清）陈维崧等著，钱仲联选编《清八大名家词集》，岳麓书社 1992 年版。

[43]（清）徐震《珍珠舶》，江苏古籍出版社 1993 年版。

[44]（清）通元子《玉蟾记》，《古本小说集成》，上海古籍出版社 1994 年版。

[45]（清）不题撰人《金石缘》，《古本小说集成》，上海古籍出版社 1994 年版。

[46]（清）小和山樵《红楼复梦》，《古本小说集成》，上海古籍出版社 1994 年版。

[47]（清）邹弢《海上尘天影》，《古本小说集成》，上海古籍出版社 1994 年版。

[48]（清）西湖散人《红楼梦影》，《古本小说集成》，上海古籍出版社 1994 年版。

[49]（清）不题撰人《疗妒缘》，《古本小说集成》，上海古籍出版社 1994 年版。

[50]（清）蓬蒿子《新世鸿勋》，《古本小说集成》，上海古籍出版社 1994 年版。

[51]（清）吴趼人《二十年目睹之怪现状》，方玮校点，文化艺术出版社 1995 年版。

[52]（清）曹雪芹著，高鹗续《红楼梦》，人民文学出版社 1996 年版。

[53]（清）魏秀仁《花月痕》，上海古籍出版社 1996 年版。

[54]（清）孙景贤《轰天雷》，百花洲文艺出版社 1996 年版。

[55]（清）梦花馆主《九尾狐》，上海古籍出版社 1997 年版。

[56]（清）袁景澜《吴郡岁华纪丽》，江苏古籍出版社 1998 年版。

[57]（清）郭则沄《红楼真梦》，北京大学出版社 1998 年版。

[58]（清）张春帆《九尾龟》，吉林文史出版社 1998 年版。

[59]（清）嫏嬛山樵《补红楼梦》，北京大学出版社 1988 年版。

[60]（清）陈少海《红楼复梦》，北京大学出版社 1998 年版。

[61]（清）不署撰人《梧桐影》，延边出版社 1999 年版。

[62]（清）余怀著，李金堂校注《板桥杂记》（外一种），上海古籍出版社 2000 年版。

[63]（清）西泠野樵《红闺春梦》，百花文艺出版社 2002 年版。

[64]（清）张棡撰，俞雄选编《张棡日记》，上海社会科学院出版社 2003 年版。

[65]（清）李绿园《歧路灯》，中华书局 2004 年版。

[66]（清）夏敬渠《野叟曝言》，中华书局 2004 年版。

[67]（清）西周生《醒世姻缘传》，中华书局 2005 年版。

[68]（清）陈季同著，李华川译《吾国》，广西师范大学出版社 2006 年版。

[69]（清）捧花生著，赵丽琰校点《秦淮画舫录》，上海古籍出版社 2007 年版。

[70]《中国地方志集成 · 河北府县志辑》（4），上海书店出版社 2006 年版。

[71]（清）赵开元修，畅俊纂《中国地方志集成 · 河南府县志辑》（12），上海书店出版社 2013 年版。

[72]（清）陈栩《泪珠缘》，黑龙江美术出版社 2015 年版。

[73]（清）陈宏谋《五种遗规》，线装书局 2015 年版。

[74]（清）沈复《浮生六记》，人民文学出版社 1980 年版。

[75]（清）王初桐《奁史》，文物出版社 2017 年版。

二、戏剧类

[1] 周贻白《中国剧场史》，商务印书馆 1936 年版。

[2] 王芷章《清昇平署志略》，商务印书馆 1937 年版。

[3] 徐半梅《话剧创始期回忆录》，中国戏剧出版社 1957 年版。

[4] 中国戏曲研究院编《中国古典戏曲论著集成》，中国戏剧出版社 1959 年版。

[5] 王利器辑录《元明清三代禁毁小说戏曲史料》（增订版），上海古籍出版

社 1981 年版。

[6] 李洪春《京剧长谈》，中国戏剧出版社 1982 年版。

[7]《中国大百科全书 · 戏曲曲艺》，中国大百科全书出版社 1983 年版。

[8] 徐扶明《红楼梦与戏曲比较研究》，上海古籍出版社 1984 年版。

[9]《河南戏曲史志资料辑丛》（第一辑），中国戏曲志河南卷编辑委员会 1985 年版。

[10] 黄竹三《宋金元戏曲文物图论》，山西人民出版社 1987 年版。

[11] 梅兰芳《舞台生活四十年》，中国戏剧出版社 1987 年版。

[12] 张次溪《清代燕都梨园史料》（正续编），中国戏剧出版社 1988 年版。

[13] 廖奔《宋金元戏曲文物与民俗》，文化艺术出版社 1989 年版。

[14] 李近义《泽州戏曲史稿》，山西人民出版社 1989 年版。

[15] 赵山林《中国戏曲观众学》，华东师范大学出版社 1990 年版。

[16] 杨健民《中州戏曲历史文物考》，文物出版社 1992 年版。

[17] 张庚、郭汉城《中国戏曲通史》，中国戏剧出版社 1992 年版。

[18] 周华斌《京都古戏楼》，海洋出版社 1993 年版。

[19] 刘烈茂、郭精锐《清车王府钞藏曲本 · 子弟书集》，江苏古籍出版社 1993 年版。

[20] 谭帆《优伶史》，上海文艺出版社 1995 年版。

[21] 孙崇涛、徐宏图《戏曲优伶史》，文化艺术出版社 1995 年版。

[22] 隋树森《元曲选外编》，中华书局 1996 年版。

[23] 高琦华《中国戏台》，江苏人民出版社 1996 年版。

[24] 周锡保《中国古代服饰史》，中国戏剧出版社 1996 年版。

[25] 黄竹三《戏曲文物研究散论》，文化艺术出版社 1998 年版。

[26] 侯希三《北京老戏园子》，中国城市出版社 1999 年版。

[27] 丁汝芹《清代内廷演戏史话》，紫禁城出版社 1999 年版。

[28] 车文明《20 世纪戏曲文物的发现与曲学研究》，文化艺术出版社 2001 年版。

[29] 冯俊杰《戏剧与考古》，文化艺术出版社 2002 年版。

[30] 冯俊杰《山西戏曲碑刻辑考》，中华书局 2002 年版。

[31] 张林雨《山西戏剧图史》，山西人民出版社 2002 年版。

[32] 施旭升《中国戏曲审美文化论》，北京广播学院出版社 2002 年版。

[33] 吴秀华《明末清初小说戏曲中的女性形象研究》，江苏古籍出版社 2002 年版。

[34] 周贻白《中国戏剧史长编》，上海书店出版社 2004 年版。

[35] 杜广沛收藏，娄悦撰文《旧京老戏单——从宣统到民国》，中国文联出版社 2004 年版。

[36] 车文明《中国神庙剧场史》，文化艺术出版社 2005 年版。

[37] 薛林平、王季卿《山西传统戏场建筑》，中国建筑工业出版社 2005 年版。

[38] 余秋雨《观众心理学》，上海教育出版社 2005 年版。

[39] 冯俊杰《山西神庙剧场考》，中华书局 2006 年版。

[40] 赵山林《中国戏曲传播接受史》，上海人民出版社 2008 年版。

[41] 薛林平《中国传统剧场建筑》，中国建筑工业出版社 2009 年版。

[42] 黄天骥、康保成《中国古代戏剧形态研究》，河南人民出版社 2009 年版。

[43] 段建宏《戏台与社会：明清山西戏台研究》，中国社会科学出版社 2009 年版。

[44] 俞为民、孙蓉蓉《历代曲话汇编 · 新编中国古典戏曲论著集成》，黄山书社 2009 年版。

[45] 黄竹三、延保全《中国戏曲文物通论》，山西教育出版社 2010 年版。

[46] 曾凡安《晚清演剧研究》，中山大学出版社 2010 年版。

[47] 傅谨《京剧历史文献汇编 · 清代卷》（全十册），凤凰出版社 2011 年版。

[48] 车文明《中国古戏台调查研究》，中华书局 2011 年版。

[49] 曹飞《敬畏与喧闹：神庙剧场及其演剧研究》，中国戏剧出版社 2011 年版。

[50] 张远《近代平津沪的城市京剧女演员（1900—1937）》，山西教育出版社 2011 年。

[51] 吴钊《中国古代乐论选辑》，人民音乐出版社 2011 年版。

[52] 廖奔《中国古代剧场史》，人民文学出版社 2012 年版。

[53] 廖奔《中国戏剧图史》，人民文学出版社 2012 年版。

[54] 原双喜《上党戏剧史摭谈》，山西人民出版社 2012 年版。

[55] 范春义《焦循戏剧学研究》，凤凰出版社 2012 年版。

[56] 傅谨《京剧历史文献汇编·清代卷·续编》（全四册），凤凰出版社 2013 年版。

[57] 朱家溍、丁汝芹《清代内廷演剧始末考》，故宫出版社 2014 年版。

[58] 程芸《元明清戏曲考论》，中国社会科学出版社 2013 年版。

[59] 丁淑梅《中国古代禁毁戏剧编年史》，重庆大学出版社 2014 年版。

[60] 刘庆《管理与禁令：明清戏剧演出生态论》，上海古籍出版社 2014 年版。

[61] 罗燕《清代宫廷承应戏及其形态研究》，广东高等教育出版社 2014 年版。

[62] 谷曙光《梅兰芳老戏单图鉴——从戏单探究梅兰芳的舞台生涯》，学苑出版社 2015 年版。

[63] 张天星《晚清报载小说戏曲禁毁史料汇编》，北京大学出版社 2015 年版。

[64] 宋希芝《戏曲行业民俗研究》，山东人民出版社 2015 年版。

[65] 杨惠玲《明清江南望族和昆曲艺术》，厦门大学出版社 2016 年版。

[66] 车文明《中国戏曲文物志》（全八册），三晋出版社 2016 年版。

[67] 张勇风《中国戏曲文化中的“禁忌”现象研究》，文化艺术出版社 2016 年版。

[68] 王潞伟《上党神庙剧场研究》，中国戏剧出版社 2016 年版。

[69] 陈仕国《〈桃花扇〉接受史研究》，中国戏剧出版社 2016 年版。

[70] 赵山林《戏曲艺术与传播接受论集》，台北“国家”出版社 2017 年版。

[71] 杨连启《清代宫廷演剧史》，文化艺术出版社 2017 年版。

[72] 冯俊杰、王潞伟《中国民间小剧种抢救与研究》，西安交通大学出版社 2019 年版。

三、志书、金石、工具书类

[1] 庄一拂《古典戏曲存目汇考》（上、中、下），上海古籍出版社 1982 年版。

[2] 沈云龙《近代中国史料丛刊》（第 22 辑），文海出版社 1973 年版。

[3] 赵尔巽《清史稿》，中华书局 1977 年版。

[4] 中国人民政治协商会议浙江省龙泉县委员会文史资料研究委员会编《龙泉文史资料》（第 7 辑），中国人民政治协商会议浙江省龙泉县委员会文史资料研究委员会 1988 年版。

[5] 曾白融《京剧剧目辞典》，中国戏剧出版社 1989 年版。

[6] 中国西北文献丛书编辑委员会编《西北民俗文献》（第 2 卷），兰州古籍书店 1990 年版。

[7] 中国人民政治协商会议云南省昆明市委员会文史资料委员会编《昆明文史资料选辑》（第 16 辑），1991 年版。

[8] 中国戏曲志编辑委员会编《中国戏曲志·河南卷》，中国 ISBN 中心 1992 年版。

[9] 中国戏曲志编辑委员会编《中国戏曲志 · 黑龙江卷》，中国 ISBN 中心 1994 年版。

[10] 河南省地方史志办公室编纂《河南省志 · 民俗志》，河南人民出版社 1995 年版。

[11] 中国戏曲志编辑委员会编《中国戏曲志 · 广西卷》，中国 ISBN 中心 1995 年版。

[12] 中国戏曲志编辑委员会编《中国戏曲志 · 上海卷》，中国 ISBN 中心

1996 年版。

[13] 李修生《古本戏曲剧目提要》，文化艺术出版社 1997 年版。

[14] 中国戏曲志编辑委员会编《中国戏曲志 · 江西卷》，中国 ISBN 中心 1998 年版。

[15] 中国戏曲志编辑委员会编《中国戏曲志 · 海南卷》，中国 ISBN 中心 1998 年版。

[16] 中国戏曲志编辑委员会编《中国戏曲志 · 贵州卷》，中国 ISBN 中心 1999 年版。

[17] 中国戏曲志编辑委员会编《中国戏曲志 · 山西卷》，中国 ISBN 中心 2000 年版。

[18] 中国大百科全书编辑委员会编《中国大百科全书 · 戏曲曲艺》，中国大百科全书出版社 2004 年版。

[19] 王树新《高平金石志》，中华书局 2004 年版。

[20] 中国人民政治协商会议成都市锦江区委员会学习文史委员会编《锦江文史资料》，政协成都市锦江区委员会学习文史委员会 1992 年版。

[21] 刘泽民总主编，李玉明执行总主编，汪学文主编《三晋石刻大全临汾市洪洞县卷》，三晋出版社 2009 年版。

[22] 李晶明《三晋石刻大全 · 阳泉市盂县卷》，三晋出版社 2010 年版。

[23] 王兴亚《清代河南碑刻资料》（全八册），商务印书馆 2016 年版。

四、文学、社会学、民俗、宗教类

[1] 解弢《小说话》，中华书局 1919 年版。

[2] 刘豁公《上海竹枝词》，雕龙出版部 1925 年版。

[3] 陈东原《中国妇女生活史》，商务印书馆 1928 年版。

[4] 胡文楷《历代妇女著作考》，商务印书馆 1957 年版。

[5] 陈从周《扬州园林》，上海科学技术出版社 1983 年版。

[6] 丁力选注，乔斯补注《清诗选》，湖南人民出版社 1985 年版。

[7] 胡朴安《中华全国风俗志》，河北人民出版社 1986 年版。

[8] 苏者聪《中国历代妇女著作考》，上海古籍出版社 1987 年版。

[9] 丁世良、赵放《中国地方志民俗资料汇编》（华北卷），书目文献出版社 1989 年版。

[10] 费孝通《乡土中国》，生活 · 读书 · 新知三联书店 1985 年版。

[11] 任聘《中国民间禁忌》，作家出版社 1991 年版。

[12] 张仲礼《中国绅士——关于其在 19 世纪中国社会中作用的研究》，李荣昌译，上海社会科学院出版社 1991 年版。

[13] 姜彬《吴越民间信仰民俗：吴越地区民间信仰与民间文艺关系的考察和研究》，上海文艺出版社 1992 年版。

[14] 林语堂《中国人》，学林出版社 1994 年版。

[15] 谢观《中华医学大辞典》，辽宁科学技术出版社 1994 年版。

[16] 张福清《女诫：妇女的规范》，中央民族大学出版社 1996 年版。

[17] 王铭铭《社会人类学与中国研究》，生活·读书·新知三联书店 1997 年版。

[18] 雷梦水、潘超、孙忠铨等编《中华竹枝词》，北京古籍出版社 1997 年版。

[19] 雒启坤、王德明主编《中国历代禁书》，九州图书出版社 1998 年版。

[20] 郭成伟、田涛点校整理《明清公牍秘本五种》，中国政法大学出版社 1999 年版。

[21] 梁秉堃《在曹禺身边》，中国戏剧出版 1999 年版。

[22] 张允和口述，叶稚珊编写《张家旧事》，山东画报出版社 1999 年版。

[23] 武立新《明清稀见史籍叙录》，江苏古籍出版社 2000 年版。

[24] 顾炳权《上海历代竹枝词》，上海书店出版社 2001 年版。

[25] 蔡丰明《上海都市民俗》，学林出版社 2001 年版。

[26] 赵世瑜《狂欢与日常：明清以来的庙会与民间社会》，生活 · 读书 · 新知三联书店 2002 年版。

[27] 卢晓衡《关羽、关公和关圣：中国历史文化中的关羽学术研讨会论文集》，社会科学文献出版社 2002 年版。

[28] 瞿同祖《清代地方政府》，法律出版社 2003 年版。

[29] 杨克栋搜集整理《仇池风——陇南山歌》，作家出版社 2004 年版。

[30] 王开林《民国女性之生命如歌》，岳麓书社 2004 年版。

[31] 夏晓虹《晚清女性与近代中国》，北京大学出版社 2004 年版。

[32] 万建中《中国民间禁忌风俗》，中国电影出版社 2005 年版。

[33] 吴敏霞《户县碑刻》，三秦出版社 2005 年版。

[34] 叶舒宪《高唐神女与维纳斯》，陕西人民出版社 2005 年版。

[35] 罗书文《近代上海都市社会与生活》，中华书局 2006 年版。

[36] 张凤阳《政治哲学关键词》，江苏人民出版社 2006 年版。

[37] 广东省立中山图书馆、中山大学图书馆编《清代稿钞本》，广东人民出版社 2007 年版。

[38] 彭信威《中国货币史》，上海人民出版社 2007 年版。

[39] 苏伟著，施晗主编《有一种财富叫苦难》，内蒙古人民出版社 2009 年版。

[40] 王笛《茶馆》，社会科学文献出版社 2010 年版。

[41] 姚霏《空间、角色与权力：上海城市空间与女性研究（1843—1910)》，上海人民出版社 2010 年版。

[42] 齐如山《齐如山文存》，辽宁教育出版社 2010 年版。

[43] 陈瑛珣《“中国社会经济史研究丛书”：清代民间妇女生活史料的发掘与运用》，天津古籍出版社 2010 年版。

[44] 梁燕主编，齐如山著《齐如山文集》(第 2 卷)，河北教育出版社 2010 年版。

[45] 刘泽民总主编，李玉明执行总主编，常书铭主编《三晋石刻大全 · 晋城市高平市卷》（上），三晋出版社 2011 年版。

[46] 柯惠铃《近代中国革命运动中的妇女》，山西教育出版社 2012 年版。

[47] 侯杰、王小蕾《民间信仰史话》，社会科学文献出版社 2012 年版。

[48] 孙跃《清代长江三角洲地区民间信仰研究》，民族出版社 2012 年版。

[49] 姚春敏《清代华北乡村庙宇与社会组织》，人民出版社 2013 年版。

[50] 王金平《良户古村》，中国建筑工业出版社 2013 年版。

[51] 上海图书馆编，陈建华、王鹤鸣主编，周秋芳、王宏整理《中国家谱资料选编》，上海古籍出版社 2013 年版。

[52] 李雷《清代闺阁诗集萃编》，中华书局 2015 年版。

[53] 钱泳宏《清代“家庭暴力”研究——夫妻相犯的法律》，商务印书馆 2014 年版。

[54] 陈飞龙主编《陈氏家谱》，家谱编辑社 2014 年版。

[55] 赵崔莉《被遮蔽的现代性：明清女性的社会生活与情感体验》，知识产权出版社 2015 年版。

[56] 蒋瑞藻著，蒋逸人整理《小说考证》，浙江古籍出版社 2016 年版。

[57] 巫仁恕《奢侈的女人——明清时期江南妇女的消费文化》，商务印书馆 2016 年版。

[58] 张仲忱《我的祖父小德张》，天津人民出版社 2016 年版。

[59] 孙犁《青春余梦：孙犁散文精选集》，新华出版社 2016 年版。

[60] 萧红《萧红精选集 · 呼兰河传》，中国文联出版社 2017 年版。

五、译著类

[1] [英] 布莱恩 · 特纳《身体与社会》，马海良、赵国新译，春风文艺出版

社 2000 年版。

[2] [英] 合信氏著，（清）管茂材撰《妇婴新说》，海南人民出版社 2000 年版。

[3] [英] 詹 · 弗雷泽《金枝精要——巫术与宗教之研究》，刘魁立编，上海文艺出版社 2001 年版。

[4] [英] 玛丽 · 道格拉斯《洁净与危险》，黄剑波、柳博赟、卢忱译，民族出版社 2008 年版。

[5] [英] 丹尼 · 卡瓦拉罗《文化理论关键词》，张卫东、张生、赵顺宏译，江苏人民出版社 2013 年版。

[6] [波兰] 耶日 · 格洛托夫斯基《迈向质朴戏剧》，[意大利] 尤金尼奥 · 巴尔巴编，魏时译，中国戏剧出版社 1984 年版。

[7] [德] 马克思、恩格斯《马克思恩格斯全集》（第 42 卷），中共中央马克思恩格斯列宁斯大林著作编译局译，人民出版社 1979 年版。

[8] [日] 田仲一成编《清代地方剧资料集》，东京大学东洋文化研究所附属东洋学文献センター 1968 年版。

[9] [日] 波平惠美子《污秽（晦气）》，东京堂出版 1985 年版。

[10] [美]D.L. 卡莫迪《妇女与世界宗教》，徐钧尧、宋立道译，四川人民出版社 1989 年版。

[11] [法] 阿诺尔德·范热内普《过渡礼仪》，张举文译，商务印书馆 2010 年版。

[12] [美] 布莱恩 · R. 多特《身份的反观：中华帝国晚期的泰山朝圣》，哈佛大学亚洲研究中心 2004 年版。

[13] [法]米歇尔·福柯《规训与惩罚：监狱的诞生》，刘北成、杨远婴译，生活·读书 · 新知三联书店 1999 年版。

[14] [法] 西蒙娜 · 德 · 波伏娃《第二性》，陶铁柱译，中国书籍出版社 2004 年版。

[15] [奥] 弗洛伊德《图腾与禁忌》，中国民间文艺出版社 1986 年版。

[16] [美] 贺萧《危险的愉悦 :20 世纪上海的娼妓问题与现代性》，江苏人民出版社 2010 年版。

[17] [美] 伊沛霞《内闱 : 宋代妇女的婚姻和生活》，胡志宏译，江苏人民出版社 2010 年版。

[18] [美] 高彦颐《缠足 :“金莲崇拜”盛极而衰的演变》，苗延威译，江苏人民出版社 2018 年版。

[19] [美]曼素思《缀珍录:十八世纪及其前后的中国妇女》,定宜庄、颜宜葳译，江苏人民出版社 2004 年版。

[20] [加] 朱爱岚《中国北方村落的社会性别与权力》，胡玉坤译，江苏人民出版社 2010 年版。

[21] [美] 费侠莉《繁盛之阴 : 中国医学史中的性（960—1665)》，甄橙主译、吴朝霞主校，江苏人民出版社 2006 年版。

[22] [美] 凯瑟琳 · 卡尔《美国女画师的清宫回忆》，王和平译，故宫出版社 2011 年版。

[23] [美] 明恩溥《中国乡村生活》，午晴、唐军译，时事出版社 1998 年版。

[24] [美] 约翰 · 凯利《走向自由休闲社会学新论》，赵冉译，季斌校译，云南人民出版社 2000 年版。

[25] [美]S.B. 凯瑟《服装社会心理学》，李宏伟译，中国纺织出版社 2000 年版。

[26] [美] 郭安瑞《文化中的政治:戏曲表演与清都社会》，郭安瑞、朱星威译，社会科学文献出版社 2018 年版。

[27] [美] 高彦颐《闺塾师 : 明末清初江南的才女文化》，李志生译，江苏人民出版社 2005 年版。

[28] [美] 何天爵《真正的中国佬》，鞠方安译，光明日报出版社 1998 年版。

六、学位论文类

[1] 宋俊华《中国古代戏剧服饰研究》，中山大学2002届博士学位论文。

[2] 罗微《古代汉族女性服饰研究》，中央民族大学2003届博士学位论文。

[3] 曾凡安《论清代同光时期的戏曲》，中山大学2004届博士学位论文。

[4] 朱琳《昆曲与近世江南社会生活——以昆曲受众群体为对象的考察》，苏州大学2006届博士学位论文。

[5] 徐蔚《男旦：性别反串——中国戏曲特殊文化现象考论》，厦门大学2007届博士学位论文。

[6] 段炜《晚清至五四时期女性身体观念考》，华东师范大学2007届博士学位论文。

[7] 邓丹《明清女剧作家研究》，首都师范大学2008届博士学位论文。

[8] 周乐诗《清末小说中的女性想象（1902—1911)》，上海大学2010届博士学位论文。

[9] 齐静《会馆演剧研究》，南京大学2011届博士学位论文。

[10] 黄义枢《清代节烈戏曲考论》，福建师范大学2011届博士学位论文。

[11] 孙俊士《民国时期戏曲报刊研究》，山西师范大学2011届博士学位论文。

[12] 曾繁花《晚清女性身体问题研究——基于若干报刊的考察》，暨南大学2011届博士学位论文。

[13] 任晓飞《都市生活与文化记忆——近代汉口的公共娱乐空间与大众文化(1912—1949)》，华中师范大学2012届博士学位论文。

[14] 董虹《城市、戏曲与性别：近代京津地区女伶群体研究（1900—1937)》，南开大学2012届博士学位论文。

[15] 赵永翔《明清关中的寺庙与地方社会》，南开大学2012届博士学位论文。

[16] 杜培响《明清之际新安吕氏家族及文学研究》，福建师范大学2012届博

士学位论文。

[17] 王奕祯《中国传统戏剧闹热性研究》，上海师范大学 2012 届博士学位论文。

[18] 胡瑜《清代常州剧坛研究》，南京师范大学 2013 届博士学位论文。

[19] 王胜鹏《明清时期江南戏曲消费与日常生活（1465—1820）》，华中师范大学 2013 届博士学位论文。

[20] 徐宁《女校与近代江南社会的变迁（1850—1931）》，上海师范大学 2013 届博士学位论文。

[21] 李晶《海派京剧服饰的设计特征研究》，江南大学 2013 届硕士学位论文。

[22] 万银红《清代妇女社会活动研究》，南开大学 2014 届博士学位论文。

[23] 冯文龙《鲁志中的清代及民国演剧活动研究》，济南大学 2014 届博士学位论文。

[24] 蒋宸《清人笔记中戏曲文献史料研究》，南京大学 2014 届博士学位论文。

[25] 刘衍青《〈红楼梦〉戏曲、曲艺、话剧研究》，上海大学 2015 届博士学位论文。

[26] 王会娟《秦腔传统剧目旦角服饰研究》，西安工程大学 2016 届硕士学位论文。

[27] 梁帅《晚清民国北京旗人戏曲活动研究》，南京师范大学 2017 届博士学位论文。

[28] 刘玉伟《清代小说中的戏曲材料研究》，上海大学 2017 届博士学位论文。

[29] 刘铁《清宫月令承应戏考论》，辽宁大学 2017 届博士学位论文。

[30] 钦媛《中国地方戏曲伦理功能研究》，湖北大学 2017 届博士学位论文。

[31] 王琳《清代及民国方志演剧史料研究——以晋、冀、豫地区为例》，山西师范大学 2017 届博士学位论文。

[32] 赵丹荣《清末民初都市戏曲人文生态研究》，山西师范大学 2018 届博士学位论文。

[33] 颜伟《村社传统与神庙演艺》，山西师范大学 2018 届博士学位论文。

[34] 李菲《近代上海青楼演剧研究》，上海师范大学 2003 届硕士学位论文。

[35] 赵智旻《〈歧路灯〉新探——从〈歧路灯〉看康乾时期的戏曲与商业》，南京师范大学 2004 届硕士学位论文。

[36] 刘慰东《清末民初女伶的崛起谫论》，中国艺术研究院 2011 届硕士学位论文。

[37] 刘倩《中国地方志中的民间演剧活动研究——以黑吉辽甘宁浙赣等省为中心》，淮北师范大学 2011 届硕士学位论文。

[38] 黄蓓蓓《“看戏”的贵族化、流行化与女性化——考察梅兰芳新戏在沪的流行和遇困 (1913—1938)》，华东师范大学 2012 届硕士学位论文。

[39] 许传霞《〈全清词 · 顺康卷〉咏剧词研究》，黑龙江大学 2012 届硕士学位论文。

[40] 杨蕾《清末民初上海女性生活的嬗变与传统》，上海师范大学 2012 届硕士学位论文

[41] 黄军《〈全清词 · 顺康卷〉中的戏曲史料研究》，南京师范大学 2013 届硕士学位论文。

[42] 刘曼《近代青岛女性群体研究》，中国海洋大学 2015 届硕士学位论文。

[43] 程淼淼《近代妇女身体解放进程研究》，山东师范大学 2015 届硕士学位论文。

[44] 叶紫飞《明清堂会点戏研究》，浙江师范大学 2016 届硕士学位论文。

[45] 陈婷《清末女学堂和女学生身体（1895—1911)》，浙江大学 2017 届硕士学位论文。

[46] 刘韵《清代笔记小说中的女性形象研究》，安徽大学 2017 届硕士学位论文。

[47] 武园园《晚清秋瑾题材戏曲研究》，华东师范大学 2017 届硕士学位论文。

[48] 任巧《从晚清反女子缠足看中国女权的发生》，西南政法大学 2017 届硕士学位论文。

[49] 吕梦柯《光绪年间的宫廷演剧研究——〈以清宫昇平署档案集成为中心〉》，山西师范大学 2017 届硕士学位论文。

[50] 陈雨婷《清末民初京剧剧目中的性别观念研究——以〈戏考〉为例》，安徽大学 2018 届硕士学位论文。

[51] 邱沄《道光朝清宫伶人研究》，山西师范大学 2018 届硕士学位论文。

[52] 黄彪《情感与书写：明清时期朝鲜燕行使笔下的女性形象》，东北师范大学 2018 届硕士学位论文。

[53] 李新《清代戏曲教化研究》，山东师范大学 2019 届硕士学位论文。

七、期刊论文集类

[1] 颖川《旧都见闻记》，《北洋画报》1928 年 10 月 25 日。

[2] 曹飞《沁水县三蚕祠及其二层献殿礼乐考》，《民俗曲艺》1987 年第 107—108 期。

[3] 王卓华《〈歧路灯〉中的庙戏及其他》，《殷都学刊》1991 年第 4 期。

[4] 陈华文《生育禁忌研究——生育文化研究之一》，《浙江师大学报》（社会科学版）1993 年第 3 期。

[5]R. 德 · 科尔多《论明星》，《世界电影》1995 年第 5 期。

[6] 廖奔《堂会演剧考》，《民族艺术》1997 年第 2 期。

[7] 陈大康、漆瑗《〈热河日记〉与中国明清小说戏曲》，《明清小说研究》1999 年第 2 期。

[8] 陈尚胜《明清时代的朝鲜使节与中国记闻：兼论〈朝天录〉与〈燕行录〉》的资料价值》，《海交史研究》2001 年第 2 期。

[9] 常建华《明代方志所见岁时节日中的女性活动》，（韩国）《中国史研究》2002 年第 20 辑。

[10] 梅莉《从〈醒世姻缘传〉看明清妇女的朝山进香》,《武汉大学学报》（人文科学版）2003 年第 1 期。

[11] 李永菊《明清女性参加庙会的文化需求分析》,《湖北大学学报》（哲学社会科学版）2004 年第 5 期。

[12] 刘正刚、候俊云《明清女性职业的商业化倾向》,《社会科学辑刊》2005 年第 3 期。

[13] 徐剑雄《晚清上海女伶》,《上海师范大学学报》(哲学社会科学版)2005 年第 6 期。

[14] 刘庆《明清职业戏班财务管理的初步考察》,《戏曲研究》2006 年第 2 期。

[15] 李金莲《女性、污秽与象征 : 宗教人类学视野中的月经禁忌》,《宗教学研究》2006 年第 3 期。

[16] 白雪华、湛庐《莫友芝所撰莫氏〈甲辰家规〉及其史料价值》,《文献》2006 年第 4 期。

[17] 万晴川、曹丽娜《宣卷与进香 : 明清妇女生活剪影——以小说为考察对象》,《中国典籍与文化》2007 年第 3 期。

[18] 张筱梅《丽娘如镜——对明清时期〈牡丹亭〉女性阅读的分析》,《哈尔滨工业大学学报》（社会科学版）2007 年第 4 期。

[19] 李祥林《明清女性接受视野中的〈牡丹亭〉》,《东南大学学报》2007 年第 5 期。

[20] 戴娜《试论〈金瓶梅〉中的“帘子”意象》,《文教资料》2007 年第 34 期。

[21] 车文明《中国古代民间祭祀组织“社”与“会”初探》,《世界宗教研究》2008 年第 4 期。

[22] 车文明《中国现存会馆剧场调查》,《中华戏曲》2008 年第 1 期。

[23] 孔美艳《试论丧葬歌、舞、戏及其民俗文化功能》,《中华戏曲》2008 年第 2 期。

[24] 廖华生《官府、士绅与庙学的修建——明清时期婺源庙学的个案考察》，《中国社会经济史研究》2008 年第 2 期。

[25] 车文明《中国神庙剧场概说》，《戏剧》2008 年第 3 期。

[26] 谢雍君《论明清戏曲女性情感教育的特色》，《学术月刊》2008 年第 3 期。

[27] 吴真《民间神歌的女神叙事与功能——以粤西地区冼夫人神歌为例》，《文学评论》2008 年第 5 期。

[28] 车文明《民间法规与罚戏》，《戏剧》2009 年第 1 期。

[29] 武翠娟《古代女子观戏禁忌探究》，《戏曲艺术》2009 年第 1 期。

[30] 赵崔莉《明代女性的休闲生活》，《中国社会经济史研究》2009 年第 1 期。

[31] 王笛《茶馆、戏园与通俗教育———晚清民国时期成都的娱乐与休闲政治》，《近代史研究》2009 年第 3 期。

[32] 周华斌《北京精忠庙及戏曲壁画考述》，《中华戏曲》2010 年第 1 期。

[33] 葛兆光《“不意于胡京复见汉威仪”——清代道光年间朝鲜使者对北京演戏的观察与想象》，《北京大学学报》（哲学社会科学版）2010 年第 1 期。

[34] 曾凡安《论〈翁同龢日记〉的戏曲史料价值》，《戏曲艺术》2010 年第 2 期。

[35] 曾凡安《论〈王文韶日记〉的戏曲史料价值》，《文化遗产》2010 年第 3 期。

[36] 罗燕《试析清宫承应戏表演中的仪式性特点》，《文化遗产》2010 年第 4 期。

[37] 蒋明宏《清代苏南女性在家族教育中的作用探析》，《河北师范大学学报》（教育科学版）2011 年第 1 期。

[38] 任荣《论〈绛芸馆日记〉中戏曲史料的价值》，《戏曲艺术》2011 年第 3 期。

[39] 林存秀《城市之声：戏院与都市生活的变迁》，《华东师范大学学报》（哲学社会科学版）2011 年第 3 期。

[40] 黄文记《清季民国戏剧改良与妇女解放的互动关系考察——以河南为例》，《妇女研究论丛》2011 年第 5 期。

[41] 蒋小平《明清女性观戏论述》，《戏剧艺术》2011 年第 6 期。

[42] 武翠娟《男女有别：传统礼教视野下的中国古代女性观剧方式述论》，《艺术百家》2012 年第 1 期。

[43] 蒋小平《“禁”“观”较量：从明清史料笔记看女性观戏》，《戏曲研究》2012 年第 2 期。

[44] 夏增民《身体与空间：汉魏六朝时期上巳节中的女性与女性活动》，《妇女研究论丛》2012 年第 6 期。

[45] 徐煜《明星崇拜心理中的非审美成分——以晚清以来捧角现象为样本》，《戏剧文学》2012 年第 10 期。

[46] 刘庆《清代中晚期的情色演剧风尚与禁令》，《戏曲研究》2013 年第 1 期。

[47] 车文明《中国神庙剧场中的看亭》，《戏曲研究》2013 年第 1 期。

[48] 车文明《中国古代剧场类型考论》，《戏曲艺术》2013 年第 2 期。

[49] 程芸《“燕行录”戏曲史料的学术价值初探》，《戏曲艺术》2013 年第 2 期。

[50] 张雯《从乡村到都市——近代上海女子越剧的流行与社会文化变迁》，《天津音乐学院学报》2013 年第 3 期。

[51] 黄卉《同治光绪年间清宫演戏宫外观众考——以〈翁同龢日记〉为线索》，《北京大学学报》（哲学社会科学版）2013 年第 4 期。

[52] 王志强《从茶园到戏院：晚清至民国时期天津戏曲观演空间的现代变革》，《安徽文学》2013 年第 6 期。

[53] 祝慧敏《狂欢与秩序——河南省西华县女娲城庙会的双重性》，《青年文学家》2013 年第 30 期。

[54] 颜伟、曹飞《新见神庙剧场看楼、看台、看亭（厅）》，《戏曲研究》2014 年第 1 期。

[55] 张田生《女性病者与男性医家：清代礼教文化中的女性隐疾应对》，《自然科学史研究》2014 年第 2 期。

[56] 张小红《污染力与女性：人类学视角下的月经禁忌——基于闽南山河村

的考察》，《昌吉学院学报》2014 年第 2 期。

[57] 朱珺《清代地方立法研究——以清代禁毁戏剧法律为中心的考察》，《中山大学法律评论》2014 年第 4 期。

[58] 焦杰《传统习俗禁忌中的“厌女情结”及其原因考察——以社会性别和人类学为视角》，《南开学报》（哲学社会科学版）2014 年第 4 期。

[59] 蒋潞杨《评玛丽 · 道格拉斯的〈洁净与危险〉》，《边疆经济与文化》2014 年第 5 期。

[60]李东东、丁淑梅《〈戏考〉本民初京剧旦本红楼戏七种研究》，《红楼梦学刊》2014 年第 4 期。

[61] 郭海红《男性在场与日本女性禁忌》，《民俗研究》2014 年第 4 期。

[62] 陈美青《清代官方禁戏与民间演剧的博弈——从“禁止唱秧歌”谈起》，《山西档案》2014 年第 6 期。

[63] 杜丽萍《论中国戏曲传播与女性文化自觉》，《戏曲艺术》2014 年第 8 期。

[64] 麻国钧《戏曲 ：“全息”思维观念的艺术产物》，《戏剧》2015 年第 1 期。

[65] 徐翠《中国戏画的“空间”语义》，《2015 中国艺术人类学国际学术研讨会论文集》2017 年 3 月版。

[66] 曹南山《案目制考论》，《中国戏曲学院学报》2015 年第 4 期。

[67] 李旭《“眉来眼去”的秘密》，《北方人（悦读）》2015 年第 11 期。

[68] 赵兴勤《清代方志中散见戏曲史料的学术价值——〈清代散见戏曲史料汇编（方志卷 · 初编）〉导论》，《戏曲与俗文学研究》2016 年第 2 辑。

[69] 赵兴勤《清代诗词中散见戏曲史料学术价值再探（上）——以〈清代散见戏曲史料汇编（诗词卷 · 二编）〉为讨论中心》，《中国古代小说戏剧研究》2016 年第 12 辑。

[70] 赵兴勤《清代诗词中散见戏曲史料学术价值再探（下）——〈清代散见戏曲史料汇编（诗词卷·二编）〉导论》，《中国古代小说戏剧研究》2017 年第 13 辑。

[71] 赵永恒《论“燕行录”所记载的清代北京民间戏曲活动》，《戏剧》2016 年第 4 期。

[72] 段金龙《山西民间的戏资筹措以及乡村治理——以山西方志、碑刻为中心》，《史志学刊》2016 年第 6 期。

[73] 车文明、孟伟《中国“剧场”概念流变考》，《文艺研究》2016 年第 7 期。

[74] 丁淑梅《明清规训禁戏与女性的戏场想象》，《文学遗产》2017 年第 1 期。

[75] 陈仕国《清末民初禁戏与戏剧观演形态》，《中华戏曲》2017 年第 1 期。

[76] 段金龙《官方管控下的戏剧禁毁及其效果衡估——以清代民国山西方志与碑刻、题记为中心》，《中华戏曲》2017 年第 1 期。

[77] 段金龙《禁毁视野下官方控制与民间演剧的“潜在性”调停——以清末民初为时限》，《四川戏剧》2017 年第 1 期。

[78] 赵继红《明清庆寿折子戏的演剧特征与舞台效果》，《中华戏曲》2017 年第 1 期。

[79] 陈仕国《角色、身体与空间：晚清民初禁戏与戏剧观演形态》，《深圳大学学报》（人文社会科学版）2017 年第 4 期。

[80] 黄义枢《明清日记戏曲史料的分布与价值》，《中原文化研究》2017 年第 6 期。

[81] 姚春敏《控制与反控制：清代乡村社会的夜戏》，《文艺研究》2017 年第 7 期。

[82] 王潞伟《几座罕见的观音堂戏台》，《戏剧文学》2018 年第 4 期。

[83] 金明实《朝鲜使节通过服饰建构的汉族女子形象——以〈燕行录〉为中心》，《辽东学院学报》（社会科学版）2018 年第 5 期。

[84] 张天星《论演戏酬神对清代禁戏政策的消解》，《文化遗产》2019 年第 2 期。

[85] 凌冬梅《女性课读图与清代士人家族书香传承——以嘉兴地区为中心》，《浙江档案》2019 年第 6 期。

后 记

本书以清代女性观剧为研究对象，从清代女性观众、女性观剧场所及设施、女性观剧习俗、女性观剧内容、社会各界对待女性观剧的态度五个方面入手，考察清代女性观剧的真实全貌，力图从多角度、多层面透视清代社会性别秩序、规范与女性观剧之间的关系。本书在史料挖掘运用方面，注重文献史料、文物遗存和口述资料等的相互印证、补充；在研究方法方面，运用多学科交叉研究的方法，特别是将性别研究的方法引入戏剧戏曲领域，具有互为维度的学术价值和意义。

本书原是我的博士学位论文，初稿于 2020 年初在山西平阳完成。当时获得 2020 年度山西省优秀博士学位论文、校级优秀博士学位论文的荣誉。之后的两年时间，我依托本研究，申请获批 2022 年度山西省高等学校哲学社会科学项目（项目编号：2022W056)、2022 年度山西省艺术科学规划项目（项目编号：22BB020)、山西师范大学 2022 年度校基金（人文社科项目）一般项目（项目编号：SK2213)，为的是不断努力推进这一方面的深入研究。但在实际操作过程中，由于本人的懈怠和身体各方面的原因，一路走来，磕磕绊绊，并没有多少成果产出。仅有一篇关于女性垂帘观剧现象的文章，蒙裔昭印老师不弃，发表在《妇女与性别史研究》第三辑。之后又多次以该文参加由南开大学、上海师范大学举办的妇女／性别史方面的学术会议，得到与会专家的认可和鼓励。

直到 2022 伊始，笔者才准备将自己四五年来的研究成果结集出版，希望裨助妇女史研究于万一。同时，作为一名女性，深感周旋于工作、家庭、生活中，能为自己做的事情很少，所以本书于我而言，也包含着我的一些思考、情感和个人体验。

一路走来，有幸得到学界前辈、师友的提携和关爱。首先感谢傅谨教授拨冗作序，先生鸿儒硕学，给予书稿很高的评价。其次感谢导师姚春敏教授和王星荣教授，领我进入学术研究的大门。同时，也要感谢所有帮助过我的师友，如广西民族大学艾晶老师、陕西师范大学焦杰教授，以及姜亚平、李爽、张裕涵、段飞翔等，他们在本课题研究的过程中，提供了很多建设性的意见。

另外，特别感谢学苑出版社周扬老师，作为本书的责编，她对书中的文字进行了仔细校订，提出许多宝贵意见，减少了书中的错讹，谨致谢忱！在本书出版之际，还要感谢我的家人，没有他们的全力支持，我不可能专心从事科研工作。

最后，需要说明的是，本书在写作过程中，引用了一些生活于晚清民国间女性观剧史料，看似突兀，实则存在资料搜集方面的实际困难。另外，女性观剧作为一种文化现象，其本身就具有极强的连续性和比较稳定的惯性，并不因为朝代的更迭而发生太大的变化，以此来证明女性观剧现象具有延后性的观点，似乎也完全说得过去。女性观剧研究无疑是一个宏大且新颖的课题，但本书由于篇幅所限，只能选取其中的几个专题进行讨论,难免挂一漏万。实际上,女性与戏剧的互动关系、女性消费与女性观剧、宗教信仰与女性观剧、身体规训与女性观剧等,亦可作为深入探讨的话题。

生为在改革开放与和平发展时期成长的女性,受惠于男女平等的基本国策,唯愿过往的研究点滴,能汇入学术汪洋之海,对我们理解、同情中国古代女性的生存境遇与生活实践,略尽绵薄之力。

王 姝

2023 年 5 月 龙城太原